主编 胡绳武

副主编 牛贯杰 戴鞍钢

清末立宪运动史料丛刊

18

山西谘议局

尚小明 编

国家清史编纂委员会·文献丛刊

国家出版基金项目
NATIONAL PUBLICATION FOUNDATION

山西人民出版社

本书获中国人民大学『中央高校建设世界一流大学（学科）和特色发展引导专项资金』支持

『十二五』国家重点图书出版规划项目

所获成果甚丰。对收录之三千多种书籍和未收之六千多种存目书撰写详明精切之提要，撮其内容要旨，述其体例篇章，论其学术是非，叙其版本源流，编成二百卷《四库全书总目》，洵为读书之典要、后学之津梁。乾隆以后，至于清末，文字之狱渐戢，印刷之术益精，故而人竞著述，家娴诗文，各握灵蛇之珠，众怀昆冈之璧，千舸齐发，万木争荣，学风大盛，典籍之积累远迈从前。惟晚清以来，外强侵凌，干戈四起，国家多难，人民离散，未能投入力量对大量新出之典籍再作整理，而政府档案，深藏中秘，更无由一见。故不仅不知存世清代文献档案之总数，即书籍分类如何变通、版本庋藏应否标明，加以部居舛误，界划难清，亥豕鲁鱼，订正未遑。大量稿本、抄本、孤本、珍本，土埋尘封，行将澌灭；殿刻本、局刊本、精校本与坊间劣本混淆杂陈。我国自有典籍以来，其繁杂混乱未有甚于清代典籍者矣！三曰散。清代文献、档案，非常分散，分别庋藏于中央与地方各个图书馆、档案馆、博物馆、教学研究机构与私人手中。即以清代中央一级之档案言，除北京中国第一历史档案馆所藏一千万件以外，尚有一大部分档案在战争时期流离播迁，现存于台北故宫博物院。此外，尚有藏于沈阳辽宁省档案馆之圣训、玉牒、满文老档、黑图档等，藏于大连市档案馆之内务府档案，藏于江苏泰州市博物馆之题本、奏折、录副奏折。至于清代各地方政府之档案文书，损毁极大，但尚有劫后残余，璞玉浑金，含章蕴秀，数量颇丰，价值亦高。如河北获鹿县档案、吉林省边务档案、黑龙江将军衙门档案、河南巡抚藩司衙门档案、湖南安化县永历帝与吴三桂档案、四川巴县与南部县档案、浙江安徽江西等省之鱼鳞册、徽州契约文书、内蒙古各盟旗蒙文档案、广东粤海关档案、云南省彝文傣文档案、西藏噶厦政府藏文档案等等分别藏于全国各省市自治区，甚至清代两广总督衙门档案（亦称《叶名琛档案》），被英法联军抢掠西运，今藏于英国伦敦。清代流传下之稿本、抄本，数量丰富，因其从未刻印，弥足珍贵，如曾国藩、李鸿章、翁同龢、盛宣怀、张謇、赵凤昌之家藏资料。至于清代之诗文集、尺牍、家谱、日记、笔记、方志、碑刻等品类繁多，数量浩瀚，北京、上海、南京、广州、天津、武汉及各大学图书馆中，均有不少贮存。丰城之剑气腾霄，合浦之珠光射日，寻访必有所获。最近，余有江南之行，在苏州、常熟两地图书馆、博物馆中，得见所存稿本、抄本之目录，即有数百种之多。某些书籍，在中国大陆已甚稀少，在海外各国反能见到，如太平天国之文书。当年在太平军区域内，为通行之书籍，太平天国失败后，悉遭清政府查禁焚毁，现在中国，已难见到，而在海外，由于各国外交官、传教士、商人竞相搜求，携赴海外，故今日在外国图书馆中保存之太平天国文书较多。二十世纪内，向达、萧一山、王重民、王庆成诸先生曾在世界各地寻觅太平天国文献，收获甚丰。四曰新。清代为传统社会向近代社会之过渡阶段，处于中西文化冲突与交融之中，产生一大批内容新颖、形式多样之文化典籍。清朝初年，西方耶稣会传教士来华，携来自然科学、艺术和西方宗教知识。乾隆时编《四库全书》，曾收录欧几里得《几何原本》，利玛窦《乾坤体义》，熊三拔《泰西水法》、《简平仪说》等书。迄至晚清，中国力图自强，学习西方，翻译各类西方著作，如上海墨海书馆、江南制造局译书馆所译声光化电之书，后严复所译《天演论》、《原富》、《法意》等名著，林纾所译《茶花女遗事》、《黑奴吁天录》等文艺小说。中学西学，摩荡激励，旧学新学，斗妍争胜，知识剧增，推陈出新，晚清典籍多别开生面、石破天惊之论，数千年来所未见，饱学宿儒所不知。突破中国传统之知识框架，书籍之内容、形式，超经史子集之范围，越子曰诗云之牢笼，发生前所未有之革命性变化，出现众多新类目、新体例、新内容。清朝实现国家之大统一，组成中国之多民族大家庭，出现以满文、蒙古文、藏文、维吾尔文、傣文、彝文书写之文书，构成为清代文献之组成部分，使得清代文献、档案更加丰富，更加充实，更加绚丽多彩。清代之文献、档案为我国珍贵之历史文化遗产，其数量之庞大、品类之多样、涵盖之宽广、内容之丰富在全世界之文献、档案宝库中实属罕见。正因其具有多、乱、散、新之特点，故必须投入巨大之人力、财力进行搜集、整理、出版。吾侪因编纂清史之需，贾其余力，整理出版其中一小部分；且欲安装网络，设数据库，运用现代科技手段，进行贮存、检索，以利研究工作。惟清代典籍浩瀚，吾侪汲深绠短，蚊衔蚊负，力薄难任，望洋兴叹，未能做更大规模之工作。观历代文献档案，频遭浩劫，水火兵虫，纷至沓来，古代典籍，百不存五，可为浩叹！切望后来之政府学人重视保护文献档案之工程，投入力量，持续努力，再接再厉，使卷帙长存，瑰宝永驻，中华民族数千年之文献档案得以流传永远，沾溉将来，是所愿也！

二〇〇四年

序言

胡绳武

清末立宪运动是一场全国性的政治运动。这场运动历时9年（1903—1911），波及除内外蒙古、青海、西藏之外的全国22个行省（内地18个省、东北三省和新疆），对辛亥革命前后的中国政治、经济、社会和思想文化均产生过重要的影响。这场运动的人和事，自宣统年间以来不断地有国内外学者们进行研究和评议。由于研究者的立场与观点不同，对这场运动的人和事的评议自然是见仁见智的。但研究者们一致感到研究立宪运动的困难之一在于史料相对缺乏。中华人民共和国成立后，国家重视对近百年历史的研究，在中国史学会的主持下，曾出版过一套《中国近代史资料丛刊》。这套资料的出版对中国近代史的教学与研究曾产生了很好的推动作用，但这套资料丛刊却没有把立宪运动包括在内。

有关立宪运动的文献资料，除1979年中华书局出版过一部《清末筹备立宪档案史料》外，尚无一套比较完整的立宪运动文献资料丛刊，这给中国近代史的教学与研究带来一定的影响。为此，中华书局编辑部于1986年曾拟定编辑一套《立宪运动》的文献资料，作为《中国近代史资料丛刊》的续编出版，并邀请我作为这套文献资料丛刊的主编。我当时因为正在撰写《辛亥革命史稿》，无力承担此项工作而加以婉拒。当时中华书局近代史编辑室的主任陈铮向我表示这项工作可在《辛亥革命史稿》完成以后再着手进行，并希望我能将此项工作接受下来。当时我的研究生程为坤讲师也希望我将这项工作接受下来，并表示愿意全力帮助我完成文献资料的搜集与整理工作。这样，我就终于将此项工作接受下来，并开始注意有关立宪运动文献资料的搜集工作。1990年以后，《辛亥革命史稿》的撰写工作虽然已经完成，程为坤却已出国留学，我又年近七十，无力单独承担，此项工作遂告中断。其后，我曾争取与中国人民大学图书馆古籍整理研究所合作，希望继续完成这套资料的搜集与整理工作，后因故再次中断。已经搜集却又未经整理的有关立宪运动的文献资料只好堆积存放。

2002年国家清史纂修工程启动后，清史编纂委员会主任戴逸教授动员我组织力量，将《立宪运动》这套文献资料的整理工作作为国家清史纂修工程文献整理项目之一继续下去，争取完成。我考虑到早在1986年即已接受中华书局近代史编辑室委托，承担《立宪运动》的主编工作，中途虽因客观原因中断，但我内心总觉得对学术界和出版社欠了一笔账，不免感到内疚，现在有机会将这套《立宪运动》作为清史文献项目之一列入计划，这是给我完成上世纪中断了的《立宪运动》这套文献资料的一个极好机会，遂于2004年向国家清史编纂委员会正式提出申请，并于2005年获得通过，正式立项。

这套《清末立宪运动史料丛刊》总的要求是，能够较为全面地反映这场运动的发展全貌，对该运动发生的历史背景、酝酿与兴起、发展和声势、它与民主革命运动及清廷预备仿行立宪的关系、立宪团体、立宪派人士的思想与活动，以及该运动对于中国近代社会历史所造成的影响诸方面，均得到合乎实际的说明。

以往《中国近代史资料丛刊》的编辑方法大致有三种：一是按资料的类型进行整理编辑，如《太平天国》；二是按事件发展进行编辑，如《辛亥革命》；三是二者结合，如《第二次鸦片战争》。本套文献资料大体依照第三种形式，从以下八个方面对相关资料进行搜集、整理与编辑：一、立宪运动的酝酿与发动；二、立宪派与革命派的论战；三、清廷的预备仿行立宪；四、立宪团体；五、国会请愿运动；六、资政院；七、各省谘议局；八、有关立宪运动的外文资料。谘议局文献的选编范围涉及12个行省，即顺直谘议局、奉天谘议局、吉林谘议局、山西谘议局、山东谘议局、江苏谘议局、浙江谘议局、福建谘议局、广东谘议局、江西谘议局、湖南谘议局、四川谘议局。参加本项目的成员及分工如下：中国社会科学院近代史研究所李细珠研究员（立宪运动的酝酿与发动、福建谘议局），清华大学马克思主义学院王宪明教授（立宪派与革命派的论战、有关立宪运动的外文资料），首都师范大学历史系迟云飞教授（清廷的预备仿行立宪），北京大学历史系尚小明教授（立宪团体、国会请愿运动、山西谘议局、山东谘议局），中国人民大学历史学院牛贯杰副教授（资政院、湖南谘议局、广东谘议局），北京师范大学历史学院邱涛副教授（顺直谘议局），中国社会科学院法学研究所孙家红副研究员（奉天谘议局、吉林谘议局），上海图书馆上海科学技术情报研究所高洪兴研究员（江苏谘议局），广东警官学院法律系沈晓敏教授（浙江谘议局），中山大学历史系廖伟章教授（广东谘议局），南昌大学历史系黄志繁教授（江西谘议局），四川大学城市研究所何一民教授（四川谘议局）。

值得说明的是，这套文献资料丛刊立项伊始，清史编纂委员会考虑到我年事已高，故建议增加一位项目主持人，我们经过商议，聘请复旦大学历史系戴鞍钢教授为主持人。项目进行期间，他审阅了700余万字的文稿，并提出具体的修改意见，帮助我承担了不少审阅初稿的任务。牛贯杰副教授承担了大量烦琐沉重的学术辅助工作。清史编纂委员会文献组的王汝丰教授、出版组孟超编审对本项目给予了特别的关心与指导。没有他们的帮助，很难相信这套文献资料丛刊能够如期完成，在此表示诚挚的谢意。同时，山西人民出版社的领导也给予了特别的关注，编辑们付出了辛勤的努力，在此一并致谢。

当然，囿于种种因素，我们不可能将22个行省的谘议局文献全部搜求于内，只选择性地摘取了12个行省的相关文献，这些省份涵盖了沿江沿海、中原腹地、京畿重地与清王朝的龙兴之地——吉林与奉天两省。此外，我们对各省谘议局文献的选编原则以谘议局本身文献为主，因此，规模方面无法做到整齐划一，而且数量各有不同。这些不足和局限，衷心期待学术界进行批评和补正。

2014 年 10 月

凡例

一、本文献为类编资料，资料来源均在正文结尾处标明。

二、本文献按照立宪运动发生、发展的脉络分为三十卷，各卷内容为：第一卷，立宪运动的酝酿与发动；第二卷，立宪派与革命派的论战；第三至六卷，清廷的预备仿行立宪；第七至八卷，立宪团体；第九至十卷，国会请愿运动；第十一至十二卷，资政院；第十三卷，顺直谘议局；第十四至十五卷，奉天谘议局；第十六至十七卷，吉林谘议局；第十八卷，山西谘议局；第十九至二十卷，山东谘议局；第二十一至二十二卷，江苏谘议局；第二十三卷，浙江谘议局；第二十四至二十五卷，福建谘议局；第二十六卷，广东谘议局；第二十七卷，江西谘议局；第二十八卷，湖南谘议局；第二十九卷，四川谘议局；第三十卷，有关立宪运动的外文资料。

三、文献史料如有原名，一律沿用；如没有原名，则由整理者自行拟定，文中注明。

四、资料原文所用繁体字，在不会造成歧义的情况下改为通行简化字。某些具体人名、地名不在此限。异体字、通假字尽量保持文献原貌。

五、本书在纂辑过程中，对清末惯用的一些字词，悉仍其旧，如“豫备立宪”、“豫算”、“筹画”、“画一”、“澈底”、“坐次”、“帐目”、“缕晰陈之”、“详晰”、“人材”、“发见”、“札覆”、“叠次”、“身分”、“省分”、“择尤”等。文中还有许多反复出现的字词属于此种情形，不在此一一列举。

六、文献资料均由编者标点、分段与校勘。错别字用（ ）标出，并于〔 〕中标明正确字，脱字以【 】标明，衍字以〈 〉标明，无法辨识文字和原公文中故意省略之字，均以□标示。

七、原稿繁体竖排，今改为简体横排。原稿中“左”、“如左”、“左列”、“右”、“如右”、“右列”等文字均保留原貌，一律不作改动。

八、为便于读者更好地利用资料，整理者对有必要加注的地方一律加注，以脚注标明。

整理说明

一、本卷主要收录关于山西谘议局的资料，起于光绪三十四年秋山西谘议局开始筹办，止于宣统三年秋逐渐停止活动，以宣统元年及宣统二年两次常年会有关文献为收录重点。

二、全卷共分五编：第一编为山西谘议局筹办处文牍，第二编为山西谘议局第一届常年会议决案，第三编为山西谘议局第二届常年会决议质问案，第四编为山西谘议局第一、二届常年会文牍，第五编为其他有关山西谘议局文献。

三、第一编山西谘议局筹办处文牍主要采自《晋阳公报》，分为章则、筹办选举文牍、禁烟文牍及其他文牍几类，按刊登时间先后，分条排列，并于每条后注明该条来源。

四、第二编山西谘议局第一届常年会议决案，主要依据宣统元年（1909年）石印本《山西谘议局第一届常年会议决案》整理，该议决案目录标题和书内标题多有不一致之处，整理时主要依据书内标题。此编末附谘议局上北京联合会提议案六条，主要录自《晋阳公报》，每条后均注明出处。

五、第三编山西谘议局第二届常年会决议质问案，主要依据宣统二年

（1910年）石印本《山西抚部院核答覆谘议局第二届常年会决议质问案》，分类及细目皆一仍其旧。

六、第四编山西谘议局第一、二届常年会文牍，主要录自《晋阳公报》，按刊登时间先后，分条排列，并于每条后注明该条来源。

七、第五编其他有关山西谘议局资料，分为议事日表、函电、纪事、时论四部分，主要录自《晋阳公报》、《大公报》、《国民公报》等，大体按刊登时间先后分条排列，每条后均注明来源。

八、原稿文字错讹、脱落之处，均经仔细校勘。错别字用（ ）标出，并于〔 〕内标明正确字。脱字以【 】标明，衍字于〈 〉内标明。无法识辨文字和原公文中故意省略之字，均以□标示。异体字、通假字尽量保持原样。

九、原稿繁体竖排，今改为简体横排。原稿中“左”、“如左”、“左列”、“右”、“如右”、“右列”等文字均保留原貌，一律不作改动。

十、整理过程中，山西大学胡英泽老师曾协助查阅资料，北京大学历史系研究生韩策、陈浩等曾参与部分资料录入及初校工作。

尚小明

2017年6月

目录

第一编　山西谘议局筹办处文牍

一、章　则

二、筹办选举

三、禁 烟

四、其 他

第二编　山西谘议局第一届常年会议决案

一、抚部院交议原案

二、议覆抚部院交议案

三、本局提议原案

四、议决本局议员提议案

五、抚部院核覆本局呈送议决案

附：谘议局上北京联合会提议案

第三编 山西谘议局第二届常年会决议质问案

一、核覆案

二、议决案

第四编 山西谘议局第一、二届常年会文牍

第五编 其他有关山西谘议局文献

一、议事日表

二、函 电

三、纪 事

四、时 论

第一编　山西谘议局筹办处文牍

一、章　则

山西谘议局创办所简章

第一章　通　则

第一节　宗　旨

第一条　本所为创办谘议局而设，以实行设置及预备办法为宗旨。

第二节　组　织

第二条　本所组织由地方行政长官及绅董合议而成。

第三节　监　督

第三条　本所以藩宪总理其事，关于设置及预备须审定、检查而呈明于抚宪。

第二章 职 员

第四条 本所应设职员如左：（甲）所长一员，由藩宪选订，抚宪派充，俟谘议局成立后即【为】局长。（乙）总参议、参议员无定额，应由各府厅州县议事会公推，但议事会未成立以前，凡在省官绅学商界有为行政长官认可及众所推服者，得（有）〔为〕本所总参议及参议员；各府厅州县士绅素负乡望者，得为本所参议员。（丙）起草员四员，由总参议、参议员中公推。（丁）选举课课长一员，课员无定额。（戊）调查课课长一员，课员无定额。（己）庶务课课长一员，课员无定额。（庚）文牍课课长一员，课员无定额。

第三章 职 任

第五条 所长（呈）〔承〕商藩宪，主持本所全体事务，开会时即为议长。

第六条 起草员掌拟谘议局章程草案，编成大纲，由所长、总参议、参议员审定后，再行逐类编【拟】细则。

第七条 起草员外，分议事、干事两部，总参议、参议员皆为议事部职员，选举、调查、庶务、文牍各课课员皆为干事部职员。各课员职任如左：

一、选举课。掌预备实行选举事宜。

二、调查课。掌调查关于一切设置及预备事宜。

三、庶务课。掌关于建筑设备、收支及管理事宜。

四、文牍课。掌关于文件起草及议案编纂并检存事宜。

第四章 补 助

第八条 本所职员外，凡全省官绅学商界对于本所之设置及预备有当为条陈或改良，得以三人以上之合议，投意见书于本所。所长、总参议、参议员须察议其能否施行，以符庶政公诸舆论之实。

第五章 俸 给

第九条 本所职员分二：一、有给职员。凡常川住所办事者，均给予一定之公费及薪水。二、名誉职员。不能常川住所者皆为名誉职员。

第六章　办公时间

第一节　住所职员

第十条　干事部每日上午九钟起，下午五钟止为办公时间，星期一律休息，有故告假须推定代班人。

第二节　不住所职员

第十一条　议事部通常会议期每星期一次，准于星期六下午行之，特别会议由议长临时召集。

第七章　会　议

第十二条　凡为本所职员者，会议时皆得为议员。

第十三条　每议一案，须先由议长报告其理由。会议分左之二种：（甲）审议。提出议案，由所长、总参议审定，可决后作为假定案。（乙）决议。以议员全体过半数决之，人数相同时，由议长决之，决定后即为确定案。

第八章　成立及解散

第十四条　创办章程以藩宪核定、抚宪批准后为实行期，即为本所成立之期。

第十五条　本所系创办所，仍俟宪政编查馆定章颁布，详订谘议局章程。谘议局成立时本所即行解散。

第九章　附　则

第十六条　自治局为试办地方自治，使谘议局成立后即附自治局，以节经费，但谘议局未成立之先，暂设自治研究所于创办所，为施行自治之预备。

《政治官报》第二百四十五号，光绪三十四年六月初五日（1908 年 7 月 14 日）

谘议局拟订各厅州县自治讲习所简章

第一节　宗旨及定名

第一条　本所为预备实行地方行政而设，以养成普通自治能力为宗旨，即定名某厅州县自治讲习所。

第二节　校　地

第二条　本所因急于应用，不必另行建筑，以借占公共地址足敷讲授之用为度。

第三节　组　织

第三条　本所管理人员以教育分会或劝学所员绅兼充之，均不给薪水。如现时无此两项人员，得由地方官另行委任教习一员，专延法政毕业之本省官绅，自由选订，不必拘定本籍，其薪水均自行酌定。

第四节　入学资格

第四条　本所招收学生之资格，按宪政编查馆会奏正章内所定第二章议员之第三条具有选举权之资格五项，第六条具有不得有选举权及被选举权之八项遵照办理。

第五节　学员限制

第五条　本所学员以讲室能容为度，惟每班至少须收四十人，每处毕业至少须接续三次。

第六节　学科及授业时间

第六条　本所所讲科目如左：一宪法，二地方制度，三选举法，四户籍法，五地方财政。

第七条　本所授业时间，每星期至少以十八小时为限。

第七节　修业期限及试验

第八条　以三个月为一学期，一学期毕业。

第九条　试验分月终试验及毕业试验，仍以分数计算，判列等级。月终试验由教员、管理员主之，毕业试验由地方官会同本所人员考验，分别给予文凭。

第八节　寄宿舍

第十条　本所可否设置寄宿舍，各从其便，应由各该厅州县酌核办理。

第九节　附　则

第十一条　本章程间有未尽或未便之处，准由各该厅州县体察本地情形，变通办理，惟大体不得与本章程触背。

《晋阳公报》，光绪戊申年七月二十九日（1908 年 8 月 25 日）

谘议局调查各州厅县选举人名登记表简章并登记表

调查大意

一、此次调查选举人数，系禀承抚宪，遵照宪政编查馆、资政院奏准本局并选举各章程办理。

二、此次选举调查人总数，系为分配各厅州县应出议员若干起见，由选举人选出之议员，即有代表全省指陈利弊之权利。

三、按奏定本局各章程，该厅州县即为初选监督，应本以上两条大意制成白话告示，剀切晓谕，以期民众周知，庶调查易得确数。

四、此次登记如有遗漏或舛误，准其呈控，照奏定章程专条办理。

调查办法

五、凡初选监督，应相地形之便，划全境为数区，分区派员调查，以期分而易举。

六、各厅州县调查员，在城宜委教育分会、劝学所、商会人员或其他公正绅衿等充当，在乡宜委公正社首、都头、团长等充当，由该厅州县督饬分派，使各调查一区，分类登记，以专责成，不得令书役、地方等藉端勒索。

七、应行登记者，照宪政编查馆、资政院奏准本局章程第二章第三条，凡属本省（藉）〔籍〕贯之男子，年满二十五岁以上，具左列资格之一者，有选举谘议局议员之权：

（一）曾在本省地方办理学务及其它公益事，满三年以上，著有成绩者。

（二）曾在本国或外国中学堂，及与中学同等或中学以上之学堂毕业，得有文凭者。

（三）有举、贡、生员以上之出身者。

（四）曾任实缺职官文七品、武五品以上，未被参革者。

（五）在本省地方有五千元以上之营业资本或不动产者。

又第四条，凡非本省籍贯之男子，年满二十五岁，寄居本省满十年以上，在寄居地方有一万元以上之营业资本或不动产者，亦得有选举谘议局议员之权。

案：境内人民，但有以上所列之一资格，即为有选举权，应行登记。

八、不应行登记者，照奏定本局章程第六条，凡有左列情事之一者，不得有选举权及被选举权：

（一）品行悖谬，营私武断者。

（二）曾处监禁以上之刑者。

（三）营业不正者。

（四）失财产上之信用，被人控实，尚未清结者。

（五）吸食鸦片者。

（六）有心疾者。

（七）身家不清白者。

（八）不识文义者。

又第七条，左列人等停止其选举权及被选举权：

（一）本省官吏或幕友。

（二）常备军人及征调期间之续备、后备军人。

（三）巡警官吏。

（四）僧道及其他宗教师（如天主教神甫、耶苏教牧师、回教阿衡皆是）。[①]

（五）各学堂肄业生。

又第八条，现充小学堂教员者停止其被选举权。

案：列于第六条内者不得有选举权及被选举权，列于第七条内者停止其选举权【及被选举权】，列于第八条内者留其选举权，停止其被选举权。如中学毕业有选举权，而因有心疾，则此权因之而失；生员本有选举权，而因现充常备军人，则此权因之停止，皆不得登记。又如在本省办理学务满三年，有成绩，年龄复在三十岁以上者，应有被选举权，而因现充小学堂教员，则只有选举权，其被选举权转因之停止。余可类推。

被选举资格

九、有被选举资格者，照奏定本局章程第五条，凡属本省籍贯或寄居本省满十年以上之男子，年满三十岁以上，得被选举为谘议局【议】员。

按：本条所定资格，其限制严密，已见于第六、第七、第八等条，此但就年龄为限制，更无他种要项也。

登记程序

十、各厅州县既划分全境为数区，该调查员于分到区内宜详慎从事，查得有

① 耶苏即耶稣，回教即伊斯兰教，阿衡即阿訇，均为旧时译法。

选举资格者分类填入，不得疏漏，不得徇情。倘有不合，被人讦告，或自行发露者，除查实照定章惩罚外，该监督应派员再查。

十一、表内所列各门，均明显易晓，如年岁若干可填入年龄栏内；办理学务及其它公益事务，并文七品、武五品以上之职官，均可填入履历栏内；中学毕业及举、贡、生员可填入出身栏内；占有士农工商之一种事业者，可填入职业栏内；在本省地方有五千圆以上之营业资本或不动产者，营业资本可填入动产栏内，不动产可填入不动产栏内，均须注明其价值若干。如其人系生员，有选举权而无资产，则资产一列可空。余类推。动产指流动者而言，如银钱、车马等类是；不动产指不能移动者而言，如田土、房屋等类是。

十二、前列本奏定本局章程第三、四、六、七、八各条，该调查员【务】宜分晰清楚，悉心将事，庶临时不致漫无把握。

谘议局调查选举人名登记表　　光绪三十四年　月登记

<table>
<tr><th>姓名</th><th>年龄</th><th>籍贯</th></tr>
<tr><td>某人</td><td>年岁若干</td><td>某府厅州县</td></tr>
<tr><td>出身</td><td>履历</td><td>职业</td></tr>
<tr><td>举贡生员或何项中学以上毕业</td><td>文武官职几品或办过何项公益及其它之学务</td><td>现办何项事务</td></tr>
<tr><td rowspan="2">住所</td><td colspan="2">资产</td></tr>
<tr><td>动产</td><td>不动产</td></tr>
<tr><td>在城乡何处居住</td><td>营业（经商）利子（放偿利息）财产共若干</td><td>田产房屋价值若干</td></tr>
</table>

《晋阳公报》，光绪戊申年九月十三日（1908年10月7日）

调查须知

一、调查须问其本人或其家属，并可访之邻佑。

一、调查时首填姓名，并须填表字、别号。

一、填写年龄时如有可疑，当告以如不确实，须防人指摘。

一、年龄一律填明年年龄，明年满二十五岁以上，方可入册。

一、填写籍贯，如系职官及举、贡、生员，皆以官册为凭，其余皆以住所之县为本籍。

一、填写住所，须列详细地名，并须冠以县名。

一、调查外省寄居人，除问其家属外，并须访之邻佑。

一、外省人寄居本地满十年及有财产一万元以上者，方可入册。

一、外省人寄居满十年，并无一万元之财产，虽有他种资格，皆不入册。

一、凡学堂教员、校长、监督，皆为办理学务，但满三年，即可入册。

一、凡乡图董及各项善举、各项公事之董事，但满三年，应一律入册。

一、办理学务及公益事务可前后共计三年，不必继续。

一、凡学堂科目程度在钦定高等小学之上，即谓之与中学同等之学堂，此项学堂毕业者即可入册，但须验明文凭。

一、本省本府州县人在他省他府州县入学，皆与本地生员一律入册。

一、武举、生员皆可入册。

一、参革之官如有别项资格，亦可入册，但不载官阶。

一、营业资本及不动产两项须足五千元，即可入册，但须注明某项产业，值价若干。除五千元之外，无须将所有家产尽行填入。当调查时，调查员当告以如不确实，须防人攻讦。

一、一家有五千元以上之资产，而父子、兄弟、叔侄同居，则以家长之名入册。

一、有一万元或一万五千元以上，而其父声言自有五千元，而其子或二子各有五千元，则父子均可入册，但其子必在二十五岁以上。

一、父有五千元以上之资产，而适为不准有选举权者，可以其子之名入册，但其子须在二十五岁以上。

一、兄弟共有五千元，则以一人入册，或兄或弟，听本人自便。

一、兄弟二人共有一万元，自称分析作为各有五千元，即均可入册，人数每加一人与财产每加五千元同。

一、有选举资格而在外为现任官者，一律入册。

一、现任教官非行政官，应一律入册。

一、一人有两住所，则只载一处，如调查时，调查员不能明了，本人亦不陈明，则仍入册，至造册时开除其一。

一、外府州县人在本地，虽有财产在五千元以上，而时来时往，并无家室者，亦不入册。

一、本地人虽无住所，而有财产在五千元以上者，仍可入册。

一、凡有资格，而适为不准有选择权之人，应由调查员记清，汇送官长覆审时剔除之。

一、品行悖谬指革命党而言，营私武断指讼棍而言，以被控有案者为断。

一、不识文义以不能自书选举票为断。

一、宗教师指天主、耶稣牧师、神父而言。

一、监禁以上之刑指现行律例徒以上之刑而言。

一、营业不正指窝娼、聚赌、开烟馆而言。

一、失财产上之信用，指倒账未还，判官有案而言。

一、有心疾指疯颠、白痴而言。

一、身家不清白指倡优隶卒而言。

一、本省官吏指寄居十年，又有一万元以上之财产，而现为本省现任或候补之职官而言，教官不在内。

一、军人指现当征兵及现在营伍与充警兵者而言。

一、巡警官吏指管带警兵者而言。

一、各学堂肄业生指在学堂者而言，若系讲习所、传习所，不在此例。

《晋阳公报》，光绪戊申年十月廿六日（1908 年 11 月 19 日）

调查手续

一、每厅州县按城乡镇分若干调查区，于每区派正调查一人、副二三人办理其事。

一、调查员必随带记事簿一本，选举人原簿一本，调查须知、调查手续各一纸，以便随时登记。

一、选举人原簿宜编齐号，如一区内无合格之人，应将空白者缴还，以便稽查。

一、调查员必按户调查，不可有所遗漏。

一、遇有出游在外者，宜注意，不可遗漏。

一、调查时遇本人他适而其家族又不能应答，则须访之邻佑，或留字约本人至调查处添补。

一、若有及格之财产而全家俱不在本地者，仍当访明邻舍，登入簿记。

一、调查区交界处所，应彼此接洽，以免重复。

一、调查完毕之日，应将记事簿与选举人原簿一律缴还。

《晋阳公报》，光绪戊申年十月廿六日（1908年11月19日）

催办员办事通则

一、催办员专司催办各府厅州县预备选举事宜，并自治讲习所之成立。

一、催办员期间自本年奉到公文之日起，至十二月初一日止，为催办员办事期限。

一、催办员须于催办期限内，以本属选举人名册一律告成为最要之目的。

一、催办员须于选举各项预为研究，以备地方官绅士庶之质问。

一、催办员催办各处，凡已办者核其实在与否，未办者催其速行办理。

一、催办员皆尽义务，不支薪水，惟周历外属者，酌给车马费。

一、催办员每员发给谘议局选举正章、选举调查表、谘议局章程表解、调查须知、调查手续各一份，以资考证。

一、催办员须于本年十二月十五日以前，将催办各项情形据实报知本处，以备查核。

一、催办事宜如有未尽，可随时酌改，以期易行。

《晋阳公报》，光绪戊申年十一月初六日（1908 年 11 月 29 日）

谘议局筹办处章程

第一章　通　则

第一节　定　名

第一条　本处为筹办谘议局而设，名曰山西谘议局筹办处，俟谘议局成立即行裁撤。

第二节　组　织

第二条　本处组织谨遵馆章，由地方行政长官遴选绅董合意而成。

第三节　监　督

第三条　本处以藩司总理其事，关于一切筹办事宜，须检查审定而呈明于抚宪。

第二章　职　员

第四条　本处应设职员如左：

（甲）总办一员，由抚宪委派，藩司任之。

（乙）局长一员，由藩司选订，抚宪派充，以本省绅士任之。

（丙）总参议一员，副总参议无定员，均由抚宪选任。

（丁）筹办研究员，由在省绅商学界公推，或由总办酌量委任。

（戊）选举课课长一员，课员三员。

（已）文牍课课长一员，课员二员。

（庚）庶务课课长一员，课员二员。以上均由总办选任。

（辛）各厅州县催办员八十九员，由公选委任。

第三章　职　任

第五条　总办有总持本处全体事务，禀承抚宪，会商局长施行之权。

第六条　局长禀承抚宪，呈商总办，有坐理本处事务及执行之权。

第七条　总、副参议有审定筹办议案，参酌众议之权。

第八条　筹办研究员对于筹办各事有发言条议之权。

第九条　选举课：一审查选举人数、名册及资格，二划分选举区域，三设备选办法，四调制选举规则并表式，五调查各省选举办法。（谘议局及自治局筹办方法）

第十条　文牍课：一编订章程，二撰拟文稿，三记录要务，四答复函牍，五检存档案，六校对监印。

第十一条　庶务课：一收支款项，二收发文件，三管理建筑，四设置书物。

第十二条　催办员：催办各厅州县调查选举等事，并为各属讲明选举法理、手续，以及催办设立自治讲习所，为选举实行之预备。

第四章　俸　给

第十三条　本处职员分左之二种：一、有给职员，凡常川住本处办事者，均给以一定公费及薪水。二、无给职员，不常川住本处者，皆为无给职员，但为本处担任特别事项，须给以相当之公费。

第五章　筹办研究会

第十四条　通常之研究会，总、副参议每周间一次，准于星期六下午三钟行之；筹办研究员每月一次，准于第一星期日下午二钟行之。至特别之研究会，由局长临时招集。

第十五条　研究会议时，会长即以局长充之。

第十六条　本处研究时，以全体研究员到会过半数时，方得开议研究。

第十七条　研究确定后，由本处呈明行政长官察核施行。

第六章　施行期间

第十八条　本章程以奉文之日起为施行之期。

第七章　附　则

第十九条　本处自治研究所以造就将来办事之议员，俟谘议局成立后即可明晰法理。会议要件，于各地方施行自治之基础，不至茫无端绪。

《晋阳公报》光绪戊申年十二月十九日（1909 年 1 月 10 日）

谘议局筹办处拟定初选举投票所通则

第一条　各投票区应设投票所一处。

第二条　初选监督应于投票期前，按照投票所通则，同投票管理员、监察员妥为布置。

第三条　初选监督应照各投票区选举人名数发给票纸于管理员、监察员。

第四条　初选监督应将投票纸先期盖印。

第五条　投票所之启闭，应照章午前八时至午后六时，先期牌示。

第六条　投票所应将初选举人名册公布众览。注意：人名册以本州或本县为范围，不仅限于本区。（初选举人名册式另纸开列）

第七条　投票所应将投票簿置于投票人签字处。（投票簿式另纸开列）

第八条　投票所之布置，应分设线路，以示限制如左：

（一）入门处。

（二）投票人休息处。注意：投票人拥挤时用之。

（三）投票人签字处。

（四）发票处。

（五）写票处。注意：应分数处，每处置笔砚一具。

（六）贴示章程规则处。注意：设于写票处近旁。

（七）投票处。

（八）出门处。

以上各处俱应黏贴红签，令人注意。

第九条　投票管理员、监察员应督饬巡警严查一切，毋得外人阑入。

第十条　投票管理员、监察员之责任，除选举章程第八条、第十条所规定外，应分任职掌如左：

（一）投票人签字及发票，管理员掌之。

（二）指示写票并答问，监察员掌之。

（三）监察投票并指示出口，监察员掌之。

第十一条　写票处应大书标明张贴者如左：

（注意一）应照选举人名册将全数人名开列张贴。

（注意二）所投之票以人名册所载人者为限，但不到场者亦可当选。

（注意三）写票须写被选人姓名，不准写号。

（注意四）投票时，凡人名册所载本州或本县人均可投入，不限定投本区人。

（注意五）第五十五条选举票应作废者五项，录于下：（一）写不依式者；（二）夹写他事者，其记载被选举人官衔、职业或住址等项者不在此限；（三）字迹模糊不可认者；（四）不用投票所所发票纸者；（五）选出之人不合被选举资格者。

第十二条　投票所应照选举章程择要张贴者如左：

（一）第五节投票所各条录于下：第二十九条，投票所由投票管理员及监票员掌投票一切事宜。第三十条，投票之日，管理员及监察员均应按时齐集，如有临时不到，应由初选监督派员代理。第三十一条，投票所周围得临时增派巡警严查一切。第三十二条，投票所除本所职员及投票人与巡警外，他人不得阑入。第三十三条，投票所之启闭，以午前八时至午后六时为率，逾限不准入内。第三十四条，管理员及监察员应将投票始末情形会同造具报告，连同投票匦于投票完毕之翌日移交开票所，并申报初选监督。第三十五条，投票所自投票完毕之初起，十五日以内一律裁撤。第三十六条，投票所办事细则由初选监督拟订，呈请复选监督核定施行。

（二）第七节投票方法各条录于下：第四十一条，投票人以列名本属投票所之投票簿者为限。第四十二条，投票人届选举期，应亲赴投票所自行投票，不得请人代理。第四十三条，投票人应在投票簿所载本人姓名项下签字毕，方准领投票纸。第四十四条，投票人每名只准领投票纸一页。第四十五条，投票用无名单记法，每票只准书被选举人一名，不得自书本人姓名。第四十六条，投票人于投票所内除关于投票事宜得与职员问答外，不得涉及私言，并不得与他人接谈。第四十七条，投票完毕后，投票人应即退出，不得逗遛窃视。第四十八条，投票人倘有顶替及违背定章等事，管理员及监察员得令退出。

第十三条　投票管理员按谘议局章程第八条第二项决定投票之应否收受时，除投票簿未列姓名者外，不得擅行拒绝。

第十四条　投票所及投票匦之封条并其键钥，管理员、监察员应分任掌管之职。

第十五条　于投票完毕之翌日，应将投票匦移交开票所，申报初选监督；倘大雨不止，河水涨发，至迟亦不得过三日。

第十六条　投票所自投票完毕之日起，十五日以内一律裁撤。

第十七条　除通则外，应行遵守事宜，照谘议局选举章程办理。

《晋阳公报》，宣统元年正月十三日（1909年2月3日）

谘议局筹办处拟定复选举投票所通则

第一条　复选监督应择一宽大地方，设投票所一处。

第二条　复选监督应于投票期前，按照投票所通则，率投票管理员、监察员妥为布置。

第三条　复选监督应将投票纸先期盖印。

第四条　复选监督应照各初选举人名数，发给票纸于管理员、监察员。

第五条　投票所之启闭，应照章午前八时至午后六时，先期牌示。

第六条　投票所应将初选监督申送之初选举人名册公布众览。

第七条　投票所应将投票簿置于投票人签字处。

第八条　投票所之布置应分设线路，以示限制，如左：

（一）入门处。

（二）投票人签字处。

（三）发票处。

（四）写票处。注意：应分数处，每处置笔砚一具。

（五）贴示章程规则处。

（六）投票处。

（七）出门处。

以上各处俱应黏贴红签，令人注意。

第九条　投票管理员、监察员应督饬巡警严查一切，毋得外人阑入。

第十条　投票管理员、监察员之责任，除选举章程第八条、第十条所规定外，应分任职掌如左：

（一）投票人签字及发票，管理员掌之。

（二）指示写票并答问，监察员掌之。

（三）监察投票并指示出口，监察员掌之。

第十一条　写票处应大书标明张贴者如左：

（注意一）应照各初选举人名册将全数人名开列张贴，不必限定初选举当选人。

（注意二）复选投票人以初选被选人人名册为限，所投出之票为复选当选人，不以人名册为限，凡在复选区内有合格而初选未当选者均得被选。

（注意三）写票须写被选人姓名，不准写号。

（注意四）投票应投本府、本直隶厅州各属之初选被选人，不以本州县人为限。

（注意五）第五十五条选举票应作废者五项，录于下：（一）写不依式者；（二）夹写他事者，其记载被选举人官衔、职业或住址等项者不在此限；（三）字迹模糊不可认者；（四）不用投票所所发票纸者；（五）选出之人不合被选举资格者。

第十二条　投票所应照选举章程择要张贴者如左：

（一）复选举第七十条，投票照第二十九条至第三十五条办理：第二十九条，投票所由投票管理员及监票员掌投票一切事宜。第三十条，投票之日，管理员及监察员均应按时齐集，如有临时不到，应【由】初选监督派员代理。第三十一条，投票所周围得临时增派巡警严查一切。第三十二条，投票所除本所职员及投票人与巡警外，他人不得阑入。第三十三条，投票所之启闭，以午前八时至午后六时为率，逾限不准入内。第三十四条，管理员及监察员应将投票始末情形会同造具报告，连同投票匭于投票完毕之翌日移交开票所，并申报初选监督。第三十五条，投票所自复选举完毕之日起，十五日以内一律裁撤。

（二）复选举第七十二条，投票方法照第四十一条至第四十八条办理：第四十一条，投票人以列名本属投票所之投票簿者为限。第四十二条，投票人届选举期，应亲赴投票所自行投票，不得请人代理。第四十三条，投票人应在投票簿所载本人姓名项下签字毕，方准领投票纸。第四十四条，投票人每名只准领用投票纸一页。第四十五条，投票【用】无名单记法，每票只准书被选举人一名，不得自书本人姓名。第四十六条，投票人于投票所内，除关于投票事宜得与职员问答外，不得涉及私言，并不得与他人接谈。第四十七条，投票完毕后，投票人应即退出，不得逗遛窃视。第四十八条，投票人倘有顶替及违背定章等事，管理员及监察员得令退出。

第十三条　投票所及投票匦之封条并其键钥，管理员、监察员应分任掌管之责。

第十四条　投票管理员、监察员即日将投票匦申送复选监督。

第十五条　除通则外，应行遵守事宜，照谘议局选举章程办理。

《晋阳公报》，宣统元年正月十六日（1909年2月6日）

山西谘议局筹办处附设自治研究所章程

第一节　宗　旨

第一条　本所依谘议局创办所章程第九章第二十一条之规定，暂设自治研究所于创办所，为施行自治制预备，专教授关于地方自治诸科学，养成地方自治人材，以达实行宪政之目的为宗旨。

第二节　学　科

第二条　本所教授学科如左：一、法学通论，二、宪法，三、国际公法，四、地方自治制度，五、民法大意，六、经济学，七、财政学，八、选举法，九、户籍法，十、警察学。

第三节　学期及授业时间

第三条　本所毕业学期定为八个月，以四个月为一学期，满两学期为毕业。

第四条　本所授业时间，每星期以二十四小时为限，其各学期课程列表于左：

授业时间表

第一学期	每星期
学科	
法学通论	
宪法	
国际公法	
地方制度	
警察学	
合计	二十四小时
第二学期	
学科	
民法大意	
经济学	
财政学	
选举法	
户籍法	
合计	二十四小时

第四节　休假日

第五条　本所休假日如左：一、星期，二、国庆及本局开设记念日，三、端午及中秋，四、暑假，五、年假。

第五节　学额及资格

第六条　本所研究学员由各厅州县会同各教育分会、劝学所绅董择尤保送，至少二人，多不得过三人。其各处驻防应送几人，由本管长官核费酌送，惟每处亦不得过二人。

第七条　各厅州县选送研究学员，须具有左列之资格：一、在各该厅州县继续居住五年以上及置有不动产者；二、年龄须满三十岁以上、五十岁以下者；

三、品行无亏；四、文理清通；五、身体健全；六、不染嗜好；七、乡望素孚，有绅士资格者。

第六节　入学及退学

第八条　凡研究学员，由各厅州县保送到所，经本所复加考验，其与第七条所列资格合者方得取入，其不合格者遣回，饬令补送。

第九条　凡取充本所研究学员，须具履历书，呈本所查核，其格式如左：

履历书

姓名　　　年岁

三代　　　住所　　　职业　　　保送地　　　备考

宣统　　年　　月　　日　　姓名印押

第十条　凡研究学员，遇有左列事项，得由所长酌令退学：一、行为不良；二、荒废学业；三、学期试验之成绩有三科以上不及格者；四、身有疾病不堪造就者；五、不遵守本所规则者。

第十一条　凡研究学员，因不得已事故自愿退学者，须具理由书，呈经所长许可；其系因病者，并须附呈医生之证明书。如非前项之退学员，由本局备文，饬令原送各厅州县，追缴膳宿等费。

第七节　试　验

第十二条　本所试验分学期试验、临时试验两种，其学期试验于每学期末行之，临时试验由教员定之。

第十三条　凡试验评定分数，分别等差，均按照学部定章办理。

第十四条　凡两学期试验均合格者，一律给与毕业证书。

第八节　本所设职员教员如左

一、所长兼教务长一员，即以局长充之。二、正教习一员，又义务教习二员。三、庶务兼会计员，即以本局庶务课人员充之。四、书记员，即以文牍课人员充之。以上各员除局长已经由抚宪延订外，余均由局长分别聘请委任之。

第九节　寄宿舍

第十五条　本所暂不设寄宿舍，凡学员应自择旅馆寄宿，俟本所将来置有相当房屋时，再定寄宿规则。

第十节　经　费

第十六条　本所经费分开办、经常、临时三种，由局长核定数目，禀请抚宪批准拨给。

第十七条　本所概不征收学费，其各学员一切膳宿费用，拟定每月三元，川资视程途远近酌定，均应由各该厅州县自行筹给，以资接济而广造就。

第十一节　义　务

第十八条　各学员毕业以后，应即各归本籍，凡关于自治事宜，务禀承地方官厅，悉心筹画，以尽相当之义务，不得任便去就，致失设立本所之原意。

第十二节　附　则

第十九条　本所附设旁听席，无定员，以讲室能容为度，其章程另定之。

第二十条　本所章程经抚宪核准后，即作为实行之期。如有应行更易之处，应由本局随时禀请抚宪核准，改正施行。

《政治官报》，宣统元年正月二十八日（1909 年 2 月 18 日）

山西谘议局筹办处议案简章

第一节　宗　旨

第一条　本议案以增进本省利益，研究关于谘议局一切议案，预备议员之取材为宗旨。

第二节　范　围

第二条　本议案预备之范围，谨遵宪政编查馆所定谘议局章程第二十一条、二十五条及六十二条为主，凡行政官权限及个人事件，均不在范围以内。兹将谘议局章程关涉议案条文节录于左，以示范围。

第二十一条　谘议局应办事件：

（一）议决本省应兴应革事件。（庶政）

（二）议决本省岁出入预算事件。（财政）

（三）议决本省岁出入决算事件。（财政）

（四）议决本省税法及公债事件。（财政）

（五）议决本省担任义务之增加事件。（财政）

（六）议决本省单行章程规则之增删修改事件。（法律）

（七）议决本省权利之存废事件。（法律）

第二十五条　第二十一条所开第一至第七各款，除第二、三款外，谘议局得自行草具议案。

第六十二条　本章程未尽事宜，得由各省谘议局议具草案，呈由督抚咨送宪政编查馆会同资政院核议办理。

依右之条文，可略分议案为三种，即第一庶政，第二财政，第三法律。是此即本处预备议案之范围也。关于预备议案纲要，俟后续订。

第三节　组　织

第三条　本处组织预备议案，分调查、编制二部，调查、编制规则如左：

（一）调查部规则

（甲）调查之分类。本议案调查分普通、特别二种。凡调查不指明何种事项，是为普通调查；遇有特别问题，得派专员，必指明何种事件，是为特别调查。

（乙）调查之手续。先由省会入手，以次推及各府厅州县。

（丙）调查之方法。以通信为主。凡本省人民与本省利弊均有密切关系，遇有一切应兴应革之建白，悉宜函寄本处，藉收群策群力之效。

（丁）调查之助力。凡本省调查局、财政局、巡警局、学务公所、教育会、商会及各种社团，由本处邀其允许联络调查，以补本处所不及。若认为必要时，并由本处向各局所调取章程、规则、表册等，以资补助。

（二）编制部规则

（子）编制之种类。编制分庶政、财政、法律三项，均分门编（蓁）〔纂〕，以供议员取材。

（丑）编制之方法。凡调查事件，登录编辑簿外，须另订详细表格，以资参考。

（寅）编制之印刷。凡编制调查各案，由总办、局长核定后，可印刷报告，以便公同浏览。

第四节　研　究

第四条　本处原设研究会，总、副参议并研究员每周间一次，准于星期日下午三钟行之。关于预备议案有研究时，亦于此时行之，是为通常会议。至有特别问题发生，由局长临时招集，是为特别研究，以收集思广益之效。

第五节　附　则

第五条　本章程系暂定简章，如有疏漏未尽事宜之处，可临时会议酌改，以臻妥善。

《晋阳公报》，宣统元年五月十九日（1909年7月6日）

山西谘议局筹办处预备议案纲要

关于预备议案，事体重大，头绪纷繁，倘不先举大纲，仓猝着手，便涉凌乱。兹先将议案分庶政、财政、法律三大纲列举如左，以便逐渐调查，择要预备。

第一，庶政。庶政范围甚广，凡本省应兴应革之事，无不统括于庶政之内。中国向来有官治而无自治，浑言庶政，似与官治混淆。兹所谓庶政，只就自治一方而言，凡不隶于官治者皆属之。

（甲）教育

（一）全省各学校　（二）普及教育　（三）改良私塾
（四）筹办简易识字学堂　（五）教育会　（六）劝学所
（七）宣讲所　（八）图书馆　（九）阅报社
（十）其它关于教育之应兴应革事件

（乙）实业

（一）垦荒　（二）森林　（三）矿务　（四）蚕桑
（五）棉业　（六）纺织　（七）畜牧　（八）农业
（九）工业　（十）商业　（十一）水利　（十二）银行
（十三）其它关于实业之应兴应革事件

（丙）公益

（一）救荒　（二）清乡　（三）义仓　（四）消防
（五）恤嫠　（六）育婴　（七）救贫事业
（八）其它关于公益之应兴应革事件

（丁）卫生

（一）戒烟局　（二）医学堂　（三）医院　（四）卫生试验所

（五）传染病研究所　（六）公园

（七）其它关于卫生之应兴应革事件

（戊）交通

（一）铁路　（二）电线　（三）邮便　（四）驿站

（五）道路　（六）桥梁

（七）其它关于交通之应兴应革事件

（己）风俗

（一）节省婚丧等费　（二）戒溺子　（三）改良赛会演剧

（四）严禁淫祀邪教　（五）禁赌博　（六）戒游民

（七）天足会　（八）其它关于风俗之应兴应革事件

第二，财政。财政不外收入、支出两部。中国财政向无国家、地方之分，若欲强为分别，究以何者为标准，是亦不易解决之问题也。兹姑以其收支之关于官治者属国家，关于自治者属地方。对于谘议局章程第二十一条第二、三款虽无提案权，然亦不可不略知其梗概，以便议决。

（甲）收入部

（子）国家收入

（一）地丁钱粮　（二）盐课　（三）厘金　（四）关税

（五）田房地税　（六）各种杂税　（七）官本生息

（八）官有财产之收入　（九）官营业之收入

（十）其它一切国家之收入

（丑）地方收入

（一）亩捐　（二）盐捐　（三）烟酒捐　（四）斗捐

（五）各种附加税　（六）公本生息　（七）公共财产之收入

（八）公共营业之收入　（九）其它一切地方之收入

（乙）支出部

（子）国家支出

（一）行政经费　（二）军事经费　（三）全省各级衙署经费

（四）中央指拨摊派各款　　（五）各省指拨摊派协解各款

（六）其它关于国家经费之一切支出

（丑）地方支出

（一）教育经费　（二）铁路经费　（三）矿务经费

（四）警察经费　（五）农工商业各经费

（六）其它关于地方一切经费

第三、法律。我国立法、行政向未分立，法律亦统括于行政之中，故无所谓立法事项。兹特就与法律有关系诸事务约略举之，以示其例：

（甲）庶政。例如关于教育、实业、公益、卫生等各种章程规则及惯例。

（乙）财政。例如关于国家与地方之财政收入、支出各种章程规则及惯例。

以上各端略具纲要，提案时须细分子目，详为调查，所有疎漏未尽事宜，临时酌改，以期完备。

《晋阳公报》，宣统元年五月十九日（1909 年 7 月 6 日）

二、筹办选举

山西巡抚宝棻奏筹设谘议局并附设自治研究所情形折

光绪三十四年七月初三日（朱折）

山西巡抚奴才宝棻跪奏，为遵旨创办谘议局并附设自治研究所事宜，恭折仰祈圣鉴事。

窃光绪三十三年九月十（二）〔三〕日奉上谕：钦奉皇太后懿旨，于京师设立资政院，各省亦应有采取舆论之所，俾其指陈本省利弊，筹计地方治安，并为资政院储才之阶。著各省督抚在省会速设谘议局，慎选公正明达官绅创办其事等因。钦此。又准资政院咨开：谘议局事关重要，其详细章程若由外定，恐难画一，此时应先设局所，俟由院拟定草章咨商各省议妥后，奏请颁布等因。仰见朝廷俯顺舆情，实行立宪之至意。

窃维法治之国首重宪政，而宪政之成立，有中央立法以集统一之主权，又有地方议会以采国民之舆论。今日各省谘议局之设，为地方上级之议会，凡上承顾问，下衷群言，皆属应尽之责任，关系至为重要。奴才奉命以来，即思早日兴办，惟以官绅集议，为近日创行之事，必须格外慎重，方能历久无弊。当于省中司道大员及在籍绅士悉心考查，遴得现任藩司丁宝铨，学识优长，洞明时局，去岁议结福公司矿约，利归本省，绅商学界诸人同声爱戴，当委为该局总办，专任统筹事宜。又在籍翰林院检讨梁善济，乡望素孚，热心公益，前在日本学习法政，于彼国法制多所考究，当延为该局局长，预备选举事宜。旋由藩司丁宝铨督饬开办，议拟谘议局创办所简章，分部设课，选任员绅，大要以养成谘议人员为宗旨。奴才详加考核，尚属周妥，即于六月十三日先行开局试办，仍俟奉到资政院详细章程，参以地方习惯，即当切实举办，以为开集国会之预备。至于地方自治事宜，与谘议局性质最近，附设尚为相宜，应遵上年八月二十三日懿旨，慎选通省合格士绅详细研究，融会讲贯，使知选举行于乡里，远师周礼闾比之规，治安责之地方，近采欧美富强之政，将来在局员绅能否资格日臻完全，仍应随时分别考察，董劝兼施，庶员绅群晓然于宪政为立国之精神，不至重私德而轻公益，于以仰副朝廷孜孜求治之至意。

所有遴员开办谘议局及附设自治研究所缘由，除将拟定开办简章咨送宪政编查馆、资政院外，理合恭折具陈，伏乞皇太后、皇上圣鉴。

再，该局开办常年一切经费，已饬司局筹备，应请准其作正开销，合并附陈。谨奏。

故宫博物院编：《清末筹备立宪档案史料》，中华书局1979年版，第684—686页

谘议局详请抚宪通饬各属速设自治讲习所并奉到批示文

为详请示遵事。窃照案蒙奉旨创设谘议局并附设自治研究所，业将创办事宜先行预备在案。惟是刱办伊始，选举为重，其选举之法头绪颇繁，非毫无所研究者所易办理，而一年期限为时甚促，自应通饬各属速设自治讲习所，以预备实行选举事宜。凡有选举监督之责者，各延请法政毕业生一人，开设自治讲习所，选择区域内之有选举及被选举资格人员入所听讲。其简章及课程由局中拟定，三月卒业为一班，暂以三班为率。第一班自本年九月起，十二月止。俟第一班毕业后，明春即可办理选举。所请曾学法政人员，不必限定本籍，凡属本省官绅，均可自由选订，以免阻碍。其最僻瘠苦州县，筹款实系艰难者，准其会商，合并办理。并拟订简章十一条，开具清折，详请宪台察核。可否就近通饬各厅州县遵照办理，抑径由本局札行各属速设之处，伏候批示祗遵，为此备由，呈乞照详施行。

批：地方自治，事属创始，诸无模范，非先行设所，将一切宪法、选举法等项逐一研究讲习，必致临时茫无措手。来详所请，系为养成普通自治人才起见，章程亦简易便行，已如详径行通饬各属一体遵限筹办，并令将办理情形及成立日期分报本部院暨该局矣。仰即知照。缴。折存。

《晋阳公报》，光绪戊申年八月十三日（1908 年 9 月 8 日）

谘议局照会各属教育分会协同地方官调查选举事宜文

为照会事。选举课案呈，前蒙抚宪札开，奉旨各省设立谘议局，复经宪政编查馆会同资政院奏准谘议局并选举各章程，奉旨通行在案。查选举事宜，关系重要，以期立地方议会之始基，业经本局拟定选举登记简章表式，通饬各属督饬员绅举办，亦在案。惟是选举人数，事关奏案，自奉文之日起，限三个月内一律办齐，呈送到局，汇齐后转详抚宪，按照选举人数分配各处职员名额等因。本局遵照定章，克期举办，但期限紧迫，少纵即逝，又恐各府厅州县事务烦冗，辖境辽阔，骤俾以调查责任，难免延迟疏漏之处。贵绅桑梓所在，义不容辞，合将奏定谘议局并选举章程及拟订选举登记简章暨表式照会贵所、贵会、贵学堂员绅，协同地方官迅速遵章认真举办，依类填入，务于三个月内一律办齐，送来本局，以便转请抚宪通筹分配。勿延勿漏，望速施行。须至照会者。

《晋阳公报》，光绪戊申年九月廿三日（1908 年 10 月 17 日）

谘议局通饬各府厅州县详送选举人名表册文

为通饬事。选举课案呈，宪政精神基于议会，国民资格首重选举，此一定不易之理。从前迭奉谕旨，通饬各省设立谘议局，近复经宪政编查馆会同资政院奏准谘议局并选举各章程，亦经奉有明谕，遵行在案，以期地方议会之始基，为将来国会之预备，关系至为重要。惟原奏谘议局章程第十二章第六十二条称，本章自奏准奉旨文到之日起为施行之期等情，是此章程奏准之日，即应为各处预备之日，奉旨文到之日，即为各处实行此章程之日。又原奏议员选举章程第十四条，每届选举年限，以是年正月十五日为初选日期，三月十五日为复选日期各等情。期限迫促，少纵即逝，应如何急起直追，计日程功，方无负预备之责任。又查选举章程第三章第六十七条，复选当选人为谘议局议员，其各复选区应得议员若干名，每届由督抚按照各该复选区选举人名册总数，以全省议员分配【之】。又第六十八条，复选当选人分配之法，由督抚于各复选区选举人名册报齐后，按照名册以该省议员定额除全省选举人【总】数，视得数多寡，定若干选举人得选出议员一名，再以此数分除各复选区选举人数，视得数多寡，定各该复选区选出议员若干名等语。是此时应急举行者，莫要于预备选举一事。本局前曾面禀抚宪，蒙准预备一切，已通饬各该厅州县开办自治讲习所，以养成自治人材在案。兹特遵照宪政编查馆、资政院会奏谘议局各章程，为将来选举预备，制成表册，前列简章，分别颁发，专为调查选举人数起见。仰该某督饬所属员绅，按照前列简章，分区举办，依类填入，务期认真，勿稍疏漏。俟各区办理已讫，为便利起见，一面申报复选监督，一面即径行详送本局，由本局汇齐察核后，转详抚宪，按照选举人总数，分配各处议员名额，以符定章。即将调查表册留副本一份，以为造具该某选举人名册底本。事关奏案，自奉文之日起，限三个月内一律办齐，呈送到局。仰即遵照，勿得稍有迟延。切切。此札。

《晋阳公报》，光绪戊申年九月廿六日（1908 年 10 月 20 日）

抚宪通饬各属筹办选举并自治讲习各事文

为通饬事。照得各省谘议局钦奉上谕，自奉到章程之日起，限定一年内办齐。扣至明年秋间必须成立，此时入手，应先由各属选举议员。查宪政编查馆会奏选举议员章程，有选举权与被选举，无选举权与停选举，各有一定资格程式。各属非先将阖境人氏澈底调查，逐一注册，将来凭何依据。综计此十数月内，由各厅州县调查注册，办理初选举，再由各府直隶厅州办理复选举，头绪纷繁，兼之事属初创，绅民尚未练习，即使振作精神，勇往直前，尚虑日不暇给，乃章程早已通颁，各属大率观望迁延。即如前据谘议局筹办处请设之自治讲习所，为研究自治原理及选举等项方法，最系要举，原定本年九月即应开课，现在九月已终，报道遵办者甚属寥寥。如此不知缓急，将来必致贻误，本部院深为焦灼，特再谆切告诫各属，应将此项自治讲习所首先遵照通饬章程，克期筹设，择一邑中之年齿、资望较合，或素充乡董、社首等人，一体入所，将自治、选举等事切实考求，一面多设宣讲所宣告简明办法，以植其基。至一切选举大纲，奏定章程内已备载，现又商准谘议局筹办处，将一年期内何事应于何时办成，分期排定清单，由处通颁。各属尤当迅速挨次预备，依期告成。须知此举实朝廷使国民与闻政事基础，即立宪之钤键。一年期限又出自钦定，届时一律开办，晋省既不能独后，又岂能为一邑悬待。即以权限论，各厅州县为初选举监督，各府直隶厅州为复选监督，章程开载甚明，责任初无旁贷，亦决不容稍涉延宕，畏惧苟安。以上所告亦既明切详尽，各属怵于利害，当能知所注意矣。然疲玩已成积习，材力亦高下不同，难保无迟逾情事。应即责成各道考察所属各府直隶厅州，各府直隶厅州考察所属各厅州县，嗣后凡关选举事宜，务各按照谘议局筹办处所发清单，将本期内应行预备之事，随时尽力严催，派员查察。果能办理迅奋，诸臻妥洽，自当择尤禀请奖励。倘所属竟有漫不经心、毫无布置之处，务当先期禀请撤换。如至临时贻误大局，本部院尚不能当此重咎，何况各属。惟有秉公，一并从严惩处，后悔莫及也。

《晋阳公报》，戊申十月十三日（1908年11月5日）

谘议局筹办处拟定选举并自治研究期限清单

本处成立。（六月十三日）

本处详请抚宪发各厅州县设立自治讲习所并章程。（七月二十一日）

本处详请抚宪派员赴津调查选举、自治事宜。（八月初五日）

本处发各厅州县保送自治研究所学员并章程。（九月初一日）

本处发各厅州县举办选举调查事宜。（九月初五日）

本处发各厅州县劝学所、教育分会、高等小学堂员绅协同调查选举事宜。（九月十三日）

本处发各厅州县奏定谘议局章程并自治讲习所课本。（九月十七日）

本处详请抚宪派员赴归化各厅催办选举事宜，并改任归绥道为复选监督。（九月二十三日）

本处催各厅州县发初选告示，末附调查表，张贴城镇乡各处。（十月初十日以前）

本处发给催办员公文并催办通则、调查须知、调查手续于各厅州县。（十月十五日以前）

本处发选举人名簿、投票纸、投票匭、初选当选人执照、得数清单各式于府厅州县。（十月二十五日以前）

催办选举期间。（十一月）

本处发投票所、开票所通则于初、复选监督。（十一月内）

催办员报到各厅州县调查情形事件。（十二月十五日以前）

各厅州县选举人名册告成。（正月初一日）

各厅州县宣示选举人名册。（正月初六日）

选举人发见错误，呈请更正。（正月十五日以前）

各厅州县判定选举人名册。（正月二十日以前）

各厅州县自治研究学员齐集省垣。

各厅州县申送确定选举人名册于抚宪、筹办处、复选监督。（二月初十日以前）

本处开办研究所。（二月内）

抚宪按选举人名册总数分配议员额数期间。（二月二十五日以前）

抚宪发议员额数于各府直隶州，并将确定选举人名册咨报民政部。（闰二月十五日以前）

复选监督据议员额数分配初选当选人数期间。（闰二月二十五日以前）

复选举监督须发初选应出当选人额及初选投票纸于各初选监督。(三月初一日以前)

初选监督筹定投票所、开票所地址，保荐投票、开票管理员及监察员，并造具选举人名册，申报复选监督，兼酌定投票、开票办事细则。(三月初五日以前)

初选监督分交投票纸、投票匦、投票簿于各投票所。

行初选举。(三月十五日)

投票管理员送投票纸于开票所，并报投票情形于初选监督。(三月十八日)

开票并榜示初选被选人姓名、票数。(三月十九日)

开票管理员、监察员具报开票情形，附送票纸于初选监督。(三月二十日)

初选监督知会初选当选人。(三月二十五日以前)

初选不足额时行再选举。(三月底)

初选人呈明情愿书于初选监督。(四月初五日以前)

初选监督榜示初选当选人姓名、职衔，给与初选当选人执照，并申报复选监督。(四月初十日以前)

各复选监督张贴复选举告示，并发所属厅州县张贴。(四月二十五日以前)

本处发复选举投票纸、议员执照于各府直隶厅州。(五月初一日以前)

复选监督会造复选举人名册及投票簿。(五月初五日以前)

复选监督派定复选管理员、监察员。(五月初十日以前)

复选监督酌定投票所、开票所办事细则。(五月二十日以前)

本处行第一学期自治研究学员试验。(五月内)

初选当选人齐集复选举区。(六月初十日以前)

行复选举。(六月十五日)

投票管理员、监察员送投票匦，并报投票情形于复选监督。(六月十六日)

开票并榜示复选当选人姓名、票数。(六月十七日)

开票管理员、监察员申报开票情形，附送票纸于复选监督。(六月十八日)

复选监督知会复选当选人。(七月初一日以前)

复选不足额时行再选举。(七月初五日以前)

复选当选人呈明情愿书于复选监督。(七月初十日以前)

本处行第二学期自治研究学员开学。（七月内）

复选监督榜示复选当选人姓名、职衔，给与议员执照，并申报抚宪及本处。（七月二十日以前）

抚宪咨报议员姓名、职衔于资政院及民政部。（八月初一日以前）

议员齐集省垣。（八月初十日以前）

互选议长、副议长、常驻议员。（八月十六日以前）

预备议案及酌定议事规则。（八月底以前）

抚宪亲自莅局，行开局式。（九月初一日）

《晋阳公报》，光绪戊申年十月十九日（1908 年 11 月 12 日）

谘议局筹办处催各属办初选告示并期限清单调查手续须知文

为通饬事。案查宪政编查馆、资政院会奏谘议局议员选举章程第四节第二十八条，初选监督应于该选举期三个月以前颁发选举告示，其应载事项：一、初选日期；二、初选投票区、投票所及开票所地址；三、投票方法，均须先事预备，以免临时张皇。其颁发告示之末，宜附调查选举表式，俾张贴城镇乡等处，可以早为周知。至告示颁发，应由初选监督拟定，但本处因事经创办，各属恐未熟谙，特拟选举告示草式，随札发给，以凭参酌。又查奏定谘议局章程第十二章第六十一条，本章程自奉旨文到之日为施行之期，是期限迫促，断不容缓。倘届明年九月，办理一切或有未备，孰能当此重咎。本处采择各省办法，决遵定章顺序，酌量本省情形，稍为变通，拟定筹办选举期限清单，呈请抚宪核准颁行，则各属有所依据，庶不至于贻误。再，查调查选举资格、开办自治讲习各事，前经本处先后通饬在案。现今阅时已久，而各属办理有绪者殊不多见。本处惜已逝之光阴，积无穷之希望，深愿各该厅州县相助为理。因复详请抚宪一面通饬各属速办调查、讲习各事，一面由本处照会各属议员，公推资望素著之士绅充任本处催办员，分行各厅州县，以便守催而资顾问。其一切车马费用，除在籍绅士担任义务外，概由本处致送，各该厅州县无庸发给。札到即仰该【某】按照文内事宜，速行遵办，毋得观望迁延。切切。此札。

计发期限清单、初选告示式、调查手续、须知各一份。

《晋阳公报》，光绪戊申年十月廿三日（1908 年 11 月 16 日）

初选告示草式

某厅州县全衔为出示晓谕。照得选举一法，始于虞时之载采，周时之宾兴，原使国民得与闻政事，以宣上德而通下情也。近百年来，东西国亦皆于议院制度力求美备，公民之称遍于寰球。我朝远宗三代，近采列邦，知选举之法之急宜举办，首颁立宪之诏于天下，薄海人民久深感奋。本年六月二十四日复降谕旨，饬各省设谘议局，限一年内成立。定议员选举法，颁示全国，准由合格人员照章选举。凡在率土，同沐恩纶。本某身为公仆，又膺初选监督之任，仰承列宪于选举事宜殷殷诰诫，自应恪遵定章，悉心筹划。所有一切选举办法，随时按照谘议局筹办处所定选举期限清单，如期办理。至急应先为宣示之事，如初选举日期、初选投票匦、投票所及开票所、投票方法并选举调查表，皆列于后，以便周知。凡尔合格绅民，亦应存心忠爱，毋事哗嚣，须知初选以后即行复选，被选者为议员，便是尔民之代表，何等责任，可勿勉旃。仰尔绅民人等一体知悉，毋违。特示。

计开：

一、初选举择于某年某月某日举行。

二、初选投票所以本管区域共分若干区，每区设投票所一所，在某区某处初选，开票所设于某处。

三、初选投票方法分八项如左：

甲、投票人以列名本属投票所之投票簿者为限。

乙、投票人届选举期，应亲赴投票所自行投票，不准雇人代理。但按本省情形，如有被选资格不能到所者，准其被选。

丙、投票人应在投票簿载本人姓名项下签字毕，方准领投票纸。

丁、投票人每人只准投票纸一页。

戊、投票用无名单记法，每票只准书被选举人一名，不得自书姓名。

已、投票人于投票所内，除关于投票事宜得于职员问答外，不得涉及私言，并不得与他人接谈。

庚、投票完毕后，投票人应即退出，不得逗遛窥伺。

辛、投票人倘有顶替及违背定章等事，管理员及监察员得令退出。

《晋阳公报》，光绪戊申年十月廿三日（1908年11月16日）

谘议局筹办处详抚宪文并批

为详请派员催办并改任复选监督事。窃照办理晋省选举，必先统筹全局，始能计期划一。查本省各属，惟归绥十二厅僻在北方，区域散漫，道路修长，非选派专员前往催办，恐届初选举期限未能一律。兹查有本局选举课员王彰善，素于北路情形在所深悉，拟请派充是任，即着该员于年内十月前往各厅，限至明年二月，为时半载，谅可一律完备。至该员所需公费，应由局中酌量给发。是否有当，祇请钧裁。再，查宪政编查馆会奏选举章程第二节选择区域第二条载，直隶厅无属县者以附近之府为复选区。若归绥十二厅，地方之面积既广，而府如大同、朔平附近者只一二处，余则远或数百里，或将千里，使概以附近府为复选区，势极困难。且归绥十二厅历来办事均以距近之归绥道为上级官厅，使舍最亲最近之上级官厅而就疏远之府，于情事尤属不合。故揆诸晋省十二厅情形，虽原章无以道为复选之明文，而量为变通，以归绥道为十二厅复选监督，理似正当。

惟此项复选监督，须恳由宪台酌量改任情形，札知归绥道，使之担任，并请咨明宪政编查馆，以备查照，庶于晋省全局选举事宜大为裨益。所有详请各节，相应祇候宪台察核批示。为此备由，呈乞照详施行。

抚宪批：查各属自治讲习所与选举事宜，业经本部院严札饬催。归绥所属各厅僻在省北，自非派员专催，届期恐难一律告成。既称该筹办处课员王彰善深悉北路情形，应即如详，由处札委，克期驰往守催，务令各厅如期完备，不得稍任迟逾。至口外十二厅，向归归绥道直辖，附入大、朔二府诸多未宜，所议归绥道为复选监督，使之担任复选举事宜，甚属正当。已分咨宪政编查馆、资政院查照备案，并札饬归绥道遵办矣。仰即知照。缴。

《晋阳公报》，光绪戊申年十月廿六日（1908 年 11 月 19 日）

谘议局筹办处照会各处催办员文

为照会事。照得本处因筹办选举及自治讲习等事悉关要政，未便任各属久为耽延，特详明抚宪，除省内僻远之区须派专员前往催办外，其余各属即由各区议员公推在籍士绅作为本处催办员，分催办之责，以期迅速而免贻误。已蒙抚宪严札各属，应将此次自治讲习所首先遵照通饬章程克期筹设，并一面多设宣讲所，宣告简明办法，以植其基。至一切选举大纲，奏定章程内已备载。现又商准谘议局筹办处，将一年期内何事应于何时办成，分期排定清单，由处通颁各属，尤当迅速挨次预备，依期告成。如至临时贻误大局，本部院尚不能当此重咎，何况各属，惟有秉公，一并从严惩处等因在案。是各区分派催办员用资赞助，尤为现在当务之急。兹悉贵绅义务热心，素洽乡望，即就贵所属协同地方长官速行催办，则选举及自治讲习事宜自必渐臻完备。所属催办通则、期限清单等件，合亟随文件移送，务望于文到之日，迅将文内应办各事核实办理，并将各办情形于十二月十五日以前一律详报本处，以备查考。为此照会贵绅，希即知照，望速施行。计移送期限清单、催办员通则、调查须知、手续各一份。

《晋阳公报》，光绪戊申年十一月初六日（1908年11月29日）

各属催办员姓名

阳曲县李绅友莲
太原县张绅成
榆次【县】康绅慎徽
太谷县孙绅丕基
祁县戴绅骥德、武绅荣光
徐沟县戴绅联祥
交城县张绅德新
文水县成绅华
岚县王绅吉士
兴县孙绅厚绥
岢岚州雷绅溥霖
清源县李绅保辅
临汾县亢绅【良】弼
洪洞县王绅云青
曲沃县仇绅元瑞
翼城县张绅文衢
太平县贾绅鸣梧
浮山县张绅继枢
襄陵县韩绅仰斗
岳阳县张绅文铭

吉州葛绅映熏
霍州任绅鸿钧
赵城县王绅鸿顺
灵石县张绅茂庭
汾西县阎绅懋德
长治县裴绅清泰、王绅鹤鸣
长子县杜绅佐棠
襄垣县苗绅雨润
黎城县乔绅世英
屯留县李绅承熙、王绅廷弼
潞城县申绅长松
壶关县贾绅荣科
永济县姬绅步瀛
万泉县李绅敬伦
荣河县徐绅焕林
临晋县许绅上林
猗氏县王绅维桢
虞乡县王绅丙南
蒲州区总催办员许绅鉴观
绛州区总催办员杨绅兆泰
神池县、五寨县、偏关县刘绅棫
宁武县张绅炳堂
泽州区白绅秉昌、郭绅象恒
解州袁绅履泰、李绅赞襄
安邑县裴绅宗楷、吴绅绍祖
夏县李绅静、任绅济霖
平陆县张绅志庄
绛州朱绅郁檽
稷山县薛绅焕章

芮城县兰绅荫亭、许绅捷

河津县赵绅文敏

闻喜县张绅广汉

汾阳县、石楼县、宁乡县、临县、永宁州等处催办员刘绅天成

绛县史绅际云

垣曲县张绅人骐

平遥县阎绅晋郛

介休县贾绅子勤

孝义县杜绅唐鉴

大宁县、蒲县郭绅瀛

隰州王绅嘉会

代州孙绅指南

崞县兰绅均

五台县张绅伦

繁峙县刘绅采藻

沁州区李绅华炳

河曲县杨绅焱林

保德州杨绅秉佺

平定州乐平乡郭绅士璜

盂县李绅崞龄

寿阳县李绅华城

平鲁县郑绅维辅

右玉县王绅者聘

朔州席绅嘉言

左云县魏绅倬

辽州赵绅廷璧

榆社县李绅好德

和顺县杜绅元善

《晋阳公报》，光绪戊申年十一月初六日（1908 年 11 月 29 日）

山西谘议局筹办处详请抚宪询电宪政编查馆定章内各条

（甲）选举资格中，办理学务及其它公益满三年以上，著有成绩者，三年之期当继续计，抑可间断，合前后计？学务、公益两项可否合计？成绩又以何为标准？

（乙）中学同等之学堂，如法政、师范讲习、简易等科是否在内？

（丙）曾任实缺职官，实缺是否对虚衔与候选、候补者而言？曾任二字范围是否包署任在内？

（丁）五千元营业资本及不动产两项可否合计？

（戊）按章程，初选投票人须亲到所自行投票，而于投票被选人尚未有亲到之限制。可否于投票人遵章亲到，被选人虽不到亦准被选？

（己）按贵馆答江宁丁项内，复选被选人本无人名册，自可不拘。是否复选被选人不限于初选被选，凡于复选区内合格者皆得被选？

宪政编查馆复准。复称：咸电悉。所询各条核复如后：（甲）师范简易科办理学务及公益两项不能合计。著有成绩，学务以合于寻常劳绩保奖之例，公益即以继续三年并无遗误为标准。（乙）师范简易科，如系照学部定章二年以上毕业，得有文凭者，可视为中学同等之学堂。其法政讲习科，如系一年半毕业者，亦可照准。惟师范传习所仅一年以内毕业者，不得援以为例。（丙）实缺职官对虚衔与候选、候补者而言，曾任二字包署理及代理在内。（丁）五千元营业资本或不动产得合并计算。（戊）被选举人本可无庸亲到，其票均为有效。（己）复选被选人不以初选被选人为限，凡于复选区内合格者均可当选。即希转饬遵照。宪政编查馆。哿。印。

《晋阳公报》，光绪戊申年十二月初三日（1908年12月25日）

谘议局详请抚宪文

为详请事。窃查晋省办理选举事宜，除饬各属依限筹备外，业将关于选举各项章程等件详请宪台咨送绥远城将军，并由本处移会太原右卫城守尉，先后各在案。兹因选举期间转瞬即来，按照谘议局章程第二条第二项载，各省驻防得于该省议员定额外，每省暂设专额一名至三名，其名数由各督抚会同将军、都统定之。又议员选举章程第一百八条载，各省驻防专额议员之数，视该省驻防旧日取进学额全数，在十名以内者设议员一名，二十名以内者设二名，二十名以外者设三名，由各省督抚会同将军、都统定之。是本省驻防专额议员额数，应预为核定，以便后日之选举。相应详请宪台酌核，分别咨札各驻防，视旧日取进学额名数，拟定专额议员名数，期无延误而符定章。所有详请咨商绥远城将军并札太原城守尉，遵章拟定专额议员额数缘由，详请宪台察核。为此备由，呈乞照详施行。

《晋阳公报》，光绪戊申年十二月初六日（1908 年 12 月 28 日）

谘议局筹办处详报抚宪半年筹办情形文

为详报事。窃照前蒙宪台札开，准宪政编查馆咨开：各省设立谘议局，事关重要，自应设局创办。其详细章程，俟厘定就绪，即当奏请颁行，以资遵守等因。遵即遴选士绅，分课制事，并由各区选派议员，拟定创办所章程二十一条，附设自治研究所，以预备将来之议员，当于本年五月初十日呈蒙批准，并颁发刊成木质关防到局，以凭开办。又于本年七月十四日，奉宪台札开：照得本部院于光绪三十四年七月初三日具奏遵旨遴员开办谘议局，并附设自治研究所一折，兹于初九日钦奉朱批：该衙门知道。钦此。合亟恭录札知等因。蒙此，嗣又于八月初七日奉宪台札：准宪政编查馆咨开：本馆会同资政院具奏拟定谘议局章程及议员选举章程，并声明现在谘议局尚未成立，各省应就省会地方先行设立谘议局筹办处，所有各省现设之谘议局应一律改称谘议局筹办处等因。蒙此，并将章程颁发前来。遵即将原设之谘议局创办所照章改为谘议局筹办处，均已先后详明在案。兹因开办将及半载，溯自本年六月十三日开局至十二月初一日，所有筹办各事，应援照每届六个月将筹办成绩咨报宪政编查馆查核之例，依次胪列，敬为我宪台缕晰以陈。

伏念谘议为立宪之要素，选举关人民之特权，自非先事筹办，则手续烦重，未易动合秩序。查奏定正章，各省谘议局限一年成立，时期迫促，基础毫无，筹办尤属甚难。然晋人素称朴愿，近年【风】气渐开，凡新政颁行，苟知其实有裨于家国，皆奋起猛进，不遗余力。重以宪台时加提示，于筹办谘议局一事，特严札各属，申明赏罚，实力奉行。在地方官厅，亦知斯举之不可缓，纷然集绅开议，期于必办。故数月以来，晋省预备立宪之气象顿觉一新。而在筹办伊始，办法必求其美备，又特派遣专员前赴天津，参观直隶最完善之谘议局筹办处、天津之自治局董事会、议事会，务期综核名实，划分权限，以资晋省之仿效。是筹办进行各手续，亦几费研审矣。

窃维谘议局为预备立宪而设，筹办处又直接预备谘议局而设，谘议局重要之点在选举议员，是筹办处最急宜先办者，亦在选举议员。有议员而谘议局始可成立，有选举而议员始可发见。乃揆诸晋省现在之情形，筹办选举有不免窒碍者，厥有数因：晋省地南北袤长二千余里，本各自为风气，加之山河逾越，不利交通，道路往来，行辄累月。于此而欲家喻户晓，使不费时日皆可周知，一难也。捐输一项，晋民负担为最重。当选举资格初事调查，乡老村农不知为何如事，惟恐蹈向日富户之捐，遂有宁甘抛弃权利而不愿为地方行政官厅所查悉者，则调查无从确实，二难也。晋省财政，近以入款渐少，出款骤增，无策补苴，虽聚多数之金钱为选举费用，一谋扩张，上下之力，皆成弩末，三难也。有此三难，欲一旦解决之，再四计虑，惟有先使一般有选举资格人民胥明自治大意。饬各厅州县设自治讲习所，延法政毕业者为教员，招集有选举资格之学员，使之入所听讲，并可随意设旁听生一班，以广传播。定三个月为一毕业期，连招三班，期于各处皆有数十人明晰自治，则地方公益有人为之图谋，推而公民选举亦必乐于从事，所生种种困难之原因，自无难于解决矣。而犹虑三月毕业，课本难于完善，特由本处选印五项课本分发各属，文取其简而明，事取其确而当，但使通晓大义，以预备选举办理之确实而止。其在普通人民，僻居乡隅，势不能入所讲习，而群愚难晓，谣议滋多，选举前途不无疑阻，于是又饬各厅州县设宣讲所，并由本处编定白话宣讲集，分（拟）〔发〕各属，择能操土音、稍明法理之宣讲员分区讲演，期在普及，庶特别与一般之人民由讲解自治而发起自治行政之思想，尽知选举之权利不可抛弃，争为奋勉，以保公权。此筹办入手之大概情形也。

各属之选举既渐布其基础，而本处为内省筹办总汇之地，不可不详加研究，因势利导，遂于本处设筹办研究会，以全晋在省之绅商学界组成之，复旁及省外之素有资望者，相与函商。凡关于调查资格、选举议员以及预备后日之正式谘议局成立应议各件，每日共同研究一次；其有例行事件，每星期研究一次。研究既悉，再加审核，依次颁行，谅可综贯群情而无贻误。惟是谘议局之议员，实行代议士制也，非学焉则不明，非共为学焉，则于全省之利弊亦未能交相灌输而底于善，则代议士之名究无实际。是以本处又附设自治研究所，以养成代表舆论与办理地方自治之人格。故其学员由各厅州县选择学行兼优、品望夙著之绅衿，于明年正月保送到所肄习，授以较深之学科，延聘究心法律讲员以为讲解，并于本处附近设寄宿舍，隆其待遇，即以重其人格。其名曰自治研究所者，非筹办处兼筹办自治也。立宪之事，千端万绪，而皆基于地方自治。立宪国一曰法治国，自治即法治之肇端，故有自治之人材，斯有代议士之人材，未见有举动野蛮而以负有选举资格，遂足充代议士而胜任者。且代议士而不明自治，驿骚议场，持论轻率，虽有议事之规则足以取缔，然知之已晚，成效无多，则何如研究于先事，俾顾名而兼使思义。此筹办本处之研究会与养成议员之自治研究所之大概情形也。

至对于各属之陆续筹办情形，除通饬设立自治讲习所、宣讲所，为初选举之预备外，宜先举办者，首在调查选举资格。选举资格共分五项，而又有不得有选举及被选举权之八项，停止选举及被选举权之五项，有选举权而停止被选举权之一项。条文烦密，各属事经初创，虑或未周，于是发各属调查选举人名表式、调查须知、调查手续，使调查有所依据，自不觉为烦难。又虑各属调查，襄办无人，或有人而多退葸之意，于是发各属劝学所、教育会、高等小学堂公文，促其相助为理，实行地方应尽之义务。而初选举告示不速行张贴，人民犹未知选举之重要，亟须速办也，于是拟定告示草式，分发各属，使斟酌变通，广行张贴，俾初选各节早注重于人民之心目而临时不致有误。然选举期限清单不为拟定，办理之各项或前或后，具报参差，殊有碍初选、复选之盛举，于是拟定期限清单，分发各属，使归一律，并藉以觇其办理之勤惰。此筹办选举调查与定明选举期限之大概情形也。

自调查选举之后，即登记选举之时。登记既毕，而投票、开票之规则、投票纸、投票匦、得数清单、初选当选人执照之定式，种种要项，原应复选监督按照定章自行调制，本处全为便利各属起见，将选举人名册式并以上各种概行拟定，一以免调制斟酌之纷烦，一以期办理进行之迅速，而各属准此须行，亦不至有扞格之患矣。此筹办选举前后应用各件之大概情形也。

虽然，有治法不可无治人，在官督尤赖有乡绅。综计晋省，开通之处固多，其官绅坚守旧习、淡于地方观念者亦间有之，若不派员催办，一隅之累牵及全局，非选举实行时代之所宜有也。而派员分赴各属，往来住居之费又属不资，取诸民间已有罄瓶之告，移从帑藏更属无米之炊。于是极力筹计，询谋佥同，咸愿分任义务，在籍催办，每有以一人而兼催数处者。公益担当，倍见发达，数日之间，遂得各属催办员九十六人。而各属调查选举、讲习自治等事，亦得于年内一律告成，不至延缓。此筹办各属分派催办员之大概情形也。

现各属正在催办中，而关于选举资格解释之疑义又不可不速为电询，俾免调查之时误于附会。故前此于章程内疑义各要件，自得复电，当即刷印多张，分发各属，并将各省电询、电复之件一并摘录，通饬（遍）〔遵〕办，庶各属可少往来质问之难，而得据实以为登记。再，复选事宜虽在初选后，然举办之初，亦应预筹妥善。查晋省全境，惟归化、绥远十三厅僻在北方，占地面积极为辽阔，人民少而散处，又皆系直隶厅无属县者。若遵照定章，直隶厅无属县，以附近之府为复选区，则附近之府若大同、朔平，远或距千余里，近亦数百里，往来困难，久在意计之中；且十三厅旧归归绥道统辖，使舍习惯之上级官厅而附于疏远之二府，准诸情势，均为未洽。惟定章无以道为复选举监督之明文，此节办理甚费踌躇，因特详请宪台准为变通，札知归绥道，使之担任十三厅复选监督事宜，从此举行复选问题，谅无难于着手矣。而本省驻防专额议员，又宜从速核定，俾于本省初、复选举时一律举办也。查晋省驻防，只太原二旗尚归宪台节制，余若归化、绥远、右卫等处皆归将军、副都统及右卫城守尉管辖，（面）〔而〕其地则皆属晋境，似此项专额议员，应归晋省办理。惟三处相距非近，文移商榷，不免略费时日耳。此又因时因地筹办之大概情形也。

综上所述，由【开】局起至于催办选举并选举人名册不日告成，一切情形固已略具规模。虽遍观各属之民气，有捐助巨金设立讲习所者，有不受薪金甘任教员、调查员者；即在明习法政之地方行政官，亦有每日于政事之暇，自任讲习二三小时者。风声所树，似较前大有进步。究仍恐各属闻见不周，办法尚难尽合，本处谨当随时呈请训示，督率筹办各绅员，不惮烦劳，实事研究，并分饬各属催办员以及行政官厅一律切实遵办，毋得有违限期，致误宪政之初基。所有筹办半年以来情形，理合检同各项章程备文具申，恳求俯赐鉴核，转咨宪政编查馆、资政院查准备案。为此具申，呈乞照详施行。

计呈谘议局筹办处章程、选举期限清单、自治研究讲习所章程各一份。

《晋阳公报》，光绪戊申年十二月十九日（1909年1月10日）

山西巡抚宝棻奏胪陈筹办谘议局成绩折

奏为胪陈筹办谘议局成绩，恭折仰祈圣鉴事。窃晋省谘议局先行设立创办所，经奴才遴委布政使丁宝铨为总办，延聘在籍翰林院检讨梁善济为局长，于本年七月间恭折奏报在案。旋准宪改编查馆颁发章程，令将现设之创办所改为筹办处，当即转饬遵改，一面督率员绅参仿天津成案，熟察本省民俗，逐一布置。计自开创至今已届六个月，据该总办布政使丁宝铨详报成绩前来。奴才查目前筹办，首在选举议员，方可表见。但事当草创，官民均未谙习，现在入手必以讲解研究为始基，按照详报各节，如饬令各属设立自治讲习所，招集有选举资格之人入所讲习，并将自治浅义编成白话，由地方官派员设所宣讲，俾人人皆知自治模范。颁发调查选举人名表式暨投票规则等项，又将开办以至成立应行事件于何日齐备排定期限清单，使各属有所依据。在筹办处设立研究会，邀集同志分期研究，俾可综贯群情。另设自治研究所，由各府厅州县保送品学兼优之绅，授以较深之学科，以培养议员之知识。又恐各属临期延误，遴派在籍各绅分任催办，通饬教育各会襄助调查事宜，俾可依限举办。至办理遇有窒碍之处，不得不随时变通。如直隶厅无属县者，照章以附近之府为复选区。口外各厅均无所属，距大同、翔平两府又甚窎远，且向由归绥道管辖，察度情形，祇能以该管道为复选区。凡此各节，皆目前应行预备之事，迭据该处详覆，均经奴才先后批饬施行。惟小民可与乐成，难与图始，现地方风气未开，骤令兴办，不独民间惊为创见，难免推诿疑虑，即地方官诸未熟谙，亦将无所凭借。此时办法，惟有开民人之知识，使其互相讲习，而发起其自治行政之心思，示官吏以准绳，俾得有可率循，而仍加以不敢不遵之督责，庶几推行无阻，进步计日可期。各属选举均由该处遴派在籍各绅分任催办，独口外各厅僻处边荒，土客杂居，见闻固陋，尤少通达时事之士绅，选举更难措手。嗣后应办之事甚多，奴才自当随时督率员绅，振作精神，力求实效，以仰副朝廷期望立宪、谆谆诰诫之至意。除将详细办法咨送宪政编查馆查照外，所有筹办谘议局成绩缘由，理合恭折具陈，伏乞皇上圣鉴训示。谨奏。光绪三十四年十二月二十二日奉旨：宪政编查馆知道。钦此。

《政治官报》第四百四十四号，光绪三十四年十二月二十七日（1909 年 1 月 18 日）

山西谘议局筹办处批霍州何牧禀初选复选为难情形并管见各节请示由

敬禀者。窃维宪政之精神，本议会为发现，议会之基础，由选举而完全。现值朝廷宣示立宪，与人民以参政之权，洵千古未有之旷典，甚盛事也。虽甄采东西各国宪法，参酌以折其衷，实仍守古昔贤圣遗谟，权衡务求其当。虞廷之询事考言，夏禹之悬鼗建铎，胥是意耳。惟是事属创始，千条万绪，倍极繁难，其中几多疑义，尚待推求。本省及他省督抚宪电询各件，业奉宪政馆示复，固已了然无疑，但律以思不出位之义，卑职身为民牧，责有专归，实以复选而兼初选之任者也。何者？谘议局选举章程第四条，纵有直隶州之本管地方作为初选区者由该直隶州遴派教佐员为初选监督明文，惟州学正尚未到任，系卑职兼理，此外只有吏目一员，且已年老。此事关系重大，稍有不慎，始基一错，继起者即无从着手。此卑职所以迟迴审慎，不敢稍分畛域，以初选诿为局外事也。因而卑职兼筹统计，设身处地，再四研究，初选、复选若有窒碍难行者，谨为大人觍缕陈之。

查谘议局章程第二条，山西议员已定八十六名，以通省直隶厅十三、直隶州十、知州六、知县八十五计之，每厅州县尚不足一人之数。至选举章程第二十六条，初选当选人按照议员定额十乘之，为该复选区当选人额数，分配于各厅州县，亦（至）〔只〕八百六十人为止。虽选举人并无定数，而此初选当选与复选当选人固可递推而过预知者也。如霍州本管地方及灵、赵、共、洪四属，以理断之，大约至多初选不【过】三四十人，复选不过三四人之谱。试以初选区论，查选举章程第二十七条，初选当选人分配之法，除全区选举人总数，视得数多寡定各该初选区应出当选人若干名。又各初选区有选举人数不敷选出当选人一名，或敷选若干名之外仍有零数，致当选人不足额者，比较各初选区零数多寡，将余额依次归零数较多之区选出之。若两区以上零数相等，其余额应归何区，以抽签定之。又第五十六条，初选以本区应出当选人额数除选举人总数，将得数之半为当选票额，非得票满该额以上者，不得为初选当选人等语。遵照此二条办理，初选选举人若干得选出当选人一名，并应出当选人若干名，此固不难。所最难者，在分配零数及当选票额耳。何者？此固为当选人不足额计也。各区之有零数亦势所必至，或归较多之区，或抽签指定何区，此本一定办法。但以某区就某区，相距不过百里内外，无论仅具财产资格者，咫见尺闻，交游不广，声气不通，邻区未必周知，即有资望学识者，亦必就本区素所信服者推荐之，恐未有舍己而从人也。如仍各举所知，各不相谋，又不能必于何区内强其选举，恐必得数之半为当选票额，将初选当选人终不足额矣。况复选举章程第六十八条及第七十四条与初选办法均系一律。即以霍州而言，北界汾州，西界隰州，东南界平阳，相距均二三百里不等。无论初选当选人未必肯相就也，即功令所在，长途跋涉，义不容辞，然万难强其所不知之人迫令选举。如仍分门别户，分道扬镳，则当选票额非得票满该额以上不得为复选当选人，恐议员更无足额之时矣。以上初选、复选选举各节，空言之似皆顺理成章，实行之不免情暌势阻。言之匪艰，行之维艰，天下事类如是耳。与其临时龃龉，徒事张皇，何如未雨绸缪，详求指示。此卑职所以兼筹统计，设身处地，再四研究，见为窒碍难行者此也。

抑卑职更有请者。自来立法，本宜审慎论事，不厌详求。卑职管见，有进一解者数端，愿大人不弃葑菲，敢贡刍荛。选举之法，兹事体大，职任攸分。以情理揣测之，被选举如较选举者为重，选举者仅系保荐之人，被选举者乃议行宪法之人也。查谘议局章程第三条至第八条，其中用意微殊，所以云贵督宪电词各件有被选举资格宽于选举人之议。以卑职臆断，律以《春秋》责备贤者之义，如第三条五项资格，必兼被选举者在内，意义方为周匝，但以二十五岁、三十岁为界限耳。又选举章程第十七条，初选监督应按照选举资格详细调查，将合格者造具选举人名册，及宪政馆答江宁筹办处丁项云，初选被选人即为复选选举人，自应即以人名册内所载为限，其票始为有效。至复选被选人本无人名册，自可不拘。是明明列复选被选人于名册之外矣。卑职熟为细绎，详细调查时，既合资格均一律入册，被选举者其合格自不待言，似已搜罗无遗矣。若云姑置之以为将来被选地步，是选举议员早有定见，似亦无此情理。大约被选人总不出名册之外耳。又选举章程第十条投票、开票，监察员会同管理员办理投、开票事宜，其职掌与前二条同。第十一条，凡办理选举人员，均为名誉职，不支薪水。第十二条，凡办理选举人员，除监察员外，不得与于选举人及被选举人之数。是管理与监察，其职掌同，其不支薪水同，独至享公权则不同。所以约集各绅董，派之以管理则不应，委之以监察则乐从。人情之所不能已者，圣人弗禁，亦殊难以相强，似宜予则均予、夺则均夺为允。又选举之法，本分普通、限制二种。现在欧美各国，大都均用限制选举，惟德意志一国用普通法，然流弊甚多，国家深为所苦，屡欲改用限制，有志未逮。方今朝廷采用限制选举者，本以初行选举之际，一切办法自以详密为宜，若遽用普通制度，恐拣择未精，不无滥竽幸进之弊，故采限制法以示矜慎，用意良为深远。惟时至今日，人情谲诈，习俗浇漓，变化万千，无所不至。在乡愚无知，不解参政权利，颇思引避，而二三猾黠之流，假数语之名词，窃开通之名目，藉此选举为阶梯，即可滥侧其间矣。直隶开办选举为天下倡，卑职籍隶直隶，风闻各属时有流弊，初选尚可无庸过虑，往往在复选之时。查选举章程第二十六条，初选当选人额数按照议员定额加多十倍，是明明十人应举一议员也。希冀幸得者，率以菜四、篕酒一盂，招集朋辈数人，乞为援手；在朋辈亦以举笔之劳，不费之惠，难却情面，允作曹邱。届时只多得一二票，即压倒元白矣。从前科名抢冒顶替，弊窦固多，然售其欺者，只操得半之权，有司摈而不录，仍无所施其伎俩。今则如操左券，既合当选票额，即监督亦无从驳斥其非。矧复选后，发给执照即为议员，指陈通省利病，筹计地方治安，何等重要，何等繁难，仅以知府、直隶厅州之复选遂作定论，似亦非慎重之道。俟议员到省后，伏望宪台宜如何再定稽核之法，考验之方，应可杜幸进而除弊端。所有初选、复选分配零数及当选票额为难情形并管见各节，是否有当，理合具禀。伏乞大人查核，批示祗遵，实为公便。

筹办处批：据禀选举为难情形并管见各节，具见该牧随处留心，认真办事。本处核阅之余，嘉与无量。指陈各节虽未能悉中窾要，然析理不厌精详，临事乃有把握，颟顸敷衍，所损实多，折衷至当，全在论难。禀称初选、复选分配零数，邻区报票诸多窒碍之处，恐当选不能足额等语。查各区零数概行截去，势必致当选人不能足额，截归零数较多之区，或抽签定，自系不得不然之办法。各国人民视选举权为性命，孰甘抛弃？我国初行选举，人民程度幼稚，间不免有畛域自封如该牧所称者，然必谓有资望、学识者亦未必肯舍己而从人，则恐未必尽然。查议员资格，代表全省，非代表一乡一邑，彼有资望学识者，岂竟不知此义？既已势处于不得已，何苦不于截归之区，举其平日所信仰之人乎？检阅各处名册，惟资望、学识、资格最居多数，是该牧所称为难者，仅占一小部分，此全在地方官好为开通耳。从兹抚宪通饬各处设立宣讲所，另由本处详请抚宪通饬设立自治讲习所，并领发简章、书籍各在案。正因风气蔽塞，不知选举为何事，所以不得不预为开通地步。地方官如果实行此二事，则该牧所陈窒碍各情，立即迎刃而解矣。即或得票不满半数，不敷当选，尽可照章再选，以必得为止，更不足过虑。又称复选被选人律以《春秋》责备贤者之意，局章第三条五项资格，必并被选举者在内，义意方为周匝。查现行者为限制选举，限制选举人间接即是限制被选举人，故被选举人除年龄外，更无何等要项，盖未有选举人合格而被选举人反出其下者也，况局章第六、七条各项已限制极严乎。盖自事实上言之，则被选者谅不能出于五项资格之外；自理论上言之，则被选者实未便绳以五项资格之文。总之，选举议员与任命官吏不同，详绎定章自见。又以管理、监察享公权之不同，谓宜予则均予、夺则均夺。查选举章程第五条，管理员不拘官绅，监察员应以本地绅士为限。详绎条文，具有深意。予夺均有未便，进退尽可自由。如果该绅等恐妨公权，不愿管理，不妨仿直隶办法，令巡警人员充之。又陈选举流弊，仅以府、直隶厅州之复选遂作定论，为非慎重之道，俟议员到省，宜如何稽核考验，杜幸进而除弊端。查定章，于议员被选一项，已慎重再三矣。其极紧要者，局章则见于总纲之第六、七、八各条，并见于第八章监督之第四十六、七、八各条，第十一章之罚则各条；于选举章程则见于第四章之选举无效，第五章之选举诉讼，第六章之罚则各条，并其它一切手续，防范严密，实已滴水不漏。地方官如果彻始彻终，着实做去，不患议员不得人，又何有弊端幸进之可虑乎？以上各节，仅就该牧所禀各节核示大概，仰即遵照办理，并一面督同该属员绅遵将迭次颁行各件切实整顿，设法扩充，务使普通知识普及于多数，人民皆知尊重公权，不肯抛弃，庶办理各项要政得收推行尽利之效，于国家预备立宪之意，亦不无小补。本处有厚望焉。缴。

《晋阳公报》，宣统元年二月十三日、十六日（1909年3月4日、7日）

谘议局筹办处催饬各属速送选举名册汇电

汾州府孙守鉴：该属汾阳、平遥、介休、孝义、石楼、永宁选举名册未到，饬速送，急电复筹议处。沁。

平阳府福守鉴：选举名册现在分配，该属曲沃名册未到，乡宁名册推延，宜严饬急催送，并电复筹办处。沁。

蒲州府奎守鉴：选举名册现在分配，该属永济、荣河册未到，饬速送无延，急电复筹办处。沁。

绛州庆牧鉴：该州属县稷山、闻喜选举名册未到，饬速送，急电复筹办处。沁。

解州徐牧鉴：该属安邑、平陆、芮城选举名册未到，饬速送，急电复筹办处。沁。

汾州府覆电

太原谘议局筹办处宪钧鉴：沁电悉。选举册饬属即送。振家。俭。

绛州覆电

太原筹办处丁藩宪鉴：绛州合选人七百二十名册，今申送。稷、闻、绛已分文飞催。廉谨覆。俭。

平阳府覆电

太原谘议局宪钧鉴：沁谕谨悉。曲册迭催未到，刻又遵饬严催速送。卑府福荫谨禀。

又覆电

太原谘议局宪钧鉴：勘谕谨悉。乡册叠催，昨到郡，声明径详宪处，度不误期限。卑府福荫谨禀。

解州覆电

太原藩宪钧鉴：念七电诵悉。已催安、平、芮速送名册。卑职树璟谨禀。

蒲州覆电

太原谘议局宪钧鉴：沁电敬悉。查荣河选册已廿五日径送，永济遵复催赶办。卑府弼叩。验。

曲沃来电

太原谘议局宪钧鉴：选举名册三十日五百里排递。卑职葛尚德禀。东。

《晋阳公报》，宣统元年闰二月初六日（1909年3月27日）

山西巡抚札各府州催各厅州县迅速造送选举名册文

为严催事。照得各省谘议局本年秋间必须成立，而选举议员实为预备成立之要端。前因事关重大，深恐各属临时贻误，牵掣全局，经本部院于上年十月间谆切通饬，务当依限筹办，责成该管府厅等随时层递督催，如有漫不经心之处，先期禀请撤换，一面由谘议局筹办处将次第应办事宜排定期限清单，一体通颁各在案。按照单开，各厅州县选举名册应于本年二月初十以前申送，此时已入本部院分派议员名额期内。乃现据谘议局筹办处详报，未送此项名册者尚有六十余处之多。似此纷纷违逾，势必逐期挪展，嗣后应办之事尚多，试问将何底止。各厅州县之不知缓急，疲玩性成，实堪痛恨。该管府州漫不加察，任听延缓，亦属大负委任。本应记过示惩，姑先专札申斥，随文严催。札到该府，立即按照后开各县，飞饬遵照，先将此项选举名册限文到日，即日星夜造送，立待汇齐分配名额，万勿再延，致误全局。至此案有关钦限，一处误期，全省均需悬待，嗣后各事务当通饬所属按照所定期限预先办齐，如再临期不到，以致届时不能成立，厥咎非轻，本部院惟有将该府县随时严惩，决不能一再宽免也。其各凛遵，火速飞速，切切。特札。

《政治官报》第五百四十号，宣统元年闰二月初五日（1909年3月26日）

分配各复选区应得议员名数

照章以全省议员额数八十六，除全省选举人总数五万五千零六十九名，应选举人六百四十得议员一名，更以六百四十名分除各复选区选举人总数，得数即为各复选区应得议员之数。其各复选区不敷选出议员一名，或敷选若干名之外仍有零数，致议员不足定额者，比较各复选区零数多寡，以次归零数最多之区选出之。各复选区应得议员名数如左：

太原府 共六千八百六十七名 一十名 零数四百六十七名 加选议员一名 共十一名

平阳府 共五千零四十二名 七名 零数五百六十二名 加选议员一名 共八名

潞安府 共三千一百四十八名 四名 零数五百八十八名 加选议员一名 共五名

汾州府 共四千零零九名 六名 零数一百六十九名

大同府 共六千六百八十四名 一十名 零数二百八十四名

朔平府 共一千八百九十三名 二名 零数六百一十三名 加选议员一名 共三名

宁武府 共一千二百五十八名 一名 零数六百一十八名 加选议员一名 共二名

泽州府 共三千零五十八名 四名 零数四百九十八名 加选议员一名 共五名

蒲州府 共三千一百六十九名 四名 零数六百零九名 加选议员一名 共五名

辽州 共一千二百六十五名 一名 零数六百二十五名 加选议员一名 共二名

沁州　共一千二百六十一名　一名　零数六百二十一名　加选议员一名　共二名

平定州　共一千八百九十五名　二名　零数六百一十五名　加选议员一名　共三名

代州　共三千二百名　五名

忻州　共二千零五十四名　三名　零数一百三十四名

隰州　共六百四十一名　一名　零数一名

保德州　共六百二十一名　一名　零数六百二十一名　应选议员一名

解州　共一千八百九十八名　二名　零数六百一十八名　加选议员一名　共三名

绛州　共二千零六十名　三名　零数一百四十名

霍州　共一千八百九十六名　二名　零数六百一十六名　加选议员一名　共三名

归绥道　共三千一百五十名　四名　零数五百九十名　加选议员一名　共五名

共计选出议员八十六名

《晋阳公报》，宣统元年三月初九日（1909年4月28日）

谘议局详抚宪文

为详请示遵事。窃照前开选举期限清单，定于本年三月十五日行初选举，业蒙宪台核准，通饬各属遵办在案。嗣以选举事宜，初选最为复杂，非先时预备妥适，临事必至紊乱，稍有贻误，大局攸关，是以由本处复行分札各属，一律按照颁发各章切实遵行。现届初选期近，各属选举人名册，均已先后申送到处。除将其中填写错误，随时按照定章分别核实存驳外，所有分配议员额数，亟应及早宣示，以便如限办理。按谘议局章程第二条，议员定额山西应得八十六名。又选举章程第六十七条，各复选区应得议员若干名，每届由督抚按照各该复选区选举人名册总数，以全省议员定额分配之。第六十八条，复选当选人分配之法，由督抚于各复选区选举人名册汇齐后，按照名册以该省议员定额除全省选举人总数，视得数多寡定若干选举人得选出议员一名，再以此数分除各复选区选举人数，视得数多寡定各该复选区应出议员若干名。其各复选区有选举人数不敷选出议员一名，或敷选若干名之外仍有零数，致议【员】不足定额者，比较各复选区零数多寡，将余额依次归零数较多之区选出之。若两区以上零数相等，其余额应归何区，以抽签定之等因。是分配议员名数，须由督抚于各复选区名册汇齐后，按全省选举人总数，以该省应出议员额数除之，视其得数为若干名出议员一名，即以此若干名，依次较各复选区人数多寡，而定其应出议员多寡。查山西全省选举人总数共五万五千六十九名，以应出议员八十六名除之，每六百四十名得选出议员一名。各复选区得议员若干名，以此六百四十之数依次推之，即得其议员应出之数。再，此次举行初选，为期已迫，若遵照定章，初选当选人之分配，应由复选监督按照议员定额加多十倍，分配所属各州县，以当选人额数除全区选举人总数，视得数多寡定选举人每若干名得选出当选人一名，更以此数分除各初选举区选举人数，视得数多寡定各该初选区应出当选人若干名，周折烦琐，恐致有误初选之期。当由本处于分配各复选区名额，即将各初选区应出当选名额一并代行分配，庶免困难而期迅速。谨将遵照定章分配全省选举人总数及议员额数、初选当选人额数开具详表，相应呈详，伏候宪台核示祗遵。如蒙允准，即由本处飞饬各属一体遵照办理。为此备由，呈乞照详施行。

巡抚部院宝批：本届选举，合省人共得选举人五万五千六十九名，以额定议员八十六名除之，每选举人六百四十名应选议员一名。来折照此分配复选区当选人数,而于零数较多之区加配一名,悉与奏定章程相符,均应照办。初选区当选人数照章本应复选监督加十倍分配,该筹办处深恐各属延误选期,统为配定,俾易遵循,更为周妥。仰将所定各数赶速飞饬初选、复选各监督一体遵照,依期承办,专案分禀察夺,万勿稍涉迟延,致令全案悬待。至选举人名册确定后,照章应咨报民政部查核,并即由处汇造总册,详候核咨,均无违延。切切。此缴。折存。

《晋阳公报》，宣统元年三月二十六日（1909 年 5 月 15 日）

山西谘议局筹办处札饬复选初选监督办理复选初选事宜方法文

为饬遵事。案查本处前发期限清单，定于三月十五日举行初选，现距复选、初选时期日近一日，非先事预备，临时必至贻误。亟应重申诰诫，以资遵守。查定章，复选、初选监督应行预备各事，如投票通则、开票通则、投票纸、投票匭式样，划分投票区域，选派管理员、监察员，发复选、初选日期告示，设置复选、初选名簿，预备当选执照，一切手续，本处业于去年迭行通饬该某复选、初选监督，即按照本处前发各件，悉心查阅。该复选、初选监督事同一律，亦应遵照前因，届期妥为布置，自不难于从容措手。至复选、初选投票、开票临时注意各条，本处特详为择出，随札发给，用便于查照遵行。再，照章议员名额，应由本处详请抚宪按府直隶厅州分配，其每厅州县应出复选、初选当选名额，应由复选、初选监督再行分配。惟现在期限已迫，若再令复选、初选监督，按应得议员名额，分配复选、初选当选名额，诚恐文件往返，致误定限，故此次复选、初选当选名额，拟由本处详请抚宪，按各处呈报选举人数，除将议员分配外，所有复选、初选当选名额，一并随行分配。除通札该复选、初选监督知照外，合亟札知，札到该某，即便遵照办理，以省周转而期迅速。切切，毋违。此札。

计发复选、初选投票、开票临时手续十张。

《大公报》，宣统元年三月廿八日（1909 年 5 月 17 日）

谘议局详文补录

为详请转咨照会事。窃案照本处前因本省专额议员选举预备事宜，业经详请宪台抚宪咨商札知核办在案。兹因初选举按照选举期限清单，定于本年三月十五日举行，所有专额议员之初选当选人亦应及早确定额数，以便同时选举。查谘议局选举章程专额议员选举办法第一百九条，专额议员初选当选人额数，以议员定额十倍之数为准，其复选当选额数以议员定额为准。又第一百十一条，专额议员初选投票、开票事宜，附于京旗及驻防相近之初选投票所、开票所同日举行。第一百十二条，专额议员复选投票、开票事宜，附于省城或将军、都统、城守尉所驻及相近之复选投票所、开票所同日举行。第一百十三条，专额议员当选、改补选事宜，均照本章程办理。又于光绪三十四年十二月二十九日奉到宪台抚宪札知，本年十二月二十八日准宪政编查馆电开：本馆具奏京旗、驻防专额议员选举事宜折内开，各省驻防由将军、都统、城守尉就驻防旗员中，于投票、开票管理员外，酌派会办选举管理员一员，会同该管地方官办理旗人选举。所有颁发文咨等事，仍由各该地方专办，以免纷歧。奉旨：依议。钦此。除咨行外，希即迅转等因。奉此，现届初选临迩，自应速行酌派会办选举管理员，以及按照定章与附近之初选区同日举办专额议员初选之各种事项，庶免延误。除照会太原右卫城守尉按期举办外，相应详请宪台转咨绥远将军照章举办。为此备由，呈乞照详施行。

抚部院宝批：已据详分咨绥远城将军、归化城副都统迅速照章举办矣。仰即知照。缴。

《晋阳公报》，宣统元年三月二十九日（1909 年 5 月 18 日）

山西全省分配各属初选当选名额表

初选区	选举人总数	零数	当选人额数
阳曲县	一千七百三十八名	二名	二十八名
太原县	八百零七名	一名	十三名
榆次县	五百九十五名	四十一名加当选人一名	十名
太谷县	七百六十二名	十八名	十二名
祁　县	五百零三名	七名	八名
徐沟县	一千二百七十八名	三十五名加当选人一名	二十一名
交城县	四百四十七名	十四名	七名
文水县	三百九十三名	二十一名	六名
岢岚州	五十八名	五十八名加当选人一名	一名
兴　县	一百五十一名	二十七名	二名
岚　县	一百三十三名	九名	二名
临汾县	一千二百五十八名	六十一名加当选人一名	二十名
襄陵县	三百一十三名	六十一名加当选人一名	五名
洪洞县	七百九十名	三十四名加当选人一名	十三名
浮山县	一百九十二名	三名	三名
太平县	九百五十八名	十三名	十五名
曲沃县	六百四十名	十名	十名
岳阳县	二百四十三名	五十四名加当选人一名	四名
翼城县	三百七十七名	六十二名加当选人一名	六名
吉　州	一百四十三名	十七名	二名
乡宁县	一百二十八名	二名	二名
大同县	六百八十名	二十名	十名

怀仁县	五百九十名	六十二名加当选人一名	九名
浑源州	二千二百三十六名	五十八名加当选人一名	三十四名
应　州	一千零九十五名	三十九名加当选人一名	十七名
山阴县	一百五十三名	二十一名	二名
灵邱县	五百五十二名	二十四名	八名
阳高县	八百一十九名	二十七名	十二名
广灵县	四百二十三名	二十七名	六名
天镇县	一百三十六名	四名	二名
宁武县	四百五十四名	二十名加当选人一名	八名
偏关县	二百五十五名	三十一名加当选人一名	三名
神池县	四百二十名	四十八名加当选人一名	七名
五台县	二百二十九名	五名	二名
长治县	七百二十二名	四十名加当选人一名	十二名
长子县	四百零六名	三十四名	六名
屯留县	四百二十五名	五十三名加当选人一名	七名
襄垣县	七百四十五名	一名	十二名
潞城县	二百一十四名	二十八名	三名
黎城县	三百零四名	五十六名加当选人一名	五名
壶关县	三百三十二名	二十二名	五名
朔　州	七百三十一名	三十八名	十一名
左云县	五百二十名	六十一名加当选人一名	八名
右玉县	四百二十七名	四十九名加当选人一名	七名
平鲁县	二百三十三名	四十四名加当选人一名	四名
凤台县	九百七十五名	六十名加当选人一名	十六名
高平县	八百六十名	六名	十四名
阳城县	七百五十二名	二十名	十二名
沁水县	一百二十八名	六名	二名
陵川县	三百四十三名	三十八名加当选人一名	六名
汾阳县	一千六百六十二名	十二名	二十五名

平遥县	六百一十三名	十九名	九名
介休县	六百一十九名	二十五名	九名
孝义县	三百零八名	四十四名加当选人一名	五名
临　县	四百五十六名	六十名加当选人一名	七名
石楼县	七十九名	十三名	一名
永宁州	一百九十一名	五十九名加当选人一名	三名
宁乡县	八十一名	十四名	一名
永清县	二百九十三名	四十一名	四名
临晋县	九百二十四名	四十二名加当选人一名	十五名
虞乡县	一百七十一名	四十五名加当选人一名	三名
荣河县	二百一十七名	二十八名	三名
猗氏县	一千三百一十二名	五十二名加当选人一名	二十一名
万泉县	二百五十二名	四名	
辽　州	四百五十一名	十名	七名
榆社县	四百七十九名	三十八名加当选人一名	八名
和顺县	三百三十五名	二十名	五名
沁　州	四百六十三名	二十七名	七名
沁源县	一百五十五名	二十九名加当选人一名	三名
武乡县	六百三十八名	八名	十名
平定州	九百三十六名	五十四名加当选人一名 内有乐平乡三名	十五名
寿阳县	七百名	七名	十一名
盂　县	二百五十九名	七名	四名
忻　州	一千三百八十六名	二十六名	二十名
定襄县	四百四十三名	三十五名加当选人一名	七名
静乐县	二百二十五名	二十一名	三名
代　州	四百七十二名	二十四名	七名
五台县	一千二百五十一名	三十五名加当选人一名	二十名
崞　县	七百四十三名	三十九名加当选人一名	十二名

繁峙县	七百二十八名	二十四名	十一名
保德州	三百七十一名	六十一名加当选人一名	六名
河曲县	二百五十名	二名	四名
解　州	五百四十一名	三十七名加当选人一名	九名
安邑县	六百一十四名	四十七名加当选人一名	十名
夏　县	四百六十七名	二十六名	七名
平陆县	二百零二名	十三名	三名
芮城县	七十六名	二十三名	一名
绛　州	四百四十九名	五十三名加当选人一名	七名
绛　县	八十九名	三名	一名
稷山县	二百一十三名	十五名	三名
河津县	四百一十九名	二十三名	六名
闻喜县	七百二十四名	五十四名加当选人一名	十一名
垣曲县	一百六十六名	三十四名	二名
霍　州	五百三十名	二十六名加当选人一名	九名
赵城县	五百一十七名	十三名	八名
灵石县	五百二十八名	二十四名	八名
汾西县	三百二十一名	六名	五名
隰　州	二百零四名	十二名	三名
大宁县	一百一十六名	五十二名加当选人一名	二名
永和县	二百二十二名	三十名	三名
蒲　县	九十九名	三十五名加当选人一名	二名
归化厅	四百二十名	四十二名加当选人一名	七名
萨拉齐厅	三百一十一名	五十九名加当选人一名	五名
和林厅	二百四十四名	五十五名加当选人一名	四名
托克托城厅	九十名	二十七名	一名
清水河厅	四十一名	四十一名加当选人一名	一名
丰镇厅	一千六百二十一名	四十六名加当选人一名	二十六名
兴和厅	十五名	十五名	

陶林厅	八名	八名	
宁远厅	四百名	二十二名	六名

山西全省选举人总数共五万五千六十九名

《晋阳公报》，宣统元年四月初六日、初九日（1909 年 5 月 24 日、27 日）

谘议局筹办处决定复选举应办要件

（一）初选当选人届复选时，由初选监督备给川资，但接区在三十里内者不复援例。

（二）复选事拟由局选派深明法政绅员充任复选司选员，分赴各复选举区办理复选事务，以期议员得人。（公）

《晋阳公报》，宣统元年四月十九日（1909 年 6 月 6 日）

谘议局筹办处通饬初选监督发给初选当选人至复选区川资文

为饬知事。照得本处筹办选举事宜，业经迭饬各属遵期举行初选在案。惟念初选已毕，正式议员之发生，关系全省宪政前途者，即在复选。而按照晋省情形，南北幅员既形辽阔，山川阻越尤碍往来，加以复选期间早经排定，临时不容挪移，先事自必预备。综计复选最要之件，莫过于初选当选人亲至复选投票所投票一节。乃遍查各属初选当选人，道路之远近、旅费之困难互有参差，自非由各初选监督备给川资，饬赴复选投票所投票，未易一律整齐。然此项川资概由各属自行酌定，不但藉事推诿，复选断不能悬期而待，即争多较少，亦虑启纷争之门。本处因此酌拟初选当选人至复选投票所往来川资清单，计数无多，但使该地方稍能自给者，不难据以办理。若地分繁简，量为减增，有此清单以作标准，该当选人来往道途，谅亦不至畏而却步。除由本处详明抚宪示遵外，合亟札发，札到该【初】选监督，即使遵办，勿得违误，切切。此札。计发清单一纸。

拟发初选当选人至复选投票所往来川资清单

路程：路程计算从其本籍居住之地起，计直路里程发给之。

每人给川资数：

五十里以内，不给。

五十里至百里，给银一两。

百里至百五十里，给银二两。

百五十里至二百里，给银三两。

二百里至二百五十里，给银四两。

二百五十里至三百里，给银五两。

三百里以外，酌量给加。

以上系就通省初选当选人赴复选投票所，按道路远近预为约略筹给，初选监督可遵照清单，斟酌地方情形办理。至该初选区实属贫瘠，未易就地筹款者，则于每初选当选人各给官骡一头，以作往来代步，庶亲赴投票不至困难。但此节该属稍能设措者，不得援以为例。

《晋阳公报》，宣统元年五月初三日（1909 年 6 月 20 日）

谘议局筹办处饬知复选监督由处选派司选员会同办理文

为饬知事。案照查筹办选举事宜，自调查资格登记以后，最要者即举行初选、复选二事。现初选事已告竣，所急宜预备者只在复选。按照南北洋等省办理各属选举，皆派有司选员，分投各属，以相赞助，既可免临时质疑之烦，复可收审察得人之效，意美法良，亟宜仿办。查晋省前此办理初选，特仿此意派有初选催办员督成其事，刻复选期近，此项催办员皆尽义务，势难再令担任。拟由本处就全省九府、十直隶州、一归绥道共二十区，再行酌派深明法政、熟悉选举绅员二十人，充任复选司选员，分赴各复选区襄办各复选举事务，以归画一而昭慎重。所有此次司选员，任大责重，往来川资均应由本处酌给，不复筹自各属，俾得专心任事，以期所选均系正人，庶于全省谘议【局】之成立大有裨益。除由本处详请核示祗遵，并照会该司选员迅行前往外，合亟札知。札到该复选监督，俟复选司选员到时，斟酌该属情形，会同办理。毋违。此札。

《晋阳公报》，宣统元年五月初六日（1909年6月23日）

谘议局筹办处颁发复选投票纸议员执照并饬知复选监督拟发复选举告示文

为札饬事。照得复选事宜，关系綦重，本处前将期限清单并投票、开票所各通则，业经通发遵办在案。兹查奏定谘议局选举章程第三章第六十九条，复选监督应于该选举期一个月以前颁发选举告示，其应载事项，一复选日期，二复选投票所及开票所地址，三投票方法，均应先事预备，以免临时遗误。又查定章内开，复选投票纸、议员执照均须按照定式先期制备。本处因事经创始，自应预为制就，俾归画一。兹将按照各式逐项制印，随札发给，以凭照办。为此札知该复选监督，速即拟发复选举告示，分饬各该属张贴，并遵照所发各件预为办理。毋得违误，切切。此札。

计发复选投票纸　张，议员执照　张。

《晋阳公报》，宣统元年五月初六日（1909年6月23日）

谘议局筹办处札饬各属严禁滥举议员文

为札饬事。案据谘议局定章，议员所办各事，均有关全省利弊，为全省舆论之代表。是选举议员宜如何加意郑重，始足以发皇宪政，无媿公民。查现届初选事竣，亟应举办复选。叠据各属呈报初选人姓名清册前来，细行核检，其中本公论为选举，虽有其人，而见闻浅狭，所举失当，或暗为运动，希图幸举，亦非少数。设长此无所提警，将来举行复选，必更有只顾目前，不思大局，穷形极变，流弊益多，于谘议局成立之进行妨害实大。本处于选举一事非常注意，自不能听其败坏，用特再就谘议局议员职任权限，按章分列于下：一、议决本省应兴应革事件；二、议决本省岁出入预算事件；三、议决本省岁出入决算事件；四、议决本省税法及公债事件；五、议决本省担任义务之增加事件；六、议决本省单行章程规则之增删修改事件；七、议决本省权利存废事件；八、选举资政院议员事件；九、申覆资政院谘询事件；十、申覆督抚谘询事件；十一、公断和解本省自治会之争议事件；十二、收受本省自治会或人民陈请建议事件。以上所列十二条，皆为议员应办事件，其规模极阔大，其责任至繁难，而仅以省内数十人同负其任，此其人必皆胜流硕彦，才望素孚，深悉全省利弊，又须具有新思想，以造成谘议局新政治之机关可知。若滥举充数，胸无更阅，将来开议，势必动贻笑柄。且今日之谋充议员者，其目的大约有二：为议员则费用由公给，兼可作威于闾里。抑知议员本属义务性质，即费用亦只公费、旅费，无赢余可希冀也；议员提议，动关全省事件，无本籍地方权限之可干涉也。而又上备资政【院】之顾问，下达各属之舆情，以茫无知识之人参与其间，旷事废时，其何以反对乡人父老？本处职司筹办，岂容任便滥竽。为此札仰初选监督，于各初选当选人赴复选投票时切实诰诫，务必综计全省，不可仍存偏见。再，查选举章程第七条第七项，复选监督有决定复选当选人之权。第五十五条第五项，选举之人不合被选举资格者，其选举票应作废。按此条文，选举议员何等详慎。仰复选监督于各投票人到复选区时，商同复选司选员，将以上各条招集各投票人剀切演说，务使周知，并将此札照誊一分，张贴投票所，以备众览，用期触目警心，俾无误会。如该投票人依旧玩忽，任意滥举，该复选监督既任监督之责，除察知所举非人，准广为招告以期核实外，仍将该当选人及原选举人按章惩办，毋得瞻徇宽纵。切切。此札。

《晋阳公报》，宣统元年六月初六日（1909年7月22日）

复选临时之手续

一、复选选举与初选选举手续略同。举行复选时，凡宣示日期、投票所地址、投票方法，以及酌派管理、监察，一切章程，均与初选选举手续同。惟初选，其当选人不足定额，由初选监督就得票较多者，按照应出当选人额数，加倍开列姓名，即行榜示，于开票后第三日在原投票地方，令原有投票人即就所列姓名内再行投票一次，以期足额。此条手续，复选原章内未经详载。然按诸事实，初选选举当选人尚不足额，复选选举关系尤重，亦难保其一次选举即能足额。查原章，复选监督执掌，有执行复选变更〈更〉之权，并复选一切手续均同初选，则一次选不足额，可就得票较多者，按应出当选人数加倍开列姓名，令原投票人再行投票，自必从同。又查光绪三十四年十月十四日宪政编查馆复浙抚电，复选举当选即为议员。议员额数本有一定，一次投票不足，应即再三投票，至足额而止，自不待言，故条文从略。按此，则复选不足额而续选，与初选不足额所行之手续同一办法，无庸【疑】矣。

二、复选当选人最宜注意。按复选当选人即为议员。议员选举，其目的在代表一省舆论而设，利害关系不专属之一州一县。且议员应办事件，原章列为十二条，俱极重大繁难，非若办理地方自治，范围可以狭小，稍明事理者便可胜任也。故复选当选人，须举品望冠于全省，才具足任全省之事者，否则复选监督本有决定当选人之权，亦不得听其滥举。

三、复选投票人俱宜亲到。复选投票人即初选当选人。议员之当否，全以投票人为衡。设投票人到仅十分之七八，于投票上生影响，即于选举议员上多阻碍。局章定初选当选后，发给知会，俟呈明情愿应选，方给当选（知）〔执〕照。是呈明应选，即有亲到投票之义务。如届时不到，除由复选监督切实询明能到与否，先行核定外，应临时酌定初选候补当选人依次递补，以重投票而免贻误。

四、复选投票纸应编号备查。按原章，投票用无名单记法，不得自书本人姓名，此为防投票不得自由而定。然不编号票上，以备查考，何由知姓名为其本人所书。且民政部续订禁烟办法十条第六条内载，谘议局议员以吸食鸦片之人滥行与选，或被指告，或被访查得实，即将本人与原选举人及该局长等分别罚惩。若不编号，则原选举人何从得知。事关选举议员之重要，非初选当选人仅为复选投票人者可比，各复选监督自应预先编列号码，一存底簿，一印票纸。将来复选告成，切实对查，庶几冒滥充选之人有所畏惮，而不敢以私心从事。

五、复选当选人不必限定初选当选人以内及初选名册以内。按宪政编查馆覆江督、川督、桂抚、湘抚各电，议员以合局章所定议员资格为限，不必在初选选举人名册，并不必在初选当选人名册以内。凡同府直隶厅州有合所定议员资格者，皆可举。是复选当选人范围极广，初选当选人内有合议员资格者固可举，初选当选人外有合议员资格者亦可举也。再，此次初选业经当选，因有障碍辞任者无投票权，仍有被复选当选权。各复选监督亦宜将此意告知投票人，免致误会。

六、复选一次不足额再行续选，票数计算宜归一律。复选一次不足额，按照馆电，应再三投票，至于足额，其办法第一项已详言之。惟续选计算票数，应酌定一律，以免参差。其计算法列左：如某复选区应出复选当选人十名，其复选投票人照章加一分之十，是为百名，以当选十名除实在投票人百名得一十，以得数之半为当选票额，则一人有五票以上即为当选。如其第一次投票足票额者只选出五名，余五名应续选，则将所余五名之额择得票较多者加倍开列姓名为十名，令原投票人投此【十】名。其计算票法，以所余五名除实在投票人百名得二十，以得数之半为当选票额，则一人有十票以上即为当选。缘其人既在开列十名以内，已占优胜票额，自不得不增高，以符公例。他可类推。

七、复选候补当选人宜随同复选当选人举定之。复选当选人即为议员，议员任期限三年，此三年中各议员难保无特别事故，以致不能应选或补选。如复选仅敷足额，无候补当选人，设遇应补事实发生，再行招集投票，殊属困难。此节似可于复选足额后，再行就较多数投票一次，以足票额者作为复选候补当选人，其名数应以该复选区原出议员名数之半为准，则将来补选种种之困难皆可解决。

八、吸食鸦片以及品行不端，合于谘议局章程第六条各项不得为议员者，应切实查核，以重议员之责任。现在烟禁森严，凡为烟民，削夺其选举及被选举权，已见定章。又民政部严惩议员吸烟，已见前第四条内。各复选监督应会同该司选员切实查询，如有隐匿不报，以及扶同徇隐，准其招告，或被人告发，应按章严惩，决不姑贷。其余品行不端各项，亦应查其证据，按章剔除。

九、复选选举宜从速举办。查初选选举人数过多，分区各办，不得不略宽时日。复选选举汇为一区，多不过百余人，少则二三十人，投票、开票手续较简，举办总宜从速，庶免投票人之守候，并申报议员之延迟。

十、复选投票、开票之方法，宜遵照所发通则办理。复选投票、开票各项通则，前已札发各属遵办。兹复选将近，举行一切事宜自必遵照前发通则，酌量举办。如有未及详备之处，应随时商同复选司选员酌定，并于复选完竣后，将所办全区选举情形详报抚宪及本处。

《晋阳公报》，宣统元年六月初六日（1909 年 7 月 22 日）

山西谘议局举定议员名单

太原府议员十一人

康慎徽（榆次）　渠本翘（祁县）　张　熙（阳曲）　刘文炳（徐沟）

程　毅（徐沟）　成连增（文水）　任晋蕃（太原）　刘大鹏（太原）

曾纪纲（阳曲）　贾业荣（太谷）　王廷宾（交城）

太原府候补议员四人

马继桢（榆次）　王鸿绶（徐沟）　韩友芝（阳曲）　张希咏（阳曲）

太原府驻防议员一人

延　善

太原府驻防候补议员一人

全　寿

平阳府议员八人

潘文治（临汾）　周泉清（曲沃）　刘笃敬（太平）　贾鸣梧（太平）

逄长青（临汾）　王建岐（冀城）　韩　埛（洪洞）　贺椿寿（洪洞）

平阳府候补议员五人

仇元寿（曲沃）　吕其祥（临汾）　张维藩（临汾）　王云青（洪洞）

刘子浚（襄陵）

汾州府议员六人

张照林（平遥）　可秉篪（汾阳）　冯济川（孝义）　秦龙光（汾阳）

吴作新（临县）　王廷弼（汾阳）

汾州府候补议员三人

冯世禄（汾阳）　侯肇庆（汾阳）　赵　暐（临县）

蒲州府议员五人

景蔚文（猗氏）　刘绵训（猗氏）　乔褉亭（猗氏）　解荣辂（万泉）

张士秀（临晋）

蒲州府候补议员三人

许鉴观（临晋）　徐焕林（荣河）　许上林（临晋）

潞安府议员五人

苗雨润（襄垣）　王鹤鸣（长治）　张毓珍（壶关）　李承熙（屯留）

陈希琳（长子）

潞安府候补议员三人

靳天佑（长治）　栗　刚（襄垣）　原庆澜（平顺）

大同府议员十人

张世荣（应州）　李廷诰（浑源州）　尹欲仁（应州）　杜上化（灵邱）

吴凤鸣（大同） 张 洁（广灵） 李玉山（浑源州） 武鸿藻（阳高）
陈 彝（浑源州）杨万钟（浑源州）

大同府候补议员五人

李逢春（应州） 张 官（浑源州） 孟元文（灵邱） 景育年（阳高）
兰承诰（大同）

朔平府议员三人

胡存善（朔州） 王者聘（右玉） 刘懋赏（平鲁）

朔平府候补议员二人

杨国华（左云） 南元礼（左云）

右玉驻防议员一人

哈福喀

泽州府议员五人

赵瑞瑚（凤台） 杨毅（陵川） 白秉昌（阳城） 刘志詹（凤台）
李秉恒（高平）

泽州府候补议员二人

田凝旭（高平） 李兆琨（凤台）

宁武府议员二人

李捧霄（神池） 刘效文（宁武）

宁武府候补议员二人

贺国士（神池） 武尽美（神池）

代州议员五人

梁善济（崞县） 姚烈舜（五台） 赵长庚（五台） 郭际丰（繁峙）
冯 畯（代州）

代州候补议员四人

殷开瑞（五台） 兰 均（崞县） 左炳南（繁峙） 王懋德（代州）

忻州议员三人

郑 淑（定襄） 张 炜（忻州） 陈敬棠（忻州）

忻州候补议员四人

苏懋章（忻州） 米廷珍（忻州） 刘肇兴（定襄） 武泽霖（静乐）

平定州议员三人

李素（平定州）　崔廷献（寿阳）　王敦临（乐平）

平定州候补议员二人

王士秀（平定州）刘怀瑛（寿阳）

绛州议员三人

高正禄（绛州）　杨黻田（闻喜）　申梦鹰（河津）

绛州候补议员二人

史际荣（绛县）　相成霖（闻喜）

解州议员三人

袁履泰（解州）　曲乃锐（解州）　杨馨桂（安邑）

解州候补议员一人

邵允恭（安邑）

沁州议员二人

李华炳（武乡）　段雨田（武乡）

沁州候补议员一人

韩秀升（沁州）

霍州议员三人

段慎宪（霍州）　田万棠（灵石）　王鸿顺（赵城）

霍州候补议员二人

阎荣光（汾西）　朱登瀛（霍州）

辽州议员二人

王用霖（榆社）　赵廷璧（辽州）

辽州候补议员一人

刘祖基（和顺）

保德州议员一人

王　炽（河曲）

隰州议员一人

王嘉会（隰州）

隰州候补议员一人

段金城（永和）
归绥道议员五人
李苑林（丰镇）　史焕文（归化）　宋　杰（丰镇）　秦甚都（丰镇）
栗名儒（丰镇）
归绥道候补议员三人
程心之（归化）　王时恭（丰镇）　龚秉钧（归化）
绥远驻防议员一人
绷僧额
绥远驻防候补议员一人
英　魁
土默特蒙旗议员一人
金　善
土默特蒙旗候补议员一人
锡林阿

《晋阳公报》，宣统元年七月廿三日（1909年9月7日）

山西巡抚宝棻奏依限成立谘议局片

再，晋省谘议局照章先设筹办处，前经奏明以布政使丁宝铨为总办，在籍翰林院检讨梁善济为局长，遵将初选、复选及一切应办事宜分别定期筹备。嗣经各属议员齐集省垣，投票互选，选定翰林院检讨梁善济为议长，在籍候补五品京堂刘笃敬、拣选知县杜上化为副议长。谘议局依限于九月初一日成立，奴才率同司道等亲莅，行正式开局礼。随将常驻议员照额选定，所有原设筹办处即行裁撤，其兼理之地方自治筹办处，现经另行专设，派委太原府知府周渤为总办，刊给关防，即日开办，据布政使丁宝铨详报前来。除将此后应行事宜照章督同切实办理，并分咨查照外，谨附片具陈，伏乞圣鉴。谨奏。宣统元年九月二十七日奉朱批：该衙门知道。钦此。

《政治官报》，第七百三十五号，宣统元年九月三十日（1909 年 11 月 12 日）

三、禁　烟

谘议局呈藩宪禁烟议案

禁烟一事，既已刻不容缓，惟是禁种、减种问题未曾解决，则禁之之法自必无从着手。该局以事关要政，特于上月二十日开全体议员会，提出戒烟议案，一曰禁种，一曰减种，限定两星期内，按各区情形，或全省大势，各抒意见，准定办法。旋于本月初四日复开会议，决定禁烟期限及办法，编成议案，呈请藩宪核办。兹录原折如左：

查各区意见书，主张立禁者十分之九，主张分年递减者十分之一。当即公同决定从最多数，自明年起请一律禁绝。惟禁种办法彼此各异，又公同研究，议定统一办法，拟请大公祖呈明抚宪核夺。一面行文各厅州县，自明年起一律禁止种烟；一面通咨直、豫、陕、甘各邻省督抚，请其一同禁止，以归划一而定人心。又查各区意见书，于禁烟期限内应行预备各事，采取所长，条列于左：

一、编烟户籍。

一、征烟民税。

一、设官膏专卖局。

一、设戒烟会（所收烟民税均归会用）。随时派员演说，即由该会酌定期限，分别劝人戒断。戒烟药物亦由该会备置，照原价发售，概不取利。

一、设戒烟公所。专办禁烟事务，并不时督率员役认真稽查。

一、限制输入。

以上均应另定专章，拟请大公祖察核，详请抚宪核夺施行。至统税一项，为晋省入款大宗，可否预行筹款备抵，应由大公祖核定施行。

《晋阳公报》，光绪戊申年八月十九日（1908年9月14日）

谘议局详定禁种土药章程

为会议详请奏咨事。窃照鸦片之害，数十年来流毒遍于中国，而晋省受病尤深。染斯疾者几于十室而九，甚至妇人孺子亦皆相率吸食，唐虞旧壤一变为烟熏雾塞之区。推原祸本，良由自种自食，取携甚便，遂相习成风。近年恭奉明诏，颁布禁烟章程，定限十年戒除，嗣后严旨屡颁，申明禁令。宪檄敦促，饬令依限实行，应即从速设法，力祛沈痼。查晋省自禁烟布令后，人心颇为激发。因有分年减种一节，未能大著成效。夫减种之法原为宽其期限，用示体恤之仁，而戒烟者见土药易购，不免意涉游移，立志难坚。况查亩之际，诸多为难，不认真履勘则无以昭核实，而稽查过严又群相疑虑，阻力横生。审度情势，自非一概禁绝，不足以坚定人心。拟请仿照云贵、江苏、东三省缩短期限办法，立行禁种，以冀廓清。惟事关大举，小民难与图始，操之过急犹恐滋生事端，因复商询本省士绅，公同筹议。旋据各呈意见，大致主禁种者十居八九。其所拟办法约有六端：曰严禁，曰调查，曰议罚，曰奖励，曰限制输入，曰预筹善后，并愿各担责任，分投演说。既经全省士绅询谋佥同，群称尚无窒碍，自应详请奏明，自光绪三十五年起一律禁种，庶新土不收，旧土日少，数年之后，吸烟者将不禁自绝。斯诚拔本塞源之计。查晋省烟祸最深，办理情形自不能不较各省微有区别，故刻下非即毅然禁种，断无入手之方。若仍敷衍为逐年递减之说，不独不能逐年递减，且恐逐年递加，观今年种烟之亩数，业已多于去年，是其明证，势必至查不胜查，办不胜办，骚扰需索，百弊丛生。惟有一概禁种，或冀得有一当也。抑更有请者，土药禁种，不禁客土入境，适为邻省辟一销场，既失固有之利，于禁烟依然无补。限制输入一条，于关系极为重要，应请咨商直、豫、陕、甘各省，查照示禁，概不得运晋销售，办理方能得手。所有拟议禁种土药缘由是否有当，理合开具章程，会详宪台查核具奏。再，限制输入一条，应俟奏准后，再行饬属遵办，其余禁种各条，拟即由司局通饬遵行，以期迅速。为此备由，呈乞照详施行。

谨将拟议禁种土药章程开呈宪鉴。

计开：

第一，严禁

一、实行禁种。查现在禁烟功令日加严厉，章程亦屡有增改，虽有逐年递减之条，然如能即行禁种，即可邀奖，是以云贵、江苏、东三省多已即行禁种。晋省受害本深刻，若仍因循敷衍，名曰按年减种，实则毫无限制，甚至暗有增加，即查亩一事，亦复流弊滋多，万难公允核实，徒为胥役差委暗开需索之门，骚扰之渐。地方或因此抗拒，转恐别滋事端。事既同一为难，不如实行禁种，尚可执简御繁，办理划一。现拟一律由三十五年起实行禁种，除向不种植者不准再种外，所有领照减种各户，亦一律不准再种，并不准禀请减种及禀请缓禁，其减种凭照应即缴销。

一、预申禁令。晋省烟亩，西南一带向于二月中种植，东北一带三四月间种植，亦有上年八九月预种者。应于本年八月内撰发明白告示，通饬各属张贴通衢社庙，一律禁种，并由各厅州县多缮简明白话告示，分贴各乡村示禁。

一、督饬社首。花户种烟完税，向由社首经理，花户之种烟与否，惟社首知之最确，而花户亦惟社首之言是信。应责令实力禁止，并出具如果违章私种查出惩罚甘结。花户如敢私种，准该社首指名禀究，如敢徇庇，一并重惩。

一、分别查禁。向来种植烟亩，富户居其多数，中下之户，地本无多，有每户种数亩者，有数户合种十余亩者，亦有数户合种一二亩者。应先从种地至多之户查禁起，徐及中下之户，以期一律禁绝。惟必以各村镇社首、乡约公同出具不种甘结为入手办法，不准含混。

一、严定限期。各厅州县于文到十日内，即遵照章程办理，查明实在种烟之户，造具花名清册，详送本藩司、禁烟公所、财政局备案，并将禁种情形暨乡社具结缘由局报查考，再予限十日，将村乡城镇原领减种执照之花户撤还原照，加具不种甘结，造册详送通报，不准逾限请缓。

一、责成印官。各花户甘结由乡社加结汇送印官。印官复核，加具切实印结，详送本藩司财政局查考，另备切结，分送本臬司、禁烟公所、该管道府州备案。均于文到一月内照办，不得迟误。

一、绅士演说。鸦片之害，人人知之，无如乡曲愚民希图烟亩利益，执迷不悟，非有以劝导之，恐未能令行禁止。应遴选老练士绅，分往各州县演说利害，将禁烟章程详细解喻，以辅官力之不及。

第二，调查

一、遴派绅耆。各州凡有种烟者，既责成社首实力禁止，并令具结存案，利害所关，当能实力奉行。然稽查不严，仍恐得贿隐瞒。应由地方官于每村遴选一二公正绅耆，派令切实考查，随时禀官核办。

一、严查僻壤。平畴广野有无栽种罂粟，自可一望而知。所难查者，山陬水涯，人迹罕到之处，稍有疏漏，毒种潜滋。宜略仿保甲之法，凡畸零村落，于十家之中择其家道稍裕及人较谨厚者为甲长，令其互相出结，即互相稽查，一家犯禁，科罚十家，其不及十家者，亦准此办理，以杜扶同徇隐之弊。

一、亲历履勘。晋省种烟，久已相习成风。今欲禁种，全视各州县之能否认真，非仅朝申一令，暮出一示，所能坐收成效也。宜按【村】乡，由印官轻骑减从，出其不意，亲往查勘。遇有偷种者，照后开章程惩处，不稍宽贷。其能恪遵禁令，一律不种者，亦即传集乡社，许以照章奖励。有司不辞劳怨，风气自可转移。

一、分期覆查。州县查禁能否得力，宜分三期覆查。本年十月为第一期，由本管府州派员查明，取具各州县境内并无预种烟苗甘结，加结汇转。次年正二月为第二期，由该管道派员查明有无播种情事，取具各府州暨印官切结移送。来年三四月为第三期，由财政局遴派妥员暨选派绅士会同地方官催查，以验各属查报之虚实，禀候核办。似此层层箝制，密益加密，庶几各顾考成，可期禁绝。

第三，议罚

一、印官查禁不力，不能禁绝，或办理不善，致有聚众滋闹情事，详请撤任。如纵容丁役需索，及以未禁捏称禁止，查办出详请参。

一、本管府州不能遵章督饬所属严禁，或调查不详，请记大过一次，仍勒令查禁。倘敢扶同隐饰，不行揭报，查实详请撤任。

一、乡社甲长有分任禁种之责，如查禁不力，代花户隐饰私种，查出重罚。其有不服地方官禁令，违抗不禁者，除罚金外，治以应得之罪。倘敢煽惑愚民滋事，均按照聚众为首例，从重治罪。

一、花户私种土药，一经查出，除照统税定章分别科则按亩征税外，仍按统税章程加十倍罚办，充作地方公用。敢于违抗不遵者，将所种地亩入官，以儆效尤。

第四，奖励

一、种烟最多之区，如交、文、霍、洞、赵等处，以及地亩在七八千亩以上者，能期禁绝，印官照异常劳绩详请保奖，本管府州详请奏保，从优奖励。及余各处如能实行禁止，并无办理不善、聚众情事，印官调署优缺，并照寻常劳绩保奖，本管府州详明奏请加衔加级。

一、乡社甲长劝禁得力，全数禁绝者，详请给予功牌或赏给匾额，并于罚款内酌给奖赏。

一、地方士绅劝导有方，能使境内烟亩一律不种，并无聚众滋事者，地亩最多之区详请酌量奏保，从优给奖；其余各处办理得宜，亦详请酌给外奖。

第五，限制输入

一、详请奏咨。既禁土药，若不严禁客土输入，是为他省开一大销场，而本省之吸烟者将不可禁止。应请奏明，分咨各省晓谕商民，自奏准之日起，各省之土均不得运晋销售。来源既穷，本省余土日少一日，庶有禁绝之时。

一、责成卡员。客土入境，必由行商各卡经过。饬令沿边厘卡认真稽查，并严饬分卡一体查禁，如有商贩夹带药料，查出全数充公，如卡员受贿私放，一经发觉，分别详请撤参。

第六，预筹善后

一、官膏专卖。禁种原为禁吸之本，然不禁吸而禁种，土商存土犹可任意出售，吸烟之人必仍蹈常习故，罔知改过。自非将土商存土买归官卖，重加价值，不足以断嗜好之癖。应即照民政部禁烟章程设立公行例，由司局另案详明办理。

一、晋省药厘亩税向为入款大宗，一切奉拨之款及各项新政皆资挹注。自改办统税以来，收数顿绌，然尚拨还十余万两。今既禁种土药，并禁输入，则此项饷源骤断，司库大受影响。将来应请奏咨立案，如何拨补以舒财力之处，候另案详明办理。

一、征烟民税。土膏加价，民不得食贱，然犹可以吸食。应责令吸烟之户交纳税钱，使知吸烟不惟买价过昂，且须重纳税钱，有不容再吸之势，庶吸烟者知所戒惧。惟纳税须编查烟民户籍，按其烟瘾之大小，分别等差办理。此条与巡警局详定限制烟户吸烟牌照办法用意略同，应由巡警局按照原章变通，另案详办。

一、推广戒烟。禁种禁食而不为之祛除痼疾，有瘾者将无以为生，戒烟若不容缓。查省禁烟公所业经设立，各厅州县虽未设齐，而禀报开办者亦有多处，惟均系官办，规模较隘，恐未能普及。应由本省绅士多领方药，广设戒烟会，实力劝戒，并由绅士随时演说，以期周密而求速效。

一、劝谕改种。烟亩既经禁种，即由地方官、绅士、乡社劝令改种五谷。省南天气稍暖，不少水地可种麦、种稻或种棉花。其地非平原或土性不宜者，劝令改种果木。省北地寒，亦可改种麻靛，或由农工商局发给各种易于栽植种籽，劝令试种。勿致固陋自封，有碍生计。

《晋阳公报》，光绪戊申年九月初三日、初六日（1908年9月27日、30日）

谘议局筹办处通告在省学界实行禁烟启

敬启者。晋省自奉抚宪奏准禁种鸦片，并通饬各厅州县一律遵照，凡属晋地，早经同知。近列宪复恐于春烟、秋烟下种之时，不无观望、偷种等弊，除将种烟最多之区派员亲往严查，总期净绝根株外，其余各县亦将陆续查勘，严申禁令。夫列宪为民除害，既不惮烦难，至再至三，期在必禁，吾晋人士遇此机缘，更宜奋起协查，以无负殷殷警诫之至意。因念学界诸君素热公益，当此大害可除，自不容一苗偶留，贻祸全晋。望于年假旋时，各就本籍切实调查，并为人民演说利害，使知此番禁烟非寻常空文可比，断无可以希冀再种之理。谅晋民必能改图力作，以干净三晋之一片光明土。愿吾学界诸君速申儆之。

《晋阳公报》，光绪戊申年十一月十九日（1908 年 12 月 12 日）

谘议【局】筹办处照会各处绅员查禁种烟文

为照会事。照得防患必于未萌，除恶期于务尽。晋省种烟、吸烟，为害【较】他省为烈，前蒙抚宪奏准，自今年起一律禁绝，业经通饬遵行。本处仍恐各府厅州县事务殷繁，办理未能周到，调查亦不易详悉，是以分派员绅先后赴【各】府厅州县严行勘查，明白晓谕，以期尽绝根株，迭据各员绅会同该地方官禀报在案。窃阅情形，大都严查严禁，当不至别生枝节，惟愚民难与虑始，而积习不易扫除。本处访问所及，各府厅州县任劳任怨、认真查禁者，固多有其人，而敷衍迁就，以一纸公文了事者，间亦不免，甚至为乡保、社首并衙役、书吏所蒙蔽，本官竟无从觉察。若不再严行查禁，转（盼）〔瞬〕春日融和，草木甲拆，如再任毒卉潜滋，不特此禁彼种，无以平不种者之心，而全省禁烟前途，必至大受其影响。况兹事上关奏案，外系邦交，岂可有初鲜终，不为保全大局之计。现在万国禁烟会正在上海集议，此事将来必有严厉之办法，断难稍有通融。此次抚宪示谕，又复三令五申，地方官稍有疎虞，必即严行参劾。本处今拟定请各处教育会会长、劝学所总董、高等小学堂堂长各机关分头查禁，各查各报，每十日将地方情形，详函报告本处一次，以期一洗隐饰，净绝根株。素稔贵绅急公好义，热心桑梓，请即担任此事，亲行赴四乡稽查。倘有无知愚民，胆敢私行偷种，即请一面函知地方官勒令立时拔去，不准一苗遗留，一面即函报本处以核凭办。其有查禁核实、办理较为妥善之地方，亦请将详细情形一体函报本处，以备存案，汇详请奖。所有往来川资，即由本处送给银若干两，随后托便寄到。为此照会贵绅，请烦查照施行。须至照会者。

《晋阳公报》，宣统元年正月廿六日（1909 年 2 月 16 日）

照会种烟最多处

交城高等小学堂、文水教育会、永宁高等小学堂、宁乡高等小学堂、临县高等小学堂、洪洞教育会、岳阳高等小学堂、浑源教育会、河曲劝学所、闻喜教育会、垣曲教育会、稷山教育会、霍州劝学所、赵城劝学所、静乐教育会、代州教育会、繁峙教育会、归化教育会、萨拉齐劝学所。

《晋阳公报》，宣统元年正月廿六日（1909 年 2 月 16 日）

照会种烟次多处

岢岚高等小学堂、岚县高等小学堂、兴县高等小学堂、应州教育会、山阴劝学所、长治高等小学堂、长子劝学所、屯留劝学所、襄垣教育会、黎城高等小学堂、沁水高等小学堂、朔州劝学所、左云高等小学堂、右玉高等小学堂、平鲁劝学所、河津教育会、绛县劝学所、和顺高等小学堂、榆社教育会、沁州高等小学堂、沁源高等小学堂、武乡高等小学堂、五台教育会、太谷教育会、宁远教育会、丰镇劝学所。

《晋阳公报》，宣统元年正月廿六日（1909 年 2 月 16 日）

谘议局筹办处照会普通种烟各处（续前期）[①]

阳曲县、太原县、榆次县、祁县、徐沟县、汾西县、孝义县、平遥县、介休县、石楼县、潞城县、高平县、阳城县、辽州、盂县、寿阳县、大同县、怀仁县、阳高县、天镇县、广灵县、灵邱县、宁武县、偏关县、神池县、五寨县、忻州、定襄县、崞县、保德州、临汾县、浮山县、曲沃县、翼城县、襄陵县、汾阳县、乡宁县、吉州、永济县、虞乡县、荣河县、万泉县、绛州、安邑县、夏县、平陆县、芮城县、灵石县、隰州、大宁县、蒲县、永和县、和林格尔、托克托、清水河、绥远厅、兴和厅、五原厅、武川厅、陶林厅。以上共计六十处。

《晋阳公报》，宣统元年正月廿九日（1909 年 2 月 19 日）

四、其　他

谘议局札取各府厅州县编纂全部志书文

为札取事。照得前蒙抚宪札开，奉旨设立谘议局，当即筹商于本年六月十三

① 因现存《晋阳公报》残缺，未见“前期”。

日开局刱办，业将开局日期通报在案。现经本局开办伊始，所有应需各府厅州县编纂全部志书，现由藩署送到，新增者仅有四十一处毋庸札取外，其余未经购备新增补撰者，自应照章饬取。合亟札知。札到该府厅州县，文到立即遵照，迅将本【处】所辖地址编订光绪年间新增补撰全部志书，装钉数部，勒限文到十日内，备文详送到局，以备应用。切勿延玩，毋违，速速。特札。

《晋阳公报》，光绪戊申年八月初九日（1908 年 9 月 4 日）

谘议局详请抚宪派员调查创办章程并奉批示文

为详请派员调查事。窃照案奉宪台札开，奉旨创设谘议局并附设自治研究所，业将创办事宜详请查核在案。顷奉宪台面谕，以筹办谘议局及自治事宜均属创办，头绪纷繁，须派通晓法政之员，亲赴天津等处，择办有成效者调查一切，乃易入手办理等因。仰见宪台孜孜图治，实事求是之至意，钦佩曷可言喻。窃查各省创设谘议、自治等局并地方议事、董事各会，惟天津接近畿辅，地临海洋，最得风气之先，一切自治事宜均属办有端绪。此次创办期限为时甚促，自应先为调查，以期事半功倍。兹遵宪谕，拟派本局文牍课课长、日本法政毕业刘志詹，刻日由省起程，亲赴天津，将筹办谘议、自治两局，议事、董事各会章程办法，逐件明晰调查，以便比照。所有需用公费，应由局中酌量给发，相应详请宪台察核批示，并请先行咨明直隶督部堂查照。为此备由，呈乞照详施行。

批：已咨明直隶督部堂查照矣，仰即饬知该员前往调查可也。缴。

《晋阳公报》，光绪戊申年八月十三日（1908 年 9 月 8 日）

谘议局告全省官绅启

自大行皇帝降九年预备之谕旨，而宪政之核荄始萌；自嗣皇帝降“理无反汗，事在必行”之谕旨，而宪政之基础以固。顾立宪必有实际，而预备岂托空言，自非循序孟进，日起有功，使我多数之国民，有普通法律思想，与夫自治之精神及能力，殆恐有负明诏之责成，不足为立宪国民，而享德诏之幸福也。九年期限，转瞬即逝，寸阳尺璧，宝贵奚若。窃愿邦人诸友，共相策励，毋使限期既满，或有程度不足之诮，致落他省之后尘也。立宪之事，千绪万端，概括言之，则实行代议士制也，地方自治制也。斯二者有学焉，非可以冥行而合辙也。是以本处前既通饬各处设立法政讲习所，并发自治宣讲各书，以冀法律思想之普及，又特于本处附设自治研究所，通饬备资保送绅衿，以教授较深之学科，并将以养成代表舆论与夫办理自治之人格也。岂非预备立宪之要素乎？

一、可当谘议局议者之任，并可被选为资政院之议员。

二、可养成本属绅士之资格，能于地方深明其利弊而指陈之。

三、可研究本省南北各地之情形而互证其异同。

四、可联络官绅之感情而交换其知识。

有此重要之点，故研究所之设，其学科程度既较讲习所为优，而本处所聘之教员亦皆究心于法律。又复专设寄宿，舍房修洁，即在谘议局旁，现本处暂占之地址。隆其待遇，正以重其人格。是以定章必学行兼优、资望素著，方准保送，庶坐言起行不至分作两事。诚以该绅一经毕业，上之则可被选为谘议局议员，进之或再选为资政院议员，而次之亦将佐治地方官分任议事会、董事会各事，关系较巨，乌可不严格以相绳。窃愿保送者慎于选择，而资格相当者，亦可投袂而起矣。此项合格绅员，必由地方官备资保送者，原欲郑重其事，广罗才俊，不使以资斧细故累及其心耳。特是地方之肥瘦不同，而彼此之贫富亦异，其有筹款维艰而情愿自费，或款已有着而不取明廉，如果合格，均可听便。务望如期保送，毋使有一地乏材之虞，是所望于热心宪政之官绅。

《晋阳公报》，光绪戊申年十二月初六日（1908 年 12 月 28 日）

谘议局详文

为详请示遵事。窃维谘议为宪政之先声，自治关地方之要政，均宜先时预备，庶于临事有济。去年仰蒙宪台督饬筹办谘议局选举事宜，迄今各属名册将次告竣。办理既有端倪，复蒙宪台札饬，将地方自治事宜责令兼办，仰见宪台上承【圣】旨，下体舆情，孜孜图治之至意，钦服莫名。伏查谘议局筹办期限，自本年九月初一日为止。然开局后正式议案，必先早为研究，以资将来提议。至地方自治应行筹办各事，尤属头绪纷繁，举办甚非易易，所有在局人员，自应按照定章兼顾办理。惟念两政并行，关系甚重，去年开办伊始，在局职员既已酌减委用，今春附设自治研究所，取录学员两班，教务、庶务、斋务各事与学堂办法无殊，该职员等均系兼尽义务，如再兼治他事，诚恐责大任重，稍有迁延，贻误非浅。筹思再四，惟有增延素负资望、能于地方情形久深阅历者在局赞襄，似进行可期迅速。兹经开会协议，查有大同府灵邱县举人杜绅上化，蒲州府临晋县举人许绅上林，乡望素孚，尤多历练，堪延为本处参事员。拟再另选中学有得并通晓现今新政者四员，充为检事。以上所陈各员，专为预备议案、筹办地方自治事宜起见。除俟将检事四员详加选定，另呈履历外，所有详请增加局员筹备要政各缘由，是否有当，相应呈详，伏候宪台察核，俯赐祗遵。为此备由，呈乞照详施行。

《晋阳公报》，宣统元年四月初三日（1909 年 5 月 21 日）

谘议局筹办处呈详增〈设〉延检事员姓名清折文

为详请示遵事。窃照本处前因预备议案、筹办自治两项，须【增】延绅员从事赞襄，业经详请宪台察核示遵在案。嗣蒙批示：据详，该局筹办处事务较繁，亟须【增】延熟悉地方情形员绅在局赞襄，自系实情。既经开会协议，杜绅上化、许绅上林，乡望素孚，尤多历练，应准如详，延为参事员，仰即知照遵办。至所须检事四员，并即妥为遴选，另详察核夺，毋违，切切。此缴等因。奉此，仰见宪台勤求上理，重视宪政之至意。从此谘议既得实据，自治亦因始基，造端宏大，宪政进行，正未可量。伏思此次增加绅员、襄办两项要政，责大任重，关系非浅。杜、许二绅业【经】允准延为参事，本其素日之资望，按照各属地方情形多所熟练，在局襄赞自能胜任而愉快。惟时当过渡，事贵协谋，所须检事四员，亦应遵示妥为选择谙悉法理、通晓新政者为之赞助，俾研究既深，于办理各事或少窒碍。因复开会协议，查有平定州举人李素、夏县举人皇甫振清、繁峙县举人郭际丰、汾阳县廪生可秉篪，均系中学有据，又经北洋本省法政毕业，似于现今预备立宪时期，尚属合宜。若延为本处检事员，襄助参事办理两项要政，庶于宪政、自治前途裨益甚大。至各员应需薪水、饭馔等项，另俟核计后再行详报。理合先将该检事员姓名、履历开具清折，相应呈详，是否有当，伏候宪台核示祗遵。为此备由，呈乞照详施行。

《晋阳公报》，宣统元年四月初六日（1909 年 5 月 24 日）

山西谘议局筹办处预征议案公启

窃维集思广益，古训聿有明征，后乐先忧，昔贤引为己任。《传》切防川之戒，《书》重庶人之谋，盖有血气之伦，当知责任所在。此泰西议院制度所以为立宪之根基，公权之巩固也。今朝廷锐意图新，勤求民隐，诏各省筹办谘议局，冀收群策群力之效，期无细流撮壤之遗。宪政进行，肇端于此。窃观东西各国，所不知几许摧残，几经波折，仅仅能获此参政权者，我国家竟以和平畀之，我国民竟以和平受之，匪惟载籍所难稽，亦列邦所未有也。顾我国民政治思想多在幼稚，无论关于全国立法事项也，即本省应兴应革事件，亦往往不能举其真际，若以为无与也者，则以无政治练习故。练习者，思想所发生也。有思想，然后有精神；有精神，然后有事业，而程度之高下，即由此判焉。

今岁九月初一日为谘议局成立之始，此我国民政治练习之一大场合，举凡一切思想、精神、事业所镕冶而陶铸之者也。夫以我晋幅员之广，纵横二千余里，议员定额只八十六员，开会期限仅四十日。以最少之数，处最短之期，其思想练习，又未必各不相下，而欲解决此数千年积习已深、关系极大之问题，其能悉中机要，曲当事情，恐亦有莫敢自信者，此议案之预备所为刻不容缓也。顾氏有言：天下之大，匹夫有责。日本法学家亦云：立宪政治究极之目的，即以国民之共同意识为政治之原动力，而国民共同意识即发现于舆论，谓立宪政治为舆论政治可矣。谘议局者，全省舆论所归宿，而议案即舆论之发表也。今距开会之期仅三四越月，倘非及时筹备，旁征博采，不足以供取裁。万一开会之日，局中之议案未决，而大宪之议案杳来，筑室道谋，莫衷一是，甚非我国家畀与参政权之意也。且凡事预则立，不预则废，谘议局应办事件早载定章，除第二、三款议决本省岁出入预算、决算外，谘议局均得自具草案。然【则】二、三款之议决权仍属于谘议局，其中最主要者，莫如第二至第五为监察财政事件，第六与第七为参与立法事件。至第一款之应兴应革事件，利弊所关，范围尤广，愿就见闻所及，以为得失之林，尚冀详细推求，各得要领，毋以空谈为粉饰，毋以拘执误事机，毋意见自逞，致涉离奇，毋畛域故分，或启攻讦。但关全省之益，勿嫌一得之愚。鉴此，虚衷匡其不逮。谨启。

《晋阳公报》，宣统元年五月十九日（1909 年 7 月 6 日）

山西谘议局筹办处通饬各属照会研究毕业学员襄办自治文

为札饬遵照事。照得地方自治为现在切要不可延缓之事，本处筹办以来，即于今春附设自治研究所，通饬各属选送合格绅员入所研究。原为会合各属之人材，研究法理，讲明事实，务期自治要政早日观成，以仰副朝廷与民更新、殷殷图治之至意。兹于八月中旬，按所学各门功课详加试验，核定分数，填给毕业文凭，俾各学员等回籍襄办自治，不至无所依据。惟是自治创始，办理非易。该【地方官】负有地方之责，一切应行举办自治事宜，尤为责无旁贷。该学员等研究将近期年，此次毕业归籍，正可相助为理，以资官力之不逮。除由本处另行札派该学员等前赴本籍襄办自治外，合行札饬。为此札仰该【地方官】立即遵照，俟该学员回籍时先行备文照会，妥为筹商自治事宜，总期实力进行，毋得稍加延玩，致误要政。切切。此札。

《晋阳公报》，宣统元年九月十三日（1909 年 10 月 26 日）

山西谘议局筹办处札派研究毕业学员回籍襄办自治文

为札派遵照事。照得地方自治为现在切要不可延缓之事，本处筹办以来，即于今春附设自治研究所，通饬各属选送合格绅员入所研究，原为会合各属之人材，研究法理，讲明事实，务期自治要政早日观成，以仰副朝廷与民更新、殷殷图治之至意。兹于八月中旬，按所学各门功课详加试验，核定分数，填给毕业文凭，俾该学员等回籍襄办自治，不至无所依据。惟是自治创始，办理非易。该学员等研究将近期年，此次毕业归籍，务与该地方官出其所学，相助为理，一切应行举办自治事宜乃能速于进行。除由本处另行通饬各属会同该学员等办理自治外，合行札派。为此札仰该学员立即遵照，前赴本籍，会同该地方官妥为筹商自治事宜，总期实力进行，毋得稍加延玩，致误要政。切切。此札。

《晋阳公报》，宣统元年九月十三日（1909 年 10 月 26 日）

谘议局筹办处附设自治研究所毕业学员姓名榜

最优等二十八名

李焕章　康兰馨　耿熙臣　宫重熙　廉韶秀　韵发扬　彭占元　申国梁
马骥选　张万城　刘永和　王士卓　张自修　王之佐　陈光烈　阎增铭
侯肇庆　常　忠　姚烈舜　张梦曾　白进唐　李时光　王克仁　梁万春
宋受镒　沈懋昭　李允中　张怀瑾

优等一百二十九名，均七十分以上

解迪笃　何善长　申步青　杨兰阶　陈希琳　王化民　郭兴唐　宋世祥
张振华　孙守忠　陈义和　严居敬　史虞卿　李秉恒　窦敬儒　冉廷元
程锡荣　刘怀珠　李　衡　杨蔚然　介学显　丁僧慧　崔玉成　徐坤培
李永清　王选清　徐桂林　张　浩　侯　焕　成　庠　张崇义　杨文翰
王尊士　严立志　吴之钧　孟德昭　阴毓龙　傅汝焱　冯会斗　张赞廷
张文治　高寿松　蒋善学　李琴声　解星煌　路步月　郭裕桢　孙士焜
祝启文　高荫寰　张梧生　赵建功　段书田　李湛霖　贾振铸　高作宾
张守仁　成尔昌　萧含春　杜廷翼　石烈卿　郝庆登　张映源　刘居敬
白　仁　任贤官　赵锡麒　武殿功　姚寅达　刘传璧　段春元　李天因
焦咸登　石元鼎　武勉学　贾廷�　唐焕文　温廷相　赵丕锋　张建寅
王德洽　牛增兰　董　漳　陈　瑞　赵荣璧　郭开国　张文熙　王培文
张维骃　潘桂芬　马连级　郭增美　张共溢　徐清源　撖钦邻　韩凤岐
乔永荣　秦立周　李海庆　逯凤诏　王正家　王槐庭　许　岑　黄联璧
王兆儒　路贞义　吴作新　窦景耀　刘增僖　孙廷萱　刘子朋　李寅亮
张永嘉　祁汝霖　赵子泰　崔祥龄　杨联第　李永德　郭之烈　张绍曾
曲乃铎　陈公明　张文源　告生富　杨尔昌　李润兰　连　科　史书云
王作砺

中等三十九名，均陆十分以上

荣殿选　毛敦典　武宗康　武树霖　黄承烈　麻九功　郭腾海　胡桂昌
郭丕谟　梁继隆　武　璋　王维襄　狄麟仁　王　秀　都　梁　郝世盛
孙贻谋　刘玉润　李馨德　常树勋　郭永吉　张崇禧　史鸿麟　曹守德
贾明德　崔　炜　崔国正　张敬轼　胡敬熙　武造周　杜鹏程　梁子壬
刘恒耀　张　翔　赵文衡　王殿元　王　传　徐桂芬　姚汝华

《晋阳公报》，宣统元年九月十六日（1909 年 10 月 29 日）

第二编　山西谘议局第一届常年会议决案

一、抚部院交议原案

第一项　地方自治类

分期筹备

案照九年筹备宪政期限清单，限至宣统五、六年，全省地方自治一律成立。诚以事关实行，非宽与以时日，必难责以成功。自专设全省地方自治筹办处以来，迭经各员悉心筹画，按照定章及期限清单，并参以本省情形。窃以为法上仅乃得中，程功必须克日，拟缩短期限，以期无误进行。计分全省城镇乡自治为三期，视各处财政盈绌之程度，酌分后先，第一期各厅州县开办之日，即第二、三期各厅州县预备进行之日。而一厅州县之中，亦略分数期，先以城厢之筹办，次及于镇，又次乃及于乡。刱始者既足开后来之风气，而继起者自将以前事为模型。且分期筹办，各处之殿最既易于考成，而瘠苦地方亦得以从容布置，不至拮据。计第一期，繁盛州县自本年十一月起至宣统三年十一月一律成立；第二期，中等厅州县自宣统二年二月起至四年三月一律成立；其余厅州县自宣统二年五月起至四年五月一律成立。均拟定事由，系以年月，编列全省地方自治次序、期限表，俾资考核而决推行。

筹备自治经费

案照晋省各厅州县办理诸新政率多入不敷出，若遽责以筹办自治，必以款绌为辞，自以妥筹经费为入手第一要义。筹经费自以清厘地方公款公产为先。如公款公产尚不敷用，自宜酌量加捐，惟是近来民间负担日重，稍一不慎，虑滋苛扰。拟将最普通而不至扰民、可筹之款分为十二项，各地方官绅应酌量情形，于原有公款公产外，择其近于奢侈品，向来加捐或捐不甚重者，禀请加捐，惟至多不得过两项。如系附捐，照章不得过原税十分之一，庶自治藉以成立，而民力亦不至大困矣。

计开：

煤捐：晋省煤矿各州县十居八九，所产甚富，向来亦大半收税，若再加捐，总以无碍销场为要。

斗捐：此项宜酌度地方丰歉情形再行附加。

酒捐、烟捐：以上两项均为奢侈品，纸烟销耗尤甚，如地方销路畅旺，附加亦可。

差徭捐：此项铁路保息业经附加，如地方再无可加他项之捐，加增一二亦可。

牲畜捐：晋省各州县牲畜最为繁多，凡一切牛、骡、驴、马、驼亦间有收捐者，宜酌量加捐。

肉捐：晋省各州县肉行皆独为生理，酌加捐输，不为苛酷。

药草捐：如本处出产甚丰，向未有捐，可酌量加捐。

戏捐：此项各州县亦多加捐，然赛会酬神近于迷信，无裨实用，加重征捐亦不为酷。

木捐：此项宜视地方出产及销售情形加捐。

皮货捐：晋省北边一带皮货最多，销场最广，远及外洋，宜酌量加捐。

所得捐：东西各国分此种为资本所得、营业所得、劳动所得，中国尚无此等名目，应仿照日本，每年所得三百元以上酌捐十元，用累进法，以上递加。

第二项　庶政类

改良风俗

案照晋民家崇俭约，人尚朴纯，夙为海内所公认。惟是积习相沿，亦不无恶染。欲于此一般社会力辟新机、共图进步，而于正人心、厚风俗诸大端，自应涤除积染，逐加改良，以为治本。兹将其与晋政进行有密切之关系，亟宜议改者，条列而公决之。

（甲）禁早婚

文明各国以强国强种为（维）〔惟〕一之方针，故对于婚娶时间规定最为严切。埃及国人多早婚，颇蒙世界之非议。盖婚娶早而男女之精力未充，种族即凌于衰弱，且攘出种种之恶感也。晋省早婚之俗所在皆有，而以太、大、汾、归等属为尤甚，十余龄稚子即与之成室。纵使其年相若，而顽童弱女，亦鲜知家庭应尽之职务。否则年一过悬，即不免反目，勃豀讼诉纷至于公堂，谋害动成为重案，甚非伦常之美谈也。虽能力、年龄在中法尚未明定，应由各属绅耆协同筹计，略示限制，俾婚娶勿得过早，年龄必须相当，盖悬殊过甚，则流弊滋多也。此宜议改者一。

（乙）戒溺女

溺女之习节经示禁，并令筹设育婴堂，以资周卹。然各处溺女者仍时有所闻，究其原因，则有由于目前穷苦者，有虑及将来嫁资者，有恐乳哺碍其生男者。但以生计穷苦论，则婴孩乳食费本无多；以虑及嫁资论，则称家有无，古有明训；以碍于生男论，则残忍性成，又安有得男之理？且外洋法律，堕胎有刑，况其业已产生，具有人格，可弗加以护持乎？是应由地方各慈善事业家公共维持，编为演说，实力劝禁，并拓充育婴各善举，以资救济。此宜议改者二。

（丙）除淫剧

演剧之风，晋省最盛，几于无村无之。其耍孩、秧歌、道情等戏剧至为伤风败俗，男女杂沓，相观若狂，无一正当之事实，贻害乡曲，实非浅显。属在幼稚，血气未定，习见邪淫，尤足荧惑其思想，求其变迁向上，势所难能。但一切戏剧概予禁绝，则愚夫愚妇观感末由，故外洋戏剧之学所造甚深，名称极伙，别著专门，称为小说家，以其利益能普及也。嗣后各属演剧，凡耍孩、秧歌、道情之类，应即一律革除；至通常报赛之戏，亦应由董事会首择其关于忠孝节义有资观感者，方准演唱，违者议罚。其有老师硕儒，如能以新智识、新理想编成歌曲，启牖国民者，均即量予奖赏，以资鼓励，是亦因势利导之政策也。此宜议改者三。

（丁）勤妇职

东西各国男女类皆自谋生计，以依赖为可耻，故家事有条理，而财产亦能裕如。即以中国东南各省而论，妇女亦终岁勤动，习为工业，所得奇赢恒不亚于男子。晋省妇女生计素鲜，大半安于坐食，于个人经济所损孔多，按诸生利分利之学说，实为绝大之问题。查省南天气和暖，蚕桑手工之利，处处可兴。即省北气候较寒，而纺织、刺绣及其他一切女红，亦可举办。是在地方绅耆热心提倡，俾坐食妇女各执一业，有必要之生活，则储蓄程度自可日高一日矣。此宜议改者四。

修治汾河

案照农事之要，水利为先。晋自丁戊大祲之后，各属水利迭次修复，而利源所在，尤以汾水为最溥。查汾水发源于宁武之管涔山，迤逶而南，经太、汾、平、霍，绕出绛州，尾闾泻入黄河，其间千有余里，地段绵长，或窄或宽，或深或浅，至不一律。如太、汾等属，地势平衍，河身宽大，开渠筑堰，灌地甚多。迨至灵石以南，则一线河流趋绕于平、霍众山之中，蜿蜒入于绛州。到此又水深溜急，直抵黄河。此河身之大较也。今拟修治，应从何处入手，凡此河渠隄堰，何处宜挑浚，何处宜培筑，何处最急，何处可缓，款如何筹，事如何集，区域如何划分，人手如何派拨，自非预为筹划，何能聿观厥成。各区绅生长是邦，地势熟习，亟宜分任担负，详细调查，度其可否，相其机宜，察酌情形，拟议办法，共同商确，以定方针焉。此条关系甚大，不必拘定本届开会期内议决。

劝垦荒地查报升科

案照晋省各属荒地，有新荒、老荒之别。老荒地均历年已久，永远蠲免粮银；新荒地系光绪丁戊大祲以来，土广人稀，节次由各州县将逃亡故绝诸地户，查明开报，分别有主无主，奏请停缓丁粮，仍声明陆续设法开垦起征。此项新荒地计原报五十余州县，除已报垦竣各属外，尚有三十州县，共新荒地八千一百七十三顷三十六亩六分三厘七毫，未据全行报垦，共停征银六万一千一十两二钱四分一厘。其中固有实未垦种者，亦有已垦未报者，实未垦种则抛弃地利，已垦未报则徒便私图。当兹款项万绌，筹助维艰之际，前项六万余两之粮银长此无著，殊为可惜。兹将本年夏季分调查过各数附开一表，若由官为清查，无论新政繁多，终日下乡，万难兼顾，亦且滋扰可虑。惟各属荒地皆有底册可稽，现在自治将分区域，区绅生长于斯，当必闻见较周，自不若由区绅按册各查各区，分别新荒旧荒、有主无主，设法劝令报垦，分年升科，如有私垦者，即令起征，庶事易举，民亦不扰，而地亩亦无荒芜矣。应即查核酌议，以便施行。

附：各属已垦未垦荒地暨停征银两各数目表

夏季分	原报暨续报荒地数目	历年已垦荒地数目	本年夏季新垦荒地数目	实在未垦荒地数目	停征正耗银两数目
榆次县	一千七十五顷六十七亩五分八厘九毫	七百八十四顷六十四亩三厘四毫	无	二百九十一顷三亩五分五厘五毫	一千五百六十九两九钱八分八厘
太谷县	二百八十四顷一亩八分六毫	五顷二十三亩	无	二百七十八顷七十八亩八分六毫	一千一百二十四两二钱七分四厘五毫

续表

夏季分	原报暨续报荒地数目	历年已垦荒地数目	本年夏季新垦荒地数目	实在未垦荒地数目	停征正耗银两数目
介休县	六百四顷四十五亩七分一厘	四百八十二顷七十三亩六分八厘	无	一百二十一顷七十二亩三厘	七百八十九两四钱九分一厘
石楼县	七百七十四顷三十四亩	三百三顷九亩	无	四百七十一顷二十五亩	三千八百六十四两四钱九分四厘一毫
屯留县	三百一十一顷九亩六分二厘	三百一十顷八十八亩六分二厘	无	二十一亩	一两八钱八分一厘八毫
凤台县	五百五十三顷三十亩六分一厘九毫	五百三十五顷九亩五分八厘九毫	无	一十八顷二十一亩三厘	一百六两三钱三分三厘
阳城县	八百二十九顷九十二亩	七百八十五顷七十一亩七分六厘	无	四十四顷二十亩二分四厘	四百二十两二钱三分八厘
陵川县	四百六十三顷七亩三厘	四百九顷三十六亩四分五厘	无	五十三顷七十亩五分八厘	六百一十一两八钱六厘二毫
沁源县	一百六十八顷五十三亩七分	一百四十四顷五十三亩五厘	无	二十四顷六分五厘	一百四十六两二钱二分二厘
平鲁县	六百七顷一十九亩	四百八十三顷六十一亩	无	一百二十三顷五十八亩	九十两三钱一分六厘
临汾县	九百九十顷六十六亩八分三厘五毫	五百九十三顷八十六亩七分二厘六毫	无	二百九十七顷八十亩九厘九毫	二千一百七十两二钱二分六厘四毫
洪洞县	一千二百一十七顷七十一亩二分三厘一毫	一千二十五顷六十亩三分一厘四毫	无	一百九十二顷一十亩九分一厘七毫	一千三百九十四两五钱一分二厘八毫

续表

夏季分	原报暨续报荒地数目	历年已垦荒地数目	本年夏季新垦荒地数目	实在未垦荒地数目	停征正耗银两数目
岳阳县	九百九十二顷六十七亩	六百五十顷五十九亩一分三厘	无	三百四十二顷七亩八分七里	一千一百六十二两一钱九分三厘八毫
曲沃县	四百八十六顷一十六亩九分六厘四毫	三百七十六顷一十五亩五分九厘六毫	无	一百一十顷一亩三分六厘八毫	九百九十二两九钱四分三厘二毫
翼城县	二千一百八顷四十五亩七分三厘	七百二十三顷九十二亩九分七厘七毫	一十八亩二分	一千三百八十四顷三十四亩五分五厘三毫	一万二千五百七十四两一钱九分五厘四毫
太平县	七百四顷九十八亩五分一毫	三百顷二十八亩一分九厘一毫	无	四百四顷七十亩三分一厘	四千二百七十七两一分二厘二毫
襄陵县	四百一十四顷三十亩九分七厘九毫	三百五顷七分二厘八毫	无	一百九顷三十一亩二分五厘一毫	一千三百七十八两九钱二分四厘一毫
乡宁县	一百九十三顷	一百三十四顷八十一亩九分一厘	七亩六厘	五十八顷一十一亩三厘	四百七十九两一钱六毫
吉　州	五百三十九顷五十四亩九分八厘	一百八十八顷六亩一分三厘八毫	无	三百八十一顷四十八亩八分四厘二毫	二千四百三两四钱一分七厘五毫
永济县	一千五百二十七顷四十三亩三分四厘九毫	一千四百八十七顷一十七亩六厘四毫	无	四十顷二十六亩二分八厘五毫	三百七十三两五钱七分二厘四毫
闻喜县	九百一顷四十八亩四分二毫	六百七十一顷五十亩四分四厘三毫	无	二百二十九顷九十七亩九分五厘九毫	一千五百五十八两一钱九分二毫
绛　县	一千六十四顷四十八亩九分四厘五毫	四百二十二顷六十六亩八分一厘五毫	无	六百四十一顷八十二亩一分三厘	六千三百一十两一分二厘九毫

续表

夏季分	原报暨续报荒地数目	历年已垦荒地数目	本年夏季新垦荒地数目	实在未垦荒地数目	停征正耗银两数目
河津县	六百四十顷三十亩九分七厘	六百二十八顷四亩七分七厘	无	一十二顷二十六亩二分	五十五两八钱一分
霍　州	三百五十六顷七亩八分五厘六毫	一百九十五顷八十亩一分	无	一百六十顷二十七亩七分五厘六毫	六百七十九两二钱四分八厘六毫
灵石县	一千五顷五十三亩四分	三百顷四十七亩五分	无	七百五顷五亩九分	二千一百八十二两五钱一分四毫
汾西县	四百八十七顷五十九亩九分八厘	二百八十顷三十八亩九分八厘	无	二百七顷二十一亩	二千二十两三钱六分九厘四毫
隰　州	一千四百二十一顷九十六亩三分一厘	七百二十顷七十七亩七分五厘	一顷三十七亩	六百九十九顷八十一亩五分六厘	五千七百八十四两四钱三分七厘五毫
大宁县	四百一十三顷三十一亩七分九厘五毫	一百四十九顷八十二亩八分八厘五毫	无	二百六十三顷四十八亩九分一厘	二千九百五十五两三钱六分八厘
蒲　县	三百七十五顷八十六亩	一百七十五顷二十六亩三分六厘四毫	一顷八十一亩	一百九十八顷七十八亩六分六厘	一千八百三十五两六钱九分四厘五毫
永和县	六百三顷三十三亩	二百八十七顷五十一亩八分	八顷七亩：此系三十四年三四月间垦，今年六月始报到，故补列于此。	三万七顷七十四亩二分	一千六百一十八两四钱三分九厘
共三十州县	共原报暨续报荒地二万二千四十六顷五十四亩二分九厘一毫	共已垦荒地一万三千八百六十二顷六十六亩三分六厘四毫	共新垦荒地一十一顷五十一亩二分九厘	共实在未垦荒地八千一百七十三顷三十六亩六分三厘七毫	共停征正耗银两六万一千一十两二钱四分一厘

审判各厅征收讼费

案照现在筹备省城各级审判厅，一切规定悉遵部章，即讼费一节，自应查照京师审判试办章程第六节所定各条办理。盖诉讼所用之费，取偿于输服之人，迺东西各国通例。惟其间数目多寡，各视地方之情形而定，即就直隶、奉天已设审判各省而论，征收讼费，轻重不一。此次法部补订各省各级审判厅试办章程第六条所云原章八十七条之诉讼费，各省得斟酌情形，量为增减，亦因各省财力不同，习惯互异，讼费数目自宜参酌各省情形定之。一说改良审判，原取诉讼便利，收费宜轻；一说经费支绌，借诉讼为之补助，收费不妨略重。凡此皆关于国民之担负，或轻或重，请就所拟而议决之。

附：京师征收诉讼费用表

各项讼费一览表此系按照京师现行数目分列			
民事关于财产诉讼		拍卖没收物件	
财产价值	征收费用	取得全额	征收费用
十两以下	三钱	二十两以下	三钱
二十两以下	六钱	五十两以下	五钱
五十两以下	一五钱	百两以下	八钱
七十五两以下	二五钱	二百五十两以下	一五钱
百两以下	三〇钱	五百两以下	二〇钱
二百五十两以下	六五钱	千两以下	三〇钱
五百两以下	一〇〇钱		
七百五十两以下	一三〇钱		
千两以下	一五〇钱		
二千五百两以下	二〇〇钱		
五千两以下	二五〇钱		
说明	财产诉讼案件视诉讼物之价值征收讼费，五千两以上每千两递加二两，其价值系以银元计算者，准左率依比例推算。	说明	拍卖没收物件按左列之等差，于拍卖取得金额内征收讼费，千两以上每千两递加一两，其价值系以银元计算者，准左率依比例推算。

续表

<table>
<tr><td colspan="4">各项讼费一览表此系按照京师现行数目分列</td></tr>
<tr><td colspan="2">录事书记公费</td><td colspan="2">承发吏递达文书传票</td></tr>
<tr><td>抄录手续</td><td>征取公费</td><td>道路距离</td><td>征取公费</td></tr>
<tr><td>一百字</td><td>五分</td><td>十里以内</td><td>一〇分</td></tr>
<tr><td>二百字</td><td>一〇分</td><td>十五里以内</td><td>一五分</td></tr>
<tr><td>三百字</td><td>一五分</td><td>二十里以内</td><td>二〇分</td></tr>
<tr><td>四百字</td><td>二〇分</td><td>二十五里以内</td><td>二五分</td></tr>
<tr><td>五百字</td><td>二五分</td><td>三十里以内</td><td>三〇分</td></tr>
<tr><td>六百字</td><td>三〇分</td><td>三十五里以内</td><td>三五分</td></tr>
<tr><td>七百字</td><td>三五分</td><td>四十里以内</td><td>四〇分</td></tr>
<tr><td>八百字</td><td>四〇分</td><td>四十五里以内</td><td>四五分</td></tr>
<tr><td></td><td></td><td>五十里以内</td><td>五〇分</td></tr>
<tr><td></td><td></td><td>五十五里以内</td><td>五五分</td></tr>
<tr><td></td><td></td><td>六十里以内</td><td>六〇分</td></tr>
<tr><td></td><td></td><td>六十五里以内</td><td>六五分</td></tr>
<tr><td>说明</td><td></td><td>七十里以内</td><td>七〇分</td></tr>
<tr><td colspan="2">说明</td><td colspan="2">说明</td></tr>
<tr><td colspan="2">录事、书记抄录案件判词付诉讼人者，每百字连纸征办公费用银五分，如左列。八百字以上照数递推，其百字以上所余字数不及五十字者免收费用，过五十字者以一百字核算。</td><td colspan="2">承发吏递送文书及传票于十里内者，每件收办公费银一钱，其在十里外每五里加征银五分，如左例。七十里以上，依例递加。凡路远不能一日往返者，每日加征食宿费银三钱。晋省山径崎岖，路费较重，凡火车已通或未通之处，其川资应由审判官酌核实数，标明该文书表面，向收受文书及奉传票者照数征收之，如有多索，准人向管厅告发。</td></tr>
<tr><td colspan="4">备考栏</td></tr>
<tr><td colspan="4">一、凡民事之非因财产而诉讼者，如婚姻等件，均照百两以下之数目每件征收讼费三两。
一、凡证人到庭费每次银五钱，鉴定人到庭费每次银五钱以上，五两以下，由审判官酌定。
一、凡证鉴人住所在十里以外者，每百里加川资银一钱，大车、轮船已通或未通之处，其川资照实数核算。
一、凡证鉴人等每日旅费银五钱，但可视其身份酌量加增。</td></tr>
</table>

第三项　教育类

筹办第一类优级师范

按奏定章程，优级师范共分四类，第一类以中国文学、外国语为主，二类以地理、历史为主，三类以算术、物理、化学为主，四类以植物、动物、矿物、生理为主。山西省城师范学堂虽已设有选科，而于本科尚付阙如，似宜增设本科，以为应用之资。查该堂选科先办第二、第三、第四三类，第三、第四两类选科学生已达一百八十余名，第二类选科学生亦有四十余名，均于本年可以毕业。毕业后此项学生已足敷本省中学教员之用，则本省师资所缺乏者第一类耳，似优级本科宜先办第一类，以救目前之急，明年再筹办第二类，以备不给之需。此优级师范拟先办第一类应请筹议者也。

或谓理化、博物毕业生为数稍多，不能一时派出，即于选科毕业生未经派出之生，提出若干名，升为第三、四类本科之学生，即以旧充选科之教员教之，如此则事不更张，而本科易举，此又一说也。何去何从，均待公决。

划区分设初级师范学堂

查定章，宣统元年，各府初级师范学堂须一律设齐，或联合两三府共设一处。山西地瘠民贫，通省膏腴只有此数，一府办一处，财力、人力固不免消乏之虞，即按部定两府、三府联办一处之法，此中尚须有盈虚调剂之方。山西领府九，直隶州十，如按部定办法，极少须设完全师范六处，方足以剂其平。唯一处开办经费至少须在六千金以上，就三府或三州之财力骤筹此巨款，恐万不足以集事。通省规划，姑拟分设三处办法，以资采决。

（一）以平阳府、蒲州府及绛、解、霍三州划为南区也。查山西各属均无完全师范，独有河东一所，该堂学生亦以平、蒲、解、绛等籍为最多，故以此数属之生附入河东，既与习惯相宜，即道路往来亦尚不过于艰窘。唯该堂现在学生只有七八十名，将来分布各府尚有不敷之虑，似应添建斋舍，格外扩充。除原有学生不计外，每府添送五名以上（指每府之首县），直州视府，每县添送三名以上，厅州视县。就原有之初基，定进行之方法，事半可以功倍。此南区师范设在河东应俟筹议者一。

（二）以太原府及忻、代、平定、潞、泽、辽、沁、保德、汾州、隰州十一处划为中区也。太原为南北中心之点，省垣为文化集合之区，迤东则铁道贯通，往来尤极便利，故划分中区，似可稍从廓落。查省城师范学堂，除优级选科外，只有初级简易，并无完全初级，以后停办简易，改办完全师范，此项学生即由四府七州保送，各处额数亦按府、直州送五名以上，厅州县送三名以上。此中区师范设在省城应俟筹议者一。

（三）以归化、大同、宁武、朔平四属划为北区也。大同占形势之中，援利便之说者以为要壤；归化据商贾之胜，执财产之说者以为神皋，聚讼纷纷，莫衷一是。平心而论，大同学务已有萌芽，归化民风尚在盲塞，扩充已有之学务，在将来虽易见功，开通未启之民风，在事实尤为切要。且两处现在简易师范经费、学额大率相同，经营伊始，经费尤先，既归绥为商贾之枢，集款而当复匪难，援既富加教之方，即不得不作移堂就树之计。至于各属分送学生，似亦可援前例。此北区师范设在归化应俟筹议者一。

或又谓，大同文化稍开，归绥文风未启，北区划在归化，于学堂本设之区，耳目染濡，或易观感。似也，然移大同一带之人就西北则势逆，移归化一带之人就东南则势顺，火就燥，水就湿，学就文化，其势然也。且开办经费各属分摊，既不能强归属独力之支，商贾交通，土著尤稀，复不能必归民来学之盛。大同在省北，地既适中，财力亦尚称充裕，是北区师范宜划在大同。此又一说也。

以上划分三区，皆为理想所及之言，施诸事实有无窒碍，分送学生额数应否齐一，以及增设斋舍、置备用品、开办经费如何摊配，学生岁费如何担任，均应公任公决，以便进行。

或谓潞、泽辽远，僻在东垂，辽、沁偏区，来省不易，宜以潞、泽、辽、沁划为东南区也。然按查各（省）〔属〕基础尚无，潞属襄垣经费稍裕（就一览表上所载而言），果其四属财力亦能独立，则师资愈多，尤所盼切。不过，（推）

〔椎〕轮肇始，以何府为中心，地利所占，设何区为适当，有不能不筹及者。此以潞、泽、辽、沁四属为师范之东南区，请俟筹议者又在例外也。

师范设立以后，添招学生，似宜略有限制。现在拟定保送资格，一以旧日举贡生员为止，盖新旧两界易起激冲。旧学鄙夷新学，则曰文意不通，新学非笑旧学，则曰顽固未化，其实聋瞽陆沈之诮，二者均无可逃。以旧学素有根柢之人，养为他日教材之用，固可以得贯通之益，且可以通新旧之邮。此拟以举贡生员为入师范之资格者，亦当俟公议决之也。

推广各厅州县小学

查小学为国民教育，国家对于此项，尤用兢兢，似推广有不容缓者。兹拟办法数条，以俟公议。

（甲）划分学区。先于邑内分为东西南北中，城关附近为中区，余各就地势之广袤，区域狭者为一区，广者划为数区，类如东一区、东二区、东三区以至七八区不等，余均仿此。

（乙）调查学龄。区域既定，即从事调查学童。查劝学所章程，每区设劝学员一人，任一学区内劝学之责。劝学员系本区土著之绅衿，（如本区客籍占大多数，可酌举客籍中绅衿品行端正者。）自于本地情形熟悉，应限于若干月日，各将学龄儿童切实调查，分别村坊市镇，某姓儿童若干人，年若干岁，挨户记注，列入簿册，汇交本县劝学所，以为设学张本。

（丙）推广学堂。学龄之数既得，计名数之多寡，谋学堂之建设。其办法：（一）名数不敷一班，通学于最近邻村，山僻有豺虎诸险不便者听。（二）名数足敷一班、两班，设学必于适中之地。（三）大镇市集户口繁盛之村，可多设数学堂，以便儿童就近分入。（四）学堂处所可借用公共庙宇及村社，或赁民间房舍为之。乡间空屋租值亦廉。（五）如已达学龄而实有碍难入学之情形，由本区劝学员调查明确，说明其理由。若童子并非家贫亟需工作自给，亦非疾病残废不堪入学，而终日游荡者，由劝学员劝其入学，屡谕不听，则陈请地方官传诘之。（六）编制学堂之次第，以成立之先后为定，类如东九区某某村公立小学先成立，即名曰东九区第一公立初等小学堂，余类推。如系完全科，即于“初等”二字上加“完全科”三字。如系四年级简易科，即于“初等”二字上加“四年级简易科”六字，三年级简易科，即加“三年级简易科”六字，以便识别。

（丁）筹备款项。厅州县之情形不同，则筹款之方法自异。要以取一方之款项，教一方之子弟，为泯争而能久。大率每一地方，必有公共无益之款，悉归董事经理，先由劝学员清查，以为学堂之用。如无此项，则抽迎神赛会、演戏之捐，盖捐无益就有益，筹款莫先焉；不足则取之于畜捐、煤捐、木捐、丝捐、皮毛捐、药材捐，总以入我境者不病用家，出我境者不碍销场，入境系指销售本地而言，出境系指本地为产生地，以本地之货运出他境而言。境外者不得起捐，过境者亦不得抽捐，界说不可不明。取之微细而又不牵掣厘金，为正当办法。若地方僻左，各捐俱无，则镇取之于市捐，村则取之于地亩；如仍有窒碍，或敦劝殷实之补助，或酌收学生之学费。总之，一学堂建立，果需款无多，纵贫瘠地方，筹措亦易也。

（戊）限制经费。一小学开支，岁或一二千金，即英、美之富，力亦不支，遑论中国。故近日各省小学之不发达，皆坐此弊。今欲谋教育普及，当先从限制经费始。一、开办经费。堂舍俱系借用则建筑省，设备不苛完备则杂费省。今以一班五十名计，需用黑板一，棹櫈五十〈事〉，讲堂一，教习住室一，略事粉饰，以洗陋风，添开窗牖，以通空气，核实估计，一百十文足矣。一、常年经费。学生皆通学，无膳宿之贴补，初等无格致，省标本之置备，所需者学生之课书、石板、石笔，二十千足矣。教习之薪水，八十千足矣。合计岁只一百千文，即无丁条所筹各款，令村民共同担任，尚不为难过，是恐不给矣。此限制之微意也。

（己）画一课书。从前初等小学科目凡八，课程繁难，学童脑力未充，记忆力薄，或蹈贪多鲜实之弊。自本年三月，学部奏准变通小学新章颁行，完全初等约为五科，第一年、第二年仍属四科，第三年始加入读经。简易初等又别为四年级、三年级，以体操暂作随意科，而以修身、国文、算术三科为必修课程，单简、浅近、易行，计无便于此者。今当由劝学员察民间物力之舒绌，酌办一类。凡办一类，完全为一类，四年级为一类，三年级为一类。必查照变通新章学科程度、课本钟点切实遵行，不得稍有歧义。查完全初等第一年课书业已颁行，足敷明年两学期之用，四年级、三年级小学课书学部已经编成，年内必能颁出，届时由本公所刷印，札发购用，以利推行而便扩充。此谋画一课书之办法也。

（庚）选用教习。课本既定而教习乃易求。从前学科繁重，兼有格致、体操各门目，自非曾习师范，不足充选。今部颁课本既将历史、地理、格致纳入国文之内，体操又列为随意科，所颁修身、国文、算术各课书又皆附以教授法，凡属村儒，苟文理明通，皆能循照定程，随时讲授。今拟大村、巨镇民力丰厚可设完全小学之区，尽用师范传习生以充教习，余如穷僻之乡，酌办四年级或三年级之学堂，传习生如敷选用，可酌派充，否则老生穷儒、村塾蒙师凡品行端正、文字清通而又不染嗜好之人，但能遵用部颁之书，即合充当教员之格，应由劝学所陈请地方官加札委派。如是，师资之途广，而教育之及溥矣。

（辛）整顿原有小学。查厅州县册报，一小学费或数千金，教职员多或六七人，学生少或十余人，虚糜学款，阻碍教育，弊莫甚焉。匪直此也，盘踞或系匪材，贤能反无自效之地，学堂日益腐败，顽固适得藉口之资，以此而冀普及，是犹却行而求及前人也。今拟照初等小学定章，校长兼充教员，裁撤管理员、董事诸名目，如系愿尽义务，不支薪水津贴者，无庸裁撤。置司事一人，填写表格，登记账目，照料杂务，月给薪水四五千文。学生满五十名准另添教员一人。城关、大乡镇完全之初等皆准此办法。度每堂不过三百千文，即以所余之款，添设学堂，如是经费省则学堂多，学堂多则教员溥矣。又厘剔教员办法，考其教授管理，其合法者仍之，否则择其曾习师范而敦品行者以弥其缺。如无传习毕业生，则以寒士穷儒具有热心者充之。师长果系端人，教授均能尽职，则学堂日有荣誉，学生日益增多矣。

（壬）整顿劝学所。一厅州县之地，小学多可设百余所，少亦应设数十所。未设者如何扩充，已设者如何改良，事务纷繁，待人而理。将诿之地方官与？百政备于一人之身，贤者知所先务，尚乐提倡，不肖则格不相入，视如秦越，甚且贪汙、锢闭之吏，与办学劣员表里为奸焉。将责之省视学与？以数日之察视，地方之情事不得周知，其已成立之学堂，教职员之黠者能为暂时之弥缝，外表或且有未详，遑悉内容之溃败；其风气之闭塞，有热心者度亦不过演说一二次，以尽劝导之忱，而留日无多，匆匆即去，终亦无效力之可言。然则具有乡土之爱，熟悉地方之情，而常驻不他徙，握有一邑学务之总机关者，其劝学所总董乎！是故总董得人则一邑学务兴，不得人则一邑学务废，关系至为重大，整顿当视为最先。近来各厅州县劝学所总董（即县视学）称职者固有其人，而滥竽充数者实亦不尠，教育退步，职是之由。惟一邑之情伪，不询本土之人不能得真相，一人之贤否，不据正绅之口不足为确证。兹值谘议局开会，厅州县议绅毕集，各员代表舆论之望，具有系心桑梓之怀，请并胪举贤否，将来即据之以为进退焉。盖劝学总董能称职任，以上八项皆次第举矣。

设立简易识字学塾

查简易识字所以教过时失学之人，范围广而成效速。兹亦拟办法数条，以俟公议决之。

（甲）遵用部编简易识字课本，部编未颁以前，暂取民间常用之字授之。

（乙）学塾分三种，第一种三年毕业，第二种二年毕业，第三种一年毕业，由劝学所调查民间情形，任择一种办之。

（丙）任办某种，应即遵用某种课本，不得淆杂。类如办第三种一年毕业之学塾，当取一千六百字之课本授之，他仿此。

（丁）设塾之地，可借用城关内外庙宇、公所，或附设于教育会、劝学所。

（戊）教授之人，以劝学所、教育会员、小学教职员分担义务，否或以穷儒文义通晰者充之。

（己）招生之法，凡过时失学及无力入小学者，不拘年龄、阶级，皆得收入。

（庚）设备不求完全，以期易于观成，除黑板、粉笔、长棹櫈各七八事外，余可不置。

（辛）学生除自备课本外，各备石板、石笔，极贫者以代纸笔，用节民力。有力用纸笔者(厅)〔听〕。

（壬）如终日在塾，于营业为生之穷民，仍有窒碍，可用半日学塾之法，招足两班，分上半日、下半日教之。延长学期，应一年毕业者，改为二年毕业。或开夜社，于晚六钟至八钟教之。若开夜社，并可借用小学讲堂，更为简便。

（癸）办理此项学塾经费需款不多，或移小学堂款补助之，或提用治城内民间无益之费及公益之款举之。

筹办各种实业学堂

查定章，通商繁盛之区，宜设商业学堂；富于出产之区，宜设工业学堂。又按年筹备单中开，中等实业学堂亦限本年一律设齐，其边僻省分不能依限设齐者，须将缘由达部。惟念实业学堂，中等固重，初等尤亟，然要莫不以【有】教习为师，故次其办法如左，以俟公决。

（甲）实业教员养成所

各属实业学堂待兴甚急，徒以教员无人，遂多阻碍，此实业教员讲习所所以首当注意也。查定章，实业教员讲习所应附于农工商大学或高等农工商实业学堂，分为农业教员讲习所、工业教员讲习所、商业教员讲习所三种。晋省实业亟待扩张，此三种讲习所似宜一时兼设。省城现有高等农业学堂、中等商业学堂，其农业教员讲习所拟即附设于农业学堂，工业教员讲习所、商业教员讲习所拟即附设于中等商业学堂。惟工业一项，科目繁多，似宜先设窑业一科，以三晋表里山河，广产陶土，且玻璃一项为今日最要工业，而玻璃质之出产交城久已著名，此亦因地制宜之一法。若虑筹款维艰，三种讲习所一时不能全设，则亦应先设工、商二种，其农业一项暂俟省城高等农业学堂宣统三年陆续毕业后再行议及。又查定章，实业教员讲习所，其学生以中等或初级师范毕业为合格，现晋省此二项毕业生甚少，除中学及优级师范选科毕业生准其尽先入所外，似宜变通办理，檄调师范简易科及高等小学毕业生入所肄业，以广师资。此宜先设工、商实业教员养成所者一。

（乙）初等实业学堂

各等实业学堂以初等为最要，然必依部限二年之内，每州县设一初等实业学堂，恐难筹办。兹拟九府十直隶州及归化厅每处先各设初等一所，至某处应先设某项，则各处情形不同，兹特分别筹画，条举于下：

太原府：初等商业学堂

平阳府：初等农业学堂农业科

潞安府：初等农业学堂蚕业科

泽州府：初等农业学堂蚕业科

汾州府：初等商业学堂

蒲州府：初等农业学堂农业科

大同府：初等农业学堂兽医科

朔平府：初等农业学堂林业科

宁武府：初等农业学堂林业科

归化厅：初等农业学堂兽医科

解州：初等农业学堂蚕业科

绛州：初等商业学堂

霍州：初等农业学堂农业科

隰州：初等农业学堂林业科　如力量不及，可与霍州合设。

沁州：初等农业学堂林业科

辽州：初等农业学堂林业科　如力量不及，可与沁州合设。

平定州：初等农业学堂蚕业科

忻州：初等商业学堂

代州：初等农业学堂农业科

保德州：初等农业学堂林业科　如力量不及，可与忻州合设。

右所列除平定、解州设于运城，解州可筹款助之，暂不必另设。蚕业科已经设立，饬令改良外，其余各处均应急设。查晋省山地颇多，最宜林业，归化等处为牧畜之场，现虽开垦已广，牧畜犹盛，故兽医科亟应先设。大同距归化较近，亦应并设。其余地势稍平之区农业为宜，蚕桑素盛之区蚕业为宜，故农业、蚕业亦并筹及。至此二项教员，现虽乏人，然各堂设立后，可令习生先习普通学，俟教员讲习所毕业后，即行分派。此宜次设初等实业学堂者又一。

（丙）中等实业学堂

此项学堂亦应分区设立，按初级师范办法划全省为三区，姑拟如下：

中区：太原府。现省城已设有商业中学一所，宜就此扩充斋舍，多招学生，似可毋庸另设。

南区：河东。中等农业学堂蚕业科及林业科。

北区：归化或大同府。中等农业学堂兽医科及林业科。

如师范学堂设在归化，则中等实业学堂即设在大同；师范设在大同，则中等实业学堂即设在归化，以纾财力而通风气。

以上三区各就附近州县招取学生，不分府界，令先习预科二年，再开专科。此拟分中等实业学堂为三区者又一。

（丁）艺徒学堂

艺徒学堂定章以授平等程度之工业技术，使成良善之工匠为宗旨。此种学堂既便贫民，又易设立，亟应每州县各设一所。其工业科目定章并不限定，但令斟酌地方情形，选择合宜者教之。至教员一项，不必限定有普通学问者方准充当，但有一艺专长即可节取。现在晋省艺师以善织布者为最多，因官立、公立两工艺局及中等商业学堂附设之实习工厂皆以织布为事也。惟官立工艺局兼织各种带及各种手巾，又设制肥皂（俗名洋胰子）及洋烛科、木工科（实习工厂亦设此科），近又添设制玻璃科，满营农工传习所又有制皮靴、锡器各科，统计各种艺师尚不乏人。各州县就各艺师所习科目，可按本地情形酌设一科。除普通科目教员及管理员应由本地聘请外，其艺师则令各州县具文到省，由各局酌量分派。若款项稍裕之州县，力能赴天津、京师及外省各工厂聘请艺师者，尤所盼切。此艺徒学堂亟应设立者又一。

以上四项按之部定次第，参以本省情形，似不可稍从缓议。惟省垣既设工、商两项教员养成所，商业一项理解为多，工业一项试验为多，是一切机器不可不稍置备，而经费一层尤不可不先为筹划。现值各处议员齐集，正可就此速行规定，为山西储实业之教材，即为山西辟将来之利薮。至初级、中等、艺徒各项实业，按区筹设，同时并举，虽创办之始不无困难，而经此阶级以后，将来贫富区分，胥视乎此。若实业补习，普通学堂一时恐难兼顾，则暂不议及也。

筹办女子师范学堂及保姆讲习所、蒙养院

查家庭教育为一切教育之始基，欲谋所以补助之方，则女师范及保姆、蒙养各办法不可过缓。兹将预应筹议者二条列于下：

（一）女子师范学堂

查学部奏定女子学堂章程内开，女子师范学堂限定每州县必设一所，惟此时初办，可暂于省城及府城由官筹设一所，盖以女学为教育之根本，而女子师范则尤女学之先导也。晋省惟公立女学堂开办较早，其中原附设师范科两班，本年复就省城上马街蒙养院暨新育婴堂空地建设女子师范学堂一所，刻已兴筑过半，一俟工竣，即拟分行各属选送投考，定于宣统二年正月开学，先设简易科两班，预备科一班，班各四十名。盖现在女学未兴，不先设简易科，则各属开办女学，教

习骤难得人；不先设预备科，则女生学力未充，不便进习。师范简易科修业年限定为二年，毕业后续办完全科，修业年限定为四年。有简易科毕业生，而后初等女小学堂不患无师资；有完全科毕业生，而后高等女小学堂不患无师资。是各州县开办初等、高等女子小学之时期，必当以简易、完全两科毕业之年限为准，办法次第大略如是。顾一省只办一所，则名额不敷分配，若一县各设一所，则经费又无自搜罗；况本年亟应举办之初级师范尚未见诸实行，此项女子师范无论同时并举著手为难，即令分区组合，而人力财力亦有所不及；且查学部分年筹备事宜清单内开，宣统三年颁布女子师范教科书，似各府开办女子师范学堂应自宣统四年为始，在教科固较有遵循，在经济亦稍资周转。故目前解决办法，惟有自省城倡始，令各属选送合格女生来省肄业。然于此又发生一大难问题：文化有通塞，道路有远近，盲塞之处既虑选择无人，穹远之区尤恐望而却步，情形不一，窒碍必多。不得已，故暂拟除分行各属选送外，并行知公立女学堂，就原有各班学生，挑取汉文明顺、科学有二年程度者，悉数送入女子师范简易科肄业，以期急裕师资，为各属开办女子小学之预备。如此则师范名额既无不足之虑，而该堂小学亦有扩充之路，似属可行。抑有未当，应请公同决之。

（二）保姆讲习所附蒙养院

查学部定章，女子师范毕业生有充当女子小学教习或蒙养院保姆之义务，似各属蒙养院亦必俟师范毕业后方可设立，与前案女子小学事同一例。然蒙养院居家庭教育与学校教育二者之间，一方辅家庭教育之不及，一方又为学校教育之预备，实为教育上根本之计画也。我国家庭教育素鲜讲求，故初等小学教授管理两方，往往生多少之困难。若蒙养院必俟之数年以后，不惟于小学前途多所妨碍，即进而上之一切教育皆以小学为基础，是并一切教育亦间接而受其影响。根本一差，以后之着着进行，其效果皆限制矣。故蒙养院之设诚为急务，而欲设蒙养院，尤不能不先设保姆讲习所。各国学制，此项讲习所多附设于女子师范学堂，今各属女子师范既议自宣统四年为始，则欲令各属独立兴办保姆讲习所，人力财力不犹前案之困难乎？是不然。女子师范无论若何狭隘，总为一学校之规模，保姆讲习所仅临时之教育机关，为期既短，无永远经费之须筹，僦屋而居，无置备工程之必要，事轻易举，开办当不为难。查奏定学堂章程，以育婴、敬节两堂之乳媪、嫠妇为蒙养院保姆之用，慈善事业与助长行政并为一谈，在教育破荒时代，因陋就简，固不得不然。兴学数年，社会情形不可谓未进步，因时制宜，不得不求变通之办法。兹议自宣统二年起，省城就女子师范学堂附设保姆讲习一班，各厅州县亦各设一所，就原有善堂公地开办，招收识字妇人年逾三十岁者，额定四十人以下，二十人以上。延聘地方品行端正，年满五十岁之旧学生员，仍按部定保育要旨条目，并官编女教科家庭教育等书，分别讲授，一年毕业，由官绅会同考验，给予凭单。如此则至宣统三年，各属保姆养成，而蒙养院即确定是年为成立之期（届时再定办法）。否则以一省之大，预计前二年所造成之女师范生只有此数，以之派充各属女小学教习尚恐不敷，而各属蒙养院同时并设，则为保姆者一时更难其选，此举办之所不容缓也。惟因地制宜，有无窒碍，揆情度势，是否能行，应请公同决之。

第四项　警政类

筹备省城巡警经费

按照各国，巡警经费皆取给于地方税。现在中国地方税与国家税尚未划分，晋省创办巡警节年所需经费，皆从斗捐一项开支，不敷甚巨，均系司库筹垫。刻下清理财政，一概垫款列入借垫项下，将来必须归还，是已用之款尚待弥补，日后所需更无著落。况当此宪政进行、振兴警务之际，需要必较前更多，所有经费自应由地方预为筹措。筹款之法，或向各项地方税附加，或酌量地方情形创办。查省垣警察经费就日下而论，岁需银七万余两，除斗捐抵用四万之谱外，尚需筹银三万余两；现时各属之巡警经费，均系就地筹款，为数亦属不敷，尚须补助。凡此皆应地方担负，请统筹而预计之。

按村保送巡警教练所学生

案照巡警教练所原为造就警材之地，查前次奉到部章，即经通行饬遵。现据各州县陆续具报，成立者已居多数，但学额参差不齐，有就原有巡警训练者，有巡警与学生合设者，综计自二三十名以至四五十名不等。大抵学生太少，为各处所同，然至其他办法之不完，姑无论矣。推究其故，一则以筹措无款，再则以招考无人，具此二难，是以各州县之能按照部章招满百名学额者卒鲜。现拟筹一绅助官办之策，将招生一节定为由地方自治及教育等会绅董按村保送，区分各该村为大、中、小三等，额送学生以三名至一名为率，其极小村乡，准其附入大村额内，各由该村公正社首挑选合格之人，出具保结，限期送到各该州县，由地方官覆验，即予注册入所。倘不行保送者有罚。如此办理，庶大县村多，学生可期足额，即小县虽不能足额，亦可望较前加增。至学费一项，概免收纳。惟各该生膳费，须由各该村自行担任，或提社庙闲款，或由村内分摊。在地方筹费无几，将来学生一年毕业，即令各回本村办理警务，情形既熟，而曾受教育，尤必热心桑梓，力图保卫。是地方以有限之费，收无穷之益，绅送官练，务请集议行之。

筹措普设乡巡用费

案照乡巡一项，去年曾经详定章程，饬属遵办。本年复经派员调查，其各处之业已照章设立者，固不得谓无人，但简僻之处，尚无筹办影响者为尚多也。盖晋省苦寒地方所在多有，凡各该处城内巡警或且未完，遑论四乡。然时至今日，究有不能不力筹推广者。查举办乡镇巡警，本为宪政逐年筹备之件，且以地方论，近年抢窃各案层见叠出，若巡警遍设，何至如是。现拟饬令各州县先从四乡各镇办起，按该镇之大小及道路之冲僻，并附近村乡之多寡，酌定巡警名额，分设局所，常川驻扎，照章梭巡。所有一切规则悉重实行，不得空编册籍，仅以设立名目为了事。至款项一节，既属地方公益，自应由地方筹措。查直隶各州县四乡巡警，有按户筹捐办法，就田产之多寡，区分户数之等则，每月捐钱数十文以至数百文不等，由该村社约等经收，作为乡巡常年经费，是以款足而事举。本省定章系以巡田、支更等费，及酌提社会一切迎神赛会、演戏无益之资，作为巡警费用，法良意美，固较直隶为尤便。第各州县情形不同，有前项足敷费用者，有不敷费用者，且有所得无几，视有若无者。今欲实行举办，可否仿照直隶办法，酌量筹捐，或社会储有闲款，尤为简捷易行，是地方赞助，妥为筹画，总期事集而民不扰，庶为得之。至详细办法，俟议妥后另订施行。

二、议覆抚部院交议案

窃维集思广益，为政不厌详求；询事考言，推行要贵尽利。况当宪政颁布，正在预备之第二年，所有关于立宪之始基，行政之要点，自应遵守权限，切实会议，用期宪政前途之发达。兹将奉到交议各案公同确商，次第解决，仍分为四类，条议如左。

第一项　自治类

分期筹备之决议

按原表所列分繁盛、中等、其余各厅州县为三，即划三期依限递办，每期只差三月。繁盛州县既依限成立，而瘠苦地方亦不至拮据布置，以前事之模型，开后来之风气，任易专而事易集，办法诚善。然州县情形各属纵有不同，而人民盼自治事业早日成立谅多一致，且依限者，限其事到最后之一日，并非未到限期不准其办。倘有瘠苦州县，其人民对于自治非常热心，地方官亦乐为提倡，自宜准其提前与繁盛州县一律办理。拟请通饬各州县，除筹办自治事务所不分先后，须一齐成立外，按照原表所列期限，声明只准提前，不得移后，庶疲玩州县不得藉口，而自治进行亦可迎机利导。

筹备自治经费之决议

查自治经费前经提议，以旧有公款公产及各项厘剔（那）〔挪〕筹款项为主。今交来原案，虑公款公产倘不敷用，自应酌量各地方情形增加附捐、特捐，如烟、酒、肉、戏、牲畜、药草、皮货、煤、木等十二项，择其近于奢侈品者，察夺情形，酌量加捐或特捐，惟至多不得过两项，如系附捐，照章不得过原捐十分之一，以示限制，代民审慎，筹计至当。惟查斗捐一项，因近年举办学务、巡警及铁路保息等事，早已加之无可再加。差徭一节，各处情形不同，大半亏累者居多，铁路保息业经附加，迩来喇嘛过境，所经州县骚扰尤甚，似差徭亦宜缓捐。至所得捐一项，查各国所得税，虽视为重要收入，然我国惯例，向无此等名目，骤然议行，愚民智识短浅，必滋骇扰，亦拟暂缓，俟民智稍开，再行试办。拟请除斗捐、差徭捐、所得捐三项不得再捐及加捐外，其余烟、酒、肉、戏、牲畜、药草、皮货、煤、木等九种捐，均应通饬各地方官，择其两项，禀明办理，则经费有所筹措，民力亦不至于大困矣。

第二项　庶政类

改良风俗之决议

风俗之积弊，大半由习惯而来，不急图改良，恐社会恶习愈染愈深，终无挽回之一日。今将原案所列逐项议决，并附加两条以资补助，列举如左：

（甲）禁早婚

人种之弱，多原于早婚，是以各国法律均有限制。晋省早婚之弊，一般人民无不共知，但习染已久，遂相安而不思变计。今议定男子至十七岁以上，女子至十六岁以上为婚嫁之时期，其有蹈常习故，不能遵照者，明定罚则，附入自治规约办理，对于十三岁以下者，停止其父兄选举权，如无选举权者，按照以次罚则，酌量增加，以充地方自治经费。其次或罚以二元至二十元，三元至三十元不等，按其财力与其年岁以定等级，其细则宜订入自治规约，并资遵守。

（乙）戒溺女

溺女之风，所在多有，相沿成习，惨无人理，在中外各法律皆有刑禁之条，是宜严申罚则，期于实行，始足以昭惩戒。今议分罚则为上、中、下三等。上户溺女多出于有意，应由自治团体稽查，违者以夺人生命权论，加重科罚。如系家道殷实，确有证据者，则科以百元以上，三百元以下之罚金。其次则科以五十元以上，百五十元以下。其下如因贫苦而不能养育者，由自治团体设法筹款救济。仍定取偿规则，于报到本团体之日，取具邻友甘结，即发救济银三两。俟女子出嫁时，仍须到本团体报名，一并取偿，以示限制。如有违犯规则，不缴还取偿银两者，即照救济银三两之数加倍罚金。如无力交偿，折作苦工。

（丙）戒淫戏

演剧既有捐款，固不能概行禁绝，然如要孩、秧歌、道情等类，伤风败俗，不能不绝对禁止。至有关于忠孝节义，足为愚夫愚妇观感者，其戏曲应由各地方董事会会同教育会审定，交警察调查，如有不遵审定戏曲者，即将戏价尽数充公。至假借演戏以开赌博，或乘夜戏以滋事端，为害尤多，是赌博与夜剧均当一律禁止。惟施行之始，须先自省垣起，再通饬各地方遵照办理。如有戏价充公之罚款，即作为地方补助经费。至原案内有老师硕儒以新智识、新理想编成歌曲，启牖国民者，均即量予奖赏，以资鼓励，意美法良，宜请一并施行。

（丁）勤妇职

晋省妇女往往安于坐食，不能自谋生计，此固由于天足之不能实行，亦由于智识之未开，恃依赖以为生活，绝无自立之思想。查省南一带，虽纺织颇能普及，而蚕桑女工恒多阙如。省北气候较寒，棉业未兴，故妇女于纺织一事，竟多不解，坐食分利，实为缺憾。今议定由各地方自治团体绅董热心提倡，先从教育入手，期女学之发达，以次振兴实业，讲求棉业、蚕桑，则贫寒之家以纺织、养蚕为要，倘能极力推广，俾妇女终岁勤动，则储蓄程度不难日高一日。

以上四项系遵原案稍陈办法，此外陋习沿袭尚多，恐应请一并禁止。兹择其最普通者列为二条，并附决议。

（一）节省婚丧费

婚丧奢侈已成习惯，现值生计艰难，非设法俭省，不足以挽习尚。今议定丧礼除衣衾、棺椁外，如纸札、杂费等项，于社会为无益之举动，均宜禁止。婚礼虽各处习惯不同，然需用之奢侈品亦当定一限制。但此两项俱应归入自治规约内，按各地方情形酌量节省。至停丧一节，最为陋习，于例不合，尤宜于自治规约内一并限制。

（二）改良八旗丧费

旗人居丧，于已没之第三日，俗名“接三”，亲朋以肉菜砌花为奠品，陈列灵前，以为美观，后有来者，此即抛弃。比至定更之后，孝子偕亲朋捧其平日所穿之衣物于十字街衢，尽数焚烧，名为“送三”，甚至名门右族不难以数百金之衣物一火而烬。此等殄物陋习，于丧礼已多悖谬，拟请移咨将军、都统、城守尉，一律革除，以惜物力，而节浪费。

修治汾河之决议

此案已由沿河一带地方议员组织特别审查委员会，俟调查明晰，决定办法，再行议覆。

劝垦荒地查报升科之决议

查原议并已垦未垦荒地暨停征银两各数目一表，所有新荒地八千一百七十三顷三十余亩，停征银两六万一千一十余两之多，自应急为劝垦，查报升科。乃据众所称，有荒瘠而不便开垦者，有山地虽经开垦而存废无常者，均不便开垦。且查报升科，如系平地，必须清丈后方可升科，此清丈一时不易办理，徒滋扰害，仍请暂从缓议，一俟自治办起，地亩清查后，再议升报。

审判各厅征收讼费之决议

原案以省城各级审判厅讼费照京师审判试办章程第六节所定各条办理，又据法部补订试办章程第六条云原章八十七条之诉讼费，各省得斟酌情形，量为增减，分为收费，轻重两说，交议前来。查京师首善之地，其征收诉讼费用表固属因地制宜，然查天津审判厅讼费关于财产诉讼百两以下为三两，与京师无甚差异；关于非财产之诉讼则以二两为率，与京师之非财产诉讼均照百两以下之数目征收讼费三两，已减去一两。以天津繁盛之区，尚不敢比照京师，况晋省民疲力敝，实形困苦，不惟远逊京师，抑且不及天津远甚，应遵法部补订章程，量为酌减，从轻拟定。凡关于财产诉讼，按七成减收，如三两以二两为率；关于非财产诉讼，按五成减收，如三两以一两五钱为率。若承发吏递送文书及传票，每件只按一人付食宿费银三钱，其系五十里以外者按两日计算，百里以外者按三日计算。至拍卖没收及录事、书记，其征收费用与抄录手数料，仍照原表所列办理。

第三项 教育类

查普及教育为预备立宪之第一要义，晋省僻处边陲，民俗闭僿，自应亟为设法，实行办理。兹将奉到议案公同研究，或遵照原案，或稍加变通，逐条议覆如左。

优级师范拟先设第一类之决议

按奏定章程，优级师范共分四类，晋省师资所缺者第一类优级师范本科，宜先设第一类以救目前之急。或谓理化、博物毕业生凡未经派出者，提出若干名升为第三、第四类本科，据此而论，为师资缺乏计，诚莫善于此矣，惟选科毕业生升入优级师范本科，其不便有四：

甲、部章选科毕业生其考列最优等者与本科之中等同，考列优等、中等者与本科之下等同，奖励既无悬殊，学生不必愿再升，其不便者一。

乙、部章选科与本科毕业生皆充中等及初级师范学堂教员，则学生必急于义务，不愿再升，其不便者二。

丙、各属中等学堂成立者已二十余处，初级师范学堂或合区或分办，又不下数处，师资需人，益形孔亟，以之升学，教员必乏，其不便者三。

丁、理化选科生升入第三类本科，博物选科生升入第四类本科，功课虽略有差，然旧途复经，必生厌倦。若以之升入第一类，则英文无五年程度，既不便升入，且文科、理科性质既殊，改攻不易，其不便者四。

有此四不便，似于招收学生诸多窒碍。仍宜先就各属中等毕业生，于升学考试时按所习之学科实行甄别，升入本科，或调取各属中等之第八、九学期之学生，实行补足功课，即行开班，先办第一类本科，递次接办第二、三、四类。暂以选科毕业生分派各属，膺充教员，以救现在之急，庶于中学堂及初级师范将来之教员不至缺乏。

初级师范划区之决议

（甲）分区

一、合平阳、蒲州、绛、解、霍等府州属为一区，设在河东。

一、合大同、朔平、归绥十二厅等府厅属为一区，设在归化城。

一、合潞安、泽州、辽、沁等府州属为一区，设在潞安府。

一、合太原、汾州、平定、忻、代、宁武、保德、隰等府州属为一区，设在省城。

（乙）入学资格

原议以举贡生员为入学资格，按举贡多半年老，或在外就事，不肯来学。拟宽其途，除遵部章高等小学生毕业生应升入外，定为举贡生监，总以文理通畅者为合格。至各属保送学生额数，悉照原案办理。

各厅州县小学宜极力推广之决议

查小学为国民教育，最关重要，自应首先注重，设法推广，以端始基。今遵照原议，分条办理，应分别决议如下：

（甲）划分学区

请照部章及原案办理。

（乙）调查学龄

请照部章及原案办理。

（丙）推广学堂

（一）名数不敷一班，通学于最近邻村。

按名数不敷，又不便附邻村者，但能足二十名者，亦准请设一小学，逐渐扩充，以图推广。至此种学堂教习，一人尽足。

（二）名数足一、二班，设学必于适中之地。

按设学于适中之地，最便学童，名数但能足五六十人者，或开一班，或二班，教习须二人乃可胜任，其余各条谨照原案办理。

（丁）筹备款项

请照部章及原案办理，惟酌收学费一层，宜分为三等交纳，庶贫富子弟皆可入学。

（戊）限制经费

教习薪水及开办经费，由各地方酌量款项办理，至常年经费，可酌收学生学费办理。

（己）画一课书

请照部章及原案办理，须责成劝学员不时稽查。

（庚）选用教习

教员由各城镇乡绅董公选，由劝学所照会，其资格就各地方情形酌定。如设有简易师范及师范传习所毕业生之地，尽由此两项人员选用；如无此项人员或不敷用之地，可由生员中考选，考法不必限定篇法，只取文理清通，能讲明普通课本，人品端正，确无嗜好者即可选用。惟由各地方考准者，仍须设一简单之传习所，使入所肄业，略知教授、管理大意，再行上学。又堂内各设功课表，每日填明所讲功课，月终致送劝学所，由劝学所按照功课表甄别各教员勤惰，能否胜任。劝学所总董复不时到各学堂抽试学生，以审教授合否。

（辛）整顿原有小学

应责各劝学所视学员同各该区劝学员及绅董，遵照原案认真整顿。至厘剔教员办法，宜破除情面，呈明地方官认真厘剔，然后照庚项办法选用。

（壬）整顿劝学所

各处劝学所总董尽职者固不乏人，而地方官因经费困难，敷衍塞责者所在多有。或嘱堂长应名，而职务较多，势难兼顾；或请绅士筹办，而累年枵腹，谁肯从公；且有实无所地，空立名目者。议请通饬各地方官，务必设有劝学所地址，归绅学界公举总董，由地方官详请札委，尤必各按地方情形，筹给薪水。劝学员每区须有二人，先由师范毕业生充当，非学界人不许滥厕其间，务必按本地方情形，照定部章及所议条件实行办理。

附奖励原有小学生徒一条

抑更有请者，各处已立之小学及私塾之善者，当不乏聪颖子弟，请于今年底择其程度合格者，由地方官会同劝学所总董考试一次，予以奖励。其奖励方法分两项：（一）奖品，（二）徽章。凡有以上之奖励者，准其升学，以示鼓励，则向学者自多，而推广办法，尤赖贤有司认真督【催】，稍寓强迫，方能收其效果也。

简易识字学塾急宜设立之决议

此项学塾本为普及教育起见，使一般过时失学人民及孤寒子弟肄业其中，以开智识。原案办法十条极为简赅，业经公众赞成。兹议定补助办法三条如下：

（甲）农业较多之区，可设春冬学塾，以便农隙就学。

（乙）商业较多之区，可设半日学塾，午前午后酌就贸易较少时间讲授。

（丙）地方较小，款项难筹，亦可附设小学堂内，酌量添设夜课，庶不碍日间营业。教员不限资格，量才选用。

即如在小学附设者，简易识字教习可以时在小学教习前询明转授，而一般小学学生亦可就其所知，补助教字，故程度虽浅，不难胜任。

以上各节宜就各地方情形自行酌定。塾内须购置显明报章，并社会小说，随时讲演，以启迪普通之新智识。除识字听讲外，其有关于团体事务及其他一切产业交易事件，亦许在塾内商办。惟一切淫辞邪说以及赌博不经之事，均须严禁，此为乡村言之。至城镇则无此种习惯，可专就识字一项，按照逐年筹备清单内所得某年须得识字义几分之几者考核，以觇成效。

实业学堂当先审本地情形分别筹设之决议

查实业学堂固宜早为筹备，然晋省地居偏僻，财政困难，中等实业学堂需款甚巨，万不能依限设立。请先设初等实业学堂以为中等实业之预备，而尤以培养实业教习为入手第一要务。兹照原议，略为变通办法，依次列下：

（甲）实业教员养成所分三项讲习之

（一）农业教员讲习所。查原案，农业教员讲习所拟即附设于农业学堂，但省城高等农业学堂至宣统三年陆续毕业，毕业后即将该堂毕业生充当各处实业教员，以九府、十州、十二厅计之，尚敷分派，似不必另设，以节经费。

（二）商业教员讲习所。拟附设于省城内中等实业学堂。

（三）工业教员讲习所。请将官立工艺局改为工业教员讲习所，只须整顿，不必另筹经费，似易为力。所内何科宜急，何科宜缓，当责成办理人员因地制宜，设法办理。

至实业学堂学生资格，自宜遵照原议办理。

（乙）初等实业学堂

初等实业学堂为各等实业之基础，最为重要，然必依部限二年之内每州县各设一处，诚难筹办。兹拟九府、十直隶州及归化厅每处先设一所，似较易行。请饬各府厅州预先筹画，俟教员讲习所毕业后再行分派。兹将各处公认学科分列如下：

太原区在省城创设初等商业学堂。

平阳区附设初等农业学堂于中学堂。

汾州区附设初等工业预备科于中学堂。

忻州区附设初等商业学堂于中学堂。

代州区附设初等农业预备科于中学堂及高等小学堂。

蒲州区附设初等商业学堂于中学堂。

绛州区附设初等商业学堂于中学堂。

潞安区在府城创设初等农业学堂之蚕业科。

泽州区在府城创设农业学堂之蚕业科。

大同区附设初等工业于各州县高等小学堂。

朔平区筹设不易，暂缓议。

宁武区就旧有简易师范学堂改办初等农业学堂之林业科。

平定州扩充原有之蚕业学堂。

解州区附设初等蚕桑学堂于高等小学堂。

沁州区附设初等工业学堂于高等小学堂。

霍州区附设初等工业学堂于中学堂。

辽州区附设工业预备科于高等小学堂。

保德区附设林业预备科于高等小学堂。

隰州区筹设不易，暂缓议。

归绥区附设初等工业学堂于中学堂。

（丙）中等实业学堂

此项学堂需款甚巨，即照初级师范办法，划全省为四区，以为将来之预备。兹将划定各区分列如下：

中区太原府，汾、平、宁、忻、代、保、隰附入。

南区河东，平、蒲、绛、解、霍合办。

北区归化厅，大同、朔平附入。

东南区，潞、泽、沁、辽合办。

（丁）艺徒学堂

各州县按本地情形酌设一所，恐限于款项，筹办不易，议定暂就省城原有公立工艺局改设一所，以为各地方模范，并由各地方保送学生，所需膳宿经费即由各地方筹助。

女子师范学堂之决议

请照原案办理，至招入女生一节，除分行各属选送外，行知公立女学堂，请该堂监督自行挑取汉文明顺者酌送。

保姆讲习所之决议（附蒙养院）

原议以宣统二年起，省城就女子师范学堂附设保姆讲习一班，各厅州县亦各设一所，就原有善堂公地开办，招收识字妇人，以年逾三十岁为合格，为蒙养院计，筹划甚善。但晋省教育未兴，无论各处育婴、敬节等堂设立者既不概见，即识字妇人亦属无几，况年逾三十则子女环绕，经营家事日不暇给，而欲强之入所讲习，势必有所不能。查各国保姆程度在女学中为最高，断非寻常年长之妇人所可胜任，似不若改办官立女子初等小学堂，招收合格学生，办理较易，成绩亦在可期。如虑女教习难【得】其人，则可选择品行端方、五十岁以上之旧学生员，就官编女教科、家庭教育等书分别讲授，将来省城女子师范简易科毕业后，再行派往各厅州县充膺各学堂女教员。由浅入深，似于女学前途大有裨益。拟限定各属自宣统二年起，一律创设女子初等小学堂，则全省之女学可期振兴，即将来蒙养院之基础，亦于此有所预备，而保姆讲习所一科，因女学广开，自可渐望有人讲习，庶于仅设虚名而无实效者较为切实。

第四项　警政类

筹备省城巡警经费之决议

查省城巡警经费出入款项为数甚巨，但详细情形均未能悉，无从置议。须俟警务公所将岁出岁入款项列表报后，再行议覆。

按村保送巡警教练所学生之决议

原（按）〔案〕以现在各地方办理巡警教练所多不完全，拟〈按〉为该村区分大、中、小三等保送学生，以三名至一名为率，俾期足额而符部章，筹划甚为精详。惟晋省风气初开，各处巡警向系裁兵充当，或游手无赖之徒冒充，并非学生资格，故此次招考教练所学生，人多卑视巡警，而不欲使子弟入所学习。兹议决以教练所须由官督绅办，认真教练，与旧日巡警不可混合。先定学生资格，以粗识文义、少有家资、品行端正三项为合格。次定学生待遇，使知教练所纯系学堂性质，与学堂学生同一待遇，非旧日巡警可比。至办理人员，宜归教育会、高等小学堂堂长并绅士兼尽义务，其巡警管带亦可兼充体操教习，自治研究所教习亦可兼认功课。其招考学生亦宜变通办理，先由较大村庄各保送学生一名，以五十名为一班，以半年为毕业期限。学生膳费即由本村按地方情形筹备，毕业后仍回本村办理巡警，其经费即以原来所筹之膳费充之。迨第一次毕业著有成效，则观感者众，第二次自可不招而来。合两班以足百名之数，事易举而效最速，则教练所方可得其实用。

附：整顿各厅州县原有巡警之决议

查省外巡警，除河东、归化等处颇具规模外，其余各厅州县之警察，编制互异，腐败略同。或拥护车轿，有似亲兵，或差传讼案，直如衙役，甚至家丁之眷属，且得藉用为仆隶，奔走骇汗，日不暇给，于保卫地方、防御危害等事奚暇及之。如此腐败，虽管带改称名目，绅董具有热心，欲求整顿，无法措手。兹议定整顿方法二条如左：

（一）经费宜划分也。查各处原设巡警，系奉饬裁汰壮兵，就其工食另行招募，因此项工食为数无几，又提拨斗捐、摊派铺捐以济之，地方官遂利用之以代壮兵，于地方治安毫无裨益。议请将原裁壮兵工食划出，就原有巡兵额数按十分之三拨为地方官亲兵，余则另行设局，办理地方巡警，其已设有巡警局者一律整顿。

（一）权限宜明定也。查各处巡警管带，现已照章改为警务长，其不办事与前无异。间有禀派巡警毕业生者，欲加整顿，窒碍殊多，动辄得咎，或被禀撤，此权限不清故也。议请划分权限，定明职务，凡属违警等罪，均由警务长处理，行政官不过负监督之责，不得遇事强为干涉。则职务既分，龃龉自少，方于整顿不至牵掣。

筹措普设乡巡用费之决议

查宪法大纲及筹备清单内载，普设乡巡尚在宣统三年，现已按村保送巡警教练所学生，毕业后仍回本村办理警务，其宿膳费经费即由各地方酌量情形自行筹备，于此而再筹乡巡用费，恐同时并举，不易筹措。须俟教练所学生毕业后，各村巡警办有头绪，次第进行，再图扩充。其经费无非以向有之巡田、支更等费，及提社会一切无益之费，至仿直隶按户抽捐办法，恐一时不能办到，仍请暂从缓议。

三、本局提议原案

另筹戒烟办法原案

（决议时改为禁烟善后办法）

自戒烟之谕旨迭下，各省戒烟之法施行不一，或设局劝戒，或领票限买，近又有力杜滥冒，倡为持存相片方准买烟之说。手续虽甚严密，收效终属迂疎。我晋断种一举，最觉直截了当，而抚宪、藩宪俯念民隐，先筹定经费银三万两，设立总分戒烟局，制备经验药粒，分散各处，用意良厚。惟烟民繁众，药难普及，虚糜经费，毫无实济。韩子曰："不塞不流，不止不行。"既欲廓清烟秽，似不如指定期限，永绝弊窦之为愈也。其手续如左：

（一）准卖时期

烟苗断种已经一年，境内蓄土谅亦无多，而奸民射利，络绎购贩。若不限定准卖时期，客土源源而来，数万烟民徒作奸民渔利之薮，以前禁种仁政似为奸民开专利之途。惟限定准卖时期，至多一年，过此即不准售卖，倘有不悛之徒私行偷售，一经发觉，即严予刑罚，决不宽贷，一般人民翕然知列宪实行断卖，彼吸食者于一年内自然知所从事矣。

（二）普闭烟局

烟局为藏土之薮，烟局一日不闭止，即烟土一日不缺乏，欲断吸食，岂非梦想。且不准民种而准商卖，何以服种者之心。惟限定一年，各烟局所蓄之土销售应当净尽，虽全行闭止，亦非过促。即令销售未尽，彼奸商受亏，比之百万种户怨声载路，其轻重自觉较然。

（三）预杜官局

将来晋省必有倡言官膏局者，此皆觅事之徒，搜寻营干。窃谓不准民种，即应不准商卖，不准商而准官，无此事体。既行断烟，勿再为嗜好家开一线食路，使之摇摇无定，此戒烟不二法门。日后有倡官膏局之说者，宜何以处之，尚祈预为议定。

（四）严防邻土

邻近各省尚未断种，人民行销仍可自由，倘不严行搜查，流入自多，是我自禁之，人自犯之，禁烟前途，终无效果。且严防邻土一节，即须实力举行，不得稍涉迟缓，致多输入境内。多一分烟土，即禁烟多一分障碍，是急须注意者也。

以上所述戒烟办法，似颇直截，免一切烦冗手续，即省一切措办费用，收效之速，克期可待。近日方京卿以山西禁种、禁卖，陕甘烟土不能畅销，有妨膏捐。伏读我皇诏旨，著各省督抚妥筹抵补膏捐款项，期于上不废事，下不病民，亦望各省鸦片早日戒绝。少一吸烟之民，即多一强国之民，乌得以有妨膏捐，持此一偏之论也。此问题惟须妥速议定，勿援遽行断绝恐伤血气之说，稍事迟延。兵家有言：一鼓作气，再而衰，三而竭。用兵如是，戒烟亦然。

清理地方公款公产原案

财政为立宪第一要事。国家之财政，度支部既特命专员分省以清理矣，至地方财政，若宾兴、义仓、保婴、恤嫠、祠社、桥梁，以及慈善家之所施舍，富户之所捐助，凡向归地方绅董经管者，皆公款也。此等款项，各地方之情形不同，即经理亦难尽无弊，或劣绅开支而浮冒，或贪吏强借而不还。议会未开，既无预算决算之法，又无监察报告之例，故出入最易蒙混，而侵蚀在所不免。欲祛其弊，非清理不可。兹将清理办法列左，以俟核议。

（一）报告款项。各国出入款项于每年度支之末决算后详列表册，颁示通衢，俾众周知。至预算案亦必由议会通过，列表报告。我国向无此手续，故弊窦丛生。拟仿各国之例，于年终或正二月间将一年出入款项列表报告，得由公众清算监察，庶出入分明，公款不至侵蚀，自足以塞群疑而昭大信。

（二）截清旧案。清理款项首在截清旧案。部章凡光绪三十三年以前未经报部之案，限年内一律奏咨，而清理公款亦宜截至光绪三十三年，凡以前未曾清结之款一律清结，以后之款项每一年度必须报告一次。

（三）存案备查。凡以前清结之款，虽已经报告，亦必详登表册，以备稽查，管理公款者不得以已经清结报告，而遂不负责任也。遇有新旧交替时，亦宜分别清结，各负责任。倘有侵吞等弊，除追交外，宜酌量惩罚，以为侵蚀公款者戒。

厘剔胥吏中饱原案

查通省各衙门经制之吏，共一千五百七十名，载在会典，垂为定制。其别有四：一曰书吏，二曰承差，三曰典吏，四曰攒典，皆选之于民，而使之在官，以治其房科之事，役五年而更焉。其非经制者曰贴写，曰帮差，其滥者禁之，然恐其不遵典章焉，则由本管衙门稽查之，岁终本管官取其结而申焉。有重役者，役满不退者，舞文弄法者，皆治以法。又载，凡经制之吏，五年役满后则考职，如果当差勤慎，文理明通，则录取为从九未入等官，咨部给照，注册铨选，以为有功者劝。至服役之中，津贴、工食皆由官拨给，以安其服役之心。典章煌煌，著为令典，昭示来兹，其劝惩之、防弊之意，可谓至矣、尽矣。乃沿习既久，法意寖失，官苦传舍，吏利封建，父以传之子，兄以传之弟，文牍案卷，几等私有，故能窟穴其中，希图肥己，舞文弄法，鱼肉上下，或干没国家之库帑，或敲剥小民之脂膏，即地方公款，亦往往任其侵蚀而莫之究。虽各处之情形不同，需索之手段亦异，然要为中饱之弊则一，蠹国病民，莫此为甚。值此锐意改革、兴利除弊之际，岂容有此误国扰民之举。亟宜重申经制，明正典章，认真厘剔。其役满者勒令退役，凡非经制，立予罢遣。其一切弊害、陋规皆廓清之，而选民为吏，雇民为役，诚除弊之功，安民之要举也。请筹议之。

禁用非刑原案

（决议时改为禁用刑讯及非刑并改良看守所两案）

五刑之典，已至严重，故自上年改订刑律新章，枭示、凌迟并行删除，缘坐之法一律豁免，凌迟、枭示均改斩决，应斩决者概改绞决。皇恩周洽，超越前代。按嘉庆十二年有王镛奏请禁止非刑一折，内称有木棒锤名目，又十六年给事中陆言奏请敕禁非刑一折，内称有鹦鹉架、天平架等名目，均蒙上谕永远禁止。乃近年来各地方官仍复罔用非刑，恣为残酷，自诩明断，甚至捕役之辈，尤惯用此等毒手，一入网中，即百般酷刑，任意凌虐，冤抑良民，不知凡几。嗣后各州县如有此等情事，应准禀请上宪严予处分。捕役人等如有此种情事，应准禀明本管官究办。本管官如再徇庇，禀明上宪，一并提究不贷。在官者不敢滥用非刑，而后良民不至常受奇冤。事关应革，不敢不言，谨草案备议。

妥筹地方自治经费原案

地方自治为立宪之基础，关系既如此重大，筹划宜如何周详，而无米之炊，巧妇难为。约计地方自治之经费，曰设立议事会也，曰设立董事会也，曰设立乡董、乡佐并一切办事各员也。其自治事宜之范围，曰学务，曰卫生，曰道路工程，曰农工商务，曰善举，曰公共营业等。其不在范围以内者，自治团体不得有所凌越，其在范围以内者，自治团体尤不得有所废弃。欲依次兴办，必须筹款，斯固万无可宽免者。惟现有积款之城镇乡，现在大半皆提办学务、警务，而所办之学务、警务尚形支绌，若循是举办一切自治事宜，其困难更可知矣。此非从长筹划，势难成立。今略举对于地方自治之将来经费与现在经费于左，以供采择。

（甲）对于将来之经费

（一）森林。森林为城镇乡共有财产，实有最适当之性格，经营苟得其宜，利益之厚，罕与比伦。故东西洋各国对于地方自治，咸以森林为基本财产一大宗。我晋于森林一项素不讲求，无论公有地、私有地，森林之稀疎几至有数里不见一株者，洵可惜也。此宜广求种植，以巩固自治基础。

（二）土地。基本财产中之最重要者，森林而外厥为土地。团体中将此共有土地贷与贫民，使贫民得谋生活，自减少社会之罪戾。虽我晋共有土地所在俱不甚多，使自治体成立后即加意于土地，则贫者既免失所，而财源亦可藉此以永畅也。

（三）积谷。社仓之法，行之已久，办理不得其宜，收效甚觉寥寥。现在地方自治将次实行，似宜仿照其法而变通之。嗣后积谷，乡勿输城，村勿输镇，各村谷石即储积各村，变社仓为村仓，村各有仓，仓各有谷，既可藉以备荒旱，对于自治经费有所歉缺，亦可藉资补助，以兴办一切事件，法至善也。

（四）利银。按定章，所谓公款，即公本生息是也。团体中筹有的款，即将此的款贷与殷实铺户，轻其利子，以供自治用度，勿论需用如何，惟须用自此所生之利，不得耗及原银，所谓基本财产，不可轻动者此也。

（乙）对于现在之经费

（一）行公益捐。按定章九十二条，公益捐分为二种：1. 附捐，2. 特捐。就官府征收之捐税，附加若干，作为公益捐者为附捐。于官府所征捐税之外，另订种类、名目征收者为特捐。各国之地租带征、户税带征、所得税带征、营业税带征等即附捐是也，夫役、物品等即特捐是也。我晋公款公产，各处寥寥，办理地方自治不得不加意于附捐、特捐。附捐不得过十分之一，特捐须计其相当价值，万勿稍涉轻忽，至贻后患。虽人民负担力已经竭蹶，然以各地方之财办各地方之事，亦人民应尽之义务。办理自治果于地方实有利益，公益捐自尔踊跃。

（二）剔除吏弊。胥吏中饱，各处不同，或藉陋规需索，或假名义征收，人民习以为常，熟视无如之何。现在国家对于财政一节，锐意清理，胥吏虽轻微，不得仍用前此手段，剥夺民膏，以充一已私橐。宜按各处情形，加意剔除，藉以充地方自治经费，则化私为公，亦可为补助之一种。

（三）提取牙用。牙行之设，似外国之仲介人。各色牙行皆须领帖充当，则征收牙用原带强制性质，种种扰累，不可胜言。遽行改革，事体上有多滞碍。现在只可参酌情形，量为提取，以藉办自治事务，则无益之牙用，变为有益之项矣。

（四）普征庙产。庙中产业除纳粮外，向无摊派，然既在同一区域内，受团体保护，则应尽团体义务。嗣后对于地方自治事务遇有附捐、特捐，或按亩均摊等项，一体与民人照办，不得仍前之逍遥事外，毫无义务也。

（五）减少演剧。演剧之风，我晋为最，一村一镇，每年演剧有多至数次或十数次者，所费之数，实属不赀。然田家作苦，勤劳终岁，若无一次团聚，破颜为笑，亦太减却社会之兴味，似宜明定规约，各村演剧每年不得过二次，所节省之费兴办自治事务。人民虽甚嗜剧，规约申明，应无不从命者。

以上略举各项，是否有当，须详增删，以期尽善。经费有常，即自治有本，即立宪有基矣。

各国对于自治事务有起公债之说，虽详察其公债因何而起，集之何益，偿之何策，三者得宜，亦无大患，然公债之负担皆非数年可了，稍或不慎，贻误非轻。我今筹办地方自治事宜，无论起债之目的如何正大，募债、用债、偿债之方法如何完备，公债一说我谘议局似永远不可议及。兴利者宜防弊，谨附于此，用待公决。

广储社仓以备荒歉原案

救荒之策，莫良于积谷；积谷之法，莫善于社仓。社仓者，集之于各乡，仍散之于各乡，收储易而实惠均霑，能弥患于未然，诚斯民自保之至计，不等常平之有名无实也。吾晋自光绪二十六年以来，屡庆丰稔，家给人足，几不知有凶荒之患矣。今岁各省水旱告警，死亡流离之状载在报端，惨不忍闻。司农之筹赈难溥如天，邻省之义捐亦成远水，天灾流行，殷鉴不远，山西岂可不因人自警，思患而预防乎？幸今岁秋田广收，积储正易为力，又适当城镇乡分区自治，社仓之举尤为得宜。谚云：年年防旱。山西久庆丰穰，歉岁亦恐不免，今不急图，后恐无及。凡事勿昧先几，救荒尤其要务，深愿吾乡人及时而早计也。并将办法列左，以供核议。

一、旧有社仓者即储之于社仓中，旧无社仓者先储于地方公产房屋或庙宇中，后择适宜之地建仓，以图久远。

一、鳏寡孤独，家非殷富，及种地不上十亩者，一概免收。

一、田地佃户耕种，受人课租者，仍由地主按亩出谷。

一、每社照常年仓，升、斗各置一件，上书某社仓斗，某社仓升。无论何色地，每亩概收谷二升，收毕升、斗存乡董处，以备后来放仓之用。

一、收谷时责成该社董、乡保各尽义务，不支薪水。

一、仓簿上分记花名，某人地若干亩，收谷几升几斗几石，后记总数，通共地若干亩，收谷几百几十几石。

一、上仓谷之数，以地亩多寡为计；放仓谷之时，以穷人口数大小、多寡为率。

一、城厢亦当比照乡社分区储积，不得依赖官仓，而失自保之计。

一、积谷年久，例当换新，须分两次，今年换一半，明年换一半，以备不虞。

一、中岁或有愿食仓谷者，一人至多一石，次年每斗照加二升清还，不得拖累，须登记仓簿。

改良官妓办法原案

娼妓嫁业，虽文明各国不能绝迹，然必须有限制，故与其散处杂居，习染良民，自不若分居一定地域，由官严为取缔较为妥善，此一定规则也。查本省娼妓虽在一定地方，然混居中心繁盛之区，于人民耳目观听及青年道德既影响非浅，甚至花柳结毒，传染成病，有害善良风俗，为治安之缺点，急宜设法改良，洗此污点。其改良办法及取缔规则应请公议。

呈请缓办印花税原案

现在仿行印花税法，本为抵补洋土药税厘起见，其中厘定税则明订章程，原期于公帑有增而舆情不扰。查光绪三十年度支部奏准印花税办法一折内，准各督抚各就地方情形详细体验，分别咨奏，变通办理云云。可知酌盈剂虚，固裁成之妙用，而揆时度势，乃体恤之恒情。兹以山西之对于印花税有不可骤行而极宜呈请缓办之理由有六，请略述于左：

（一）矿产之甫赎也。查光绪三十二年，福公司兵临平定，旗插潞安，山西矿产有几几不复回之势，乃人民群焉蜂起，为各保身家性命起见，集股至二百七十五万之多，赎回矿产，至今民困未苏。此印花税之极宜缓办者一。

（二）铁路之待修也。查同蒲铁路自奏准后，起而中止者屡屡。今经部严催，我晋立当举办，刻不容缓。当此库款奇绌，要皆赖小民承认，方足济事，而小民终岁勤动，脂膏有限，即此已不胜其扰，再加印花税，其扰殆有甚焉。此印花税之极宜缓办者二。

（三）晋省之地瘠民贫也。查晋省原系表里山河，所余大半皆属沙田薄地，出产本无大宗，揽货发货亦属寥寥，惟矿产最富，尚在开办之初，不但利源未兴，且须民资补助。此印花税之极宜缓办者三。

（四）晋省无大商巨富也。查印花税行于通衢大邑大商巨富之间，有汇票、期票，并镖局包运货物银钱揽票，颇能济事。若晋省大商巨富屈指无几，只以田地、房产、典押、契据各种贸易所用之账簿等用之，将收数无多，而徒滋繁扰。此印花税之极宜缓办者四。

（五）厘卡之未裁也。查外洋举行印花税各国，其国皆无厘卡，是以推行尽利，毫无窒碍。我国厘卡未裁，所收之数尚足补助国家之用，若再加印花税，是谓重征，民何以堪？此印花税之极宜缓办者五。

（六）田房契税之初加也。查田房契税，我省向遵旧章，三分为率，今忽加至九分之多，则人民之担负不为不重，再加印花税，恐有力不胜任之虞。此印花税之极宜缓办者六。

以上所述，略举大概而言，若如自治范围所开之学务、农工商务，及兹举诸条目，头绪纷繁，皆赖小民自行办理，举行印花税实有种种之不便情形，可否议请抚部院声明我省现在贫窭困苦景况，将印花税一层奏请暂行缓办。

请饬各属划一契税新章时效之起算点原案

（决议时改为典契划清起算点并酌留田房税契费两案）

国家之税则，有议增而无议减，此现在明文之所规定也。窃查吾晋旧年税例，买契以契约成立之日起算，不得经过三日；典契以经过十二年起算，不得再为延长，过此以往，即为漏税。以故晋人恪守成例，买契均以即时纳税完成义务，至于典契则十年以内例不纳税，相沿既久，已成一种习惯。自今岁契税之新章颁布，典买契约均应于一定期间内照章纳税，且定明八月以内，买契以契约成立之日起算，税率九分；典契以六个月起算，税率六分，一时地方官吏遂得乘此机会，含糊笼统，以肆其掊克之谋。于是小民既畏犯则之重，又苦催迫之烦，有典质一空不足以供取盈之数者，有仓箱告竭不足以满负担之额者。夫小民终岁勤动，所获几何，一旦以数百年之积习尽举而反之，无怪乎愁怨之声闻于道路也。各国法律关于时之效力，以不溯既往为原则，契税而溯及新章颁布以前之典约，恐非文明国所公认也。拟请通饬各属，嗣后典契照章完税，定明自某时起算，以免搜索而杜侵蚀，事关全局，敢请一议。

清查土匪原案

（决议时改为取缔游民规则）

晋省民情良懦，向不知抢劫为何事，虽经丁丑大祲，宁饿死而不敢为匪，其民俗之纯，实为他省所不及。乃近年以来，抢劫之案，层见迭出。既经破获，类皆外来游民所为，绝少土著，甚且纠结会匪，聚众横行，酿成重案。前数年蒲、解一带，其明鉴也。若非严定取缔规则，诚恐外匪潜踪，乡愚狃于小利，始则渐事窝藏，久则随同为盗，其贻害何堪设想。谨拟办法如左，听候公决。

（甲）宜另立社长以资统辖也。省南一带大祲以后，土地闲旷，外省客民多以耕种为务，娶妻生子，几与土著无异，但散居各村，漫无统纪，殊觉难于稽查。拟于客籍之中择取其品行端正、略通文理者，由本地人举为社长，仍附入本村社会之中，凡有关客籍之事，均归承办，庶责有专归，不至散而无纪。

（乙）宜取具铺保以别良莠也。客籍之确有身家者既归社长统辖，其未有身家者宜令取具铺保，或公正绅耆保结，方准留住，仍归社长统辖，否即由地方官咨遣回籍，免生事端。

（丙）宜严查盗薮以清本源也。查省南一带，若河东之盐厂，乡宁之炭窑，平陆之石膏窑等处，工人既多，暮去朝来，最难稽查。拟于十人之中另立工头一名，凡伊所雇工人，统归管理。该工头于雇主出具切实保结，倘有匪类潜身其中，查出甘与连坐，庶若辈闻风知惧，望而远逃矣。

（丁）宜教练巡警以资防卫也。查各州县巡警多有名无实，至于乡村更不知巡警为何事，虽迭经河东道督催举办，仍复实际毫无。伏思省南州县各村皆有巡役之设，以为看守青苗之用，今拟以旧日巡役，择取其壮健者选充之，请将巡警章程刷印多本，颁发各处，实地练习，庶可有备无患。再客民之健壮者亦可参用巡兵，庶若辈乐于应用，不致去而为匪，但宜严加抉择，以杜流弊，否则名为巡兵，实则与贼通气，又蹈捕役之积习，不可不防。

呈请早行筹备预算事宜原案

（决议时改为分别国家地方经费早行交局以备明年预算事宜）

按谘议局奏章二十一条第二项议决本省岁出入预算事件，第三项议决本省岁出入决算事件。对于预算决算，谘议局虽无提案权，然其议决权仍属谘议局。据宪法大纲，宣统二年为试办各省预算、决算期间，若不早为预备，以供研究，临时着手，必多龃龉。各立宪国咸以提出预算案之权属政府之权，既经议决，预算案即成立，政府遂受其束缚，虽各款项有时不足，亦不能彼此通挪，以逾范围。预算因有此束缚力，故各国特定有补充费与临时费，以应预算外之支出。我国向不行预算，人尚不知预算为何事，似宜呈请抚部院将何者为国家税，何者为地方税，以及何者为国家行政经费，何者为地方行政经费，预行开示，以资考究，庶几举行预算能得真际，而决算亦自能核实。凡事预则立，不预则废，此急须决议者也。

整顿陆军小学堂原案

（决议时改为呈请实行陆军小学堂招收学生定章）

查陆军小学堂奏定章程第十二条内载，官、幕、商人流寓子弟负陆军志愿者，准每年认缴膳食及学费银四十八两，附入现住省分陆军小学，以资学习。第十三条内载，本籍良家子弟负陆军志愿而考验合格，限于正额已满不能入学者，得如前第十二条外籍缴费附学办法，每年缴银三十六两，准其附学。夫既云附学，便非正额，既云缴费，便非官费可知，迺现时陆军小学堂以外籍而充补正额作官费者，二班内约居十分之二，三班内约居十分之一有奇。又以外籍附学，不按章如数缴费，而仅援照本籍者，亦二十名上下。似此办法，均与定章不符，应如何整顿之处，请公议之。

剔除采买驿站草干积弊原案

查驿站马匹草干，国家本备有正款，按照时价采买，不准丝毫扰累小民，乃积久弊生，不肖吏役藐成宪为具文，名曰采买，实则勒派。州县官不加觉察，复为之给与票据，令其倚为护符，侵渔不已。一斤之数，必浮收至三四斤，一文之值，必倍折至三四文，藉端需索，苦累不堪。至于应给之价，亦丝毫不给，归于中饱，核其实情，与加赋无异，且更甚焉。现在新政叠兴，需款孔多，民力几何，能胜此负担也耶？旧弊不去，新款增收，日异月新，累进不已，铤而走险之变，甚为可虑。此采买马匹草干积弊所宜急早剔除者也。况当此预备立宪时代，亦断不容有此等违反国法、私自科敛之事扰害民间，早去一日即早造一日之福，国计民生，两有裨益。兹特拟定办法如左所列：

一、采买之制系以私人资格购自民间，有银则草豆可以立致，何所取于摊交。拟嗣后所用草干开支国家正款，买于市肆，官不复为之给票，则役与民不接，而弊无自生，反是者以违法论。

一、差徭与驿站似一实二，若融纳驿站于差徭之中，将草干一项折算成钱，令民交纳，观其表面，似无吏役之扰，其实已增重一层负担，应即与厘剔，归差徭者仍旧照办，归驿站者一律免交，其采买之制与第一条同。

一、设局自办向归绅董经理地方，及加倍折钱作为定数径交官厅地方，其为法不同，而令民受不情之担任则一。既已严申采买之制，不与援办，不可谓平，均予一律免交，准第一条办理。

一、其他州县如有特别情形者，均准照第一条办法实行采买之制，以归划一。

呈请归纳孤悬地址原案

（决议时改为划分省界住民权利义务之关系）

按奏章第三条，城镇乡之区域，各以本地方固有之境界为准，又谓若境界不明，或必须另行析并者，由该管地方官详确分划，申请督抚核定。部章之如此规定者，亦以办理地方自治，经界乃必要事务。然我国因关税问题，往往甲省地址设立乙省关口，始焉只为便于征收关税与稽察异言异服起见，故借邻省适当之地，亦无害于事体。今将实行地方自治，关内居民似不应与关外居民显有区别，且关内居民虽在同一区域内享一般权利，却不尽一般义务，往往扰乱我安宁秩序，伤害我善良风俗，地方官因所管各别，熟视无如之何，种种困难，不可胜数。即如娘子关、固关在山西境内，向归直省管辖，举凡差徭之逃□□□□□□□，视此为逋薮，群焉趋入，甚至官衙通衢，肆意赌博，圈诱子弟，莫□□□□□□□也。兹将孤悬地址可归纳之情形略述于左：

（一）名义上之可归纳者。立宪国之权限最为分明，无论各省与□□□□□□相侵越，即个人与个人之权限亦不相背驰，事权归一，故措施□□□□□□，既属某某地境，境内居民即应归某某管束。若名实相反，则权限□□□□□□束，遇有疑难事件，反无救济方法。彼孤悬一地于邻省，留之何益，去之何损。况实行地方自治，与邻省尤大不利益也。持名义上之利害与之磋商，应无不赞成者。

（二）事实上之可归纳者。地方自治以地域为要素，失却要素，即不得行自治事务，故定章内或须分析，或须合并，凡以使举行自治，上得行使监督之权，下得展布团结之力，互相补助，乃能完全组织公共团体。况地属孤悬，较之甲村与乙村之毗连，此邑与彼邑之关系，尤多窒碍难通之处。故自治团体内断不容有不服命令、不负责任之居民混厕其中，有之即足为自治之累，应为法律所不许也。

据以上情形，则改正经界为第一要着。孟子亦云：仁政必自经界始也。宜确实调查，如有类娘子关、固关状态者，即须申请大宪备文确商，务将孤悬地址划归我晋管辖，关税事件仍旧照办，不必更动，对于邻省无丝毫亏损，我之自治事宜却有莫大利益。此外虽非关口，有类似此情状者，亦宜一律调查，以便申请，庶几自治之冲突可免，而为地方自治造无量之幸福也。

整顿原有中学堂及高等小学原案

近年高等学堂及优级师范学堂、中学堂开班招生大形困难，虽由恪遵部章改为自费，然官费学堂亦未踊跃，此于教育前途极有关系。从前各堂招生之易，实因旧日之举贡生童文理清通者多人，今既皆入学堂，而继其后者又未实行培养，青黄不接，殊为可虑。现京师创设分科大学，其升学学生必取资于高等及优级师范学堂之毕业者，高等及优级师范学堂必取资于各属中学堂，中学堂又必取资于高等小学。不于此时设法整【顿】，将来升入各学堂之学生愈形减少，且一受部驳，于办理学堂〈更〉影响愈大。今见各属中等学堂及高等小学，虽不少办理完善者，而因困于经费与办理之不合法者亦自不乏，其因陋就简毕业无期者自不待论，即或有毕业者，无论不免部驳，即使勉强升学，而程度不足，不只办学者愈形困难，于本省各种教育及培养高等程度之将来，实不堪设想。为此必公同决议，按各属之困于经费与办理不合法之各种情形，筹最便之方法，呈请提学使实行整顿，务使毕业生必合程度，既免部驳，又便升学，则本省教育及培养高等程度之将来，庶可收之桑榆矣。

同蒲铁路筹款原案

始怵于俄人西伯利亚铁路将有修南下支路之风，于是同蒲铁路之议起。计其路线延长二千余里，需款约在二千余万之谱。款项虽如此浩大，然为保持山西安危起见，遂决议公司募路股，一切规画亦详且备矣。迄今开办已及二载，而募集之数甚属寥寥，推其原因，有二种论说。

（一）由于正太铁路。正太铁路久经开通，每日运载不敷每日费用，年终结算，亏项甚多，殷鉴不远，比例即明，故集股不踊跃也。不知正太铁路已归俄、法掌握，有余即作此路抵款，不足即归政府担任，有此原因，故无获利之一日。观于正太铁路理事之人较别路为多，即其有意糜费之一征也。

（二）由于保晋公司。保晋公司之设，始则提用亩捐，继又劝办认股，久经开采，收效毫无，前车之覆，后车之鉴，故一言集股，即生退步也。不知从事矿务，须放开眼孔，若朝行采掘，夕欲取赢，是何异向乳哺小儿而遽望自食其力也。

上二论说固自有见，其实筹款之困难，原因虽甚复杂，推原其故，总由大资本家不肯慨认巨股，因之小资本家不肯多认零股也。凡兴举一事，必待大力提倡，方足取信于人，提倡之力不大，则吸收之力不宏，不独铁路筹款为然也。兹略言筹款之手续于左，以备采择。

（甲）缓劝普通股也。招集普通股分，义取集腋成裘。我晋矿务招股，系行强迫主义，不问认股之意思，不论负股之能力，虽巨大款项咄嗟立就，而人民之负担已不堪矣。若再行此主义，非特势有所不可，亦心有所不忍，况醵人之财，仅及一般人民，亦属根本上之错误也。

（乙）急招特别股也。贫家出一钱，甚于富家出万钱，各国筹款之公例，亦惟注重在大商贾、大富豪，以为一般人民之先导。我晋巨富之家，声名洋溢各省，独对于同蒲筹款事宜，招之不来，劝之不应，若于己无关痛痒者，是未深究其利害而思之也。即云此路告竣，获利甚难，而为人民保安全、增福利，亦乐善好施之一道也。

日前例会亦曾议及仿照南省筹款办法，设立名誉董事会，凡名誉董事员先认定大股，以为集股倡导，如此办法，甚是妥善。又以路线延长，猝办为难，拟先修太原、平遥一段，以此段所经多富户，筹款较别段为易。一俟首段工竣，再接修别段，如此办理，尤甚妥当。乃邮传部催同蒲铁路，如无款开办，本部将另筹办法。吁！邮传部之办法，不过订合同、借洋款而已，正太铁路是其先鉴，倘再蹈覆辙，是卖路，非修路也。强邻窥我路权，将欲攘臂而夺之，而我顾自将路权不甚保护、不甚爱惜，此诚大惑不可解之事也。然使款终不能筹，工终不能开，将来路权断难自据，兴言及此，必须大振精神，筹议善后之策。或者谓同蒲筹款，上户无巨股，因之下户无零股，孰若议起公债，即以所造之路为抵挡物之为愈也。不知议借洋款，以路作抵，洋人必趋之如鹜；议起公债，以路作抵，吾人必避之若虎也。欲筹妥善之法，除照南省办法，先招特别股，后集普通股，似乎再无上策，用登草案，以俟公决。

议保民教和平

（决议时改为调和民教）

西教之流入中国有二目的，一曰真传教者，二曰各国政府利用之以侵我利权者。中国之服从西教亦有二种类，一曰真信教者，二曰利用外国教士以抗官府及武断乡曲者。彼其真传教、真信教者，其目的与其教门之宗旨不相悖谬，虽日传之日信之，而与吾国固无害也。吾国教化昌明，举一切佛教纳之，回教纳之，以及张道陵、袁了凡之教，无不纳之，譬如太阳之光，固不负爝火之灼灼也，何独恶乎西教，群起而攻之也？论者谓此中原因甚为复杂，兹特言其大彰明较著者。（一）西人传教中国系取之以武力，聚雄兵于城下，强我订立条约，中国俯首听从，莫敢谁何。兹虽相去有年，而心中目中常悬一丧师辱国之耻辱，胶结而不可分割，此一原因也。（二）条约所载传教一条，专以教人为善为宗旨，中国人士见彼名虽教人为善，而始焉推锋刃强之使从，继焉教门之一切举动又甚诡谲不经，虽明知此等行为非教士之罪，而教门之真意已全泯矣，此又一原因也。欲融化此原因，非破除畛域不可，欲破除畛域，非守之以正理，行之以公道不可。试略述其义于左：

（一）裁判宜听之公断也。民教不和，半由于执争事件，勿论理之曲直，情之真伪，教民恒持胜诉主义起与官厅抗衡，官厅亦每以护符可危，虽明知小民抱屈，熟视之无如之何。积怨愈深，泄愤必愈烈，于是焚教堂、戕教士，一私人之争讼，遂酿成大交涉，庚子之变，可谓寒心。故凡遇民事、刑事各诉讼，宜一听地方官之评断，不得意存阻挠，颠倒法律，以致水火不相容也。

（二）义务宜公共负担也。教民处乡间，顾盼自雄，以凌轹一般人民。虽在同一区域内，受团体保护，却不尽团体义务。举一切迎神演剧为上帝所不容者固无论矣，即关乎公益事项，亦置身事外，丝毫不负责任。人民相戒以教门神威，敢怒不敢言，其中有积不能平者，思欲一逞其忿，即仗官力弹压，卒致莫可收拾。故使教民尽义务，亦所以保持教民之身家也。

（三）交际宜出之大公也。教民虽落落寡合，然亦不能脱离社会而不与一般人民相往来。婚丧之庆吊，乡里之周旋，投桃报李，情致依然。凡我人民，亦不宜拘泥仇教思想，而不欲与之通款曲。况社会之嫌隙，恒生于疏远，泯于亲近，交际之道，民教咸知讲求，则出入相友善，守望相协助，昔日之仇敌可变为今日之良友矣。

要之，教会宗旨在于救人沉沦，以事上帝。夫人之沉沦至教民仇杀极矣，民教仇杀至酿成国际干戈而愈极矣，返之教会本旨，固已显形抵触，呼上帝而问之，真有目不忍睹，耳不忍闻者。故遇民教交涉事件，不必与之论是非，宜与之论仁慈。如将仁慈之理与事体之关系恺切说明，彼虽恃其气焰，甚形横逆，应无不折服者，此办理教案之不二法门，亦即调辑民教之不二法门也。民教如尽悟解仁慈之理，社会之衅隙从此自可消灭。此等效果非旦夕可收，一俟各城镇乡议事会、董事会成立后渐晓谕一般人民，使之周知。虽有不法教徒自外约束，教门应不容此种败类，宜照会该牧师严行申饬，而后方与教门之宗旨不相背驰，民教之和平庶可永保也。

公立女学堂筹款原案

（此案系该堂请议）

谘议局诸乡绅大人钧览：敬启者。女学堂自光绪三十三年二月创设以来，幸由大宪及各界诸君热心捐款，合计至一万零三百余元。去年又蒙藩宪筹助常年官款二千金，女学堂因得陆续招生。现下堂中分师范三班，小学四班，合计女生至一百六十名，女教员十一人。监督一席，因难【得】其人，暂未聘订。惟堂中经费第一年用过四千一百余金，第二年用过四千七百余金，今年为第三学年，除官款及捐款以外，尚不敷一千八百余金。今年四月十九日向贵局筹办处会议，由路矿两公司所用亩捐股息项下常年拨助三千金，嗣由大众投票，幸得认可者过半数，乃由女学堂董事等公禀抚宪立案。乃近闻两公司对于此事尚未决议，窃思女学堂告急已经数月之久，今年五月几至停办，幸得同人等设法借款，又稍得捐款以助之，故能续办至今。现下堂中款项开销一空，诸董事会议十余次，皆为束手。惟有伏乞诸先生从速筹画，使公立之女学得有公款，而为经久之计，则女学前途之幸也。否则自九月以后，虽欲续办一月而不得，且五日以内如无的款，则女学堂惟有暂行停办之一法。务祈从速决议是幸。抑更有请者，女学前途所关甚巨，务由贵局从速推举总理一人接任堂事，以资整顿而期进步。专此敬呈，伏惟钧鉴。

四、议决本局议员提议案

禁烟善后办法议决案

按山西禁烟办法原分为禁种、禁买、禁吸三层，现本省实行烟种已届一年，而邻土输入，广行销售，尤有源源而来之势。若不设法严防，不但大害难除，将于晋地作售卖之销场，即对于一般禁种人民，亦生不公平之结果。用特公同决议，先严禁外土之输入，实事密查，务期杜绝，并将卖、吸二层，亦行重申禁令，断其根株。所有决议办法，本末并进，分为对内、对外二种，胪陈于左：

（甲）对内办法

（一）禁卖。境内禁种，本省之土虽只有此数，而奸商私贩潜为运入，土店、烟馆垄断居奇，破坏禁令，为害甚巨。拟严饬省内外土店、烟馆，限本年十二月底一律封闭。

（二）禁吸。戒烟之令虽三令五申，而期限未定，专律未颁，故人民游移观望,未能【一律】断绝。拟限至来年三月底为限,一律禁吸。至各州县地方官,为一方人民之表率,尤宜身先作则,早行戒断,乃各地方官竟多公然在署吸食,每为人民之藉口。拟请嗣后严饬,一律禁吸,并令筹办自治绅董详细稽查。倘仍吸食,查明后即函报谘议局,由谘议局呈请严办,庶上下一律,无敢违法,禁吸方能有效。

（三）制药。禁吸既定期实行，而戒烟药料尤宜广为购置，或普设戒烟分局，或广散审定药方，各按本地方情形实行办理。

（四）惩罚。禁卖、禁吸限期均已规定，而玩法尝试难保蔑有。倘限期后仍有骫法卖吸者，一经发觉，确有证据，由地方官商同戒烟绅董，立予惩罚，以充戒烟经费，其细则俟后续订。

（乙）对外办法

（一）请再行严饬边境各卡，密查私贩。查私贩运入，前已通饬严防，而边疆各卡或防范难周，或通融作弊，运入私土，为数颇巨。拟请再行严饬各卡，密为搜查，以杜潜运、偷漏，并令筹办自治绅董及巡警帮同稽查，并由各绅函报谘议局，由谘议局呈请严惩，庶查者、贩者均生畏惮，不敢轻罹法网，而禁卖、禁吸亦易为力。

（二）请咨邻省督抚协助禁止。本省官绅对于禁烟问题甚为激发,实力敦劝,共尽责任,于是痼疾可望渐除,乃邻省土贩趁本省烟已禁种,土必减少,多方输入,以谋厚利,全省人民对于此节甚为不平。拟请一面奏明严禁邻土输入,一面咨请邻省督抚实力协助,限制输入,以顾大局,庶于山西实行禁卖,不至或生阻力。

续订禁烟案禁卖禁吸赏罚细则

第一款　禁卖

第一条　禁卖期间由抚部院核准，省垣以年底为限，省外各地方以来年正月底为限，凡卖烟者均不得逾越法定期间。

第二条　本则所定期限已过，倘仍有私自贩卖者，一经发觉，确有证据，不论有无印花，均以私土论。

第三条　所（犯）〔贩〕私土，除将原土尽数充公外，仍按土价十倍惩罚。

第四条　倘有受罚后而再犯者，照前条加倍处罚；若系旧日开过土店或烟馆而偷卖者，亦以再犯论。

第五条　如有富豪之家而私行贩卖者，酌量加倍处罚。

第六条　充公私土除足敷戒烟局制造戒烟药料外，尽数销毁。

第二款　禁吸

第七条　禁吸期间省内外均以来年三月底为限，过期一律不准偷吸。

第八条　本则所定期限已过，如有偷吸而查获确据者（如一切烟具等物），即可实行议罚。

第九条　禁吸年龄照章除六十岁以上酌宽期限外，所有六十岁以下分为三等处罚。

第十条　处罚等级，年在五十岁以上者科以五元以上，五十元以下之罚金；四十岁以上者科以十元以上，百元以下之罚金；若系四十岁以下，暨青年子弟，概科以二十元以上，二百元以下之罚金。

第十一条　如有受罚后而再犯者，照前条加倍处罚。

第十二条　如有极贫而不堪任罚者，酌作苦工，如系妇女及幼童，均一律罚其家主。

第三款　稽查

第十三条　稽查责任由地方官督饬绅董、乡社及巡警，并协同各地方戒烟会、戒烟局人员切实稽查，认真办理。

第十四条　如有私卖、偷吸者，由稽查人员公议，照章处罚，其有不甘受罚者，禀由地方官实行惩究。

第十五条　所罚之款，某区仍归某区，充作地方自治经费。

第十六条　禁卖、禁吸情形，年终由稽查人员将一年成绩函报本省自治筹办处，以便稽核。

第四款　奖励

第十七条　前次卖烟、吸烟者，如果于限期内自行改革，不犯本则者，均回复其已失之选举权，并其他一切公权。

第十八条　稽查人员如果实心任事，著有成效者，由地方官禀请择尤褒奖，以资鼓励。

清理地方公款公产议决案

查城镇乡地方自治章程，自治经费首以本地方公款公产充之，是以公款公产已于自治章程定为自治永久之经费，则当筹办自治之开始，必以清理公款公产为第一要务。但我国惯例，对于地方公款公产，向取放任主义，无预算、决算、列表、报告之手续，非筹一完全办法，恐积习日久，弊窦丛生，不足以收清理之实效。兹将议定清理办法列左：

一、实行监督宜责成地方官也。各国地方自治均归行政官厅监督，今城镇乡地方自治章程规定，城镇乡自治职各以该管地方官监督之，则清理公款公产万不能不以地方官为监督机关。拟请通饬各厅州县官为清理公款公产监督，俾清理各节不至阻挠。

二、宜公推总协理设立事务所也。清理公款公产非组织一总机关，则事权不能画一，但另设一事务所则各地方财政困难，势必因噎废食。拟即（付）〔附〕设于各处教育会或劝学所及他各机关，以为各厅州县之总机关，庶事务所可以成立，而经费亦可以节省。所内设总理一员，协理二员，宜就绅商学界中品行正直、乡望素孚者公推之，以总核全境清理事务。

三、公推清理人必先划分区域也。查城镇乡自治章程，划分区域各以本地方固有之境界为准，盖各地方之人情风俗彼此不能强同，此区域之住民，对于他区域之公款公产，使之清理，必至茫无措手。宜先划分区域，由各本局公举清理人，以总区事务所统辖之，清理之后须报告于总区事务所。

四、选举清理人宜审定其资格也。各地方公款公产向归绅董管理者居多，其中不无浮冒开支、侵蚀中饱之弊。今拟定清理事务，不准旧日管理人员兼任，亦宜就教育会、劝学所各职员以及初选当选人中公举其品行正直、乡望素孚者为清理人，则清理之时，自不难杜绝各种弊端。

五、声明清理后某区公款公产仍归某区自用也。盖地方自治，本以各地方之经费，办理各地方之事务，并非挹彼注兹。当此创办之初，骤事清理，最足生人民之疑虑，惟声明清理后仍归某区自用，乃可以塞群疑而昭大信。

六、清理人员不得逾越期限也。今议定清理期限，以文到之日为起算点，一月后事务所即须成立，事务所成立后不出三月，宜将各区清理公款公产情形报告地方官，并报告于地方自治筹办处，以便随时调查。

清理地方公款公产办事规则

一、清理公款公产须按照度支部咨文，以次清理之。

二、清理公款公产须截清旧案，凡以前未曾清结之案，一律截清。

三、凡经收捐款局所及各种团体动用地方公款公产者，皆清理之，惟祠堂、义庄系私人资格所有，公所、会馆系不仅本籍人所有者，皆不在清理之列。

四、凡先贤祠庙及社庙等由公建者，所有财产均以公款公产论；其募化建造，或一部分之人集资建造，虽有财产，并不充地方公用者，不在此限。

五、凡私人捐附财产办理公益事务者，皆一律清理，原捐人不得有所主张，惟管理人报告不实者得公言之。

六、清理之法，由事务所通知各管理财产人自行列表报告，事务所有审查覆核之责，其审查覆核时如有疑义，得检查其簿据。

七、表册共须三分，一呈报地方官，一呈报自治筹办处，一存该事务所备查。

八、管理财产人员如有抗匿不报，一经察出属实，除撤销管理，追缴所管财产，另举人接管外，即由地方官惩办。

九、公款公产宜各按旧日所隶属之区域清理之，举例如左：

（甲）一府及一直隶州公有者。

（乙）一厅州县公有者。

（丙）城厢独有者。

（丁）某镇乡独有者。

（戊）城厢与镇乡共有者。

（己）某镇乡与某乡共有者。

十、本规划系粗举大略，其办事细则仍由该事务所自行酌定。

附：厅州县公款公产表

宣统　年　月　日		
名目		
所隶区域	所办何事	历届存款
岁收息款	现有田产	现有房产
现有物品	岁收田租	岁收房租
岁入总数	岁出总数	盈亏总数
备考	管理人署名签字	
表中所指名目如向来善堂社会之类事关公众者，各就现时名目分别填明；其存款各项如管理人所经管之财产有不具备某一项者，须填无字；其余除备考一项外，须一律填明。		

厘剔胥吏中饱议决案

胥吏舞弊，为害已深，而于各项税捐之中饱为尤甚。或干没国家之库帑，或侵蚀行政之经费，上下鱼肉，久为惯例，罗掘小民有数之脂膏，徒饱此辈难满之欲壑。值此锐意整顿财政之际，岂容有此蠹国疾民者窟穴其间。拟请通饬各厅州县地方官认真监督，实行厘剔，举一切税捐中饱之弊皆廓清之。其厘剔事务即令清理公款公产事务所兼办，以省经费。自文到之日起，限六个月内将各项厘剔情形通报地方自治筹办处，以便稽查而备要需。兹将应行厘剔之项开列如左：

一、关于田宅、牲畜税项胥吏之中饱款。

一、关于斗捐胥吏之中饱款。

一、关于烟酒捐之中饱款。

一、关于煤铁捐之中饱款。

一、关于盐油碱之中饱款。

一、关于戏捐、铺捐之中饱款。

一、关于棉花、布疋、皮毛等捐之中饱款。

一、关于莀捐之中饱款。

一、关于丁粮正供胥吏之中饱款。

一、关于一切杂项捐款之中饱款。

就以上所举事项，详加查察，认真核办，务使上利于国，中无碍于官，只就胥吏之中饱者举而清之。然此项事务仅责成地方官，尤恐官被吏朦，终不能烛其弊窦，无从著手，似不若清理地方公款公产事务所皆属本地绅衿，较易察知。再分二项以说明之：

一、专责成。胥吏中饱久已演成惯例，一旦从事厘剔，则畏事者惮于果为，先行裹足，好事者妄加挑剔，纠缠不休，有碍于厘剔之本意。兹议决厘剔事务附入清理地方公款公产事务所兼办，庶不费经营而事有归宿。

一、严稽查。胥吏中饱，日防外来干涉，设法保卫。一闻厘剔，势必梗阻其间，巧为掩饰，以遂其倖免心。则厘剔者惮于深究，将故事延缓，渐置高阁，是所谓厘剔者终属子虚。兹议决限文到六个月内，将厘剔情形报告地方自治筹办处，以备考核，庶有期限可凭，不至藉词延宕。

改良看守所议决案

看守所之设立，原以杜差役人等私押、私锁、凌虐、需索之弊，乃各地方官不能实力奉行，致使差役人等杂居其中，肆意妄为，竟将寻常词讼人证与盗贼同一待遇。此虽名为看守所，仍与向日押班情形同一恶习。今拟改良办法，其看守人仍由各地方官指定，惟须另举公正绅士数人，准其随时稽查，以防差役人等藉端勒索，苛待良民。如有此种弊端，即由稽查绅士报告地方官，使之革退，以为将来作弊者戒。拟请转饬切实遵行。

妥筹地方自治经费议决案

地方自治即地方团体从法规所定，以自己之机关与费用，为自己之生存目的，处理国家之行政事务。其关系既如此重大，则凡一切自治事宜，万不能不依次兴办。顾兴办各种事务，舍筹款无从着手。虽现时各地方之财政日形支绌，然地方自治既为立宪之基础，则当预备立宪时代，岂能以筹款之困难，阻自治事务之进行。况既以一定之地域、一定之人民构成一公共团体之自治，则对于团体既有应享权利，即宜分担义务。由是以旧日所有之款项，为今日筹办之费用，最为正当。凡各地方之糜费与的款，及各种弊窦中饱者，逐项清理，量为提取，就各地方之情形，酌各地方之财力，以共办各地方之事务，庶议事会与董事会得早成立，而自治事务亦可渐次发达。今将议定各种名目开列于左：

（一）提拨庙产及演剧费并一切公款公产。

（二）清厘牙行、差徭及其他各项弊端。

（三）筹拨斗捐、酒税、煤厘、盐捐及其他一切捐款。

（四）分收路矿、亩捐年例。

以上各项，为各地方之共有者多，为一地方之特有者少，或尽数取之，或酌量拨之，地方情形不同，办法亦不能无异，拟请转饬地方自治筹办处妥为办理。

禁用刑讯及非刑议决案

按各国诉讼法分民事、刑事两种，民事则采不干涉主义，刑事则采干涉主义。我国法律尚未完成，司法亦未独立，固不能悉照各国之法规执行。然法部奏准轻罪停止刑讯，已经通饬各省一律照章实行，乃各地方官不遵部章，对于寻常诉讼事件任意判断，喜怒无常，偶触刑威，辄以数百数千加之，殊失朝廷改良刑法之本意。虽因现在人民程度、习惯，不能概行遵守，然对于民事诉讼之事件，亦当一律停止刑讯。至刑事诉讼，虽不能遽免刑讯，而当法庭裁判之时，各地方官亦多自诩明断，动用非刑拷打，备极惨酷。夫非刑之禁，律有明文，各地方官于刑事诉讼事件，凡律所不载之刑，俱应一概不准使用，庶于慎重刑典之中，隐寓矜恤生命之意。此案业经提议，公决合行呈请一律实行禁止。

广储社仓以备荒歉议决案

晋省自光绪三年及十八年、二十六年南北叠遭荒歉，道殣相望，其生者呼号流离，惨不忍言。悉心推究，有二大原因：一由于富庶之区，习尚浮华，民鲜盖藏，唐俗勤俭，渺不可望；一由于瘠苦之地，年丰则仅敷养赡，岁歉则室家不保。当痛定忘痛之时，作民饥己饥之想，欲防此二弊，莫先于整顿社仓，以广储积。趁此丰稔屡告，就地方情形，按照户口多寡，规定谷石数目，每社户口有一百家，至少不得下十石。嗣后每遇丰收之年，积谷一次。所有此等社仓，拟请通饬各厅州县，自文到之日起，由各地方官督催绅董赶速整顿，限五个月内一律办齐。事关备荒要政，毋得仍前视为具文，庶灾荒可备，而民命亦有可恃。兹将议定办法列左：

（一）建造。各厅州县属内旧有社仓者再行扩充，其未设者或筹款建筑，或借占公社房屋略加修补，其无公社房屋者积存公正富户，均须报告清理事务所存查，惟不准分存花户，以致有名无实。

（一）经理。每社公推公正四人，分任管理，以专责成而防弊窦，或一年或二年更换一次，其分管职掌如下：（甲）印板，（乙）运斗，（丙）钥匙，（丁）账簿封条。

（一）收纳。纳谷之数，或按地亩，或按丁粮，或按岁入，或按财产，酌其本地习惯情形，以收入之多寡，定收纳之数目。收纳器均以市斗为准，惟种地不及十亩者，免纳。

（一）报告。积有成数，由经理人报告清理地方公款公产事务所，再由该所转报地方官，并函报省城地方自治筹办处。

（一）稽查。稽查暂归清理事务所，一俟筹办地方自治事务所成立，统归该所稽查，至各地方自治会成立后，稽查之责即归该会。

改良官妓办法议决案

按娼妓一项，虽文明各国不能禁绝，然亦必须有限制，大都用分居制，使另居空旷之区，不与良民为伍，亦即使稍有身份者不便溷迹其间，画明界限，严为取缔，于惩恶之中寓劝善之意，其法较善。查省城官妓杂居中心繁盛之地，漫无限制，以致青年子弟征逐其间，花柳结毒，传染成病，败坏善良风俗，莫此为甚。兹经公议，决定改良办法，分列如左：

（一）地域。就大南关之东，文昌庙之西，顺城关空旷地方，指定区域居住，不得任意分居，移出指定范围以外。

（二）建筑。住居房屋或筹拨公款，或招商修盖，然门墙房屋必须合法，四周须筑围墙，开一门或二门，均由巡警稽查，以昭区别。

（三）取缔。取缔之法宜细订规则，由巡警严行管理，以免别生事端。

（四）强制健康诊断。健康诊断，我国本无此医生，亦无此习惯，故近来花柳病及杨梅毒传染甚多，其堕落道德为害尤显，而与卫生、强种关系实深。拟嗣后由巡警或医生每星期诊察一次，庶传染少而娼妓之稍有廉耻者必多从良。

以上办法系维持风化起见，亟应从速改良，以免患无穷。

附：禁演女戏案

剧场取缔亦为整饬风化最要之事。剧场虽供人娱乐，而于人耳目闻见影响殊多。查省垣振兴、洪春各茶园，从天津等处邀来女戏，每日开演，男女混淆，丑态百出。如所演例禁之《捡柴》、《赠珠》等，尤为奸淫之媒介，意在牟利，遂置风化于不顾，名为开通风气，实则败坏愈甚。近日京师首善之区，文明观听日益荟萃，曾未闻准有女伶登台演剧，防微杜渐，立法最良。即各国剧场取缔，凡作猥亵淫侈之状态，亦在厉禁之例。晋省风气初通，社会观感尚属幼稚，安容此等女伶诱人败俗。拟请饬行巡警道，一律严禁，立行驱逐，实于地方风化裨益非浅。

改良官妓建筑之覆议

按大南关外建筑妓舍，原议招商承办，嗣即探悉商情诸多退缩，推其原因，商人以事不确定，恐空投资本。若先由官建筑，以为倡率，商人见事必行，意在趋利，自当乐从。是官款既无须多筹，招商亦不至疑阻，自可以达改良之目的。议请饬巡警道，将妓捐提拨，以为建筑妓舍之经费，则取之官妓者仍用之于官妓，于事有济而情理亦（理）〔通〕，庶于招商建筑不至疑阻。

呈请缓办印花税议案

晋省地多石田，民情素苦，惟恃商业，以资生活。近年甲午一役，关东经商者捐害已巨，庚子而还畿辅，南省各商务危险频起。近年营口、汉口西商受亏尤巨，加以赎矿需款，铁路需款，以及新政繁兴，逐渐增加，皆有日不暇给之势，上下筹思，几成坐困。印花税为弥补洋土药税而设，似在今时需用为亟，然值本省商民交困之时，各种厘卡税率、典卖田房税契，又复迭次新增，兼营并取，恐民力不堪负担。查直隶省财力素较晋优，犹请缓办印花，晋在昔仅一中省，近更负累重重，安能方驾各省，增进财赋。拟请按照本省商民困苦实在情形，暂行缓办，一俟民力稍纾，各省办理渐有次第，再行试办。此非敢独为其异，亦处于时势之艰难，不得不缕细上陈。请一面咨商度支部，一面奏明晋省困苦情形，暂为缓办，以苏民困而培元气。

呈请酌留田房税契费议决案

田房税契各省有已经增加三分、四分不等，均充地方经费，此次加税即并此数合算。我省亦有已经增加，如浑源州等处税契，前已加至六分，作为学堂经费。至各处田房及他产业买卖，类多抽收捐项，或三分、四分不等，以充学堂并地方行政费用。是虽非直接加税，亦系间接抽收。此次若径加九分，并前所加之直接、间接税三四分，合计已达十二三分之多。晋省财政困难，民力凋敝已达极点，何堪负此重担？此次加征九分，倘尽行提去，则地方一切行政事件款项，又从何筹措？拟请仿照各省办法，统征九分，并前由各地方业已加有直接、间接税捐者一并算入，仍请将该项截留三分，向系某项支用仍归某项，充作地方行政永久经费，庶款项不至无著，而民情困苦藉可稍纾。

呈请典契划清起算点议决案

查晋省光绪三十二年契税章程内载，民间典当田房亦当填用官纸，但非书绝，自应免交税银。如典业已满十年，应照旧章报官投税。是典契一项既无即时报税之明文，故民间于典契不税已成习惯，纵有限满纳税之例，而各地方官皆深知人民积习势难骤改，恐滋扰民，是以未行督催，故一般人民迄今尚不知有典契报税之说。今岁部章颁布，准八月十五日起，著全省田房典契，按照新章办理在案。若复援照旧例，仍请免税，恐于新章不符，自难邀准。各属典契无税，全省多年已成一律，不约而同，官民夙所相安。如欲统今岁八月十五以前未税典契概行补税，不但于我国法令向以文到之日为始之例不合，且与各国法律效力不溯及既往之说相反，加以胥役藉端搜索，官吏从中侵渔，所得于国家未必为多，而闾阎追呼，小民逼迫流离，谅所不免，甚非朝廷轸念民艰之至意。兹应据实声明，议请通饬各属，凡田房典契，自八月十五日以后为起算点，八月十五日以前之田房典契一律免行纳税，庶于奉行新章之内，仍寓体恤黎庶之心，于理财、抚民两不相妨，实为全晋前途莫大之幸福。

核覆：应即如议，通饬办理。惟倒填日月，希图免税之弊，亦不可不防。应令各属出示晓谕，将从前典契，限一月内报明地方官衙门，盖用印信。满十年者，准照旧章完税三分；未满十年者，概免收税。查本省民间习惯，典质田房可分二种：一种系指田房作抵，按月交息，田房仍归原主承管，虽名典契，实与抵质无异，必令纳税，扰累实深，诸多不便。一种系田房交典主承业，田房无租，银钱无息，且典者重在利子，与买者用意不同。而原主于借贷之中，仍存保守产业之意，即五年或十年限满时，该田房主往往通融展限，以为赎回地步。如不能赎，即找足相当价值，书写卖约，以免轇轕，但非报绝，该典主断不敢遽行税契。盖以原主出卖，卖与典主，则典税固可许抵买税；若卖于他人，则典税成虚掷矣。是典契未改买契之时，必令典主报税，亦属空言，实难办到。议请自文到之日起，不论满十年、不满十年之典契，予限一律赴衙盖印，概免征税。八月十五以后典当田房，填用官纸，遵照新章纳税。一面设法稽查，如有查出倒填日月者，加倍惩罚，以杜取巧。

取缔游民规则决议案

晋省民情良懦，向不知抢劫为何事，虽丁丑大祲，宁饿死而不敢为匪，其民俗之纯，实为他省所不及。近年以来，抢劫之案层见迭出，一经破获，类皆外来游民所为，甚且纠结会匪，聚众横行。若不严定取缔规则，诚恐外匪便于潜踪，乡愚狃于小利，始则渐事窝藏，久则随同为盗，贻害何堪设想。兹议定办法四条，呈请通饬各厅州县切实取缔。谨将办法列左：

（甲）另立客籍，以便稽查。省南一带大祲以后，土地闲旷，外省游民多以耕种为务，娶妻生子，几与土著无异，但散居各村，漫无统纪，稽查殊难。拟另立客籍，择其中寄居最久、品行端谨、略通文理者，由本地人举为社长，□□□□□□□辖，凡有关客籍之事，均归办理，庶责有专归，不至散而无纪。

（乙）责令房主，出具切实保结。外来游民必有投止之处，该房主与投止之人自有密切关系，宜令声明本村社长，验明果系良善之徒，并由该房主出具切实保结，方准留住。若来历不明，无人承保，即行驱逐出境，不准逗留。若不服盘诘，立由社长送官究治，并通知自治事务所。倘违章留住，一经查出，以窝藏匪类是论。

（丙）严查小店，以免稽留。凡正式旅栈犹知畏法，每遇形迹可疑之人，必加盘查。至于起火小店，所寓皆下流社会之人，尤易潜藏匪类。除正式旅栈设立循环店簿，以便稽查外，所有起火小店，尤宜派令巡警严密稽查，并责成该店主，遇有携带洋枪、形迹可疑之人，细加诘问，如有隐匿，查出一并严治。

（丁）严查盗薮，以清本源。查太原省城之各工厂、太原府属之菜园、河东之盐池、乡宁之炭窑、平陆之石膏窑等处，工人既多，暮去朝来，最难稽查。拟于十人之中，另设工头一名，凡伊所雇工人，统归管理。该工头于雇主出具切实保结，倘有匪类潜身其中，查出甘与连坐，则若辈闻风知惧，望而远逃矣。

呈请分别国家地方经费早行交局以备明年预算事宜决议案

案查九年筹备宪政，宣统二年试办各省预算；又宪政编查馆电各省谘议局，预算限于地方各费，国家行政费不在其内。本年闭会在即，似应早为预备，庶各议员不至临时茫然。应请于何者为国家税，何者为地方税，及何者为国家行政费，何者为地方行政费，开示标准，以便早日研究。

呈请实行陆军小学堂招收学生定章议决案

陆军小学原为广储武备人才起见，案陆军小学堂奏定章程第十二条内载，官、幕、商人流寓子弟负陆军志愿者，准每年认缴膳费及学费银四十八两，附入现住省分学堂，惟武官子弟减半缴费；第十三条内载，本籍良家子弟限于额满不能入学者，照外籍缴费附学，每年三十六两，武官子弟亦减半。夫既云附学，即非正额可知，定章具在，自应遵守。乃省内自设立陆军小学堂以来，外籍冒充正额者，查核学堂第二班内约居十分之二，第三班内约居十分之一有奇，并有外籍附学，援照本籍缴费者，亦二十名上下。似此办法，无论显违定章，招收不合，且既系外籍，对于本省义务，其负担自有区别，将来于征兵前途大生障碍。设长此因循，本省明通武备之人才必日减少，甚非国家分省设立之本意。拟请转饬陆军小学堂，遵照定章，速将本省名籍补足正额，所有外籍学生亦皆按照定章补行缴费。此外，如冒籍、冒名等弊，亦请饬照定章第十六条考验学生，除甘结、保结外，由地方官会同高等小学堂堂长，按所发格式，分别加具印结，案格考收，从严稽核，勿容冒滥，则本源既正，学堂之积弊可清，相观而善，主客之进步益速，实于晋省武备大有裨益。

剔除采买驿站草干积弊决议案

查驿站采买草干，国家本备有正款，按照时价采买，不准丝毫扰累小民。乃积久弊生，不肖吏役藐成宪为具文，名曰采买，实则勒派，州县官不加觉察，复为之给予票据，令其依为护符，侵渔不已。一斤之数，必浮收至三四斤，一文之值，必倍折至三四文，藉端需索，苦累不堪。至于应给之价，亦丝毫不给，胥归中饱，实为蠹民之一大弊端。现在新政叠兴，需款孔急，民力几何，安能负此苛累？当预备立宪时代，亦断不容有此科敛扰民之事。兹议定嗣后采买草干，俱以私人资格购自民间，有银则草干可以立致，何所取于摊交。请通饬各地方官，即用留支马干正款，按照市价公平收买，不得出票按粮按村勒派，庶积弊清而民困苏。

呈请划分省界住民权利义务之关系决议案

办理地方自治，必以釐正地界为第一要务。地界不正，凡查户籍、查学龄、劝学、禁烟、摊捐、积谷、劝股以及清釐公款公产等事，诸多窒碍难行，甚至有权利则竞争于界内，有责任则置身于界外，邻国为壑，互相推诿。向之逋赋、抗差、逃案等事，行政官厅且无如之何，方今办理自治，首分区域，必更多棘手。兹议定呈请划分，以重界务而便自治。试举例如下：

（一）有地隶此省而人民归彼省管辖者。如娘子关、固关皆在平定州境内，其人民向归直隶管辖。推其由来，大概设关之始，必住兵役防守，嗣后兵裁而尽化为民，外来之人以此地居住便利，遂相团聚成一村落，其惯习仍从旧例，此地在晋而人民归直隶之情形也。现在自治著手，一切居民权利、义务必相对待，乃两关人民享有在晋之权利，而不负在晋之义务，遂致逃徭避税，咸视此为渊薮，甚至肆意窝留，贻害地方，而地方官长亦拘于成例，莫敢穷诘。当此自治实行之时，岂容此等可东可西之游民依违其间？是不独晋省自治困难之患，亦直隶边务整饬之遗憾也。

（一）两省地界毗连而一省独受其害者。如大秦关为陕西朝邑县辖地，在黄河以东，与永济县连界。该关下马口地方，客民杂居，盗贼出没，朝邑因隔有黄河，管理不便；而永济县则无险可扼，平原浩漫，几同一土，因之受其盗害，较他处为甚，又限于省界，不能稽查，居民疾首，久已痛深。此亦办理自治者所亟宜注意者也。凡在省界如此类者，拟请通饬沿边州县，会同该地方绅董查明。如有以上各节，再与邻省交涉，务将娘子关、固关两处居民划归平定管辖，大秦关下马口地方稽查之权改归永济，如是则地方不改治，而事无不举，于官治既无妨碍，于住民权利义务，其关系更属相等，省界即可由此平和，诚睦邻之一要道也。

整顿原有中学堂及高等小学堂决议案

按中等教育为培养高等教育之枢纽，非如初等教育，意在普及人民也。故东西各国凡欲培植通材，必责之中等教育，以为基础。晋省初级师范与中等实业学堂尚属寥寥，而自部定戊申六月不准再设高等预科以后，如大学堂、优级师范学堂、农业学堂欲招生开班，必全资之各属中学堂毕业生。查各属中学堂办理完善者固自不乏，而亟宜整顿者亦所在多有。有限于经费不足而迁就办理者，有苦于经费太少而因陋就简者，有经费已足而办理不合部章者。或糜费太甚，于教室、教品不甚讲求；或责任非人，于功课、教员不合程度。似此情形，无论毕业难期，即勉强竣事，不免部驳。若不速行整顿，人材消长，关系实深，即于省城各种高等学堂招生前途亦有阻碍。至各属高等小学，即为将来升入中等基础，办理未臻完善，升学后殊多窒碍。拟请转饬提学使，通饬设立中学堂及高等小学之各地方，按定部章，实行整顿。其议决条目如左：

一、中学堂当遵部章设监督一员，住于堂内，以专责成，即由地方绅学界自行选定，呈请地方官转详提学使委任。其他管理各员及高等小学校长由地方绅学界选定，呈请地方官委任。

一、由提学使加派视学人员，分区担任，无论中等、高等小学，每学期至少必亲临一二次，其视学细则由提学使详为核定。

一、中学堂常年经费暂定足三千两以上者，速行分别整顿；不足三千两者，责成地方官实行筹借，以资整顿；其太少者，酌以本地情形速行筹款，或酌以比属情形合并办理。

一、中等、高等小学速由提学使按照部定课本，颁发应用教育品名单，有者添置，无者速行购买。

一、整顿之法，中学堂分已开之班、将开之班，分别办理。

（甲）已开之班，由视学员视某学期功课已足与否。每学期必照所填表内各班功课，实行抽试。其有前学期耽搁者，不得以毕时不能毕之功课自行赶授。

（乙）将开之班，必照部定新章，按文科、实科办理。自兹以往，不得以本学期应授之课移后，不得以本学期不应授之课移前，悉遵部定课程，按部颁教授细目，循序讲授。其教授细目未颁以前，悉按部定课本，不得代用他册，每学期必由视学员实行抽试。

一、高等小学教习，无论由何学堂毕业，必择汉文明通，能以国文教授法辅融于各种学科者。中国文字与语言悬殊既远，进步较缓，国文有滞，各科亦自窒碍，必深明教授法者方可有济。拟令教习除国文科应按教授法讲授外，其余各科必于读法、作文互相融洽讲授。

一、高等小学堂当按学生年龄，授以相当之体育。查东西各国中等毕业生皆有征兵资格，中国现虽未行，而尚武精神端在及时培养。今各属高等小学学生，其年龄半与中等年龄相当，宜饬各属高等小学堂，凡应有普通器械之各种运动，必实力教授，庶于体育不至偏废。

一、高等小学可酌学生年龄、家境，加入英语随意科。按部章，中学以上始习洋文，但各属学生学龄半与中等学龄相当，且晋省地瘠民贫，谋生孔急，将来注重农工商实业而不拟升学者当自不尠，应由堂长酌以学生年龄、家境，增英语随意科，唯遵守部章，不得减少经学、国文授课时刻。

更有请者，查各处办理学堂人员，类皆由绅士公举，良以情关桑梓，办理即能认真，而收效自易也。唯归化中学堂教习、管理人员均系客籍充任，教授、管理是否合法，绅士毫不与闻七年之久，縻款既多而毕业无期，学生日少。拟请嗣后凡聘请教习，其为客籍、绅士，自在不拘，而管理人员必须绅士，均由阖属学界公举，呈由地方官决定。似此官绅共荷责成，或可望有起色。

同蒲铁路筹款议决案

同蒲铁路原为保持路权起见，但工程甚巨，筹款殊难，故开办已及二载有余，而集股甚属寥寥。若再因循，不惟前功尽弃，贻笑外人，窃恐强邻攘臂而来，不免蹈正太铁路之覆辙。近年邮传部屡次催办，已有明文，不得不于困难之中，急筹一举办之策，以保此路权。兹经公同议决，分为举人、借款、集股三层办法如左：

（一）举人。修筑铁路，关系至为重要，必须有热心任事、精于铁路者悉心筹画，实力举办，始不至贻误路事。故举坐办、总理及协理为开办第一要务。兹已由局举定，以资办理。

（二）借款。集股兴工，断难咄嗟立致，故借款一法，抑亦补助集股之所不逮。但款项只须向中国票据银行分借，不得向外国银行又中外合资银行贷借。此事务须调查明晰，以免另起交涉。

（三）集股。开筑兴工，首在集股，而集股之法，必先设一总汇之所，提纲挈领，热心劝导，方可筹集股款，刻期兴工。已由局就各区举定劝股员，在省先组织劝股总会，以次组织各处劝股分会，先从巨富入手，次及于商户，再次及于普通社会，分三期筹集，先急后缓，举办庶易。

调和民教议决案

晋省自庚子之役，民教失和，创巨痛深，前车可鉴，凡在人民，固宜弃怨而修好矣。乃调查各处民教情形，畛域犹分，龃龉未合，而权利义务之不均，尤于自治前途大有妨碍。近年以来，民间担负日重，如学务、警察、仓储、差徭及地方公益各摊款，教民多不认缴，甚至亩捐、集股有抗不完纳者，调查户口有抗不遵照者。若不设法均平，地方何由自治。至民教词讼，教士往往听一面之词，多方干涉，因之不肖莠民遂有冒教堂之名，以讹索武断者。长此不变，隐忧堪虞。兹经议定调和民教办法，开列如左：

一、请照会该教总教士申明约章也。查通行传教谕单内载，与法国酌定，教士非地方官员，不得干预一切词讼事件；又载，差徭及一切公益等项，教民应一律应差摊派。又荷兰约第四款，中国习教人民犯中国律令，仍由地方官照例惩办。又山西调和民教善后章程第七条，教民词讼，教士不得干预；第八条，教民有罪，教堂不得隐匿；第九条，平民如有讼案未结，暂缓准其入教；第十一条，地方应用公费，教民应摊应免，宜遵照向章办理等语。拟请照会该总教，将约章逐条申明，令其承认照章实行。一面颁发告示，一面由该总教通知各教堂，嗣后民教词讼，由地方官持平办理，教士不得干预；教民有罪，教堂不得隐匿；平民讼案未结，不准乘间入教；凡地方一切摊派，除迎神演戏外，教民一律缴纳，有抗阻者，由地方官照例惩办，教士不得袒庇。

一、请通饬各地方官坚守约章也。地方官袒教抑民，半由于积威之所劫，半由于约章之不明。拟请通饬各地方官，责令于传教约章研求遵守，遇有民教案件，照章办理，教士有干预者，宜据约以拒之，拒之不听，宜禀明上宪，照会该总教办理。设地方官颟顸了事，不肯认真，一经查出或告发，轻则记过，重则撤参。

一、宜编辑《调和民教浅说》，散给各处，广为劝导也。前二条既经实行，民教已可相安，然荒僻之区，或有不能家喻而户晓者。拟编辑《调和民教浅说》，将约章逐条编入，并采辑调和方法，订为成本，散给各州县自治事务所，令宣讲员于宣讲时广为演说劝导，庶民间知所遵守，可稍戢其不平之气。此项浅说尚在编辑，一俟编成，另行呈览。

一、地方公益事项教民应一律享受也。各处学堂及地方公益，教民既不担义务，遂多置之不顾。此后既令教民均担义务，自应均享权利。拟请通饬各州县，以后各等学堂应准教民遵照章程，一律肄业；地方议会成立，凡教民中有选民资格者，应准一体与选；其他公益事项，概与享受，与平民毫无歧视。

公立女学堂筹款议决案

按晋省公立女学堂设立有年，颇著成效，固当极力维持，设法整顿，但现在需款甚急，前次所捐之款项，并提拨官款，已经全行用尽，非筹一的款，作为常年经费，不足以固根基。兹议将亩捐一年利息三万二千两提出，作为基本金，以所得之利息充该堂常年经费，再以年领官款以为补助，则经费虽未能充足，然既有常款，则办理不至拮据。且此种款项既系由全省人民摊捐，则提用于全省女学，仍不失公立之本旨。拟请俯准立案，并照会同蒲铁路公司及保晋公司查照办理。所有用人一节，已由局公举总理一人，董事九人，其协理则由董事公举，务使组织完善。如此则款项既已确定，办理不患无人，晋省女学庶可日见发达。

五、抚部院核覆本局呈送议决案

禁烟善后办法议决案

按所议对内各条，制药普济最为要著。省城早经设立戒烟会，分区亦次第筹办，应再饬官绅协力组织，无论官立、私立、公立，总期多多益善。至禁卖以本年十二月为限，禁吸以明年三月为限，如此办理，手段虽觉强硬，然为国民痛除烟害，只好从律设大法，不能顾理顺人情。惟此两端，揆厥事势，宜加区别。省垣文告一布，晌息周知，年底之期，不为促迫；省外各属，远近不等，公牍周转，动辄需时，禁（买）〔卖〕与省同限，必滋藉口，不如预为之地，宽限一月，可期令出必行。此省内省外禁卖之限宜区别也。禁吸之期缩短，在年壮者，服药除瘾，强制无难；若夫年衰之人，立志戒断，为时过迫，疾病必来，生命攸关，不可不慎。故禁烟定章分六十以内、六十以外。晋省禁吸单行法亦应仿照，年在六十以内如议办理，年在六十以外酌宽限期。此禁吸之年龄宜区别也。禁卖、禁吸之后，罚章固不可少，然违令者罚，奉行者亦当奖之，奖罚贵乎并行。拟订细则时，应将奖章增入。又查所议对外办法，如密查私贩运土入境一节，迭经严饬沿边各卡实力稽查，有犯必惩。据报查获充罚者甚伙，第日久亦难免生懈，自应再饬严查，以期始终如一。咨请邻省协助一节，业经具奏有案，应俟查案办理。再，原议对内第二条内载，地方官为人民之表率，宜身先作则，请严饬一律禁吸等语，甚属有见。应候责成各本管上司严查密报，仍随时派员密查，犯必重惩。此则上级官厅责无旁贷者也。

清理地方公款公产议决案

按自治必须经费，地方公款公产日久弊生，多已有名无实，以之筹办地方自治，系属化无用为有用。所拟清理办法及办事规则、调查表式，均尚核实，应即如议通行。其清理细则即由各地方事务所察酌情形，自行规定。

厘剔胥吏中饱议决案

按各属胥吏对于一切税捐，干没侵蚀，诚为不免。所议将关于胥吏之中饱廓清厘剔，自可照办。惟地方官厅办公各书差，每役工食年仅给与三两有奇，胥吏多无公食，势不能令其枵腹当差。故胥吏所取得，宜划别为二种：一曰征收手数料，如各项税捐内之底子钱、票钱、纸笔费及其他一切小费，以资办公，认为惯例，众所共知者是也。一曰中饱，如指干没侵蚀各情是也。值此筹备宪政公费未定，佐治官未设之际，事务浩繁，地方官亦无万能之手段，断难将原有胥吏概行屏去，即不得不筹所以养之之方。但计其所收入，亦不得过于优厚。查日本每一执达吏所得手数料，每年必有一百八十元，不足者由国家补助之，俾能足以自存，故政成而弊绝也。兹晋省清厘之法，应将征收手数料及中饱界限划清，统限六月内，由各地方官督同清理地方公款公产事务所，逐宗分别调查明确，造册呈报查核，以为酌定征收手数料及实行厘剔之根据。

禁用刑讯及非刑议决案

按禁用非刑各节，屡奉明诏，并接准部章，历经分别通饬在案。各地方官吏恪遵定制，慎刑恤民者固不乏人，而阳奉阴违者亦属不免。要之，民事刑事判然两途，从重从轻贵适其用。所议民事禁用刑讯，刑事禁用非刑，均属改良法律之要旨，亟应重申旧章，分别严饬遵办。非惟律所不载之刑禁其滥用，即命盗重案，亦宜细心研鞫，不得概事刑求。至关于民事诉讼，即一律严禁刑讯，但民事案内发见刑事诉讼，或当地方官执行职务时，有扰乱公庭秩序者，均量与惩处，一面仍分派密委随时侦查，免再奉行不力，有碍宪政。

改良看守所议决案

按看守所原为候质便利而设，应分绅商、平民、刑事、民事各室，并责成地方官选派妥实巡兵、看役经理其间，意美法良，所以革班馆之弊端，杜胥吏之需索。间有办法不合者，业经严予惩处在案。倘仍肆意妄为，则便民者适以扰民，于宪政进行甚有阻力。应由各该管上级官厅就近切实监查，俾将一切管理方法逐渐改良，剔除积弊，并饬地方官随时亲诣稽查，以收实效。所议另举正绅稽查报告，是否可行，或事务较紧之州县，官力难周，不得不借资绅士之处，即由各地方官自行查酌情形，量为办理。

妥筹地方自治经费议决案

按所议筹款各条，第一条以各村公款暨无益之费办各村之事，但无妨碍原办公益及学堂等用，自可照办。第二条清厘各项弊端，凡遇此类事件，应与地方官暨清理事务所公商酌办。第三条筹拨捐款，查酒税、煤厘、鹻捐等项，此时尚在国家税范围，为凑解赔款等经费。斗捐每斗捐钱六文，一半解司，一半留充地方巡警等公用，续加二文专归巡饷，三十二年新增斗捐盈余一款，亦系全数解司，备解练兵经费之用，均难筹拨。惟各属抽收斗捐，多有不实不尽，再加整顿，能增若干，自可尽数留充自治经费之用。第四条分收路矿亩捐年利，俟与路矿公司商明办理。第五条厘剔中饱，既归另案，应另行核定。

广储社仓以备荒歉议决案

按积谷备荒，惠民要政。值此屡年中稔，自宜图匮于丰，社仓之设，实不容缓。所议建造、经理、收纳、存放、报告、稽查各条，办法尚妥。惟户口有多寡之不同，土田有腴瘠之各别，建筑等事必当量力而行，似宜各就区域，由地方官会同绅董察看本境情形，查照节次积谷，通饬与此次议案参互考证，妥订章程，切实举办，以冀成绩日臻，有备无患。

改良官妓办法议决案

按所议第一条指定区域，与外洋娼妓取缔规则相合。惟晋省原定地位头等公娼在察院后，二三等在小巷，本有制限，且处繁盛之中心点，尤能发达。公娼之营业发达，则密卖淫者自少。然舆论以为非宜，酌令迁移大南关外，系因地制宜之计，未为不可。第二条建筑房屋，必有房屋，方能令其迁居，第库帑奇绌，公款自无可筹，只有招商修盖一法，应候行巡警道遵办。第三条取缔规则，候饬巡警道仿照东洋规则酌订。第四条健康诊断，查公娼应受身体之检查，惟必须卫生警察发明，有预备然后方能处分。其详【细】办法亦候行巡警道作速筹办，以期完备。至女戏实属有伤风化，应如议饬禁。

缓办印花税议决案

按印花税票，夏间奉部饬领，当经领回分拨各属，照章办理。第以事属创办，恐与别省歧异，复由司派员赴直、豫、鄂三省调查。其入手要领，直隶系责成地方官，鄂省先从繁区试办。至贴用日期，直隶原定九月初三，嗣复展缓，鄂省拟十月望后实行，究竟有无阻碍，尚未可知。所议俟各省办理渐有次第，再行试办，事属可行，应俟通行知照可也。

酌留田房税契费议决案

按通行整顿契税新章第十三条内开，各省抽收田房买税、典税，多系备拨要需，其附收款目，以及加收火耗经费等项，亦系行政及办公必需之款，均应在九分买税、六分典税内分别拨还等语。是地方向于契税一项，果有附加捐款，无论为数若干，本准拨还，但附加性质与经制不同，只可名曰捐，不得谓之税。晋省地瘠民贫，凡典买田房，不过为糊口栖身之计，未必出自有余。前奉加征部文，虽经通行，未据各属报齐，将来能否划一，尚不可必。至于地方附加捐，某处若干，作某项指用，以及孰有孰无，先事未经调查，亦难得其实在。拟俟各属将加征情形报齐，如果一律照办，彼时再将各属附加之数逐一派查明确，能否如议统留三分，须咨商大部核覆，至日再定。总之，地方新政繁兴，待款孔亟，但有补助方法，无不乐于图成也。

典契划清起算点议决案

按新（政）〔章〕，民间田房典契，按照六分征税，系抵补洋土药税厘，原出于万不得已。晋省典契征税，系以八月十五为实行之期。今议将八月十五以前典当已成之契，免其补税，其在新章以后成契者，一律照章征收，系为体恤民人起见，应即如议通饬办理。惟倒填月日、希图免税之弊，要亦不可不防。应令各属出示晓谕，将从前典契，限一月内报明地方官衙门，盖用印信。满十年者，准照旧章完税三分，免其议罚，其余未满十年者，概免收税，并不得藉端需索。倘逾期不报，一经查出，纵契写月日在新章以前，亦应照章缴税，以杜取巧而示限制。

取缔游民规则议决案

按严缉本以戢暴，除莠乃能安良。所议各规则系关于戢暴安良之要务，为保安警察担负之责任，曾经饬令各属认真办理在案。应照所议，再饬令各地方官督同巡警管带，将外来及境内之无业游民实行取缔，仍由各地方自治会筹商多设巡警，注意于保安事宜，严切稽查，以维公共之治安，而增社会之幸福。

分别国家地方经费早行交局以备明年预算事宜议决案

按预算报告，在部章系于明年五月内咨达，划分国家税与地方税之性质，在部章系限于明年六月内达。所议开示国家、地方经费，系为研究预算地方经费起见，自应饬办。惟现正调查各属一切财政款项，报到者甚为寥寥，核办尚无从著手。应俟册报到齐后，即由清理财政局遵照部定清理财政章程第十条、第十四条办理，一面照开送局，以作研究之标准。

实行陆军小学堂招收学生定章议决案

按设立学堂，原为广储人才，据理而论，应以全国为团体，不必拘定于省界，但定章既分省建设，则于事实上应即量予区别。所议实行陆军小学堂定章，系为整理本省武备起见，惟该学堂现在外籍学生究有若干，概令遵章缴费，各学生之资力能否一律办到；补足本省额籍，于授过课程能否补习；抑或量予变通，不溯既往，令其以后收考学生，务遵定章办理之处，应候转饬陆军小学堂按照来议及所指各节详细调查，妥为筹计具复，以凭核办。

剔除采买驿站草干积弊议决案

按晋省驿站，当秦陇燕豫之冲，文报络绎，差务纷繁。丁戊以前，摊派较重，闾阎不免受累。自阎文介、曾忠襄、张文襄及迩年迭次清厘整顿之后，实已大为轻减，民困一苏。驿站草干例发正款，每马一匹日给银六分，马夫一名日给银三分，以实领之例价为喂养计授之需，不敷甚巨，不得不借资民力，以为挹注。是以民间惯习，有由清徭局支给草钱者，有由村民支应草束者，不能一概除剔。近年来，驿站正款又复提扣三成，则每马一匹，日支银不过四分二厘，马夫一名，日支银不过二分一厘，尤为竭蹶。今欲专用正款，以私人资格采买草干，必筹有足敷喂养之马干，足敷度用之工食，方不致上误公事，下累民间。应俟筹定地方官津贴公费时，一并详筹，再行定议办理。

划分省界住民权利义务之关系议决案

按治理地方，宜正疆界。娘子关、固关本为平定州辖境，侨民久住，娶妻生子，置有产业，与土著无异，自应归平定州管理，以资钤束。至大秦关本为陕境，而地在黄河以东朝邑，隔河鞭长莫及，瓯脱之地遂为逋逃渊薮，盗匪潜匿，为害滋深，既与永济毗连，因地制宜，自以划归永济为善。惟事关两省，候行平定州、永济县查看情形，拟议具覆，然后咨商直隶督部堂陕西抚部院核明定议，奏请办理。

整顿原有中学堂及高等小学堂议决案

按初级学堂在谋教育之普及，高等学堂在养成学校之通才。晋省中学堂及高等小学堂虽所在已行设立，而讲授课本、试验仪器、管理方法、学生年龄，尚多未合定章。所议整顿各节，条理秩然，于晋省学务前途甚有关系，应即转饬提学使核明，通行各属，悉遵定章，分别办理。

同蒲铁路筹款议决案

按同蒲铁路为晋省交通要政，自应通盘筹计，厚集巨款，提前兴筑，冀有成绩可观。所议举人、借款、集股办法三条，悉中肯綮，应即如议切实办理可也。

调和民教议决案

按文明国法律，凡不背道德、不违反公共之秩序者，原可以信教自由，并无龃龉之事实。中国民教不和，于法律上、教育上、国权上均有关系，其问题极为复杂。所议调和民教，尚系治标之法，平允可采，应候行知洋务局并通饬所属查照核办。

典契划清起算点之覆议

按行政有时变通成法，暂从习惯，所谓理顺人情。今所议田房抵质及田房作押二种，与实在典契不同，自应从社会习惯，无论年限已满未满，一概免其补税。若原契并非抵质作押，确系典业，应仍照前次答案办理，期于变通成法之中，仍寓慎重国税之意。

续订禁烟案禁卖禁吸赏罚细则

按所订禁卖、禁吸赏罚细则，均甚切实，已归入禁烟善后议决案内通饬施行。

附：谘议局上北京联合会提议案

对于学堂奖励意见书

（谘议局上北京联合会提议案其一）

提议人 刘文炳

奖励为中国一种不思议之特产物。科举时代以荣名表异于民，举国俊秀遂注意于此。表异之点，上以此求，下以此应，久之不自知其所以然。教育不兴而民愚，实业惰窳而民贫。贫愚交迫，始改弦更张焉，废科举，兴学校。然科举既废而精神尚在，则学堂之奖励是已，而今日学制上当认为不可存之一物，研究教育者皆知之，是为今日研究之一大问题。

甲曰：学堂林立，人皆可以博一官，膺一头衔。而农工商毕业后，亦博一官而膺一头衔焉，无论所学非用，冗滥复杂，将国体、吏治日见凋敝，骄惰、幸心更成民俗，当速去。

乙曰：过渡时代，欲使人俱知科学，而以科举最荣之物诱之，此亦不得不然之势。今地方尚多锢于旧者，当去而稍缓。

丙曰：外国专门毕业有博士、学士、得业士等名目，谓之学位，中国当采用之。至中小学堂，国民教育根柢攸关，不宜存科举旧习，使种不高尚之性根，宜速去。

三者之说，虽有经权缓急，要皆主持消极，而无他异议。夫欲主持消极于一物，其必有应积极之一物以代之，积极于彼，即消极于此也。亟应示人民以宗旨所在，务使尚公、尚实之旨，对于人民有特别表异之处，何以能重道德，何以使重实业。其关于国民义务教育者，必培成如何人民方为国民。不必有官职头衔而亦荣焉，人格是也；不必有利禄而亦富焉，实业是也。欲跻此境，先以下列诸端速行，此培本之法也。

一、举贡生员，凡有与旧日科举相同之一切考试，悉罢之。从前废科举而兴学，恐旧学向隅，分别量予出身，未为不可。然不应以多数旧学有基者，使癸卯之后少而长，长而老，帖括十年，又背城借一于壬子也。此十年中若早停罢，则年长者已成多数之政治教育家，年少者更不可限量。而乃以固有学力，珍重光阴，十年株守而争骛于虚，殊非立宪预备时代所应有之事。且举贡生员眩于考职、优拔之奖励，优则不入学堂，则学堂奖励诚不如考试之捷。如但曰学堂奖励可废，势将使少数举贡生员之在学堂者相率辞学，青灯帖括，而视线又群注于壬子矣。亟应速去科举时代一切考试，此后凡旧学有根柢者即注重法政、师范，而胥为立宪时代不可少之人。

一、凡京曹及州县佐杂，无论如何出身，不由法政毕业，不得到缺委差。现在京外库款支绌，行政为难而仕途拥挤，殊非立宪预备时代所有之事。亟应推广法政学堂，除有法政毕业文凭外，无论如何出身，悉数入堂，其到缺委差均以毕业成绩挨次序用。其已经补缺在任，未经法政毕业者仝此。俾人知无论如何出身，必为预备立宪时代实能胜任之官，庶于国家、地方均得实事之益，不枉用亦不滥用。而有幸心者，已知奖励之不足恃，自敛迹而求实，而俱为预备立宪时代不【可】少之官。

一、留学生廷试后，即以学力次第授予学位。中国虚名积习锢蔽已深，唯留学生知之最早，负笈海外，见人知我，刺戟已甚，则取消奖励当自留学生倡之。俾人知不必于得学位后俱为官，而农工商一切实业所用亦皆得其所，因学而名，非沿科举之旧也，因学位而重官，非因官而重学位也。分科大学毕业时亦与此同，庶循名责实，而俱为预备立宪时代应用之学。

一、学务行政机关自学部以下，劝学所以上，定为特别第一〈最〉责任机关。教育为宪政精神之所在，教育延缓则宪政消沮，较其它自治各项更关重要。凡关于教育行政、教育经费，自当先其所急。亟宜以学务行政机关认为立宪时代第一责任机关，务较他行政机关倍其责成，然后确定教育经费以行。强迫立学之宗旨既定，必预筹义务教育十年后当培养如何国民，更预算开议院后中国有如何发展，有如何恢复，至何年可以跻如何境界，至何时应有如何国民。凡关于教育制度、教科用书、教授等法，统筹全局，某省长于如何，可以舍短而就长，全国之固有如何，不必着着俱効人。大旨既定，抱一为式，立宪精神，全注于此，勇往直前，自然达的，然后皆为立宪时代应有之国民。

以上诸端，须有积极的预备，而学堂奖励即从此消极，奏明裁撤。旧习既去，新气振舒，此之谓立宪国。

《晋阳公报》，宣统二年七月十三日（1910 年 8 月 17 日）

全国禁烟意见书

（谘议局上北京联合会提议案其二）

提议人 刘文炳

度支部奏定禁烟情形各折，各省土药禁种办法在分年分省。此议一行，禁种、减种之各省，均无利益而有害。各省当均未禁种之先，东南多资洋药，西北全资土药，供求转输，俱属均势；而西北各省自种自食，又居强半，是为均势中之均势。自分年分省办理后，各省有依限禁绝根株者，有依限禁种而不实行者，有依限减种而不实行，或未减或更增多者。是于依限禁绝省分之禁吸前途毫无成效，禁种成迹不能牢固；其它各省既难有禁种成迹，则禁吸前途更勿论矣。现在分年分省已成事实，东南先禁之省较未禁与禁种不力之省，输入洋药必多；西北先禁之省，输入未禁种与禁种不力者之土药必多；东南先禁之省，又输入西北未禁种与禁种不力者之土药必多。各省既不能均势，则东南先禁之省，对于输入洋药，必先独漏其卮而日贫；西北先禁之省，对于外省土药不能杜其私输，必先内外交困而猝贫。中国事事虽皆分省办理，而经济一不均势，利害随之，此困难一也。农民心理，因烟土价涨，时存侥幸，如山西人民对于秦、豫疆界仅隔一衣带水，涎羡之甚，久生恶感，交文之变，俱胚于此。夫中国官吏之不实行办事，久成为积习，既有限期不能禁绝之省，其它应减种而不减与更增者，价昂所迫，势不能免。即如本年甘肃统税，竟有百余万两之多，无论本省禁吸难期将来，而影响全国不为不巨，此困难二也。未禁之省，势成专利，如甘肃一省，几于徧地皆烟。烟亩既多，五谷自少，万一偶值岁旱，必成奇荒，人民困楚，自不待言，将欲仰给邻封，而近年各省水旱频仍，势必俱形罹阨，况铁路未开，输运尤不便利，此困难三也。西北各省全资土药，但能一律禁种，则可禁吸，禁烟成効已十之八。东南各省因有洋药，禁种固易而禁吸为难，禁烟成効尚十之三。如果西北禁绝，则仰资于西北者既归乌有，于东南禁吸已助其力，而部奏反谓供求贵乎相需云云，又谓甘肃、四川诸省均系著名产土之区，各省所销土药多由该处采运云云，似为东南洋药尚恐不足用，西北土药又恐绝其源者。禁种之的在禁吸，并非与外人争利权也。而东南禁吸之难既在洋药，西北各省如禁种不力，则东南各省既资洋药又资土药，禁吸前途可想而知，此困难者四也。东南吸食人民，下流社会为多，上中流社会人为少。西北各省必以贫富为定律，下流社会贫者居多，一行禁种，土价大昂，势之所迫，自行戒除；上中社会贫者居少，戒除不力，私贩即不能免，私入自不能止。如能各省一律禁种，令俱归均势，所有旧土但供自吸，私土转输不禁自乏。东南各省虽暂资输入递减有数之洋药，而西北各省亦均有旧土。彼时筹禁吸之法，即设官膏专卖，未必不可。若长此因循，分年分省，一成不变，实行与否，自为风气，势必枝节横（省）〔生〕，互相牵掣，卧者未起，起者又蹶，秦肥越瘠，南辕北辙，五年期限未必能绝，十年期限贻人口实，各种困难未有至于此极者也。此困难者五也。有此诸端，亟应将前部奏收回成命，即自本年始，禁绝者严防，未绝者实行，减种者必于一年内统行禁绝。各省既归均势，则洋药、土药俱有定数，禁吸自迎刃而解矣。

《晋阳公报》，宣统二年七月十三日（1910年8月17日）

拟请停止统税实行禁烟意见书

（谘议局上北京联合会提议案其三）

提议人 刘文炳

窃思立宪国家，首除烟害。中国禁烟之令，不惟宪政上刻不容缓，即邦交上亦在所必先。乃明诏颁于朝廷，科条陈于奏牍，而实行禁绝者，不过一二省，则以征为禁之说误之也。夫统税收入，于库储不无补苴，特以征为禁，原欲自美其名，必致两受其害。恭读宣统元年二月二十四日谕旨：国家财用虽绌，岂藉此酖酒漏脯以救饥渴，而不为吾民除巨害耶等因。钦此。仰见圣朝锐意图强，力除沉痼，决不以征收土税为正当之财用。当此宪政进行之际，非毅然停止，将彼征此禁，条教自相矛盾，小民何所适从，反视禁烟为奉行故事，不免迟疑观望。且盐斤加价，部加二文为抵补洋烟之款，产销省分各【二】文为外省抵补土烟之款，刻普通加价之四文已一律征收。穷民食盐既加担负，膏捐大臣照常征收统税，何以服百姓之心。况契税加征，亦经筹款抵补，而近来之大清银行、官印刷局、造币厂种种成立，均为国家独占事业，此中利益为数孔多，又何难舍此区区。廓清烟祸，使海内外人士咸知国家不惜捐此【统】税，嗣后禁种、禁吸、禁卖各政策必将次第实行，自不敢轻于尝试矣。今春甘省奏请停收统税，豫、鲁两省亦奏请禁止邻土输入，均为膏捐大臣运动所阻。盖谓吸户日形减少，则贩土者无从销售，自必相戒裹足，将不禁而自绝。不知两利相形则取其重，两害相形则取其轻，与其待吸户减少再议停收，不若先裁统税，严行禁止土药，既不准种，又不准售，洋药减运之策，自可渐次施行。除现行禁卖、禁吸省分外，设烟膏专卖局，严为限制，仿日本鸦片专售之法，由各省城支配，于各地方广设局所，严为限制。如实系痼疾者、年过高者，方准领照购食，庶老病者不至濒于危险，亦自免于偷食，而所收专卖之利，并可经营立宪国种种事业，是一举两得之法也。责地方自治所详加稽查，禁烟之令，原拯民于酖毒，与其仅由地方官禁止，耳目犹恐难周，不若使地方人民自为调查，藉助官力之所不逮。况此等禁令使国家、地方共负责任，为立宪国所公认。现在城镇乡议事会、董事会将次成立，若明定章程，责成自治各员详加调查，将一乡之中某也曾否种植、某也曾否吸食、某也曾否贩卖，一一了然于胸中，或理劝，或密查，或举发，奉令以行，其程功亦较易于官厅矣。禁烟问题无难解决，宪政前途裨益匪浅。否则只【顾】目前之利，不顾后日之患，转瞬期限届满，我无禁绝之实际，彼即索损害之赔款。中国财力艰难，民生凋敝，已达极点，若再有赔偿巨款，大局何堪设想。且届时宪政计已成立，若仍听人民违禁吸烟，亦复成何政体，岂国家立宪之本意乎？故必以禁烟为宪政根本，而以停收统税为禁烟政策。政策既定，责成各省督抚实力查禁，倘有阳奉阴违，玩视功令者，由禁烟大臣或度支部指名奏参，立予罢斥。朝廷振作于上，小民兴起于下，庶对内有一定之宗旨，对外无邻邦之责言，而谓烟祸有不依限廓清者，吾不信也。

《晋阳公报》，宣统二年七月十三日（1910年8月17日）

严饬各省厅州县实行议案意见书

（谘议局上北京联合会提议案其四）

提议人 李苑林

谘议局为立法机关，立法不行，与无法同。去岁各省谘议局议决各案既经督抚公布施行，而各厅州县往往以一纸空文敷衍了事，或置之高阁，声臭俱无，甚且护惜权利，创立异议，利用一二劣绅倡言反对，朦禀上宪，其果能实行议案者恐十无二三。若长此不振，则议案既无效力，议局即同虚设，九年筹备立宪事宜亦将成为具文，遗误大局，何堪设想。拟请嗣后凡各省谘议局议案，既经呈请督抚公布施行，即认为可行事件，当依限奉行。如实在有滞碍难行之处，必须于限期内将实情禀明，经督抚批准、谘议局承认，方可从缓。如逾限未禀，亦未照办，谘议局得呈请督抚参撤，以为玩视宪政者戒。此举于议案效力、宪政进行极有关系，尚祈诸君子公决焉。

《晋阳公报》，宣统二年七月十九日（1910 年 8 月 23 日）

拟请变通谘议局章程意见书

（谘议局上北京联合会提议案其五）

提议人 王者聘

一、第十二条

原文：常驻议员于第二十一条第九至第十二各款所列事件，若不在开会期间，得由议长委任协议办理，惟须于次期开会时报告全体议员。

宪政编查馆覆陕西巡抚电云：常驻议员照章无议决议案之权，江苏谘议局之有审议会，系在开会期内。至闭会期内，照章惟第二十一条第九至十二各款，准由常驻议员协议办理。

又覆吉林巡抚电云：查本馆覆豫抚电开，常驻议员照章无议决督抚交局覆议事件之权。所有应行覆议事件，如谘议局业经闭会，应由督抚申明缘由，交常驻议员存案，俟下届开会再行交议；如系紧要重大事件，应开临时会办理。

意见：常驻议员应协议事件，在闭会期间得由议长委任协议，下届开会时报告全体议员。照此办理，常驻议员断无专擅之虞。遇紧要重大事件，自应开临时会办理。若事起仓猝，迫不及待，常驻议员欲提议案，无议决议案之权；督抚欲交局议覆，或因闭会时常驻议员无议决督抚交局覆议之权，遂不交局议覆，不得已而独裁独断，将采取舆论之谓何？即或交局议覆，常驻议员止能将交议事件存案，俟下届开会乃能交议，恐缓不济急，有误事机，将坐视民病，不能建一议以补助官治，于职务似有未尽。且会期以内议决等案，陆续呈请督抚施行，或有督抚不以为然者，欲交局覆议，旋即闭会，将俟下届开会再交局覆议乎，抑不以为然，而遂不施行乎？或交局覆议，常驻议员照章不能议覆；若俟下届议覆，则延缓适足贻误；若联名呈请开临时会，而事体上又不宜呈请，诸多窒碍，似宜变通。查六十二条案语云：本章程甫经草创，难保无未尽事宜，各省谘议局既有所见，自可随时提议。拟督抚遇闭会时，有不得不即时交局覆议及交局议覆事件，酌量宜开临时会者，即行召集；宜交常驻议员协议者，即行交议常驻议员。于闭会时有公认宜开临时会议决事件，即行联名呈请开临时会决议；如有不宜开临时会，而又不能延至下届开会始行提案、始行议覆事件，似宜即由议长委任常驻议员协议办理，俟下届开会时再行报告全体议员，则常驻议员无专擅之弊，而实事上庶少窒碍。

二、第十五条

原文：凡议员任期，以三年为限，议长、副议长之任期亦同。但常驻议员之任期，以一年为限。

案语云：本条系定议长、议员之任期。议员三年一改选者，因岁序屡易，各省情形亦有变迁，前举之人适宜与否，不可不再卜诸舆论也。议长亦由议员中选出，其被选也同，故其改选也〈亦〉同。常驻议员以一年为限者，一以均劳逸，一以杜少数专擅之弊。

三、第十八条

原文：凡议员任满后，均分别改选，再被选者得行连任，但连任以一次为限。

案语云：改选议员，本以新旧相乘除。然再被选而亦许连任者，资熟手而顺舆情也。但连任或至数次，为时太久，恐有挟持资望、蔑视同列之弊，且后起者亦将为所抑压而不得进，甚属非计，故连任止以一次为限。

第十四条案语云：本章程内凡以议员与议长、副议长、常驻议员对举者，专指寻常议员而言，其泛称议员者即兼赅议长等在内。

意见：第十八条所规定泛称议员，自包括常驻议员而言。是常驻议员一年任满，改选再被选者，得连任一次可知。惟常驻议员于闭会后，有特别应尽之职务，责任綦重。既有任期一年之规定以均劳逸，又许其连任一次以资熟手，设使任满改选再被选者，已过全体常驻议员之半，三年合计，常驻者不及全体议员之半数，则劳逸万不能均。设使改选时议员先持均劳逸之成见，前任常驻议员再被选者竟无一人，将何以资熟手乎？细心研究，“再被选”三字并无确切规定，不无窒碍之处，似宜变通：或酌留三分之一连任一次，以资熟手，余三分之二照章改选；或改选时确切规定由前任常驻议员中选出三分之一连任，仍以一次为限。是熟手乃可相资，而于原章案语卜诸舆论之意亦相符合。三年合计，连任者仅居全体常驻八分之二，改选者实居八分之六，虽不必人人担任常驻职务，已可普及于大多数，则劳逸亦未尝不均。拟请将常驻议员改选法略为变通，确切规定，庶不至逐年窒碍。

《晋阳公报》，宣统二年七月二十三日（1910年8月27日）

拟请变通谘议局章程意见书

（谘议局上北京联合会提议案）

提议人 乔禊亭　申梦鹰

一、第三条第四项

原文：曾任实缺职官文七品、武五品以上，未被参革者。

意见：查此条第三项，有生员之出身者，即予以选举权，而独对于未由生员出身之官吏限制如此其严。窃意文八品、武六品以下各职官，非由保举出身，即系监生捐纳，但既可得实任，亦不被参革，其资格反不如一生员乎？况科举时代之监生，例与生员同应乡试，果文理优长，自与生员无别。且近今之五贡就职，率皆八品等官，生员考职，仅得巡检、典史，此后国家又永停止捐纳，即八九品之末职，虽未得实缺，亦乡里之不多觏者，况实缺乎？此项似宜酌改从宽。

二、第八条

原文：现充小学堂教员者，停止其被选举权。

意见：此条原案语有职司国民教育，责任綦重，不便使旷厥职等语。细译其情，当系专指初等小学而言，以高等小学毕业即蒙国家奖励，自与中学同一事例，即同为人才教育也。所谓国民教育者，即谓人人须受之教育也，我国高等小学既定有奖励，是不能使人人尽入高等小学之实据，因人人尽入高等小学，将人人尽为禀、增、附生，国家名器何能如此滥施。是高等小学之毕业生既可有选举权，而高等小学之教员，自可与中学教员同一有被选举权。

再查电文第二类，宣统元年四月二十四日覆闽浙总督电文内有云：被选后辞教员职者，自不合例。至选举前辞退者，应以初选举投票日业经辞者方为合格。

意见：案其人为教员而被选，必其人品学早孚众望，或膺教员，或膺议员，似当令其人自择。其人若为议员，教员自有人充膺，亦不误学务重任。谓被选后辞教员职者自不合例，未免限制太过。且谓应以初选投票日业经辞退者方为合格，必其人有先见之明，知此番必能被选，方肯预先辞退也。揆之情理，似未平允，请再酌改。

三、第十五条

原文：凡议员之任期，以三年为限，议长、副议长之任期亦同，但常驻议员之任期以一年为限。

意见：案议员每届三年任满时，其交卸局务，当必有进行不遂之要件，与夫困难不能释手之情形，宜于常驻议员中定以每年指留三分之一以资熟手。似每次只有数人连任一年，当不至有专擅之弊。否则姑无论每年新旧之不谙，生手之困难，重在每届三年任期满时，将先期以招集下届之议员乎，抑后期始行交卸乎？且每遇新选议员之年，其本年会议之议案必系旧议员为之预备，此中新旧不谙，较每年之改举常驻为尤甚，诚有非资熟手不克继续者。此条亦宜酌量变通。

四、第二十五条

原文：第二十一条所开第一至第七各款议案，应由督抚先期起草，于开会时提议，但除第二、三款外，谘议局亦得自行草具议案。

意见：查第二十一条之二、三各款，即本省预算决算【岁】出入事件。此二款既禁议员草具议案，即应不使议员与闻预算决算。况预算决算尚有国家与地方之别，国家之行政费已委之行政长官，而地方之行政费或出之公款、公产，或出之特捐、附捐。自治团体既任其担负，又任其组织，揆之义务权利，即当规定其出入之预决算也。此条似宜修改。

《晋阳公报》，宣统二年七月二十六日（1910 年 8 月 30 日）

第三编　山西谘议局第二届常年会决议质问案

一、核覆案

抚部院交议案

普兴蚕桑案

按所议创设蚕桑讲习所，拟将本年裁减教育总会经费余款拨付总农会，作为该所经费，以便开办，尚属款不多筹，而于事有济。现查本年此项教育总会经费银二千两，已经照数拨交农务总会，修葺讲堂，刻期开办。至推广办法，亦经另案核复矣。

助筹设立贫民教养局普济院经费案

按省垣演剧之费既系临时凑集，并非常款，自应毋庸饬提。惟查饭厂经费，按照分预算核计，省垣南北两饭厂实支银四千九百七十余两，省外厅州县十七处共支银二千四百三十余两,总预算所列七千四百余两系统计省内外之总数。现在省垣拟办教养局,前项所支自应各归各用,未便并而为一。所有前议省城不敷之二千余金,仍须公同助筹,赞成善举。兹并将省外各属饭厂支款数目另开清单,送备查考。

附省外各属饭厂支款数目单:

汾西银二百零七两　　稷山银一百六十两

临县银六十四两　　宁武银二十九两零八分

隰州银八十五两六钱二分三厘　　太谷银一百四十八两八钱一分

左云银一百零八两　　沁州银六十一两六钱四分一厘

大同银三百九十五两六钱八分　　怀仁银一百七十两零六钱五分

武乡银九两零九分八厘　　平定银四十两

沁水银二十一两　　归化银六百八十三两二钱二分二厘

朔州银九十九两五钱九分　　沁源银一百一十六两五钱四分九厘

代州银三十五两三钱二分六厘

筹备省城巡警经费案

按各国巡警经费，有中央、地方之殊，支配于地方者多由地方担任。本年奉颁预算表式，各省巡警经费亦划入地方行政范围之内。晋省初办警政，地方筹款维艰，是以暂由司库拨给。其警务公所款目，亦分两项，一库款，一地方款。司库领款前册内分薪水、饷项、军装、杂支四项，均系额支额领，共计库平银八万五（十）〔千〕三百九十八两。此款原案详准从斗捐项下提拨，计司库斗捐每年除续筹加增应措给大案、赔款等项外，约收入银五万余两，比较实支巡警经费，每年不敷银三万余两。此上届交议案谓巡警款项除斗捐外，皆列入借垫款下，及本年复行交议，所由来也。所有地方收入之车捐、妓捐、灯捐、戏捐等款，每年约一万余两，曾由巡警道详准有案，拨充工巡局暨济良所并岁修马路特别工作等项费用。前送表册附志载明车捐、妓捐、灯捐、戏捐等项，以宣统元年为比例，共收入库平银一万四千四百五十一两四钱六分。除工巡局、济良所常年经费共支库平银一万一千九百二十九两九钱二分外，下应余银二千五百余两，即以此款为翻修马路暨建筑市场之需。计本年翻修马路截至九月底共用银一千六百余两，建筑市场共用银一千九百余两，以所余之数抵充，尚不敷银一千余两。又以车捐、妓捐日形减收，上年系置闰之年，以今岁比较，少收一月，数近千金，故表内载有本年约亏银二千余两之谱。来议以为并无不足，实有赢余，用特再行申明，以重公款。至巡警款项，既谓国家税与地方税现在尚未划清，应准暂缓决议。

劝导良民应征并劝办征兵暂行章程案

按国民有当兵义务，为全球之通例，而有义务必有权利，亦宪法之常经。晋省应征风气未开，不能不借助绅耆之劝导。所议于征兵简章内增入数条，第一条派望重绅士分赴各区声明宗旨，以期取信于先；第四条声明整顿营规，不使沾染营兵习气，致良民反化为不良，以期防患于后；第二、三两条揭明应征者应有之权利。凡以为劝导之资料，具见筹议周详，办法尤为妥善，应即增入征兵简章，以便遵守。至第五条弁目附设小铺，盘剥兵丁等情，如有此种弊端，本应严为查办，惟不便列入章程。应候专札督练公所会同协司令部认真查禁，以肃军政。

宣统三年财政预算案

按各国行政经费有国家与地方之区别，其量出为入者有国家税与地方税之不同，故行之数百年或数十年，而条理遂日以缜密。我国政治虽大率相类，但无明定之规则，其属于国家行政者，固由官厅分配支给，而属于地方行政者，亦每因款项不足，于官款项下挹注维持。此中界限几于无所区划，且清理伊始，头绪纠纷，试办预算，期限严迫，既无以往之成式以凭改良，又无适当之标准以便调制，是财政款目、预算表册，仅此短时间，势难悉底于完善。来议于所拟加抽商税、毯税、出境粮捐、行政司法手数料及募借公债等项，既以加重商民负担，殊有窒碍，其势自难强办。又以自治经费拟于中饱内筹挹注等情，查各州县缮造表册，不实不尽，诚所难免，于中饱及吏收入内酌提地方自治经费，化私为公，尚属可行，各属亦已有如此办理者。惟查前据各州县业经呈报及列入预算表册者，系为匀定公费之根据，应将官厅尚未调查之行户及其他尚未报出之私收入并吏收入等项，由贵局函知各地方自治事务所，详细确查呈报，并由清理财政局严饬各该地方官尽数报出，限期送由布政司、清理财政局会同贵局核议，酌量提留，以期于自治得以进行，于官治亦无妨碍。至各属预算分册，须先由清理财政局核实，增减签明，以为调制总册之底本。若早日加送一分，虽便审查，将来核对总册，其中必不吻合，显有困难，仍应由清理财政局核明早交为妥洽。兹并将核覆审查预算意见条列于后：

一、细核各册，总分不符者约以十计，有一款差至五千三百余两者，有一册不符至五条以上者，并无改正之迹，未识总核者以何为据。

查各册总分不符之处尚不止此，盖总核时系按各表内细数计算，而总分之是否相符，在所不计。其表内正项各款，既无不有案可稽，各分表错误亦少。其零杂各款，表册不符者，考之以例言；例言不详者，证之以说明；说明所无者，稽之以摘要，比例参观，真数自见。再，此项表册系归各府厅州县印送，不能用清理财政局关防，当时部限紧迫，驳令复造则势所不能，由局更正则涂抹不便，只得于咨达时另加签注，以明总核者手续之所在，是以各册内并无改正之迹。

一、各册出入不相关照，往往有入无出，有出无入，其出入决不能总核。出入既不能总核，则款项之虚实且无从定，遑论数目之确否，似乎此册之性质可以随意填注，信手增减。

查出入不相关照，不但各府厅州县为然，即以司库而言，甲用乙款、丙补丁乏者所在多有，盖当筹款艰难之际，收支尚未改良之前，其界限有难尽划清者也。况经常正大之出入，莫不各有定案，其可以随意填注、信手增减者，不过归缺赔垫、因公用款而已。而此项支出总核时业已大加删裁，将来匀定公费后即为官厅私用，全数取销，增减更可不论。

一、各册皆有弥缝官收入之心理，而手法不一，故散见于出入各款中，杂糅难分，剔除难净，本局似可认此册为不实。

一、册外之官收入、吏收入为数甚巨，泛常调查尚难尽得实数，讵得谓和盘托出，本局似可认此册为不尽。

查官收入各款，曾由清理财政局一再调查，函札交驰，切实告戒。复于总核之际，各就实数，按目详登在各分册。所列不实、不尽固所难免，但当此试办之际，款烦限迫，毫无遗漏，其势亦所难能也。至于吏收入，为款糅杂隐昧，有固定、流动之殊，虽本管之官厅，亦有知其一不知其二者，出款之民人，亦有知其散不知其总者，无论如何调查，断难丝毫无隐。清理财政局核办预算时，拟筹收手数料，正欲除暗饱为正供，与贵局拟提吏收入为公用，同一意旨。但扫除旧弊，规定新名，著实遵行则简而易；仍其旧弊，攫其所得，相疑相欺则繁而难。兹阅预算排比表内既虑吏收入为不尽,而于交议案内又驳手数料而不认其办理,亦有难易之判矣。

筹措普设乡巡用费案

按设立乡巡,计户分等,自较按区为著实。其筹款方法,除旧有巡田、支更等项支用外,或按户,或按亩,仍分三等摊捐,亦合于财政之公理。惟本年交局公议此案,原拟以各属巡田、支更之款尽数提充,实因该两项多从土地附加,且各州县有此款者亦居多数,故筹助乡巡,约以此款之多寡以为规定。惟兹事体大,必调查确实,征收得法,始可有济于事,无扰于民。是原案以调查、征收二手续为核议要件,所议仅及于给饷数目、支配警额,而于如何调查,如何征收之方法,尚略焉未详。缘旧日巡田、支更等费出自乡民,为数不齐,且无派定应纳明文,一经抽提,势必多方隐讳,难得确数。至敷用与否,尤难悬揣。是以原拟先由各属自治事务所派地方绅董调取各村社簿,详细核算,然后按数征收,以免有参差不齐、上下其手等弊端。惟究竟有无窒碍,此外尚有无调查、征收善法,应再覆议,以便核准,转饬实行。

本局提议案

催各属遵章速设农务分会案

按冀州则壤田惟中中，土地之利，本占优胜地位。值此农战之时代，新机日辟，非设法改良，即无以增多土地之收益。迩来晋省对于农业，虽由各机关极力提倡，如太原府之农务分会，交文、大同、崞县等处之农林试验场，所在多有设立，其业究未发达。兹议饬催各属速设农务分会，自是急要之图，应即如议，通饬各属遵章办理，以期重农学派日起有功，庶沃壤益加培植，瘠土亦化肥甘矣。

推广蚕桑案

按植桑饲蚕，收益甚巨，其美利早著于东南各省及晋省潞、泽、解、绛一带，近则平定州办理亦有成效。所议专责成绩、奖励二条办法均尚可行，附列简要树桑法及养蚕经验法，亦极明晰。应由各地方官按照所议，察看地方情形，会同绅士设法筹办，以濬利源。

征收田房契税不得额外加征案

按田房契税向属国家租税之收入，自经部议加收，以为抵补洋土药税厘之策，一般人民担负已重。所有火耗经费等项，在部章既已明定于九分买税、六分典税内分别拨还，自不能再事加收。若平、色虽因地不同，应以库平、库色为准，概不得格外巧取。至晋省官契纸，每张定为纸价制钱二百文，久经通饬遵行，并报部有案，乃尚有加倍多取，或因契价递增者，以及需索挂号、謄字等费者，均属不合。应照所议，重申禁令，俾各厅州县遵章办理可也。

晋省财力艰窘宜由各局所学堂提倡撙节案

案晋省财力奇绌，补救綦难。本部院于昨冬履新后，即实行节流政策，多方裁减。计抚署及各司道署共节省银一万九千余两，除巡警道加支银五千一百余两外，实节省一万四千余两。并于昨冬今春先后由各局所、学堂共裁减经费银六万三千余两，除拨充拓展教育经费及置备军需等项外，实节省银三万六千余两，以恤物力。所议提倡撙节四条，尚属为财政困难、力崇节俭起见，应再通行各局所，有无可以裁节之经费，再行核实裁减。至教职各员薪金，查学校阶级不同，教习价值不一。中等以下学科，浅易师范，人才辈出，胜任有余，酌予薪金，示以限制，藉资推广。若中等以上程度较高，专科教授之员，非优加修脯，恐不免延聘为难，在各国对于此等教员，亦无薪金之限制。其间丰俭之宜，应由提学司分别酌办。其他如董事及庶务、劝学等员，或由选举，或由充派，率多本地士绅，热心公益，本与他项团体办事人员不同，值兹财政困难之时，亦宜量从核减。第二条各局所、学堂雇用夫役，应以足敷使令为率，若果人浮于事，亟宜认真裁减。第三条各学堂自修室、寝室宜令学生自行洒扫，俾习勤劳，以免骄惰。卜民尝以此教门人矣，以今方古，谁曰不宜。操衣、课本此后应令学生自备，或缴费由学堂代办，此系遵章办理，该学生向学有心，当不吝此小费，各学堂自应查照办理，不得（岐）〔歧〕异。以上所议各条，应即转饬提学使及各局所，察酌情形，议覆核办。

剔除诉讼积弊案

按官民之交接，以民刑诉讼为最密之机关，防范偶疏，易滋弊窦。是以节经颁发词讼日记，并民刑诉讼等表册，饬令各属照填，按月送核在案。所议救济办法诸条，于司法行政大有关系，具见用意周密。查各国诉讼手数料，等于我国之书差费，但我国旧例，向由诉讼当事者酌量付予，无额定规则，未免随意恣索。现在各级审判厅已经成立，各项讼费业经分别案件大小、拘传道里远近限有定额。未经设立审判厅地方，亦应一律整顿。应如议暂就各地方情形，区分等次，明定标准，庶胥役有一定公费，而人民不受无厌之诛求。至诉讼期间，我国行政规条，凡咨题报部以及府州县审讯断结者，皆限有定期，明定参处，以防留滞，则传集审讯之期，亦不定而自定。其所以延搁掩宕，固有由于地方官怠忽不力，而案情复杂，勘查不易，人民道德不当，蛮辩狡展，一应佐证、鉴定人等，往往传唤不到，以致案悬不结者，亦为实在之原因。现在刑法改良，理宜切实振作。所议寻常词讼，照审判厅章程，票传不得逾五日，传到即讯，洵属行之有益，应候通饬遵照。其告期及每日所收呈词，无论准驳，均须即时或于次日批出，不得积压。至重大案件，须详密推究，或路程较远，仍不得强限时期，再议宣示判决。我国官吏折狱，于判决确定后，必书有堂谕，详摘案内处分情由，附于案卷，本许诉讼当事者随案吊钞，并有榜之署门，俾知情罪者，但不作为定章，未能通行一律。现拟于判决五日后，将判决书张贴宣示，尚属事在可行，但案有巨细，卷有烦简，尚宜斟酌摘由，以免烦琐。至严饬专断一条，各国审判凡不服第一审、第二审之裁判者，准于法定期间内控诉上告，别受上级裁判之裁判。而我国除提讯及批委附近印官外，多批回原籍审讯者，诚恐棍徒依借细故，架词朦混，意图拖累，一经调案审讯，往返奔走，致耗民财也。现在既经提议，应通饬各上级官厅，以后控诉各案，果系案情重大者，准于提审或批委附近印官审讯，其余仍当严为限制，免滋讼累，并由提法司将各属送到月报表册认真稽核，以清积弊。

禁止商人买空卖空案

按买空卖空非正当之营业，其性质近于博赛。晋民商业素尚经营，独买空卖空一节，市侩中多有藉此牟利者。光绪二十八年，护理抚院赵因晋省商界有此恶习，当经饬由各属查明抽捐，以济公用。旋因系属不法行为，于光绪三十四年通饬谕禁在案。近闻省南北繁盛之区各钱行，仍不免有此等习惯，而以口外之粮盘、油盘为尤甚，于商法甚为不合。来议洞悉其弊病，剀切言之，拟饬各地方官及商务分会严行谕禁，实为维持商业起见，自应如议，再行饬令谕禁。至各地方有因此等买卖抽有捐款，亦应查明，分别禁免，以重商务。

提倡试种棉花案

按木棉之利，衣被苍生，其收益较蚕业为尤普。晋省平、蒲、解、绛等处试种已著成效，自应逐渐推广，以冀棉业大兴，纺织土布，抵制洋货，藉可收回利权。所议由各区分举讲求实业者领籽试种，足见热心任事，利益桑梓。附列播种、锄苗、摘花、收籽各法，亦极简要明晰，便于仿行，惟犁沟掷籽一法，未知是否为全晋物候土性之所宜。夫棉性恶湿而喜燥，沟形微洼，难于透风而易于积水。各省多产棉之区，而以江苏之南通州太仓为最著。查该处种棉地亩，无不筑土为棱，播种于上，每棱广约五尺，长抵田之两端为率，棱式中高边低，如覆瓦然，设遇暴雨，则水可旁泻；更复于田之四周掘沟，以泄各棱之水（沟宽五六寸，深亦如之），使木棉得津润而不受浸灌，自无烂根萎叶之病。本部院籍隶江南，见闻较切，略采其法，以备农学家之试验。至轧花取籽，洋车去籽虽速，其机器压力重而籽受伤，用其籽以榨油固无不可，若用以播种，则十颗花籽发芽者不过五六。土车所出之籽则颗颗饱绽，皆能发芽，故选种尤须加意焉。又查棉花籽种以美国为最佳，其绒长一寸有余，每亩所收益较中国棉籽能增多两倍，可由各农会先行购籽试种，如种有成效，其利益为尤巨也。

整顿地方巡警案

按巡警为民政上最要之职务，一切保安、消防、集会、结社、森林、卫生等事宜，均属于其范围以内，故与地方自治关系尤切，办理不善，贻误诚非浅鲜。来议呈请整顿地方巡警，并拟办法八条，于官吏对于巡警，与巡警对于地方，权利义务两方面，各有应行改良之处。惟其中有法制早经规定而变通办理者，如第一条慎选警务长之资格，第四条郑重巡警兵之招募是也。我国自光绪二十七年饬练巡警军，为倡办巡警之始，晋省于光绪二十八年通饬各属裁汰壮捕各役，一律兴办。其时警学人员无多，不得不以旧时练达营务者暂行委任，此变通办理之事，而非舍新取旧也。招募警兵按照定章，必须粗通文义，练达世务，品行端方，且系本省良家子弟，才富力强者，方为合格。而中国民俗，往往贱视军人，不愿就募，是以前交议案内，有责任各乡董按区保送之议。此则间以邻省人民充当，亦变通办理之处，而非舍近取远也。现在警务学堂次第毕业，巡警教练所多已成立，以上两端自可察看情形，逐渐更换。更有立法本系良善而未尽实行者，如第五条革除役使警兵之陋习，第六条实行站岗是也。盖巡警资格不比差役，巡警职司重在勤务，而各州县惯习相沿及警务废弛之处，此项情节诚恐不免。现在宪政进行，自宜改良旧习，以振巡警之精神。至第三条议加警长薪水，深有合于重禄劝士之义，但国计民生两须兼顾，巡警经费循例支配于地方税下，如各地方财力尚能支给，亦不妨酌予增加。他如第二条划清界限以杜侵越推诿之端，第七条清查款项以绝浮冒侵蚀之弊，第八条派员视察以周知其办理之情形而考成有所依据，均尚可行。至第一条委用警长人员准由地方官绅指名禀请札派，亦属可行，但必须具有警长之资格者，方得核准，并候饬巡警道通行各属查照办理。

宣统三年举办各属物产品评会以为下年本省筹备劝业会基础案

按我国物产多为外洋所重，若南省之丝茶，北方之皮革，各国均岁有输出焉。而晋省煤铁各矿，论者谓其足供五大洲之用而取之无穷，余如口外之羊皮毛，潞城之草帽缏，外人以大宗购运，以广行销，足征实业一途，本占优胜地位。来议请于宣统三年举办各属物产品评会，以为本省劝业会之基础，且对于两江、武汉等省之成绩急起直追，不欲筹备各端居于人后。所拟简章十三条，筹划甚详，研究有得，洵足引人入胜，将为我晋经济前途放一光明异彩，岂徒供赛会之美观云尔哉！应照所议，札知农工商局，先饬太原府属试办，以为模范，并通饬各属官绅定期举办，以验物质进步之精神，而备大部调查之根据。

整顿巡防各队案

按保卫地方之治安，增进人民之幸福，巡警之外则有巡防以辅之。定章冬春出防，分段设卡梭巡，扼要驻扎，期于良民安堵，宵小潜踪，如有贻误疏虞，惩处不稍宽贷。夏秋则撤防归营教练。此晋省巡防队经常之办法也。所议城外扎营一条，查巡防队各营盘，平时多扎在城外。至出防设卡，则或因商贾辐辏，驻扎城关繁盛之区，或因行李往来，驻扎乡镇要冲之地，要在随时随处纪律整齐，自不致兵与民滋生事端。其有杂处城内者应否移驻，候行知督练公所转饬各该管带妥为核办，务使常则相安，变则有备。又，责成队官认真训练，护卫行旅各条，均属晋省巡防队之惯例，亦职务上应负之责任，候并行知督练公所再行申明禁令，通饬各巡防队遵照办理，以符养兵卫民之意。

请赈口外各厅暨大朔宁保各属灾民案

按天灾流行，国家代有。晋省北偏，天时苦寒，土性硗薄，农民终岁勤动，丰年所入，仅敷一家哺啜之用，而不足以裕盖藏。若旸雨失时，即灾荒立见。前议预筹救荒办法，已饬大、朔、归绥等属酌办。今来议备陈口外各厅暨大、朔、宁、保各属灾象已成，请为设法赈济，并开列办法五条，于救荒政策尚为核实。候札知布政司分别移行归绥及大、朔、宁、保各属，查核本地情形，按照所议，酌量采择，禀明办理。所有需用赈济各款，应如何筹画拨给之处，即饬布政司核议详夺。

免除河东盐商朦[1]禀加价案

按潞盐税课，近经部定普通加价，而同蒲铁路保息，复饬加抽，一般人民担负已重。各盐商因银价赔累，又请每斤加钱二文。如果产销各地，价值均不甚悬殊，亦不能遂其牟利之私，致碍民食。惟查此案系于宣统元年三月由河东道详经调任抚院宝批准在案，事关盐法，究属如何情形，候饬河东道查照所议各节，核明办理，具报查考。

改良社会以助国民教育案

按社会之现象皆以风俗习惯演舞而成，而人民习惯又本其教育程度之高下以分优劣，是则以教育造社会，而非以社会造教育也。但教育之范围包涵甚广，一

① “朦”，旧通“蒙”，下同。

闻一见凡有益于精神道德者，无不并入于教育广义之中。来议以改良社会为教育之补助，如编译小说、改良戏曲、实行宣讲、发行白话报诸条，洵为切要办法。所有实行宣讲，发行白话报，候分饬各属及地方自治筹办处斟酌办理，然仍须文学士绅热心担任。至编译小说、改良戏曲，尤须文人墨客与一般美术家转移有方，行政官厅只能禁遏其伤风败俗之端。至欲辟除迷信风水、妄谈福祸、日星鬼神诸般陋习，亦全在巨室世家本身作则，收效于无形劝导之中。凡此诸端，如有必须提学司、巡警道、行政官厅以惩禁为补助、奖励为提倡者，本部院无不力为爱助，以副热心教育之至意。

暂定儿童计年就学单行规则以试行强迫教育案

查各国救育之发达，其未经普及以前，必有强迫之手续。我国宪政筹备清单，此项章程在宣统七年期限以内，诚得提前赶办，强制执行，自是国民之幸福。来议请饬提学使暂定儿童计年就学单行规则，试办强迫教育，所拟办法如统筹限定年岁之学龄计画，严令父兄亲族之担负责任，明定财产名誉之处罚，宽分假免暂缓之等差，并以编造簿册为实行督促之机关，赏给徽章为诱掖进行之手续，下至佣雇厮养，亦令沐浴教化，务使普及之精义充类至尽，具见热心教育，期望深切；并划定界限，专责实行，于官公私各小学堂及简易学塾成立之处，尤为办理得宜。所有征收罚金，以为无力就学者之补助，挹彼注兹，尚无不合。至责殷实人民，担负学堂之组织，亦免教育前途别生障碍。候札饬提学使参酌来议，拟定暂行试办规则，转饬遵照，以期于早日观成。

整顿各府厅州县中小学堂慎选办学人员案

按劝学所、教育会皆为地方官厅教育行政上之分治机关，是办学人员国家藉为文化之导线，社会视为风教之准绳，责任綦重，品格尤尊，其组织甚为重要。普之胜法，日之胜俄，皆归功于小学教员，诚以小学者，固国民教育之初基也。兹议以各属中小学堂办学无相当之人，成效未能卓著为憾，分陈四条，专其责于县视学及各学堂之监督、堂长，而先慎其选，允为促进行课成绩之前提，将来学期届满，责有攸归，即功无与让。盖立法易期尽善，而持行要贵有真，果能破除情面，投票公举，任当其材，何至发达无期，而贻人以口实乎？末条榜列款项，亦甚正当，应候行知提学司通饬遵行。至选任堂长，必须谙练学务人员，仅由绅董公举、县视学认可，其中不无流弊，仍须选定后详由提学司核明委任。

普及女学以端教育根本案

按家庭教育为一切教育之始基，而溯其本源，则以女学为最初之起点，此上年所以有女子师范及保姆、蒙养各办法之议也。查部定章程，女子师范学堂限定每州县必设一所，而我晋上年议决先创设女子初等小学，因时制宜，本无不可。乃各属据报女学成立者，尚不过十之二三，自宜设法筹办，以期女学之普及。兹阅所陈各节及办法四条，均周详简单，尽属可行。惟教员既须选年老举贡充膺，则课本必宜用官编女教科、家庭教育等书分别讲授。俟明年部颁女子师范教科书出，即可渐次将上届入学已有程度之女学生酌改为师范班，再招小学一班，如此双方进行，则女学之兴，可计日而待矣。抑更有进者，现在各属宣讲所多已渐次成立，而劝天足、劝入学即明定为宣讲员之责任，亦可为劝学员之辅助。而该女学之教员，尤宜时取光绪三十三年正月学部奏定女子师范学堂及女子小学堂章程，随时讲演，研究遵办，勿得因陋就简，仍蹈村塾旧习，致误各学生之趋向，并候行知提学司通饬所属，各就本地情形，酌核办理。

尚质朴以节财流案

按天地生财，止有此数，用之有度则常有余，用之无度则常不足。至不足而别求有余之方，于是有以开源之说进者。然际此国家贫弱之极，人民疲敝之余，开源诚非易事。来议以节财流为请，此正探本之论也。晋承唐魏之遗，民俗夙称勤俭，而迩来服食、器用、建造、兴作日趋于华靡者，皆自上流社会开之，而一般人民遂渐染于不自知耳。今议以学堂、局所及自治机关人员，酌减酬应用度，本身作则，以导之于先，而又于婚嫁、丧葬，将世俗相沿陋习，严防越礼扰害，以惩治于后，办法极为简当，于事尚属可行。昔晋国苦奢，文公以俭娇之，衣不重帛，食不兼肉，无几时人皆大布之衣，脱粟之饭。可知转移风俗，古人已行之而有效。普通、特别二条深合以俭娇奢之旨。前者本部院敬陈管见一折，综论时势，亦首以尚俭为言。晋省实业未尽振兴，物力倍形艰窘，节财流之说夫亦有实获我心者，候即通饬地方官分别办理可也。

调查陋规办法案

按官厅之有陋规，虽我国上下所默认，实为法律所不许。其始也，或办公竭蹶，济急于一时；其继也，遂藉资补苴，相沿为惯习。际兹官敝民困之时，诚有不能不早筹救济者。所议调查各法尚属可行，上年清理财政局曾经通饬各属将陋规入款尽数详报在案，惟因匀定公费，款尚不敷，且未审所报有无遗漏，是以遽难核定公布。兹当宪政进行，为期甚迫，各属无米为炊，其挹彼注兹、化私为公者固已所在多有，然究未能查悉全省陋规之确数。今拟以此日之调查，备将来之补助。在各地方绅董，生长里闬，其于各种陋规情形知之必悉；在各地方官吏，将来公费一定，仍须和盘托出，本无所用其隐饰。应如议通饬各属，遇有绅士调查所指各项陋规事件，毋得深闭固拒。一面再由清理财政局严饬各属，将所有一切陋规，按照调查方法，详细查明开报，以便互相稽考。

整顿差徭案

按晋省自光绪丁戊以来，清减徭役为善后之一大政策，逮光绪二十八年，则偏僻之区，亦一律派委员绅前往，会同核定章程，以资整顿。至今清理财政局仍有专员稽核月报，列表汇详，并节次厘定章制，通饬照章支应，核实开报，原以恤物力也。所议申明旧章，力图整顿各节，尚系为滥索滥支浪费民财起见，应即重申定章，以苏民困。至第一条变通办理月报，由清徭局核实缮造，尚属可行。惟仍应按月送呈地方官，转送清理财政局汇核呈院，其责成较为专一。但地方官不得窜改局绅之原折，以杜弊端。第二、三、四数条所陈各弊，均应严行禁止。第五条撤换劣绅等情，应随时访查，如有各项劣迹，立即撤换，分别惩办，以重徭政。

改良监狱案

按古者明罚敕法，原以惩劝感化为宗旨，嗣以民俗幻张，胆玩藐抗，遂致法网严密，浸淫至今，乃为东西各国所诟病。近查日本明治以来改良刑狱，即令各国撤回领事裁判权。本部院兴念及此，常用欲然，并节次由臬司饬令各属将改良情形报查在案，现尚未据报齐。来议主张改良监狱，洵为筹备宪政之必要，慎选典狱，尤为改良监狱入手之先著。现在候补人员均令先行研究法政，然后酌派差委，本与来议意旨相合，惟缺出叙补，仍应按照部章办理。其余慎雇狱卒，稽查克扣，革除恶习，以重罪犯之生命；展拓监舍，清洁扫除，以重罪犯之卫生；采分居折衷制，以防囚徒恶习之传染；用监狱作业法，以富假出谋生之能力，深有合于文明各国监狱之组织。但改良监狱，必先从事于建筑，居所不宜，即手续完全，亦难收最良之效果。省垣模范监狱甫经成立，各厅州县多以限于财力未能举办，然长此率由旧章，亦无以达进化之目的。应由尚未改良建筑各属地方官会同绅士，斟酌地方情形，设法筹办。至第二、第三、第六、第八各条，系属分所，应为旦夕有功之事，均准如议行知提法司通饬查照办理。

严禁各卡需索留难案

按设卡抽厘，本以接济军饷，解拨要需，出于公家不得已之举。征收委员宜如何整躬率物，洁己惠商，是以迭经明定厘则，严申禁令，通饬遵行。遇有需索留难等情弊，一经查实，无不立予惩处。所议裁并分局一条，查各厘卡所设分局，原防商货或有绕越，如有可以裁并之处，不仅取便于行商，且于征收费亦略可节省。惟其中何处宜裁，何处宜并，应俟转饬布政司察看情形，酌量办理，期于体恤商入之中，兼寓维持榷政之意。至宣布章程一条，查晋省百货厘则屡经规定，颁发之初即饬各卡宣示周知，并发给商货各栈阅看，俾易遵循。应如议再饬各卡遵照定章，宣布厘则，俾众周知，以免索诈。又严加处分一条，查厘卡私收等弊，本干例禁，惩办之法，断不稍宽，亦经严行谕饬。至贩商漏厘，明著专条，倘有苛罚情事，实属不利于行商，候即并饬布政司重申禁令，通行各卡，遵章办理，以苏商困。

普设罪犯习艺所案

按罪犯习艺为变化游惰性质，增长生计能力，洵属维持社会治安之要素。升任抚院赵奏准设立自新所，通饬各州县一律遵办，其原奏各节系仿照城旦输作之法，专以勤作劳动为启牖自新之路，并无教诲技师之设，不含营业性质。囚徒纵耐劳动，而无专门工艺之学，仍不足于谋生之道。现在改良刑法，军流以下均系定有年限，收所工作，则普设习艺所，实为司法行政之良规，是以由臬司一再饬令各属设法筹办在案。所议选择地址，支派工作，稽查惩劝各条，均属事在可行。现查各属已如来议办法报明设立者亦颇不少，但各州县刑事烦简不同，财力短长亦异，故全省各习艺所有由省、由本管道府州及数州县共设、一州县特设之殊。兹既议及前因，应再由提法司通饬已设未设各属，查照前今文内事理，各就本地情形，分别核办。

严禁售卖彩票案

按彩票即系富签，各国虽间有行者，久为财政学理所否认。中国各种彩票盛行于通商各埠，延及于边远内地。晋省素称朴厚，自有牟利之奸商批发兜售，愚民无知，遂萌临财苟得之念，争相购买，每年输出金钱为数甚巨。究之得彩票之利者百不获一，受彩票之害者十人而九。来议请即严禁，实为当务之急。就恒理论，各省大票，晋省虽无应行销售之义务，亦无不准入境之明文，然商家唯利是图，方谓他省既经奏办在先，本省不妨运销于后，而不知山枢蟋蟀，尚余勤俭之风，何可令唐魏名区留兹污点。况小民之积资非易，经市侩之日朘月削，必至有饥寒失业之嗟。诚如所议，害有甚于赌博者。至于私设之副票、小票，射利营私，其弊尤甚。亟应通饬地方官分别严行谕禁，一面由各区自治员公举热心任事之人，将彩票有害无利之原因广为演说，俾家喻户晓，不复为奸商所愚，彩票虽多，无人顾问，则不禁之禁，以补官力之不逮，此亦正本清源之政策也。

推广商会案

按商会之组织，原属振兴商业之机关，农植之物，工作之品，非商无以输出，亦非商无以收入，况值此商战时代，竞言富强，尤不可不主张重商之学派。晋省近年以来，各属商会虽已设有多处，而其业究未发达。来议消极、积极两端，包举一切，得其纲领。所拟办法四条，皆属切要之图，自应如议行知农工商局，通饬各地方官会同绅商提前办理，以观厥成。

剔除征收钱粮积弊案

按钱粮为国家税之大宗。在外洋，对于地租收入，有土地台账法及租税滞纳处分等法规共同遵守，以相与维系。我国定制，稽核亦严，每届奏销之年度，各属征收分数考成尤重，乃以货币复杂，征收费未明定之故，遂致征收方法因地而殊。现值清理财政之际，亟应澈底查明办理，以清税源。所议各节尚系为整理地租起

见,惟其中有可即行禁革者,有须详查妥商核办者。兹仍逐条核复,分列如左:

一、捲零为整。查钱粮数过奇零,虽难核计,但捲零为分为升,殊不近理。现按纹银一厘时估制钱一文有奇折中计算,嗣后征收粮银,零数在五毫以上者,可捲为一厘;若五毫以下之零数,即不得捲收。其米豆之量,至勺已属甚微,计值常不及制钱一文。嗣后征收米豆,零数在五撮以上者,可捲为一勺;若五撮以下之零数,亦不得捲收,以昭平允。所有粮银、米豆,无论交银交钱,本色折色,只准捲算一次,不准重重剥削。

一、贴补银色。查粮银随征火耗,原以供倾销之费,与补色各殊。至各属所收官款,自以库色为准,不足者照补,但不得任意高下。其元丝贴色,业已另案核覆矣。

一、浮设银匠。查来议河津县银匠原额四名,今竟加至四十四名之多,银匠增而工食因之递增,诚不免于病民。自应通饬设有官银匠各属,倘有浮设,概予严禁,无任巧取工资,徒供坐食。

一、米豆浮收。查各属征收米豆,因地不同,大约本色粮有看盘样、盘地、盘斛、面土、米豆等名目,类如钱粮之平余、杂费,官吏因以办公,差役藉之糊口,其折价之浮收于市价也,亦职是之故。此件已据清理财政局分别调查,应由清理财政局归于匀定公费、改良收支案内核办。

一、书差垫粮。查书差垫粮,弊窦不一,其始也或迫不得已,其继也遂缘以为奸。向使花户早自投柜,何有此等之问题。顷闻省南北州县花户完粮颇有疲玩,或迟至转年尚不完纳者,直至解期已迫,官厅限于考成,差役穷于责比,于是重息借贷,先为垫交,取赏于民。追呼益急,狡黠者逃而之他,良善者甘于受累,诚如所议,有倾家破产者。当此滞纳处分尚未规定之际,此等弊端应由各地方官商同自治机关,筹一妥善办法,俾得上不至亏正供,下不至扰民庶,方为两全之策也。

一、轻重悬殊。查交纳钱粮,原无绅民之分。晋省正耗丁粮及随征平余等项,上年业由清理财政局一律查明内达,和盘托出,化私为公。应由清理财政局调查各属悬殊情形,于改良收支案内,将内达之余平等款,俾绅民为同等之负担,以昭平允。

一、亩捐浮收。查亩捐一项,原定正粮一两,随收亩捐银一钱五分,火耗一厘五毫,曾于光绪二十八年通饬有案。各属既按库平、库色交纳,此外即不得丝毫浮收。

实行推广初等小学堂及简易识字学塾案

按推广各厅州县小学，设立简易识字学塾，上年即提议及之，并节经提学司连同改良私塾分别通饬遵办在案，良以初等小学为国民教育之初基，简易识字学塾为贫寒子弟失学者之普及教育也。兹议遵照部定变通初等小学章程，注重简易科，尤为因地制宜、因时制宜之要著。从此分区推广设立，城镇繁盛之区有五年完全科，乡村偏僻之区则酌设三年、四年简易科，款省效捷，当可奏功于指顾。简易识字学塾，上年所议，即系半日学堂、半夜学堂办法。闻从前直隶创设半日、半夜学堂，多附设于中小学堂，以教习一员，按上半日、下半日分班教授。其半夜学堂，往往以小学教员轮流分任义务。今年部颁简易识字课本及国民必读课程既有定章,自宜遵限推广专设,庶款不多筹而于事有济。其改良私塾,令遵授部颁课本一条,本年春间亦据提学司详明,通饬遵办。盖改良私塾为教育普及之正式办法,公款有限,各私塾视官设之学堂以为模范,则具有国民之智识者自易增加;若仍以文字、蒙经教授学子,于教育行政殊多障碍也。但未经讲习师范之教习及乡村学究,恐尚不免蹈此等陋习,自应切实改良,以维学务。所议责成县视学广为劝办,及实行赏罚各节,均属可行,候行提学司再行通饬查照办理可也。

奖劝学堂种树案

按晋省据大河之东，土厚木深，最宜树植，山枢隰杻，昔人播之诗歌。本部院景慕前徽，欲为全晋扩利源，故有提倡林业之议，使地无旷土，工商业有所取材。今来议以奖励学堂种树为请，具征树木之计，实与树人同功，并于教育、卫生、纪念、财产各计画有密切之关系。东西各国乃先我而行之，凡调查之确、督饬之勤、奖励之厚，其注意于学堂者无微不至。自宜师其良法，以利推行。候即札知提学司，通饬各学堂，广拓场区，实行栽种，并将种树成绩列入一览表，以备查核。如有培成学校园林，堪作基本财产者，即优加奖赏。将见十年之后，嘉树成林，人材辈出，必有如韩宣子聘问邻国，为邦家光者。愿封植此树，以为学堂诸生勗。

筹备单级教授法案

按教育之性质，其精深者求完全，其简易者求普及。开创之始，大率困难于缺经费、乏师资之两端，而惟德、日两国单级教授法足以解决之。其法能以一教员而教授同时同地多数异程度、异年龄之学生，虽急则治标之法，亦曲而能达之道也。来议所拟各条，当以第二、第四为入手起点，双方并进，而后选择课本，以定方针，开办模范，以树正鹄；加之推广传习，改良私塾，以旁为补助；研究规则，责成视学，以实地稽查。至第四条称保送师范必以曾充教员、素讲教育者为合格，尤为规画周密，应即札饬提学司察量实行。

倡办归化皮毛公司案

按处今日而观无形之战略，学战而外，以商战为最剧。我国地大物博，富于资料；户口繁盛，富于人工；濒温带之滨，富于智识，宜常立于优胜之地。而熟货输入，已成漏卮，生货输出，亦复往往失败者，则组织不完，团体不固，而毅力不厚也。晋之归化厅属所产皮毛，每年出口约计数百万金，而价值涨落多由外人操纵，土商屡屡亏折，念之颇为心悸。来议拟仿伊犁等处倡办皮毛公司，洵为挽回利权惟一之要义。所请借拨官款，就地提倡，均属经营惨淡，本部院亦深表同情。但既属商业行为，应一面由各商会实力组织，以植基础。其公家有无官款可以借拨，及如何提倡集股之处，候即札知布政司及归绥道，体察情形，分别核办。

实行商律预防钱庄倒闭案

按各国经济学派之精义，一般商业之要素，必主两利以为利。但此精深之学理，终不可无国家之法律命令以为保护，钱业其尤要者也。汇集多数之基本金，以为各种营业之辅助机关，其关系极为重大。故或办理不善，或影响于其他联络机关之损害，一经倒闭，往往牵动全局。我国向无商法，关于商务之法定，多本商场习惯以为规条。光绪三十年编定商人通例、公司律，定为商律，都为一百四十条。颁行以来，于一般商人行为稍有标准，但未能强迫实行，仍为商界之缺点。来议请实行商律，设法预防钱业之倒闭，所拟规条先核虚实，以防奸商之架空，（既）〔继〕严惩罚，以杜黠侩之效尤，办法颇为正当。应即饬由农工商局分行各属及商同各商会如议施行。至现行商律，坊间尚有售者，应否再予刷印分布之处，亦即饬由农工商局核办。

广设教养局以济无业贫民案

按唐俗勤俭成风，习于劳苦。近以时势所趋，生计日绌，游手好闲、不事家人生产者，遂所在多有。本部院悫焉忧之，故拟先于省城设立教养局，以为逐渐推广之举，期于无业贫民谋生有资。兹议通饬各地方官，自宣统三年为始，酌量情形，一律举办，诚为救贫之本务。所拟办法五条均尚可行，惟经费一端，除向有善堂、粥厂及其他善举等项，可以改办外，其各商户所付乞丐之钱，藉资挹注。但在繁盛之区，尚易集事，其偏僻城市，能否筹办之处，应由地方官会同自治员绅，察度情形，设法办理。

普筹实业进行方法案

按富国富民，必以实业为根据。山西产出之质料，如皮革、绒毛、五金之属，所在多有。若得设法提倡，次第举办，则实业自易振兴。来议因实业界程度甚为幼稚，持积极主义，促其进步。所拟名誉、实事各奖励，及补助各方法，均尚可行。应即分饬各地方官会同农、商分会，查照办理。惟所筹各项捐款，是否能一律照办，每年约能凑集若干，对于其他各种新政有无关系，候行知布政司会同农工商局，按照所列，酌核筹办。

统一河东生商案

按潞纲疲累，原因极为复杂，而经济困难，立待援救者，以坐商为尤急。上年拨款接济，尚在完场之时，今年告贷呼号，乃在工作之日，人事天时，实逼处此。是以张道有利弊统筹之议，陈道有标本兼治之谋，其一切颓败情形，督办盐政处早已洞悉。所议组织公司，联合坐商，系因资本缺乏，以向大清银行借款为主要。拟定办法十条，尚属为维持盐法起见。惟查今夏六月陈道标本兼治之禀，即有设立公所、组织公司两议，旋以集股集款，缓不济急，遂先拟收盐公所章程四十条筹办在案。嗣经督办盐政大臣批：饬接济银十万，足敷周转，即以十万为限，以免款巨息重，偿付为难。借款年息六厘，利息过轻，银行断难承允。仰即另定章程详核等语。而专买专卖之议遂作罢论。兹复议及前因，应即行知河东道，查明现在坐商情形，按照筹议各条妥为核明，分详察夺。

振兴工艺案

按各国工业之发达，多由人工变化其物质，使之美丽可观，便利可用，径行各国，销售畅旺，利益丰厚。而核其原质之资料，往往需价愈重者，需本愈轻。采取各国天然之生产，精研制造，专以工力价值吸收外财，合计每年海关进口税，则念之颇为心悸。晋省矿物、动物、植物天产不薄，其用土法制造，行销于邻近各省者，计值亦巨。惟墨守成法，不知改良，苟可通行，便封故步。究其惰窳之原因，固由官府提倡之不力，亦由人民争战之不竞。来议呈请变通定章，宽予专利年限，并破格奖励，均属事在可行。但此项工艺，必实由该工人或该公司精心独造，由农工商局及各商会呈验属实，而后明定商标，严惩影射；且实系精美利用，自应奖以金银牌等名誉品物，并咨商大部宽予专利年限，以资鼓励。至于补助资本，已另案核覆矣。

保护行旅案

按行路之难，旅人同慨，是以保护政策，巡防队则分段驻查，巡警兵则分区布置。而对于各店户，则设立簿册，以查留宿之人；对于各巡兵，则时令会哨，以收梭巡之益，诚以防范不可不周也。所拟办法三条，自系为便利行人起见，如严饬巡防各队，劝谕店户居民，应分行督练公所及地方官查照核办。至各属警兵，多有拨驻乡镇要隘，轮班更换，藉资防卫，并非悉集城关。现在能否再予分拨，并酌给驿马，俾便巡查，及应否添雇农民，以资协助之处，应饬各地方官察看情形，酌量办理。

预清盗源案

按弭盗之法，要在化莠为良，所谓道德齐礼，有耻且格也。居今日而言治盗，则清源诚不可缓。来议所云禁赌博、稽窝藏、惩土棍，具征杜渐防微，确有见地。应俟通饬各地方官，协同各自治机关，实力稽查，以除民害。抑本部院更有望者，民之不流于盗也，固由于个人之道德心发达，亦由于社会之自治力健全。值此自治进行之际，倘能双方著手，俾一般人民于法律范围外不得活动自由，以辅官治之不逮，将见唐风古厚，媲美先民，其幸福为何如乎！

酌留甘饷拨充省北赈款案

按晋省今年入夏以来，省北各州县雨泽稀少，逮后渥降甘霖，为期已晚，兼之霜雹不时，损伤禾稼，节经布政司派委查勘，会禀核办。虽据报系属花灾，但人民素鲜盖藏，一遇凶荒，便虞冻馁。前经提议设法筹赈，现又申请酌留甘饷，移充赈款，以为救急之方。惟查晋省近来司库实解甘饷，年计三四十万，按照奉拨之数，约得十分之五。兹议请予免解，或酌留若干暂充赈款，是否可行，此外尚有无可以拨给赈需之处，应候札饬布政司并入设法筹赈议决案内核议详夺。

明定期限实行上届议案案

按上届议案，本部院履任以来，业经再三通饬遵办。各处实行者固自不乏，其余则或视为具文，或狃于习惯，或不无窒碍，或筹款维艰，原因甚为复杂。当兹筹备宪政、改良社会之际，自宜将所开上届各议案再饬各属分别查照办理，共促进行。至改良官妓办法一案，当亦札饬巡警道筹办，并照知由巡警道议拨妓捐银一千两，以资提倡各在案。乃商情退缩，时阅数月，迄无一肯于承应。复由巡警道饬令郑令祖光在外招股，并面嘱商会总理曾绅纪纲转向商界劝办，佥以妓馆开设大南门外无利可获，商人不愿投资为辞。至改良官妓，于善良风俗，保卫治安，均有关系，亦未便听其散处营业，致有碍于风俗、治安。现已暂由该道将察院后头等小班，移并于原有小巷二三等公娼一处营业，于巷之南北两口各建栅栏一道，以便取缔。所有原案应如何略为变通，抑或仍照原案由局另筹招商方法之处，俟公决后饬知巡警道照办。

预备养成军国民资格精神案

按我【国】旧时周礼六官，不废司马，历世相承，兵农并重，文武兼资。况际群雄角逐之时，尤为以力服人之世。来议注重学堂教育唤起军国民之资格精神，以教员讲演、体育会、运动会为入手之办法，手续至简，体用至宏。专就旧有体操一门改良教授，务使武器、武艺实地习练，使有勇知方之略，膨涨于无形鼓荡之中，意旨颇为深远。惟查教员讲演及体育、运动各会，京师及各直省学堂、各社团已多举行，晋省外府州县则间有办者，现在既经提议，应即行知提学司，转饬各学堂、各劝学所，提倡举办，以启发尚武之思想。

重申烟禁严防疏懈案

按禁烟一事，官绅协力，办理两年以来，已有成效。本年秋冬以来，复经遴委员绅，对于吸种卖运各政策，前往分途查禁。盖以奸商私运之途，亦既四通而八达，本省稽查之责，保无百密而一疏也。来议恐愚民误会谕旨，请加严申禁。先注重于禁吸，以绝销路；更注重于禁运，以塞来源。严定上流社会之处分，俾齐民无所藉口；查罚乙地人员之轻纵，俾私土无从飞越。吸与运认真查禁，而犹虑有偷种秘卖者，则遵照禁烟条例，处以四等有期徒刑，及一千元以下之罚金。各项办法自见切实可行。本部院亦于八、九两月间已屡次出示，严申禁令，雷(励)〔厉〕风行。惟偷吸准人指告，易开藉端攻讦之风，宜予以不实反坐之罪，斯可免诬陷之弊。私种悬赏招告，人人可以指控，不必待邻佑之举发。若予以连坐处分，似专责重于邻右，且连坐之罪新律删除，应于发觉时分别核办。至肆市户家，或有枪、灯、签、盒制膏等具未及焚毁者，查出比附私卖情节治罪。查签盒等纤细之物，平日或无心留存，他人或有意栽害，此事于发觉时亦应斟酌。附列赏罚，藉以激劝官绅查禁，不患其不力。综核以上各条，无非为扫除烟祸起见，本部院深表同情。况现奉严旨切责，官厅断不能始勤终怠，贻祸地方，自应重申厉禁，通饬地方官查开前颁禁烟条例，剀切示谕，并由各区自治员绅，将禁烟之利益分投演说，俾众周知。一面严饬与邻省接壤各州县，著实查禁，以期得力。

又按晋省烟祸本甲于各省，近年官绅协力严禁，大端实已廓清。刻所最难者，陕、汴邻省照常种烟，照常吸卖。愚民贪利而耽逸乐本属恒情，论偷种则印委履勘，荒僻必不能周；论私运则司巡搜查，遗漏正复难免。加以私卖、私吸州县，差役、巡警、弁兵大半通同一气，种种窒碍情形，并言易行难之处，尚有为建议之员未经阅历者。刻欲为拔本塞源之计，体察本省情形，惟有扼定不种主义，则下流社会乡僻穷民即无从再染烟癖。而不种之根本，则尤非官绅共负责任不可。如一县之内再查有烟苗发现，印委则撤任撤差候参，而自治所绅董亦均须议罚，情节稍重，则均撤换，革去功名。其余各小学堂堂长、教育会会长、商会董、视学员，虽均义务，然亦均须稍负责任。禁种果能如此办理，事事实行，则晋省烟祸自可清除一大半矣。至禁运、禁卖，查察难周，亦非官绅互相纠察劝谕不可。近日人情诡幻，运卖来至外省者少，由本省勾引伙串者多。论官事一方面，卖放也，串通也，官役、巡警间以此为生财之道也。尤奇者以拿私土为邀功，并即以拿私土为卖放。譬如土贩运土六千两，拿二百两报官，领赏邀功，以五千余两私土卖放矣。人情作伪，何所不有，此地方官与巡警之疏漏也。然绅商一方面，正人固多，而商学各界出省进省人员，夹带私土亦所不免。搜查过严，怨声载道，造谤兴谣，颠倒黑白。沿河各属妇人女子，身怀烟土，多方偷运，查禁从宽则漫无限制，从严则四境怨咨。加以火车上下，中外交通，查不胜查，种种困难，故仍须官绅合力劝禁。凡学商军警各界，先预约本省人士不得自贩烟土，引水入墙，以祸桑梓，违者加倍惩罚。并须帮同调查官厅人役，如有勾通卖放等弊，省内则报告谘议局举发，省外则报告自治事务所举发，总使邻境虽种，客土虽多，不得害及晋省，则外祸清矣。至内种之祸既绝，外来之祸又除，则禁吸方有把握，方可实行，且可免沿户搜查骚扰之弊。至禁吸一事，自以来议特别办法为是，由上及下，民心始服。惟晋省各事，向来均官绅互相维系，如学务、财政、会议厅现均设议绅，独禁烟公所，官绅均可调验，而独无议绅监察，故来议谓调验敷衍。兹应于卫生局内调验处添议绅四人，不必四绅每日全到，但有一人监察即可，轮流分班。此四绅由谘议局公举，一月更换，下月再重举。四绅充膺义务，缘欲有长驻之绅，则须筹薪水，款又无著，且长此四人，又有流弊。凡此四绅，专任调查、督验，官厅由院司道起，文武各员至佐杂止，士绅自议长、监督起，至各局所局绅、各教员、学生止，皆准此四绅调查考验。如有可疑，院司道并议长、监督等体制较崇，难于调验，由四绅中择一人到署、到局、到堂，伴其起居数日，则考验自悉。府厅以下则可指名调验，然亦必须实有可疑，众论确凿，方能调验，不得以一二人私意，随便指调。上既如是认真，下焉者则须稍事强迫，实行惩罚。如此办理，一年之间，则凡有烟疾之人，亦不敢不戒绝矣。仅余少数老病之人，并六十以上者，则可准其陈明，由官验实，即令向卫生局领照购土。省外由地方官赴省局购领，限制吸数、予土，以免再传染他人，则情法俱尽，不致稍有阻碍难行之处，亦不致有碍卫生。至善后要策，则仍以各属官绅认真推广戒烟施药善会，绅富必须出资，官厅经理戒烟分会，亦不得如前之虚应故事，有名无实。惟下流社会吸烟之人，则尤以州县差役为最伙，禁烟阻力亦无一事不生于此辈，非地方官绅严加劝导，恩威并用，绝此根源，则禁烟之令，断不能推行无阻。

贵局来议禁烟各条尚少经验，窃恐循例推行，仍与去年议案无异。兹另附末议，虽不免责官绅以所难，然晋省果欲烟祸廓清，非照此实行，万不能得有实际。希由贵局再公同酌核，以便施行。

人民请议案

议决猗氏县雷电章请议蒲解绛三属征收纹银贴水应划提浮收以举办新政案

按蒲、解、绛元贵纹贱，本非正当之商行为，其根本问题实有关于币制。所议拟照雷绅请议各节，查明浮收之款，饬令提出，发商生息，以资公用，自系为举办新政起见。值此财力困难之际，苟有可筹之款，以补助公益，本部院深表同情。惟三属所征粮银，究收贴水若干，是否一律，有无别项情形，现在清理财政，于匀定公费、改良收支等案有无牵涉，候饬布政司会同清理财政局、河东道详细查明，核议具复，以凭酌夺办理。

议决定襄崞县邢建序等请开复广济旧渠案

按广济渠创自炎宋，引滹沱河之水以溉农田，定襄、崞县之间，被其利者四十余里，元、明因之。国朝康熙二十一年重濬，至雍正间而始废。嗣后渠尽成田，田屡易主，世变沧桑，莫可究诘。嘉道时欲复旧迹，而两县交讼，当道已觉为难。至于今，又阅六七十年矣。虽历经前部院迭准禀请，迭饬查勘，而仍复迟延中止者，大率因多所轇轕，而筹款犹其余事耳。今者欲谋开复，而白村人郭含章等，又以困难受害为言。推其心，盖以渠形早失，农民服畴已久，但知有田之利，而不知有渠之利。即告以渠为万世之利，而彼且目渠为一村之害，所谓非常之原，黎民惧焉者此也。然际兹宪政进行时代，水利急须讲求，况开复旧渠，因前人创始之功，扩两邑无穷之利，岂容任无知之辈出而阻挠。来议宗邢、梁两生之原议，据两县议员之图说，相度上下游地势，于该村等毫无妨碍，经营擘画颇具苦心，而犹虑白村等或有他项情节，难以悬揣，请饬地方官会同忻州、定襄、崞县三处自治员绅，详加测验，妥议开复，化功利之成见，殷谘访之虚怀，办法尤见审慎。应即如议，饬由布政司委员前往，会同各该地方官及三处绅士，详加勘测，妥商办理。

议决保晋公司请议第二次付息办法案

按晋矿为全晋相关之命脉，矿息为股东应享之利权。公司为保存信用，如期付息，何堪假手胥吏，致滋勒掯留难之弊。来议都邑繁盛之区，照原书由教育会、商会经手付息，其在偏僻处所，由自治员绅劝导商号，俾之各尽义务，代为应付，而又于付息之先，登浅显广告，使乡人无不周知，纲举目张，联络一气，办法极为精密。现距第二次付息之期已近，各地方公共机关自应早为组织。本部院镇抚三晋，无时不以恤商便民、兴利除弊为心，况该公司成立不易，尤愿力为维持。果使绅士不惮烦劳，商界顾全公益，应即如议办理，以免滋生弊端。

议决保晋铁路公司请议亩捐付息案

按招股兼集各省之款，以济路矿要需，系属个人之志愿。亩捐收取附加之资，以助地方公益，系本法令而执行。性质既各不同，报酬亦自差别。况展限亩捐，前经奏准周年以四厘付息，成案具在，尤非招股付息所可比例。应即准如来议，统照四厘拨付，以符定章。至各厅州县股票息银，发给各属自治会，以资办公，亦尚可行，候饬布政司转移矿、路两公司照拟拨给可也。

议决平定州冯司直请议中小学堂应无分主客畛域案

按学校本以造就人才，教育何可过分省界。如必执主客之成见，不无碍宪政之进行。冯绅陈请建议书为全国学务计，所论尚属无私。来议谓客籍学生不担筹款之义务，未便与土籍学生享同等之权利，亦属持之有故，言之成理。惟客籍子弟有志读书，若竟拒其求学，未免向隅。既经决议各处中小学堂许以变通，应即如议通饬遵行，以昭公允。

议决祁县孟步云丰镇厅郭绍基请议严禁缠足案

按缠足恶习，参贼肢体，积弱所由，与强体强种强国之学说成为反比例，是以光绪二十七年，孝钦显皇后特降懿旨，禁止缠足。海内有识之士，并设会演说，多方劝导，东南各省陋俗，多渐以湔除。晋省偏于内地，风气闭塞，本部院莅任之初，复经通饬遵行在案。今来议请严申禁令，勒限革除，所拟办法五条，欲假严厉以警泄沓，持论颇正。但事关风教，其主要仍在于绅士本身作则，自治员苦口劝导，方合孝钦显皇后"缙绅之家婉切劝导"之懿旨。至立限强迫、分等议罚各节，应各就地方情形，相机办理，庶与不准官吏、胥役藉词禁令扰累民间之旨亦无抵触。其坤鞋木底不正当之营业，自应先行禁革。总之陋习不可不除，而办法不可不慎，候再通饬各地方官严禁可也。

本局质问案

核覆质问晋省何因未设劝业道暨以农工商局归并冀宁道案

按查各国改良政治，必先厘订官制。我国自预备立宪以来，早经核订官制大臣奏定各直省应设劝业道一员，专司实业、交通之事；除盐、茶、关、河各道外，其余管理地方之守巡各道一律裁撤，限期于筹备三年实行厘定。晋省实业幼稚，急宜提倡，路线交通，事务渐剧，不有专司之责守，谁为利导之机关。前于本年夏间，将工艺局改归冀宁道管理，本为设立劝业道之先河。嗣准度支部核减经费，裁撤会办，拟将该局一应事宜归并冀宁道兼管，亦为改设劝业道之预备。缘劝业事务甚为烦剧，所有归并一切，应多方筹画，而后得以奏请，本部院对于振兴晋省实业，固无不介于怀也。

本局覆议案

核覆上届议决改良官妓办法覆议案

按城内西南隅空地不少，惟洼下特甚，且多系满营旧址。若择其稍高旷地段相度建筑，较之在大南门外谅易筹办。又与良民住所四面隔绝，于善俗、卫生均有裨益。但究竟有无窒碍，当视招商之能否踊跃。候即行知巡警道会商太原城守尉，查照前详及来议，仍于妓捐项下酌拨银一千两，以为提倡，招商办理。至小巷西头通大关帝庙巷口，业由巡警道饬令拦断矣。

宣统三年财政预算案

（照覆预算总册外各类查出后准留作自治经费文）

案准贵局呈称：国会缩期，自治必须赶办，一切费用，在在需款。径由地方增筹，恐民生困敝，实力难支；若俟国帑补助，又知用款浩繁，应接不暇，必不获已。始议决将分册之不实不尽，调查明确，尽数拨出，假定为自治费。一俟租税法颁布，以后尚当妥筹经费的款。所有册外尚未调查之行户，及尚未报出之私收入、吏收入等项，拟请仍照前议，统留作自治经费，以符原案等因。准此，查现值国会缩期，一切要政提前赶办，应需经费无论属于官治与属于自治，同关紧要。但预算一案，本届尚系试办，期限紧迫，各州县报出陋规等项恐多疏漏，故前次核覆，仍拟饬由地方官与自治事务所双方查报，由司局与贵局会核，酌量提留，以期详慎。兹准前因，除前经各州县开报列入预算表册，系为均定公费之根据，应毋庸提拨外，所有官厅尚未调查之行户，及尚未报出之私收入、吏收入等项，即由贵局函致各议员，协同地方自治员，详晰调查开报，以备自治经费之用。除行司局饬遵外，相应照会贵议长，请烦查照施行。

山西全省宣统三年预算总目表【岁入】

宣统二年第二届常年会议案

岁			入		
地丁	正赋	二七六四五七九	杂收入	院道公费	三三九〇〇
	耗羡	三四六〇七〇		河东解司冗费	一一一二一
	杂赋	一六八六〇		归绥拨解薪工	二八八一
	亩捐	四二三五九〇		官契纸	七九九九
租课	官租	六一二一八		厘金升平	三五四五
	学租	九三九九		大同报资	一〇六三
盐课税厘	盐税	二五九三〇		书局股息	二六二
	盐厘	三八五二四		解司吏部公费	二八六二
	盐斤加价	一四八七七六		局所收款	七五一
常关	关税	五五一四一		学堂收款	九九六二
各税	当税	二七三九九		工艺余利	八四八
	契税	一二四三六四		差徭	一一二一三四
	烟税	一二九五〇八		征收各项费	四七〇四六
	酒税	八三九七九		平余	三二八二三四
	商税	五二五八九		各项办公费	一一九四〇四
	畜税	四一〇八〇		规费盈余	一二〇〇〇〇
	油酒牙课	五五一〇		官款生息	二三六三八九
	牙贴税	一〇四九〇		地方生息	一三五六七五
	杂税	二二七二		局所收息	四五三五
厘捐	厘金	二八八〇七五		筹增地方生息	二〇〇〇〇
	茶糖	一七一	临时入	正赋	一一二四九
	皮毛	七六五二		耗羡	一三四一
	煤炭厘	六二二八二		杂赋	二四四一
	斗捐	二三三二八八		亩捐	四〇二五
	屠捐	八七二		官租	二七三
	铺捐	五七六二四		带收办公费	七〇六三
	煤捐	一一八七一		官物变价	一八七九
	秤捐	五〇一三二		局所、学堂自收	二八七二
	商捐	六六四〇		总数	六六六三八六七
	杂捐	九六六〇四	新案入	整顿烟酒牲畜税	一二〇〇〇〇
	警备自收	五五七六		加收商税毡税	三〇〇〇〇
	筹增各项	五九一一九		加收出境粮捐	五〇〇〇〇
				酌减驿站	四〇〇〇〇
				征收司法手数料	六〇〇〇〇
				征收行政手数料	四〇〇〇〇
官业收入	银钱局	二一三七六		临时募集公债	六〇〇〇〇〇
	书报馆	一三八五六	新案	总入	九四〇〇〇〇

山西全省宣统三年预算总目表【国家行政岁出】

宣统二年第二届常年会议案

国家行政								
上解	京饷	五〇二六九九	行政总费	抚者	六四九五四	军政	都统衙门	二〇一九
	固本饷	三五一九六		各巡道署	二七九五六		太原驻防	二六八四三
	边防	二〇一一〇		各府厅州县署	七〇〇三二〇		绥远驻防	二六七六五五
	练兵费	一〇〇一〇八	义涉	洋务局	九三三二		绥远留防	一七五三〇
	王公三分地租	六〇六	民政	巡警道署	一一二四八		右卫驻防	二二一四九
	步军统领	八〇四六		警务公所	三一六三二		抚标中军	三五二〇
	民政部费	一〇〇九六		栖流所	三五六		大同营饷	一一六五一
	翰林院费	五〇六		调查局	一九〇〇〇		太原营饷	八四四六
	内阁费	一〇〇	财政	藩司署	七二一〇八		绿营挑留津贴	三一八九
	度支部费	七六八		盐务衙门	一三八五一		河东盐捕营	一一一二一
	吏部公费	二八六二		百货厘局卡	二八三九五		归绥巡防队	一七七二四
	宪政馆 政治报	二一八四		烟厘局卡	一四〇四		督练公所	三三九七二
	京师大学堂	五〇二五		煤厘局卡	六五〇四		陆军饷项	四〇四七九一
	京师法律学堂	二〇二四		斗捐局	一二八九		军乐队	三七四九
	钦天监费	一二三九		垦租公所	四五三		陆军警察	八七三二
	吏部饭费	一六〇〇		厅州县征收钱粮费	一〇一八五〇		陆军测量	九八五六
	度支部饭费	六三三九	典礼	祭祀费	一二三六八		营防岁修	一九九三
	礼部饭费	一〇〇〇		学宫费	四〇八五		陆军小学	四二一三二
	陆军部饭费	五〇一〇		时宪费	五三一		测绘学堂	九六八九
	法部饭费	二五〇〇		庆贺费	二二四九		机器局	二一三八二
	军机处饭费	四〇〇		五台喇嘛并行宫费	二一七三		购办器服	五二九三三
	内阁饭费	三〇〇	教育	提学使	一三一三二		军装局	七五〇九
	各部差汇水脚	六四三		学务公所	三〇四八五	实业	军塘驿站	一一四七五〇
	京饷边防饭费	三六四〇	司法	臬司署	二四三五八	工程	农工商局	五三三一
	内务府经费	二〇七七〇		臬四科	九一九三		河工	七一三
	例贡差价费	二九三四		臬统计	一五五七	官业支	营缮	六四
	采办纸绸	四四二七		审判传习所	二六八八		书局报馆	一三八五六
	部拨赔款	二六九五〇〇		监狱费	二一二〇九		晋泰钱局	七一八七

续表

国家行政								
	新赔款补平	六八〇九五一		词讼用款	一〇一二四	出	晋泰银号	五六七一
	英德俄法洋款	三六六八五〇		习艺所	七五七五	杂支	各属工艺局	一〇八
	克萨磅价	一〇一二〇		看守所	四一三六	临时出	员绅出差川资	一〇九九一
协款	甘新协饷	三三一六六三		军流口粮	三二		解款	五〇二五〇
	乌科二成	九八一七〇	交通	电报局	二三〇		财政	二三七三八
	直督养廉	三〇二八		大同报资	一〇六三		总数	四九六〇四六九

山西全省宣统三年预算总目表【地方行政岁出】

宣统二年第二届常年会议案

地方行政					
民政实业	谘议局	三九八七七	教育	大学堂	四九六六六
	自治筹办处	一二四八〇		法政学堂	二七三七二
	省内巡警费	三三八五四九		师范学堂	五一五四一
	工巡局	一二九二二		满营小学堂	四〇六〇
	济良所	八二九		太原府中学堂	六六六二
	铁路巡警	五八六四		晋阳中学堂	七一八八
	巡警学堂	一二七六八		官立女子师范	七六四二
	善举	九〇四七		模范小学	一九六八
	饭厂	七四〇五		公立女学	四五二六
	育婴堂	二一七〇		教育总会	四四七三
	牛痘局	二一一		蒙养育婴	五八七五
	戒烟会	一〇一四		各属中学堂	五二〇三八
	各属保婴局	二三八一		各属高等小学	一二一二三六
	故员柩恤	二六七三		各属两等小学	三四二五三
	社仓经费	七五二		各属模范小学	八八三
	碛口晒谷经费	二三		各属劝学所	二八七〇二
	各属挑渠费	一三四三		各属宣讲所	九六七
	津贴渡河水手	一二六		州县养成所	六二九
	善举杂费	一八四八		府视学	三六〇

续表

地方行政					
	医学堂	一〇〇九三	交通杂支	归绥中学堂	一〇八八三
	卫生医局	九四三二		路矿	四二三五九〇
	各属施医	四八八		补助铁路	三九三一四
实业	农林学堂	二八八二七		清徭局	一六九〇一三
	满营农工传习所	八四二五	临时出	各属办公局费	一二七三
	实业学堂	一〇七四四		补助巡警	三二一
	工艺局	二一六三一		赈恤	一四〇
	商务会	一〇七九		出洋学费	七五四九一
	商务研究所	六〇〇		留京学费	一〇八〇
	陈列所	二三七〇		旅京晋学	三〇三〇
	各属农业学堂	一〇〇三		补助学堂	一五四一二
	各属工艺局	三二四八		归绥三蒙学	四五八
	纺织局	五一三		通州师范	六二八
	各属商会	一二一八	地方	总出	一七〇二六四六
			新案	总出	一〇五九三六二
新案出	上解军谘及海军经费共	七五〇〇〇	审判检察及模范狱费共		七一九三九
	编练新军共	七八二四四二	临时海陆军及司法费共		一二九九八一

山西全省公共各署局所出项排比表

宣统二年第二届常年会议案

出项别／署局别	俸薪	养廉	公费	文案幕修	委员薪水	辛资	戈什兵弁	役食	旅费	饭馔	杂支	总出
抚部院	六三两	九九四六两	一六三五二两	二二一一七两	两	一〇三八二两	五二〇〇两	八〇六两	两	两	八八两	六四九五四两
布政司	一三七	四九一四	一八〇〇〇	二四〇七四		一四八八〇	八七二				九二三〇	七二一〇八
清理财政局					一七一八六	七〇二					五八五〇	二三七三八
百货厘金局卡					七七七四	一八四二四					二一九七	二八三九五
烟厘局卡					三六四	八三五					二〇五	一四〇四
煤厘局卡					一八七二	三八五二					七八〇	六五〇四
晋泰官银号					九八八	一一九〇		一一七〇			二三二四	五六七一
晋泰官钱局					一三〇〇	九一六		一〇三			四八六九	七一八七
提学使		二六三二	一〇五〇〇									一三一三二
学务公所					二一三一四	九二		八七四			八二〇五	三〇四八五
濬文书局					一八一八			三〇六			九〇二二	一三八五六
提法使	八九	五〇九六	八〇〇〇					二九五三			八二二〇	二四三五八
臬司四科			二三九八		四五六四			七〇四			一五二六	九一九三
臬司统计处					一四四八			五〇			六〇	一五五七
审判传习所					一四〇〇	七〇		一〇二			一一一七	二六八八
工艺局					一五七二	一三九八		五四九		二七五八	一五三五四	二一六三一
巡警道	三〇	二七六四	八〇〇〇					四五四				一一二四八
警务公所					二六六七			二八二			八六八二	三一六三二

续表

出项别／署局别	俸薪	养廉	公费	文案幕修	委员薪水	辛资	戈什兵弁	役食	旅费	饭馔	杂支	总出
调查局					一三九二八	一一九八		二九二			三五八二	一九〇〇〇
卫生医局					二五九一			七一三			六一二七	九四三二
栖流所					二四二			四七			一七	三五六
工巡局												一二九二二
济良所												八二九
铁路巡警												五八六四
盐务衙门	二八〇	二七〇八	一〇〇〇〇			八六三						一三八五一
冀宁道	三〇	二七六八	八〇〇〇					五六六			四七八	一一八四
归绥道	三一	三〇〇八	一〇〇〇〇		二八八六			一八八				一六一一三
洋务局					一九一四	二五〇		五九四			一五七五	九三三二
农工商局					三九九四	三二四		一六八			八四五	五三三一
商品陈列所					五四九	三四九		四二四			一〇四七	二三七〇
谘议局			一六二二四			二一二二			一一五〇一		一〇〇三一	三九八七七
自治筹办处					六八一四	六二四		九六一			四〇八一	一二四八〇
教育总会					一九二二	四〇〇		二六〇			一八九一	四四七三
商务总会					二〇〇	二六		五〇			八〇四	一〇七九
商务研究所					三三六			四八			二一六	六〇〇
统计	六七五	三三八三六	一〇七四七四	四六一九一	九九六四三	五八九一五	六〇七二	一五三七四	一一五〇一	二七五四	九三六八八	五二四五三四

山西全省公共各学堂出款排比表

宣统二年第二届常年会议案

款项别 学堂别	薪水	役食	杂支	膳费	辛资	津贴	机料	总出
大学堂	二六〇八三两	一九九九两	二〇六八五两	两	八九九两	两	两	四九六六六两
师范学堂	二六二〇八	二五六二	五一二七	一七六四七				五一五四四
农林学堂	一七四六〇	一九六七	五一八七	三三六九	八四四			二八八二七
法政学堂	一二八七九	一六六二	一二一八一		六四九			二七三七二
巡警学堂	六三六五	一〇一二	三二〇九	二一八二				一二七六八
官立女师范学堂	三四二	五〇五	三六二一		一〇〇			七六四六
医学堂	五一一七	八一九	四〇五八		一〇〇			一〇〇九三
实业学堂	四九一七	四四九	五〇六〇		三一八			一〇七四四
晋阳中学堂	三九八九	四一五	五七〇	二二一五				七一八八
公立女学堂	二八九五	三六五	一二二一		五五			四五三六
满营农林传习所	三〇二八	三四二	二〇六四		二四二	一二九〇	一四六〇	八四二五
模范小学堂	一二八五	一一六	四四四		一二四			一九六八
满营小学堂	一二五一	一四七	二二九六			三六七		四〇六〇
蒙养院	一六二二	二五〇五	一六七三		七五			五八七五
游学费								八〇二二九
统计	七四二五二	一四八六八	六二八四三	二五四一三	三四〇六	一六五七	一四六〇	三〇七二八七
太原中学堂	二三六二	六二三	一三二七	二一二一	二二九			六六六二
附言								

审查府厅州县预算分册列表例言

（一）正赋	杂赋、米豆、耗羡并列。耗羡本属附加，然相沿已久，且为各官之养廉。养廉既作正支，耗羡即不易划出。
（二）各税	正税、盈余统列，课附。然盈余外之盈余，实有巨数，特分册不列，此册亦无从列。
（三）平余	大余、小余统列，米豆既附地丁，则米豆盈余亦宜附此，但各处入算者少，此亦地方官一大入项也。
（四）平余外	另收火耗、解费及办公各费无可名也，名之曰平余外，乃平余以外之官收入也，册数不实。
（五）地租	正款官租、学租也，公地租、房租附，代征租附注不归总入，代征附正赋者亦不总核。
（六）生息	官款、公款合列。
（七）斗捐	各处普通者，故独列。虽有五分上解、六分上解之别，表中不能细分，因各册皆无分别项也。
（八）戏捐	亦以普通独列。
（九）杂捐	凡名捐者皆列，性质近捐者附入，绥远拨交一款附注不计。
（十）差徭入	此项正当应列之项，乃人民共纳差徭费总入数，然列入者少，今所列多地方官收入差徭项下之款，阅者宜注意。
（十一）亩捐	此系正数，附收之一成费无列册者。
（十二）总入	第就其册列之数为入表之数，其实非确数也。
（十三）上解	无一处有此项者，皆因阳曲不列，各处仿效故也。此系大项，此项不列，则出入无从稽核，本局只认总出外全数上解，虽不填注，亦必如此解释。
（十四）官吏正支	俸廉、薪水、役食统列，虽不无浮冒，为数不多。寿阳领款附入。
（十五）规费	凡各衙门公费、杂支□□经费及各种规费，凡近规费各项统列入。
（十六）驿站支	此系留支正款，其实多入私囊，盖料出粮行，麸出麫行，草出农民，甚且有附加入款，然无从稽核。本局只可认此项为官吏入款。
（十七）教育费	
（十八）巡警费	凡关于巡警者皆列入，附列蒲州、潞安、绥远军政费，注明另计，不归总出。

续表

（十九）自治费	凡筹办事务所、研究所、宣讲所同列入。各册皆列入临时费，因此各所之取消必在厅州县议事会成立后，其费不能裁去故也。
（二十）司法费	凡司法费项皆列入。
（二十一）善举费	
（二十二）实业费	所列惟同蒲铁路保息款居多数。
（二十三）杂出款	典礼、祭祀各费及抽收斗捐局费列此，因此项无多，且无浮出，多数列此者，即无可省，亦不必研究也。
（二十四）差徭费	此中间有津贴衙门各款，未经剔出，惟蒲州府荣河县以收入一半归官，特别提入规费。
（二十五）预备款	归入总出核算。
（二十六）总出	但就其列册者核算。
（二十七）临时入	
（二十八）临时出	自治事务所费用及补助学务费均划出。
附例言六条	（一）（二）（五）皆可作国家行政经费观，虽有附加，似可不必剔出。
	（六）（七）（八）（九）皆正当地方入款。行政、自治之界限未易分晰者，皆以入款难分故也。（六）内不无官款，（五）内不无公款，约计相抵出入无几。
	（三）（四）（十）（十四）（十五）（十六）皆可作官吏入款观，虽其间不无出项，然犹不实不尽。
	（十八）出入不尽实。
	（二十五）未必皆有款，间有于此埋藏陋规者，然亦不必计，因列此即归入地方矣。
	五钱以上列一两，不及五钱略。
山西谘议局特任审查预算股员长闻喜杨䩄田举例 股员　太平贾悟鸣　猗氏乔禊亭　阳曲韩友芝　猗氏景蔚文　武乡段雨田 土默特金善　临汾张维藩　安邑杨馨桂　丰镇李苑林　辽州赵廷璧　同审订 宣统二年十月初八日排定	

山西谘议局审查全省府厅州县宣统三年预算分册排比表（入项）

宣统二年第二届常年会议案

	入项											
	正赋	各税	平余	平余外	地租	生息	斗捐	戏捐	杂捐	差徭入	亩捐	总入
太原府	两	一二六七三两	两	两	七六两	一三三八两	两	两	六九一六两	两	两	二一〇〇三两
阳曲县	六一三八九	一一〇七九	六二〇〇	二二三五	四五二	一五一二七	一九三三五	六〇六	五九三二	二三三二	七九九〇	一三二六七七
太原县	三九四九六	五〇〇八	一八八二	七三三	三九六	五六八一	二九二一	五九五	三一〇一		四五二四	六四三三八
榆次县	五三三一七	一五一一四	一五五〇	四一一七	九	一二四七〇	五二四二	八〇〇	三〇〇五	六一九八	七〇七四	一〇八八九六
太谷县	三七一八一	九二八〇	二六一一	一〇一三	三	一九七二二	三七二四	五〇〇	二四五五	二四五	四八二一	八一五五五
祁　县	三九四二四	四五一七	三七〇六	二三六	八九	二〇五六〇	三五二七	三〇〇	一二八二	五九一九	五一八九	八四七四九
徐沟县	五一三四四	九九二六	四〇二一	三五二〇	九	六八六四	五一五七	七九二	二四三二六	六六三一	六七九九	一一九三八九
交城县	三〇〇三八	七三八三	一四二二	二六二六	五九	二八二六	一一〇五	二二七	一五二九	二二一	三四〇六	五〇八四二
文水县	七〇五五四	六六三四	三八五九	三五〇〇		四三七〇	三七八〇	四三八	二八五三	三〇四四	九二一一	一〇八二四三
岚　县	九七八四	九八八	五五五	五〇四	三	三五〇	二七	六八	二五三		一五一二	一四〇四四
兴　县	一二五八六	一四九七	三五六	一六五五		一六一	一八五〇	二六一	六五七	六四	一七七八	二〇八六五
岢岚州	六七三五	六三四	三二	八六	三四	一五四	四二〇		二四四	四七三	八八一二	
平定州	二二五五九	四四四九		三五九五	七五	四二七九	三〇三九	一一〇九	一九二〇九		二九八九	六一三〇三
乐平乡	一一九九八	一二一〇		八一〇		一四九		八七四	二二七		一五四一	一六八〇九
盂　县	二四九九三	四一六〇	二四四一	一九四	一八	三八一八	一一四五	五一二	八三八	五八五	三〇五一	四一七五五

续表

	入项											
	正赋	各税	平余	平余外	地租	生息	斗捐	戏捐	杂捐	差徭入	亩捐	总入
寿阳县	二九八九六	四二六八		一九四六	六四	六八七四	二七〇四	一〇六五	三三七五		三八三七	五四〇二九
辽　州	七三八八	八九三二	九一二	五一一	九一	五五五	四六〇	一〇〇	一〇八六	三七二	九八一	二一三八七
榆社县	九一七六	一三九四	六一四	一五八三	二九	一〇九	六六二	一四九	九一	四四〇	一二一一	一五四五八
和顺县	一〇六四九	四三八	三五八	二四五	一六七	五三三	九六二	一九五	三二二		一三七四	一五二四三
沁　州	一八七七五	三三三六	六六四	八〇八	七五	五〇五	一四〇二		四三八		二四九二	二八四九五
沁源县	一三八七一	一〇六七	一一三〇	四六七	三三	一〇二五	三九三	一八五	一八四	六五	一八三一	二〇二五一
武乡县	一六九九八	二六六四	一三四一	一三二七		五九〇	六七三	二三一	九八七		二一七一	二六九八一
潞安府		七一五六		四三八八	二〇八				五〇一二			一六七六四
太义镇通判												
长治县	六四四一三	二七五三	四四九二	三七七七	三二一	四五二七	七三四	四五〇	一一〇三		八一〇〇	九〇六七〇
长子县	五〇五七六	五五八五	五二三七	六九六七	五三	三六一〇	一九七三	六四九	一三七九	三八一	六五四二	八二九五二
屯留县	三〇四六一	八四八	一八五八	二九三七	三二	一三九三	七七七	三一三	一三六二		三八五四	四三八三五
襄垣县	三六六二八	七六八三	三二二八	五七四八	五九	六三六六	二〇三九		四一七〇	三二七	四八四九	七一〇九七
潞城县	四四一三二	三七二七	五五三〇	二九五六	五四	四三四〇	一四六一	八七五	七七四	五八四	五八四二	七〇二七五
黎城县	二四二〇五	三二五三	二二四〇	三八六九	四五七 谷四四三斗	一二二六	九三六	三五四	一九六	二九〇	三二〇七	四〇七三三
壶关县	三八六九九	一二三五	四一九〇	四六八〇		三三九二	八三九	五七〇	二六八	一七八	五一三五	五九一八六
泽州府					四六三							四六三

续表

	入项											
	正赋	各税	平余	平余外	地租	生息	斗捐	戏捐	杂捐	差徭入	亩捐	总入
凤台县	六八一七四	七四一六	一二〇六〇	七三七五	九	六一七三	三二九四	一一八四	一一六二五	九八八	九〇四五	一二七三四三
高平县	六五四五二	五五八二	一〇四三四	七七一七		五八七六	一九九五	七九五	三三九三	五一五	八六九五	一一〇四五四
阳城县	三五六五三	五二五五	二九四八	二六五九		二三五三	三三五	五五八	二三七四	七一二	四六五四	五七五〇一
陵川县	三一五九九	二三〇四	五三一六	六一六		三八三五	四七九	一八〇	一五六五	四一二	四一六九	五〇四七五
沁水县	二三一〇八	三四三六	二〇四六	一三五五		九九〇	六五	二四〇	一三六〇	一七五	三〇五九	三五八三四
蒲州府	三二九八			三八五五	七九	三一六三						一〇三九五
永济县	九八九九四	三三九一	八四九四	一八五一	八八二	五二七八	二一四二	二〇〇	一四八五	八一一〇	一二四六七	一四三二九四
临晋县	六四二七九	三五八九	五七九七	一四〇	二八	四〇四〇	三三八	四〇八	一四三七八		六九六	八八七五二
虞乡县	三一五五二	一二八三	二九〇一	三一八六	三二〇	一三〇八	二〇八	一六九	四一六	六八七	四一〇〇	四六一三〇
荣河县	四〇四九七	一二一〇	六一一八	二二三三		二二二八	四一七	三三〇	一七六八	二五二九	五三七七	六二七〇七
万泉县	三五五〇九	八九五	四〇八六	六〇一一		二一五八	一七一五	二二一		一四六二	四七一四	五六七七一
猗氏县	五八九四五	八二七	六二二六	六一六	三〇	二五九一	七八三	二〇三	七五五		七七八三	七八七五九
解　州	三一七二四	一五四一	三一六二	三二九五	二四〇	二一二七	一六四一	二二〇	一〇五六		四一九八	四九二〇四
安邑县	七二八八七	二七〇〇	九二一六	八八一一	一〇三五	三三二八	二一五三	二四〇			九六七七	一一〇〇四七
夏　县	六三〇八〇	二九八五	八三三六	一九四七	二八二	三八二五	二一九〇〇	一六〇	四六三	三七二二	八三四八	九七〇四八
平陆县	二二三五六	二三六〇	二四一六	一三五〇	四二七	一〇七二	六一五	七〇	五〇六九		二九六九	三八七〇四
芮城县	四一五七七	五三三	三五六〇	二五六三	二五〇	一九五七	六五六	四三	八四		五五〇八	五六七三一

续表

	入项											
	正赋	各税	平余	平余外	地租	生息	斗捐	戏捐	杂捐	差徭入	亩捐	总入
绛　州	六七六四六	六〇五五	八二九五	八四六二	一二一	五一一八	二四五九	五三二	七五七四		八九二四	一一五一八六
垣曲县	一三九四四	三五一	一八六二	六六〇	七〇	六〇〇	一三一一	二六三	五四二		一八四五	二一四四九
闻喜县	七七四八一	三五九九	八六四〇	八一三	五六	二八九三	三七七六	一七九	六八八	一六四六	一〇二八六	一一〇〇五七
绛　县	三二三一〇	九〇〇	四一二五	七九三	一〇八	一四八九	一六六六	一一三	一九二七		四二九〇	四七七二一
稷山县	五六三六六	二九〇二	五〇一三	九七八	米八七石	二〇一〇	二四八〇	二三〇	七九二		七七四八	七八五一九
河津县	四〇四二五	五三八二	五一八九	五九七	三〇	二六一六	八八六	四一〇	三七二八	二八一二	五三四五	六七四二〇
平阳府		二一五〇		二九九三					二四八六			七六二九
临汾县	七八二〇五	三九六四	八七七八	三一〇一		五二五七	二一九二	一五〇	一六四三	七六九八	一〇二八七	一二六二八五
洪洞县	六〇五五六	二七八九	六四七一	八九三〇	五〇	四二九七	一九三六	二一〇	一五一〇		八四四〇	九五一八九
浮山县	二五三〇五	二五七	四九〇五	二三八	二九一	七〇三	三三七	七七	二一四		三三四九	三五七二一
岳阳县												
曲沃县	六九八八五	三九一二	一三一一七	二六四〇	一三六	四五八〇	二四九一	七一九	四四四七	六一八四	九二一七	一一七三二八
翼城县	五〇二〇二	三二八九	五三三二	二九二二	五	三一九二	八七二	二〇〇	一六〇六		六六五五	七四二七五
太平县	五六九七〇	二五〇三	五一六四	三四六一	四一	五三七〇	一九〇六	四二四	一四八一		七七四六	八五〇六六
襄陵县	四九六三三	一〇一二	四一〇九	四三一九	二二	二八七七	六〇二	一六八	五七八	二〇一	六五五七	七〇〇七八
乡宁县	一二三九〇	四九七	一二〇〇	八〇一	七七	三九八	八四	八六	一〇二五		一六四〇	一八一九八
吉　州	八一四六	一八一	七九三	二一三			五〇		三二六	三一	一〇七九	一〇八一九

续表

	入项											
	正赋	各税	平余	平余外	地租	生息	斗捐	戏捐	杂捐	差徭入	亩捐	总入
霍　州	二五一六三	一〇六〇	三二九九	一一四七	二	一七三〇	九一九	一五三	七二四		三三〇六	三七五〇三
灵石县	二〇五四九	一九四二	一七二七	一二五九	一三	二九一四	九九三	一六六	六八八	三六四二	二七八六	三六六七九
赵城县	三七一八二	二一七九	三二八五	二一四九	八四	一六六二	一〇六二	一三一	一四六三		四九二八	五四一二五
汾西县	一二〇九四	二八四	六〇一	八六七	二〇	八五九	三六一	四六	四八六	九一	一六〇一	一七三一〇
隰　州	一三七八六	六九九	一二五七	六三八	四七	三三〇	七一九	一七六	一三九七		一七五四	二〇八〇三
大宁县	五五四八	二二七	四六六	一二二八	五四	一五六	一六三		三三六		七二〇	八八九八
蒲　县	四六九四	四三三	四九八	九五〇	二一七		二五二	三〇	五五		六二三	七七五二
永和县	三六七二	一五〇	四八二	一〇六		一六六	一二		五三		四六三	五一〇三
汾州府			三四一〇		五〇四〇			四八〇			八九三〇	
汾阳县	七九五六九	七四九一	七四七五	五六一九	五五	六二二一	三九四三	三九八	一一二一八	六〇一二	一〇三七一	一三八三七二
平遥县	八四〇七八	一一八六一	八八六七	三九〇四	二九	一九二一五	三八四六	七四一	三八〇五		一〇九七〇	一四七三一六
介休县	四九五三七	八〇九八	三八八一	八七七	二八八	八九四八	一七四三	二八六	二四四四	六六四三	六四一六	八九一九七
孝义县	四七八九七	一一七三二	四四一六	一三一八	五七	六三一七	三四九八	二四三	五六一七		六三〇八	八七四〇三
临　县	二三七八六	三二九二	一〇五三	六一五	二八	一四一四	一七六五	七六〇	二四五		三一五二	三六一二〇
石楼县	七八八五	一六〇	五二二	四一〇		一六八	七八	五五三	一一三	一二七〇	一〇一五	一二一七四
永宁州	三二三五九	二三八五	一七二七	四二九七	八五	二三五四	二六九六	六七三	八五三		四三〇四	五一七三三
宁乡县	一四二二四	三七二	三七九	四九六	二六	七〇〇	七五七	一二一	一一九三		一八九六	二〇一六四

续表

	入项											
	正赋	各税	平余	平余外	地租	生息	斗捐	戏捐	杂捐	差徭入	亩捐	总入
忻　州	五四二四三	三六二二	五六〇九	二七四一	一五八	一三三五〇	六七八五	八四〇	八四三		七〇一七	一〇五二〇八
定襄县	二〇七一〇	六七九一	二二九八	八〇四	二一一	二一九八	一二八五	一二四六	三六六		二六五二	三八五六一
静乐县	一九〇〇一	一六三七	一二三八	七八四	五七	六七九	一〇四八	三五〇	六八九	三〇	二三二一	二七八三四
代　州	二九一六八	七八〇二	一八〇二	八八二	三〇八	四七四六	一八二九	六八九	二七七	三三三一	三四八五	五四三一九
五台县	一五一八八	五四三七	七〇九	八八九	一〇六	一三七六	七〇〇	一一二七	一七五〇	三五〇	一八七九	二九五一一
崞　县	四一七二五	八二〇六	二九一七	四二三一		三五三五	二九三九	一五〇〇	三八〇〇		五四七一	七四三二四
繁峙县	一二三二三	二三七六	一三〇八	一三〇	六四三	一二四二	三八六二	五九四	三〇七		一六三六	二四四二一
保德州	三〇〇四	五七二	一四六	四九七		六七三	八六〇	三五	九八		三九八	六四〇三
河曲县	三六四九	二三二七		一〇〇二	八三	四七九	一四〇三	一六〇	一一六		四八三	九八四八
宁武府		二九一八		一四三	五〇	八三四			五七七	六〇〇		五一二二
宁武县	八五六七	二三〇一	一四九六	八二五	三一六	五九八	一五二八	四二一	二〇七二		三九四	一八五一八
神池县	五九一一	二〇八八		一六五一	一六六	七六〇	三一二一	一五九	一〇七五		二〇二	一五一三三
五寨县	三七四二	八四三		一六一二	二〇五	九二	五八一	一四九	一〇六六		一三三	八四二三
偏关县	一五九六	六七三	一一五	八二	一五〇	四五八	六九	一一〇	六九九		二一二	四一六四
朔平府		二六〇三		一〇〇六		三三四						三九四三
粮捕厅			一三一六	四一一八	三五						五四六九	
右玉县	一六九四	六二〇	四二九	一二一一	一二三〇	五七三	七四六	六二	八三二	九九四	二五三	八六六二

续表

	入项											
	正赋	各税	平余	平余外	地租	生息	斗捐	戏捐	杂捐	差徭入	亩捐	总入
朔　州	米一八四三六斗 一五八八四	七〇八七	九一七	一四二	一三八	六九八	三六七五	五八八	二八〇		二一九六	一八四三六斗 三一六〇五
左云县	三五一六	一一七三		三一七	四八五七	七〇九	三三八	四八〇	六二一		四九四	一二五〇五
平鲁县	四二〇七	八二八	三一〇	一五八四	一一六〇	九五	一一七〇	七七	二二八		二二二	九八八一
大同府		一七八八六		二三八四	二一	一五五三				三六八六		二五五三〇
大同县	一九五八六	四八二四	二〇六九	一一九四	二七四三	三二八八	四六四四	四四三	二三二九		二八二二	四三九四二
怀仁县	八七五〇	二六八一	一〇六六	二六八	八九	二二八	四八二	六四	五九四	一六七四	一二〇一	一七〇九七
浑源州	一〇五二二	一一〇六〇	一三七二	二二四	一四三	三四八九	四九七六	三九〇	八三五五	七六三	一四七四	四二七六八
阳高县	六五八七	四七九七	一一三六	六八	六六三	一〇六二	三九一一	四五一	七八〇		九四四	二〇三九九
山阴县	五八八九	六六八			七五八	七二六	四八三	三一	二二七	一一五八	八四〇	一〇七八〇
应　州	二〇六六九	四七六五	一一八二	二五	四〇	九八九	八七六	一九一	一〇八六	二一二	二九五六	三二九九一
天镇县	八三〇四	二七一七	一七九七	八三	二六五二	四二二	二八六	一八九	六二〇七	九〇一	一二四六	二四八〇四
广陵县	一〇四六一	六二〇四	一〇一八	五三九	二四	九九五	一六四四	二六九	二〇〇〇		一三八九	二四五九三
灵邱县	一一五〇四	一二二五	一〇九三	七四六	四	三八四	一五六三	一〇〇	七八二	五三七	一五一八	一九四五六
归化厅	三一七七	一三七四八	三三	七四七五	代一三九 四三〇六	一九五〇〇	三七六〇九	三四〇	四八〇〇	二三二九	四七二	八九七八九
萨拉齐厅	二四二一	一〇二一五	八六	六一〇三	一二〇	七九五四		七九二	五七〇五	八六七	三五四	三四六一七
丰镇厅	代六九四 四〇八六八	三一一七	七六六一	二〇〇〇	代一六八九 三六〇七	一八六〇	三五四二一	五一〇	七四九八	三五九	六〇四五	一〇八九四六

续表

	入项											
	正赋	各税	平余	平余外	地租	生息	斗捐	戏捐	杂捐	差徭入	亩捐	总入
宁远厅	二四三六四	一五六〇	二八九二	二八一七	二七〇六	代一〇四九 一六五六	一九九五	四三四	九九	四六四三	三五四五	四六七一一
托克托厅	二七九八	一五六一	五一	一二三二		七八	三二四五	二三六	二六七		四二〇	九八八八
清水河厅	一一四二二	八七	一二三七	五二六		九一九	一〇〇	二三〇			一六二七	一六一四八
和林格尔厅	三七七五	二〇二	二五二	八五六	二二〇六	八二〇	二三八	二九六			五六六	九二一一
武川厅		一〇六七				九二四	一五三二					三五二三
五原厅	二八一二		二七七								二〇八九	
兴和厅	一七三〇三	九一〇	三二八三	五三四	三二九五	一三四八	七六八八		八四〇	一〇七	二四三三	三七七四一
陶林厅	四二四三	二〇〇	三九二	四六八	一一二一	三九〇	五二〇三		七七三	九一九	五八九	一四二九八
东胜厅	四八四三		七三	五二九							五四四五	
绥远厅	米一五四一一斗 三三七一〇			二四二二	三五一八八				拨交 一三四二九			七一三二〇
统计数	正赋	各税	平余	平余外	地租	生息	斗捐	戏捐	杂捐	差徭入	亩捐	总入
	叁叁壹伍伍柒贰两	肆肆伍柒伍伍两	叁贰叁〇〇叁两	贰肆陆贰壹壹两	柒捌壹〇贰两	叁陆柒捌伍捌两	贰柒柒柒叁〇两	叁玖贰叁〇两	贰肆陆壹玖玖两	壹〇陆捌柒捌两	肆贰玖壹伍贰两	伍捌柒伍陆玖两

山西谘议局审查全省府厅州县宣统三年预算分册排比表（出项及临时项）

宣统二年第二届常年会议案

	出项													临时项		
	上解	官吏正支	规费	驿站支	教育费	巡警费	自治费	司法费	善举费	实业费	杂出款	差徭费	预备款	总出	临时入	临时出
太原府	两	三八四七两	二四〇七两	两	六六六二两	两	两	九二两	两	两	两	两	两	一五三四二两	两	一〇一三两
阳曲县		二八一五	六〇八三	五九八三	一三二三三	一〇八七四	五七九七	一七四七	六二三五	二八六五	二五四六	六三六〇	五〇〇〇	六九五三八	五七三	二四七八
太原县		一五八八	一二三九		三一六六	七〇一七	二八〇〇	三七九	二八〇	五八四	三一七			一七三七〇		
榆次县		一四四四	四三四七	四一九五	三五六二	一一〇六〇	四一二五	六一二	二八二	九九六	一〇六	六八六五	三五〇〇	四一〇九四	二三六	四八九
太谷县		一二六七	二七六二	一七四七	五五九七	八四三一	三六五四	八七九	五四〇	七四七	一九二	三六	二〇〇〇	二七八五二	九四三	二一四
祁　县		一八四一	二一九三	三九五二	六七八一	四九四六	三七一九	一四八三	一六一		三二三	六二六五	三〇〇〇	三四六六四	九	一五五
徐沟县		一九四四	四八六二	三九七五	八六〇二	二二五四〇	四二〇三	五八八	三六二	八九二	一七一	五〇二九	三三〇〇	五六四六八	二六二三	
交城县		一四六九	二六五三	二四五	二〇一七	一七六五	一四八六	三四五	三四		一六二	一七七	二〇〇〇	一二三五三		一七二
文水县		一六一五	一四一五	三七八三	三四六五	四一一〇	一三三七	五六一	四一	一四六九	一一三	三〇四四	二〇〇〇	二二九五三		
岚　县		一三二二	八二三		三三九	七〇六	一一三三	二二九	二	五	九一一		五〇〇〇	一〇四七	一五〇	二〇〇〇
兴　县		二九七三	四六二七		一〇五九	一四〇三	六〇二	三四五			九五			一一一〇四	一四一	
岢岚州		一二三八	四二七	二一四	六一九	七六四	七四六	一〇七	六		八五〇			四九七一	八〇〇〇	
平定州		一五五八	八七四三	七八二一	六〇二三	七二九〇	二〇三二	六四八	四七	六〇五	一三五	二二九四	四〇〇〇	四一一九六	二四	一三九
乐平乡		三八九	八五〇		三四〇三		六六三		一一〇		五五	四八七〇	一二〇〇	一一五四〇		
盂　县		一四六九	七三八	四〇一五	三〇八一	四九七七	七六五	三二九	一七三	七五三	九三		一三〇〇	一七六九三	八	六七

续表

	出项													临时项		
	上解	官吏正支	规费	驿站支	教育费	巡警费	自治费	司法费	善举费	实业费	杂出款	差徭费	预备款	总出	临时入	临时出
寿阳县		四二九四	一一七九	四九二八	四三五七	一〇六三九	一一三五	一〇〇一	二九	四九一	一〇三	三三五七	二四八〇	三三九九三	五八六五	二一九
辽　州		二〇一二	一八四六		一五三〇	三二二八	一〇五一	六二三	三五		九〇	五一六		一〇九三一	三五三	三九二
榆社县		一一二六	一二五〇		七七六	八九〇	九三七	一六二	三		九七	一五〇	五六〇	五九五一	一〇〇八	六一
和顺县		一二五一	一二〇六		七七〇	七八五	二九四	二二六	二〇	七八	一〇七	一〇三	五〇〇	五三四〇	一九四	一〇一
沁　州		二一三一	九五〇	三三一	三〇五九	三七八五	四三一	五八五	七八	二七八	三一六	二五六	八〇〇	一三〇〇〇	一	一四五
沁源县		一一一九	八九七	四八五	一五三〇	五四七〇	六三一	三一一	一一七	七九	二二〇	二〇	七〇〇	一一七五九		三四〇
武乡县		一一三五	二〇四五	一五二一	一四六一	二六三六	一三〇四	二九六	三九	一三九	二五一	一〇四〇	一三〇〇	一三一六七	二	一一〇
潞安府		三四二九	一四一〇		六七〇九		军费四〇〇						一三二二	一三二七〇	一〇五	一四三
太义镇通判																
长治县		一六二九	三一五五		三一六五	六一八六	一六四一	二〇七	二三八		二一六	三〇四	一六〇〇	一八三四一	三八〇二	三三九
长子县		一八五七	四三九七	七一九	五九二六	四六一七	一三七二	三二七	一五	三九八	一二三	四三五	一七〇〇	二一八八六	一	六五
屯留县		一六〇四	二五一七	七九二	二三三五	一三三六	七〇九	五三〇	二六		一四六	七五二	一〇〇	一一七四七	一	四五
襄垣县		一六六二	三五二二	七一二	五七一六	六三七七	九〇四	五八七	七一三	一四九七	一三二		一二〇〇	二三〇二二	一〇	六一
潞城县		一五五五	三二八一		二六〇八	五八一五	四三二	一五八	一一九	四〇三	一六一	五八四	一一五〇	一六二六六		六七八
黎城县		一六八四	二〇六四		三一二五	九三九三	一七二八	九三一	一八八	一八七	一八二	四二七	三〇〇〇	二二九〇		九九八五

续表

	出项													临时项		
	上解	官吏正支	规费	驿站支	教育费	巡警费	自治费	司法费	善举费	实业费	杂出款	差徭费	预备款	总出	临时入	临时出
壶关县		一一三〇	三一〇七		二六五七	一二四五	一〇〇六	四四三	三一	一八三	九五	一九一	八〇〇	一〇八八八		三五〇
泽州府		一八八八	二九九八		二二六				八八〇						七二三四	
凤台县		一八九一	五九二二	一八三四	四二五七	四一五六	七八八四	九六四	四	六五六	二五一	一〇〇六	二三五〇	三一一七五		三〇三
高平县		一五七三	六七九九	一一九三	二九七三	一〇三五四	一一二五	四一六	六	三〇〇	一〇八	九三三	二〇〇〇	二七七八〇	二	八〇
阳城县		一一九七	一七八七		二〇七八	一五一七	八五七	一〇三五	一三	六七	四二九	八一五		九七九五		
陵川县		一六〇七	二八八四		一二三七	一六六七	五二四	六一九	三二六	九三	八六	四一二	一〇〇〇	一〇四五五		
沁水县		一三九七	二四四一		九六〇	二九五六	四四〇	二二〇	一一一	一三	一〇八	一八一	八〇〇	九六三二		七七四
蒲州府		三四一八	三七七五		三六九九	军费三四九							二四〇〇	一三二九二		四五〇
永济县		一四九二	二七〇三	三九一五	一三七〇	一九〇三三	一〇七五	六〇一	八二七	二一二〇	一〇八	六五八六	四〇〇〇	四三八二〇	五六五	
临晋县		二〇一九	二八六四	三三二六	一五六〇	八二四七	三一〇八	四五六	三三〇	六八	二〇三	一〇二三四	三八〇〇	三六二一五		四九
虞乡县		一一四七	一七二九		四三三三	一四四九	三八二	二五一	九七		一〇二	二七九	五〇〇	二一六九		
荣河县		一六六九	四七七〇		二一一一	二〇〇八	八三三	一一六〇	九	六四	一二八	九九〇	二〇〇〇	一五七四二		一七八八
万泉县		一二八二	五〇六四		一四五八	四一八三	五九七	一〇七六	八四		一八八	七四三	一七〇〇	一六三七五		一八八
猗氏县		一四九五	一一五一		一七一一	二六二一	八二五	五五一	六	一五七	一一五		六〇〇	九二三二		一八七
解　州		二〇〇一	二八五一		三〇七七	二五三七	五四二	一二三六	一九三	二五〇	二〇六		一二〇〇	一四〇九三		三五
安邑县		二六六〇	一〇四二五	四二五七	四一一一	三四一〇	五九四	八八九	六四	二〇〇	一四一	六六六七	四五〇〇	三七九一八	八	三二五

续表

	出项													临时项		
	上解	官吏正支	规费	驿站支	教育费	巡警费	自治费	司法费	善举费	实业费	杂出款	差徭费	预备款	总出	临时入	临时出
夏　县		一五四五	三一三九		三四七六	四五八四一	八一四	六五七	二四五		一四〇	二三一六		一六九一六		一九〇
平陆县		一三三三	一三四二		三六八六	八〇五七	一四九〇	四四六	一三一	一二三	六一八			一七二二六		四六五
芮城县		一五八二	二六一三	三九	二〇〇〇	一四九三	三七四	六七八	六九	一六三	一七三		一〇〇〇	一〇一八四		三七六
绛　州		二四四二	五二四四		七九〇八	四三六五	一七四五	二一一	五	四九二	九三		二二五〇五			一三〇
垣曲县		一一〇六	五三〇		五八二三	二〇三二	五七六	四六六	三七	二〇四	九三	二二四		一一〇九一	二一四	四〇
闻喜县		一五六九	一三四一	三五三九	三七二五	三一九五	八〇〇	五九三	三〇五	七三〇	八七	七七九三	一七〇〇	二五三七七	八	一九一
绛　县		一五七七	一八一八	八一四	二七一四	八八四	五五九	四七三	四〇		一七一		一〇〇二	一〇〇五二	六二	二六八
稷山县		一一六一	七八七九		二〇三五	三〇七二	一一八四	一九五九	一六九		一一九			一七五七八		二三九
河津县		一七六二	九五五	一四八	四〇〇一	一九九六	一二七〇	一三五	八四	一七一		一六三二	一〇〇〇	一三一三三		五三二
平阳府		五五九三			二五九一								八〇〇	八九八四		
临汾县		一九三五	四九五〇	二八一一	一四八一	四一五四	九九一二	八九九	七七		一四〇	八一〇七	三〇〇〇	三七四六六	二三	五四二
洪洞县		一五二九	二三四二	三一一四	一九七七	二二〇六		九三三	六一	二八九	一〇七	六三一二	二九〇〇	二一七七〇	八	三〇〇
浮山县		一三二〇	二三四〇	一二五八	一六一九	四二三一	一〇〇〇	一三八	一四		九六			一二〇一六		
岳阳县																
曲沃县		一九二一	五六四八	三〇八〇	四四六八	四五七五	五六三	一六五八	八四一		一一四	六〇三三	三五〇〇	三二四〇一	五二	五四五
翼城县		一六一一	二九四七	二五	二六三九	七四三二	五三三	一三二七	一九一	一四一	五四四		三〇〇〇	二〇三九〇	四〇一七	三一一

续表

	出项													临时项		
	上解	官吏正支	规费	驿站支	教育费	巡警费	自治费	司法费	善举费	实业费	杂出款	差徭费	预备款	总出	临时入	临时出
太平县		一五六八	一八五九	四一四一	一九四二	九〇四五	七七二	九三九	三	四五七	二八四	四二三七	二六〇〇	二七八四七	八	一三六
襄陵县		一三八三	四一〇四		一二六七	二三二三	七一五	四九三	一九四	一四五五	九四		一二〇〇	一三二二五	三三六	五一
乡宁县		一三九〇	一六七一		一五二九	八五六七	一三九六	三五一		一三一	一四二		七一〇	一五八八七		八一
吉　州		一三一八	九〇一		九九五	二四七五	三四五	二〇二	五八	九	一三五	三一	五〇〇	六九六九		一二一
霍　州		二二〇一	二三四三	二八四八	二〇六七	二五六七	一八四六	七一一	二二	二〇〇	一六九	七四一一	一二〇〇	二三五八五	八	一六〇
灵石县		二〇九二	一五〇七	六七六三	三〇二一	一三六六	一一〇一	四八三	二三	一八七	一二九	六一八七	一七六八二	四〇五四〇	一五	七三
赵城县		一三三七	二二三三	二四五八	一九七六	六一六七	三五〇	五六六	七	二九八	一三〇	四九二六	二三〇〇	二二七四八		二六六
汾西县		二一五五	五三七	一四二九	一四八五	一〇〇一	八三一	二一〇	二三四		一四九	一五八	九五〇	九一三九	八〇〇	一三一
隰　州		二一五四	一九五〇		一八九三	一六六四	九一三	三六四	九〇	一四四	一九二		九五〇〇	一八八六四		一三三
大宁县		一一二七	五九八		六八〇	七九四	九一四	一〇一	一		一一一	三〇〇	四六二六			
蒲　县		一一四八	五〇六		一五八	四七八	一〇四	八九		四三	九八		三六〇	二九八四	七九	一二
永和县		一一四三	六九〇		六五八	一二三六	一〇〇	五一	一九		一八〇		一〇〇〇	五〇七七		三〇三
汾州府		五一四九			五七五三						六三		一八〇	一一一四五		二四〇
汾阳县		一六三九	三六八二	七八四	四六二四	一〇一九三	三一〇四	九三三	三八九	七四五	三二六	五七六九	二〇〇〇	二四一八八	六七七	一〇六三
平遥县		一六四三	四四四二	三〇一八	八〇七一	一一三〇二	六四三六	四七四	一一四三	二一九一	一六六	五四七三	三〇〇〇	五七三五九	八	一九九
介休县		一六〇七	二五一一	四六七六	三〇五〇	二六一二	二七〇五	六八八	五	三一三	四〇九	五二一六	三〇〇〇	二六七九二	八	二三九

续表

	出项													临时项		
	上解	官吏正支	规费	驿站支	教育费	巡警费	自治费	司法费	善举费	实业费	杂出款	差徭费	预备款	总出	临时入	临时出
孝义县		一三八二	三一九九		二三八八	一八四七	八八八	五三七	八三	一一〇五	一一六		一〇〇〇	一二五四五		七五
临　县		一一六三	一六一一		一九四五	一一四七	九七五	二四四	一七六	五八八	一九三		七〇〇	八七四二		二三九
石楼县		一〇九〇	六八七	二三	三三四	一〇九七	三三六	二一二		一四	九九	一二六九	七〇〇	五八六一		一二五
永宁州		一七四七	三〇五七	五四三	三一六九	八八四四	一八四〇	四二七	三九	五一〇	一七七	二五七	一二〇〇	二一八一〇	四三六	一五〇
宁乡县		一一一三	七三六		一一〇一	一四四三	七五四	一三〇	三四		一二五		四〇〇	五八三六		一一
忻　州		二〇二五	四二六二	六一七三	九二一七	一四二〇八	二四七九	一四六二	一三七	一三五七	一〇〇	四七五七	八〇〇〇	□□□□□		
定襄县		一四〇一	一五一二		二五四七	三五四二	一五五一	三八四	四四	二七八	一二二		七〇〇	一二〇八一		五八
静乐县		一四九九	一一七〇	三一八	一四四三	一一三三	二一六	一七九	一三五	二一〇	九六	一一八	六八〇	七一九七		四八
代　州		二六一七	二六六八	二八二八	三五〇〇	二六九三	二二〇九	四一二	三〇七		一九九		一七〇〇	一九一三三		一二五
五台县		一八〇〇	一五四八		三〇九四	四一三二	九九四	一三二	五	一二五	九四	一三二	八〇〇	一二八五六		
崞　县		一六九一	二四四九	一八〇五	七六一六	三七三二	三〇一五	五八〇	一四五		一〇六	三二〇五	一六八〇	二六〇二四	四五六	三六
繁峙县		一六七五	一〇一九	八三六	二三四五	一六二五	九九〇	二三七	三五九	一〇二七	九四		八〇〇	一一〇〇七	五五六	一四六
保德州		一八五八	五八一	二三六八	八一五	九八一		八九	一二	一四四	四〇一		一〇〇〇	八二四八		七
河曲县		一六三九	七〇八	二二一三	五八七	九六七	七五六	二二四	七五	二八一	一五九	四一八	一〇〇〇	九〇二七		一八四
宁武府		二七六三	一二九〇		二二七〇						六三	六三八六		一五七		
宁武县		一三五一	一八五〇	一三九二	一八七一	一八二一	一二八二	一五四	一二三	一七四	二二五	七九三	三〇〇	一一三三六	一〇二	一八三

续表

	出项												临时项		
	上解	官吏正支	规费	驿站支	教育费	巡警费	自治费	司法费	善举费	实业费	杂出款	差徭费	预备款	总出	临时入	临时出
神池县		一二九九	一三八八	二五四五	一七八九	三八六三	六八六	四七三	五〇	七二四	一二八		一〇〇	一二九四五		一二四
五寨县		一一四五	八五九	五二二	一二八三	六四七		八六	二七	一一六	九一		五〇〇	五二七六	二四八	
偏关县		五三七	三二五	六八一	五八五	一〇七〇	三〇〇	一二〇	四	一五	五三		八〇〇	四五三〇		
朔平府		三七一四	一五〇〇		九九四					四四九	四一		一〇〇	六七九八		七〇
粮捕厅		二三一二〇	七九一	五〇〇								二四四一一	二六三	五三		
右玉县		一七六九	一三一七	二二五四	一〇一四	七四八	一六五三	二一四	九四		二六八	八三七	一三〇〇	二四六八	七	九三
朔　州		一三三四	一一五九	三五五九	四一五二	二四四三	一七一〇	六六七	一九四		一八八	八〇六	二五〇〇	一八七一二	一六五三	五
左云县		一三六七	一一三八	二三七五	一四六二	七二九	七一三	二〇六	二〇七	五九	二三八	四一八	三〇〇〇	一一九一二	九	五二
平鲁县		一二六八	一五五七	三九〇	一三〇二	二一三七	八四七	二一四	七	二七七	九七	八九	七〇〇	八八八五	一一	七三
大同府		一九八三	一八二〇		四四七六				四八八	六八四	五九		七〇〇	一〇二一〇		六八
大同县		一四九四	一三九九	四九八五	三二五一	四〇八二		三三五	四一七		二七四	一五九二	一五〇〇	一九三二九	一四一	三六三
怀仁县		一六二六	一九九一	二六八七	一二二〇	四八六二	二一九	二九四	二一二		二七五	六八六	一二〇〇	一五二七二	八	九一
浑源州		一二八一	二六一二	四八六	八八〇一	六五八一	一四一一	九八五	九七	一一二六	一一〇	七四七	一二〇〇	二五四三七	一	四九
阳高县		一三〇一	一三七七	二七八三	三一〇六	七〇五四	一二八二	四〇五	四		九二		一二〇〇	一八六〇四	八	一六〇
山阴县		一三三〇	三五九	一九八八	八五四	六九五	四三三	一六一	一四	四〇	八八	八七三	九〇〇	七七三五	六	一五〇
应　州		一四二四	一二五五	七〇一	一三八〇	二〇九二	八三六	一九二	四一	七二六	九六		七〇〇	九四四三	八三一	四八

续表

	出项												临时项		
	上解	官吏正支	规费	驿站支	教育费	巡警费	自治费	司法费	善举费	实业费	杂出款	差徭费	预备款	总出	临时入	临时出
天镇县		一二九二	二三一九	二〇八九	四七六九	二三一九	九一七	一六七	四		九七	一八六	一二〇〇	一五三五九		七六
广陵县		一三一一	九三七	二〇〇	一七八二	二五三八	九三五	六八七	三		九二		六〇〇	九〇八五		二七
灵邱县		八七九	三二一二	三九六	一六八三	六三四	一三三八	二八四	三		一〇四	五三七		九〇七〇	一	
归化厅		四四〇	三九〇三	三七六	四二〇二	五〇二八	一五三〇六	一八六九	一七九七	五六四九	九〇〇	二三六五	一七一〇〇	五八九三五	六一二六	四八三
萨拉齐厅		一九二二	二二四七	六〇	三八七二	一〇九〇四	五二二六	七三六			八〇	六〇一	一五〇〇	二七一四八	七九八五	四〇三
丰镇厅		一三五二	五七二一	九〇八	三八二七	一四七八七	八九八	五〇三			二〇六			二八二〇二	一六〇九	九三
宁远厅		一五二四	三九七三	二六三	七七六	二六三五	四八〇	五七三		二二一	八六	三五六〇	二〇〇〇	一六〇九一	五九一	五五二
托克托厅		一〇三一	一二八七	一〇	六〇八	二三六〇		一八八	二六		二九		八九〇	六四二九		四六一
清水河厅		一三〇三	二一一二	五二	二七九	四〇〇五	一一八七	一一五		五	五五	一一九	五〇〇	九七三二	二二三五	二六〇
和林格尔厅		九八七	六〇一	二五四	四六八	一八八六	五六	一一八			七		四〇〇	四七七七	二〇	
武川厅		一二六七	三六〇〇		二五二六	二五一六		五七七					一〇〇〇	八九六〇		
五原厅		一一三二	四六八九		一五七	六六五二		六三〇			三〇		一二〇〇	一四四九〇		
兴和厅		一五八五	二二八六		一三四〇	八八〇七		四八七		一四一九	一三六		一三〇〇	一七三六〇	三七〇五	八五

续表

	出项													临时项		
	上解	官吏正支	规费	驿站支	教育费	巡警费	自治费	司法费	善举费	实业费	杂出款	差徭费	预备款	总出	临时入	临时出
陶林厅		一八四七	四三五六		八八三	四四八〇	六二四	四四		七一八	一〇	六八九	一三〇〇	一四九五一	四五五	三
东胜厅		一二二一	四一二八						一三七				三〇〇〇	八四八六	一一五二	八六〇〇
绥远厅		一三五				八军米豆一七〇一四五费银三三二五九八						二八				一三八六
	上解	官吏正支	规费	驿站支	教育费	巡警费	自治费	司法费	善举费	实业费	杂出款	差徭费	预备款	总出	临时入	临时出
		贰叁壹肆叁〇两	叁〇壹叁肆贰两	壹肆伍玖伍〇两	叁伍肆肆〇伍两	肆捌贰贰肆伍两	壹陆肆贰壹柒两	伍玖壹叁柒两	贰壹捌玖叁两	肆叁〇陆肆两	贰贰壹贰〇两	壹陆玖捌捌伍两	贰壹壹壹玖陆陆	贰贰〇陆捌捌肆两	伍玖伍柒两	叁陆贰捌伍两

审查意见

一、细核各册，总分不符者约以十计，有一款差至五千三百余两者，有一册不符至五条以上者，并无改正之迹，未识综核者以何为据。

一、各册之出入不相关照，往往有入无出，有出无入，其出入决不能总核。出入既不能总核。则款项之虚实且无从定，遑论数目之确否，似乎此册之性质可以随意填注，信手增减。

一、各册有宜入反出、宜出反入者，推求其理，乃忽以地方为主，忽又以衙署为主，主位不定故也。出入舛错，正负混淆，似乎不合法之算式，特不解善算者以何法求得真数。

一、各册皆有弥缝官收入之心理，而手法不一，故散见于出入各款中，杂糅难分，剔除难净，本局似可认此册为不实。

一、册外之官收入、吏收入为数甚巨，泛常调查尚难尽得实数，讵得谓和盘托出，本局似可认此册为不尽。

审查意见如右，至于府厅州县各分册是否可信，尚希公决。

正误：太原府总出一五三四二应改正一三八四二，潞安府总出一三二七〇改正一二八七〇，潞安府大义镇通判系太原府通判误列潞安府下。

二、议决案

抚部院交议案

讲求水利案

晋省地处高原，水利甚少。黄河之无所利害无论已，汾、沁、二漳、滹沱等水，皆晋之巨川，而享其利者顾独太原之于汾。大抵霍山以南，患在田高川下，灌溉无从；忻代而北，患在水劲沙浮，涸溢无定。口外十二厅及各州县能得他水之利益者，间亦有之，然亦仅居小部分而已。限于地势者既如此，而人民于能享水利之区，又不能广开支渠；能去水害之地，亦未能疏濬河身，只任其天然自为利害。非有以提倡之、督率之，恐水利组合及水害预防组合诸法未能参用，而厚集资本组织公司等事，尤难望其有成也。查水利组合及水害预防组合，其便于民者有三：一易集事，二均利益，三除（锢）〔痼〕习。以一邑水利关系人组合，较一乡易；以数邑水利关系人组合，较一邑易。合数州县水利关系人以为组合，集势既厚，筹款无难，其便一。两游争水，各为私谋，强者横行，弱者吞声。合数州县水利关系人以为组合，统筹全局，利益均沾，其便二。攘利远害，时起讼端，决水截流，久成惯例。合数州县水利关系人以为组合，公理日明，旧俗渐化，其便三。现在各州县自治机关已渐成立，亟宜责成各自治团体，就各该处水势之缓急，流域之广狭，支渠之开濬，堤坝之培拥，淤塞之浅深，漫溢之形状，详细调查，按旧日规约之习惯，参用组合之新法，庶几水利可兴，水害可去，于农事必大有裨益。至于高亢之区，河道不能通行之处，更居最大部分，亟宜广求补助之法，以济其穷。晋省山脉纵横，泉流活泼，盖山之有泉，犹人身之有血脉，山脉既长，源泉必广。惟泉之为物，阻而塞之则不通，开而引之则愈畅。民俗有泉之处，往往因与邻村不睦，或惧泉流干涸，致塞其口而令行地中，阻其流而仅潴一处者，宜饬自治团体多为开凿，并劝民勿存私见，勿拘故习。此外如开井灌田，亦为济穷之法。惟井水多虞不旺，且辘轳运水，井深之处，人工太费，故民间不甚注意。宜采用日本以竹筒穿井底引泉上溢之法，外省如河南，本省如祁县，久用此法，不独始于日本也。则井水自多，灌田不虞涸竭。再令人民联合公置水车，以多数水斗穿贯取水。用一牛或一马之力运之，较之辘轳工费大省。水车为我国古法，用之者多，购买、修理均易为力。若夫富饶之区，尤应购外国吸水机器，以补我之缺。此皆补助之法之不容稍缓者也。

讲求水利原案

案照水利专家为重农之学派，农田收益以水旱判等差，故古人详潴蓄之方，外洋有组合之制。晋省南北延长二千余里，地势高亢，环境皆山，雨泽每致愆期，灌溉不易。若雨势稍盛，山水暴发，则又冲瀑堪虞，苦涝立告。推厥所由，盖源于宣导防潴之策不甚讲求，遂不免受水之害而难享其利也。虽各属间有顺水开渠、沿河筑坝之处，然以格于村规，乏于资本，泥于惯习，拘于成法之故，多未能变通以尽利。甚且事端一起，缠讼经年，殊非所以言水利也。似应由各地方自治团体设法提倡，相度省南北形势，多开支渠，俾水之来也不至漫溢横流，疏通河身，俾水之去也得以因势利导。并于有水处所，参用水利组合、水害预防组合之法，厚集资本，组织公司，讲求决渠潴水、拦坝灌田及排恶水以增肥料之实益，俾水之所至，享其利而不撄其害，亦御旱之政策，自治之要图也。

整顿田房契税案

查原案指出民间匿税情形暨避税地位，应由各地方自治机关帮同调查，令其照章纳税，毋得隐匿，如违即予告发，诚为洞烛事理，深见本原。惟是补助调查，必须妥筹入手之办法，若仅按户周稽，无论迹近烦扰，碍难实行，且又予以告发，诚恐小民无知，结怨寻仇，反生种种之流弊。本局公同研究，谨就原案范围内，酌拟方法如下：

一、劝导。劝导之法，仅恃口舌，难期有济，非予以身受之利益，虽提耳申警，闻之亦不为动。是欲加劝导，必先予人民以便利。查晋省征收之弊，往往契价无论钱数、银数，纳税时一律均以钱核算，民间苦额外征求，遂至缩短价额，更造契约，以图倖免。拟请嗣后契价载银数者，纳税时一律以银合算；载钱数者，纳税时一律以钱合算，以资便利，而示大公。如此既与部章不至背驰，而劝导可收实效。

一、稽查。查原案，晋省田房契税，按照以前三分经征之数，合计正额、盈余等项，岁收不过五六万两。所入本已寥寥，自上年加征九分以来，则绌收尤巨，是民间匿税情形势所不免。当此不动产登记章程未编定颁行之际，此项隐匿契税，概由官厅整顿，一则耳目难周，一则骚扰可虑，且有设立推揽、兑换等名目，以为避税之地位者。似应由各地方自治机关帮同调查，令其照章纳税，毋得隐匿，如违即予告发等语。办法极为切要，惟必予自治各机关以利益，方克达稽查之目的；否则空言稽查，恐仍不免于隐匿。查上年本局常年会议决酌留田房契税案内，拟就九分、六分内，仿照直隶、江苏之例，酌留公益附捐三分，作为地方自治经费，既于部章符合，又于事实有济。如此办理，则隐匿缩价者既因损碍本城镇乡公益而为本区所不容，又因损碍本厅州县公益而为邻区所不恕。耳目逼近，则发觉易；全体人众，则纠察周。不费劝导，不待惩罚，隐匿等弊，自可乌有。则于国家收入可期增多，而自治经费亦藉此以为补助，互为稽查，两有裨益，实为整顿之善法。应请查照上年酌留田房契税案内统留三分公益附捐，以杜隐匿，而资整顿。

整顿田房契税原案

案照田房契税，日本称为不动产移转税，凡田地、山林、房室，抵当、租借、佃种及承继遗产、分析合并之类，皆属其范围，为租税收入之大宗。且有不动产登记法，令其以时登记，互相稽核，故隐匿无从。晋省田房契税按照以前三分经征之数合计，正额、盈余等项岁收不过五六万两。所入本已寥寥，自上年加征九分以来，则绌收尤巨，是民间匿税情形势所不免。当此不动产登记章程尚未编定颁行之际，此项隐匿契税概由官厅整顿，一则耳目难周，一则骚扰可虑，且有设立推揽、兑换等名目，以为避税之地位者。似应由各地方自治机关帮同调查，令其照章纳税，毋得隐匿，如违即予告发，其事较轻而易举。况不动产移转税，为国家固有之税源，公认为正当之租税。刻下库帑奇绌，筹集末由，与其筹议新增之款，窒碍多方，曷若整顿固有之款，尚免隔阂。又此等契约行为，其赋税系课于有资本之买主，惩其隐匿，维持正供，亦财政上之公理也。

划区先设中等实业学堂案

原案以经费艰窘暨师范生人数之多，暂缓办分区初级师范，先设分区中等实业学堂。酌量变通，原为实事求是，然中等实业学堂固应先设，而初级师范学堂实不能不急设者。兹举其理由如下：

（一）学部筹备清单，初级师范联合设立在宣统元年，今兹宣统二年将尽尚未设立，已属迟延，如再议缓，恐被部驳，则不容缓设者其一。

（二）优级师范选科毕业生俱应为中等及初级师范学堂师资，今统计全省初级师范学堂不过一二处，中学堂不过二十余处，且半为财力困乏，难聘多员，兼有大学堂及留学毕业生充之者。所需师资既为少数，不得已始派充各处高等小学。而此中更生困难，以高程度俯就一也，非初等教育教授法二也，小学堂薪资较廉三也。有此困难，则派充仍不易易，自有人浮于事之现象。此项学生既有多数，则初级师范学堂师资更易取材。通盘筹划，两相补救，则不容缓设者其二。

（三）初级师范学堂专为小学师资而设，此项学生愈多，则教育自易普及。总计全省小学堂，据三十四年学务统计，高等及两等共八十一处，简易及完全初等一千二百九十二处，儿童之就学者得百分之四，宣统元年得百分之十六，本年已有百分之二十八，以本年与光绪三十四年较，儿童就学之数已增高七倍。今既有数千小学，而尚无一完全初级师范毕业生充教员者，纵河东初级师范有毕业者，亦杯水救薪，为效仍少，则不容缓设者其三。

（四）初等教育之精神，其本源俱发生于初级师范，然必五年始可毕业。今兹设立，虽失之东隅，五年后或可急起直追，如再从缓，则义务教育收效之始，已在七八年后。今若不图，噬脐无及，则不容缓设者其四。

有以上各种，无论财力有何困难，分区初级师范学堂仍应照上届交议成案，与分区中等实业学堂双方并进，迅速设法筹办。将来义务教育与国民生计，疾待此二者为嚆矢焉，诚今日当务为急之要者矣。

划区先设中等实业学堂原案

案照学部分年筹备案内，初级师范学堂与中等实业学堂，通限筹备第二年，各府一律设齐。故去年交议各案，有划区分别筹办之议，曾经公同议决，并已迭次通饬办理。乃一年以来，虽有成议，竟未见诸施行。推原其故，固由各属办理之不力，而经费艰窘实其最大原因。亟应前后通筹，量分缓急。查省城师范学堂比年毕业已达五百余人以上，河东初级师范已办数年，将来毕业人数当亦不少，大同、归绥简易师范又甫经毕业，均已分派各处。上年优级选科毕业学生，历经学司陆续分派，迄未能全行位置。是就目前而论，师范教员颇有人浮于事之势。而去年划定四区，若必责以师范、实业同时并举，恐有财政竭蹶，两难兼顾之忧。是以斟酌原议，再四踌躇，窃以为与其两存名目，致一事之无成，曷若量予变通，择一端而猛晋。兹拟照去年已划四区，先筹设中等实业学堂各一所，务令急起直追，不得迁延观望，庶专力一途，观成较易，俾富国富民之政策，得与国民教育双方进行。一俟各处小学推广，需用师资，然后照原案续办初级师范，以符曩议。似此量为变通，或尚合实事求是之意。是否有当，应请公决。

按村保送巡警教练所学生案

查此案于上届常年会期已议有办法，嗣以风气不开，致有种种阻碍，故现在见诸实行者为数无多。此次谓由法定机关各绅董担任劝导，俾责有专归，办法较前完备，应请饬地方官实力奉行。惟毕业以后，其一切位置，及彼此种种之联络统合方法，事关巡警官制，似非绅董权力所可执行。以故去岁至今，各属虽有毕业者，率归无用。以后保送教练所学生，须由地方官预为筹备位置，并组织施行方法，庶不至再有卑视巡警之弊，而良家子弟自愿入学矣。

按村保送巡警教练所学生原案

案照巡警教练所为造就警材、改良巡警要图。定章宣统元年各直省厅州县一律成立，学生额定百名，以一年为毕业期限。前以各属学生名额太少，拟筹一绅助官办之策，将招生一节令按村保送，由一名至三名不等，学费概免收纳，膳费由各村担任等情，于去岁交局公议。议决变通办法，先由较大村庄各保送学生一名，以五十名为一班，以半年为毕业期限，每年合两班，以足百名之数。学生膳费即由本村按地方情形筹备，毕业后仍回原村办理巡警，即以原来所筹之膳费充之等语。洵属意美法良，一举两得。现查教练所成立，各属多以现有之巡警入所教练，于原议未能如法实行，究其原因，皆以风气不开，各村不肯保送为辞。设常此固执，则警政何日克期进步。惟是官吏之督催，不若绅董之劝导，普通绅董之劝导，尤不若法定绅董指定其担负而较易为功。查城镇乡地方自治现已筹办，自治职之董事会乡董，系为法定执行机关，必乡望素孚，能于办事者始克被选。将来各属巡警教练所学生，拟即按照自治区域分配数目，以足敷定章之数为率。由各董事会乡董经理保送，则事有主任，即责有攸归。且乡董与各村易于接洽，凡夫教练所之性质，学生之待遇，及毕业后执行警察与人民之关系，均可详为剖解，以期一般人民革除旧日卑视巡警、不肯将子弟送所教练之恶念，而乐于从事，实于振兴警务、保卫闾阎，裨益匪浅矣。

筹措普设乡巡用费案

原案划分州县区域，预算乡巡薪饷，以上年议决各款恐不敷用，变通添款，减兵为民，筹计无微不至。查各区繁简不同，出款难易亦异，一概按区普设，似不如计户数较为著实。拟区分三等：繁盛之区五十户设一名，中等百户一名，偏僻百五十户一名。至筹款方法，除旧有巡田、支更等项支用外，或按户，或按亩，仍分三等摊捐巡饷，以月三千为最多数，只可递减，不得再增，则费少而事易举，庶乡巡早日成立，民力亦不至大困。

筹措普设乡巡用费原案

案照普设乡巡，去年开会已曾提出，因筹备清单内载普设乡巡尚在宣统三年，暂从缓议。本年御史赵炳麟、湖北藩司王乃徵论疏先后入奏，凡关系立宪年度筹办宪政应用款项，均应先期妥筹，覆奏立案。是则普设乡巡用费，自当及时图谋，以达凡事预立之义。惟晋省民生凋敝，财力未充，既不能按户抽捐，仿照直隶特筹巡警经费，是舍原案巡田、支更及提社会无益之费外，再无良法。现由警务公所详细考察，社会无益之款为数有限，其巡田、支更两项，虽有从土地附加者，亦有以他法措给者。若按每州县四乡划分四区，每区乡巡八十名，每名薪饷月支钱三千文核计，又每区设区官一员，任办分区警务事宜，受巡警局警务长之监督，究竟前款移作通省乡巡经费能否敷用。顾兹事体重要，一经议决，即为巡饷之的款，并具左列二手续，请公决之：

（甲）调查。拟由自治事务所派地方绅董调取各村地亩社簿，详细核算。如旧日摊捐之数过少，不敷巡警支销，是否另筹他款，抑或核减巡警数目，惟总以足敷该地方之支配为标准。俟订妥后，另造清册二分，一送本县，一存自治事务所备查。

（乙）征收。巡田、支更各款，旧例由个人向地户索取，每多参差不齐。现既预算清楚，应改为地方官督同自治机关征收，免滋弊端。

筹备市镇巡警款项案

原案谓各厅州县之城关巡警既已筹有的款，惟市镇尚付缺如，当即设法另筹，以敷应用。特公款、公产近年半归学务兼之，自治筹备现正棘手，欲求于私不扰，于公有济，苦无善法。查各市镇向有商团名目，并巡更夫役等项，其中多有筹定的款，拟请以此项改作巡警经费，责令认真照章办理。如款项不充，未能敷用，拟再由城关之旧有巡警饷酌拨少数，藉资补助，庶费少易筹，而巡警可依限成立矣。

筹备市镇巡警款项原案

案照宣统三年筹备事宜清单内开：一、指定各省繁盛市镇地方，筹办该镇巡警事宜。又御史赵炳麟、湖北藩司王乃徵等，均以立宪年内应办要政，宜按照筹备清单预筹的款等情，业经奏明，奉旨允准颁布通行，转饬遵照在案。查山西全省市镇人口能满五万者概不一见，而繁盛地方，商贾辐辏，亦所在皆有，省南若侯马、张兰，省北若岱岳、包头等处，类皆百物屯聚，街市纵横，则巡警事宜自应按期举办，即巡警款项亦应先期筹措。惟各厅州县城关巡警现筹成款，除四项公食、截留、斗捐外，莫不筹有铺捐，且有早已筹及市镇者。依理论之，自应由城关派出，分驻市镇，方为正办。但现时各厅州县所设巡警多不足额，城关站岗尚在不敷分布，势难兼顾。若从市镇地面筹款另募，则市镇商民加增一层负担，尤恐力不胜任。自应另筹的款，务使于私不扰，于公有济，以期足用而资持久。

究竟普通筹款尚有何法，俾市镇巡警得以依限成立。但市镇地面如有特别生产，亦可筹及，以为补助经费，此又在因地制宜也。

提倡林业案

原案熟察地方情形，详言林业之利，及不发达之弊，剀切周至，保护、助长二策，尤为提纲挈领。惟讲求不厌其详，拟再增入赏罚政策，并于每策后分列细目，以资采择。

（甲）助长政策

（一）各厅州县农会未设以前，由地方官督饬各区自治员，相其土性所宜，实力劝导，广为种植。如农会成立，即归该会办理。

（二）自治员须劝令乡镇士绅提倡集股，组织林圃、林木试验场，以为一区之表率，如办有成效，所获利益按股均分。

（三）凡官有地、公有地，以及室侧、道旁、沟沿、河岸，有业主者，业主自栽，无业主者，各自治团栽种。

（四）自治员督催各区，察看土地性质，各树种类，因地因时分别种植，并将旧种若干，新种若干调查明确，详细造册，年终报告地方官及省城总农会。

（乙）保护政策

（五）种植后各厅州县出示，严禁偷害，并责成自治员随时稽查。如有蹧践戕伐被人拿获者，由各团体送交该管州县严加惩治。

（六）山林警察现时尚无，有巡警地方应由巡警分段稽查，如无即可就该村旧有巡田、支更之夫量加工食，常年雇用，令其认真保护。倘有毁伤，责令该乡巡及巡田、支更等夫赔补。

（七）无论官有、民有之树株，如有必要之需，均报明自治员，始行刊伐，或伐一补二，伐二补三，必使有增无减。

（丙）赏罚政策

（八）地方官既有督饬自治员及士绅劝导之责，宜随时勘验各区栽植多寡，酌记功过，以示劝惩。

（九）三年内自治员及各士绅果能热心劝导，林业大兴，即由地方官详请保奖。

（十）各区士绅如有合资集股，组织林业公司，或发明栽种新法，由地方官详明抚宪特别奖励。

以上各条系通行简章，如有未尽事宜，宜由地方官会同自治各机关，酌量本地情形，随时订定，报明总农会。

提倡林业原案

案照森林之业为利甚溥，在周礼则虞衡特设专职，在外洋则林业号为专家，且有法律以为之范围，有警察以为之保护，一意经营，不遗余力，故能生气勃发，雨水应时，而材木且不可胜用也。晋省汾水发源于宁武管涔山，各属森林亦以宁武为最盛，足为森林茂而地脉得以宣通之明证。乃近来彼汾沮洳，几成细流，宁武森林，伐取太甚，全省旱象，遂以宁武为最著。此其故何哉？良由养之不时，取之无节，且对于森林可以通地气、养水源、消炭气之学理多茫然不解为何事也。虽数年来文告频仍，再三劝谕，据报成活树株数目者络绎不绝，且设立农林学堂以为之基础，然综观省南北林业，终未十分发达。若长此抱消极主义，不惟取材无所，亦难以畅生意而酿和甘。兹特分拟两种之政策，以期森林之蕃衍。

（甲）保护政策。各属固有之森林，益以近年所成活，其数本不为多，若再任意毁伐，则列森成林，俟诸何日。应由各自治机关将现有树株调查明确，参酌本地情形核定章程，帮同地方官及巡警实力保护，禁其滥伐。即有必要之需用，亦宜严为制限，或伐一务令种二，俾境内林木不至有减无增。

（乙）助长政策。晋省隙地，所在多有，榆椿杨柳，土性咸宜，即至山陬水澨、室侧道旁，随处皆可种植。桑柘果实之收益，试办亦有成绩。擅此莫大利源，抛弃殊为可惜。应由各自治机关视其土性之所宜，帮同地方官多方劝导，广为种植，以尽地利；或组织林圃、林业试验场，罗列多种树秧，藉资提倡，俾不至以所需栽树无从购觅为口实。

普兴蚕桑案

蚕桑之利，人所共知。蒲、解、绛、泽、潞等处早获厚利，逐渐推广，事必易行。惟省北气候稍迟，人民狃于旧习，毫未发达。大利不能均被，实由智识未能普通也。今欲妥筹的款，先在省垣创设蚕桑传习所，招生肄习，以为广兴蚕桑基础，斯诚握要之图。拟请将本年裁减教育总会经费余款拨付总农会，作为该所经费，以便开办。至推广办法，本局另有推广蚕桑案，合并声明。

普兴蚕桑原案

案照晋地古属冀州，宜于蚕桑，泽州、绛州一带，民间久以蚕桑利益为收入之巨款。迩来平定州业已办有成效。自前年实行禁烟以后，筹办交文善后之策，有农事试验场之设，于植桑、饲蚕、缫丝颇著成效。本年春间，有农林学堂毕业生屡次禀明，拟在省垣创设蚕桑传习所，造育人材，以为明春广兴蚕桑之基础。已批饬农工商局会同农务总会设法筹办，只以现无的款，成立为难。似宜妥筹款项，拨付应用，俾多数人士养成饲蚕植桑之智识，则将来所获之收益，于社会经济上甚有补苴，以视鸦片之毒人病国者，其相去诚不可道里计。况丝、茶为我国出口货大宗，丝之出产既旺，则外溢之利权聊可抵制，斯诚最要之举矣。

扩张矿学案

原案以扩张矿学，宜设立矿务学堂培养人材，诚为要图。惟矿务学堂系为造就专门人材起见，以晋省矿产最富之区论之，专门少数之人材似不敷用，宜再为各初等实业学堂，广造师资，俾敷分派，成效之睹，或可期诸异日。兹将办法分列如左：

（甲）工业教员讲习所宜增设矿业科也。

现在工业教员讲习所已筹有常年款五千金，先办陶器科。照新章，简易科二年毕业，请再筹的款，添设矿业科一班，照完全科章程四年毕业，俾资深造。将来各属初等实业学堂设立后，即以此项毕业生分派，庶矿业人材不至缺乏。

（乙）本省大学堂西学专斋收回自办后，宜续开矿学班也。

查西学专斋现开有矿学班，本年年假毕业后，即可充保晋公司办事员及矿业科之教习。惟西学专斋十年合同届满，明年收回自办，仍宜接续开矿学班，造就专门人材，款项如有不敷，应请保晋公司酌量补助。

扩张矿学原案

案照实业为生财之基础，其种类甚繁，如矿业、农林、工业、航业、渔业等，皆为所包容。然欲求实业之发达，必先求实业人材之增多；欲求实业人材之增多，必先谋实业教育之普及。是实业教育普及者，实业进步之母也。晋省之实业学堂、农林学堂、实习工场等逐渐设立，成效昭著。惟矿务学堂前虽设立，旋又停办，故通达矿学者实乏其人。大学堂西学专斋虽设有矿学专科，然学生亦属寥寥。在外洋以矿学为专业，在晋省以矿产为富源，似宜创设矿务学堂，将来毕业后咸予录用，则一切管理、开采、炼冶等事，皆其素日研究有得之学，较之聘用外人，或延请素未从事此业者，其得失固显然矣。盖晋省产品，矿为最盛，矿务既设公司，则必须多数富有矿务之学识者分办矿事，藉收矿业之实效，此矿学所宜急讲求也。

振兴商务案

原案以晋中商业不振，提倡广设商业学堂，暨多开最大公司，以期蓄力厚而结体坚，可以事竞争而擅权利。致富之策，莫善于兹。推广商业学堂一项，上届常年会交议案内，已议决分区设中等实业学堂，且于各属设初等实业学堂。就中议设初等商业学堂者已不下数处，然一年中各属行政官厅尚有未见实行者，亟应先行敦促，如能著著办到，则渐进推广，自非难事。至厚集资本，多开最大公司，吸固有之资财，经营一切专业一节，晋中煤铁各矿甲于天下，将来制造、输运，晋人生计必以此为主干。亟宜于保晋公司厚增资本，扩充一切。然欲固其本，先挽漏卮。晋中工业未兴，制造无几，近因外货充盈，倍于曩昔，捲资外流，甚为可虑，亟应设法提倡。兹举其办法如左：

一、提倡组织中国商品公司。实业情窳，洋品充斥，以山西为最。而振兴实业，尤以抵制洋货为当今急务。现各省仿效洋货，制造成品，足以颉颃外品，且有驾之而上者，固已不乏。惟商人不知贩售，用者即无由购致，机关阻塞，良用慨然。向来外人新出一品，往往彼国尚未见行，而津、沪市场已先陈列，内地分布更不胫而走，胥因外商俱有商品总汇之店，如日本之仲卖组合，上海之各国经理洋行之类，搜罗各品，备举无遗。故一公司可以代销千百制造厂之品，其法美善，莫便于兹。今拟提倡组织一中国商品公司，专销中国仿制各物品，罗举贩售。先以通商口岸设总公司，各省及便于交通之地设分公司，更推广之于各地，俾制者、用者俱得便利。兹略拟办法数条：（一）集股三十万元，每股十元，零股一元，以期普及，使多数人与本公司有关系，则愈得多数人之购行自货。（二）收股至半数即行开办，后日推广，可陆续添招，以百万元为度。（三）与国内各实业公司、各工厂、各出品店订贩卖专约，以期双方获益。（四）与国内各交通机关订运输特约，取运费最廉，以期成本减轻，销路便利。（五）呈请农工商部、度支部，实行裁厘加税，保护内地工商，或厘税并征改贴印花，由本公司直接认纳，以免厘卡留难，致碍行销。照以上各条，如能速行组织，早日成立，则用品者即知用土货，各省制品家可以推广发达，获利益丰。本公司自能代为研察各地民俗人情、好恶习尚，而报告于各出品家，令其随时改良，物愈适用，则销路愈畅，外货之来，自日减少。一举而各方面俱得便利焉，诚莫善于此矣。

二、照本局调查中国仿造外式物品一览清单，饬农工商局通饬各地方官照会各商务总会、分会印发多本，俾商人知物品制造所在，以祛隔阂而便通运。所有本局刘议员文炳由南洋劝业会调查中国仿造外式物品清单照抄附后。

中国仿造外式物品一览清单说明

外人尝讥我有生货无熟货，窃尝耻之。然欲求一自治之品，往往以通都大邑索之，十日而不获一物，叩之人，亦莫能言之者。夫既无自货可致，则捲资外流，亦莫可如何。又见有制品者株守一隅，销路愈窒，积货愈多，成本愈巨，价格愈昂，仍不得不趋于死地。日筹抵制，日兴土货，而吾国民尚不知中国有某物某物，隔阂无见，宜其败也。南洋劝业会开幕，萃二十余行省天产、工艺、美术、教育各品于一所，罗列万有，目不暇睹。中国版舆之大，气候之温，物产之富，自应有此巨观。八月初，议局诸同人推炳以议员名义南下金陵，入场观览者十余日。凡国人所仿造洋货，但有过我之眼簾者，无不笔而载之，按部分类，蔚聚成帙，以饷我同胞，俾知我国亦有某物某物，且知有较之洋品超过之者。此后人手一册，认明某物为某地某公司或某姓名某牌印商贩，以此而运售各地，吾国民凡有所需，自皆取给于兹，庶爱国之心锡类而生，使将来各通商口埠，及各省地方无非此等物所流通焉。金钱既止外溢，制造家更蒸蒸日上，且可研究外人之习尚，以输于远。是举也，藉非溟阳、丰润先后毅力，破数千年之天荒，克成此事，纵足迹遍天下，安能罗千百工厂于一帧，使制者、用者得以相接耶？爱国同胞快何如之！唯仓猝纪载，不无遗错，仍祈同志诸君见而正之、补之，或蔚萃接于此后，或登报宣明，总期凡我同胞所手制之仿造品，必使我同胞无一不知焉。是则某所厚望也夫。庚戌重九徐沟刘文炳识。

染织部

绵纱类　近年各地织布厂林立，名曰土布，然所需绵纱仍有购自外人者。兹调查各省纺纱各厂已属不少，此后各织布局皆可向下列纱厂购买。

江苏通州大生纱厂奎星机纱

上海公益厂

太仓济益厂

无锡振新厂

金匮业勤厂

上海华盛厂

浙江通益纺织公司

宁波和丰公司

江阴华澄厂

上海新太纱厂

上海又新公司　其牌印有红团龙、蓝团龙、紫团龙、得利图

上海振华厂　双龙为记

苏州苏纶厂

河南彰德府广益纱厂

湖北纺纱局

湖北织布局

江西南昌大经纱厂

布疋类　现在织布厂各省已推广不少，兹举其最著者。

各省工艺局之各色土布

上海又新公司　其四十码布已可步武美制，有双龙印、双人印、双马印、虎印、猴马印各种，其猴马印每年已能销三十万疋，虎印等销六七万疋。

常州谦泰昶益记

常州晋裕公司　常州二厂，其品绝佳，销路亦畅。

武进之各种灰布、竹布、色布　骤视之极似西制。

江阴华阴公司　柳条布、斜文布。

湖北织布局

天津实习工场

天津罪犯习艺所

天津民立第二、第五工场

山西绛州、汾州、省城以及各地之布

北京农工商部工艺局之丝光绸

湖北善技场之呢布

湖北制麻局绸布、麻布

仿洋缎绉绒纱各种织物类

山东济南洋绉

湖北应昌公司之绸布、麻布　较洋缎为佳。

苏州纺织公司之仿造泰西八音纱及仿造西洋花缎皆较之西制有过之无不及

苏州同盛缎庄有雪月连贵仿泰西缎

南京天祥绸庄现发明西式素貂绒

南京吕炳兴有金貂绒、银貂绒及金枪绒

南京韩同兴有金心绒、条绒

南京庚大庄有长毛金丝、貂绒

广东汕头翁财源抽纱厂之结丝纱如床帐、帷幔、腮遮比之西制佳十倍

山东即墨即成联衣公司之结丝纱可媲美翁制

上海振潮抽纱公司之结丝纱品亦佳

烟台豫丰公司之手工结品

四川成都习艺所之雕花斗方皆超过西制

各省工艺局制造洋式手巾

上海浦东中国物华厂之手巾、褥单

江阴华澄厂之手巾、褥单

广东致中和各种织品

常熟常昭东海厂各种毛巾

苏州福寿公司之书画绒

江西饶州之天鹅绒

阳湖刘百禾之写生织绒

上海景纶汗衫厂之各种汗衫及洋袜子超过西制，且有心得已出新法者

北京首善工厂之各种汗衫可颉颃景纶，卫生衣可媲美跑马牌者

天津张少臣各种缎条及衣边裙花

天津秦玉堂日新香缎条衣边

天津卫生衣公司之跑马牌卫生衣裤、卫生绒袜不让西物胡礼印者

上海王凤祥之线袜、手套

天津实习工厂之各种织物皆佳

四川劝工局所制之绒画超过洋制

上海制帽有限公司各种洋式草帽及洋式便帽

天津华新草帽公司各种草帽、呢帽，其牌印为三色帽及双人旗

毛革部

四川成都制革厂所制之西式皮箱及提包、洋靴与西洋运售我国者无异

上海巩华公司之革成绩极佳，其皮包、皮带、皮夹、洋靴更精

上海龙华制革厂所制有马车所用精致器件

湖北利华公司之革件亦精，又陆军工作厂亦制售皮靴可与洋制接式，又陆军将校讲习所亦多制革物

广东东成制革公司制品更精，西人乐争购之

奉天制革公司专制一切军用及靴鞍等物

北京溥利呢革公司之呢不让上海日辉呢，其革品亦佳

上海日辉华呢厂所制之各种毡呢较之西制可谓超绝

四川之提花绒毡亦佳

湖北毡呢官厂之呢

山东泰安张秋镇之毡货

山东工艺传习所之栽绒毡

山西归化、宁武、太原之栽绒毡

髹漆及竹木部

农工商部工艺局漆匣、镜框、盘碟之属不下于日本

福建漆器绝佳，除工艺传习所出品外，有沈绍安、福庆安、林钦安等家，就中以沈家为最著名，已邀外国博览会奖品，以此较洋品则洋品无颜色矣

江西、温州漆器亦佳，可以追步福建

湖南宁乡、浏阳之仿西式漆器亦精

安徽太平艺新公司仿造西式几椅最精

各省木工制造均有洋式棹椅，故不赘

（琉）〔玻〕璃部

山东博山（琉）〔玻〕璃公司板状玻璃及一切玻造各种器具皆不让西制

四川鹿蒿厂所制各种玻璃器、煤油灯极佳

宿迁县耀徐公司各种玻璃器与外品仿佛，有仿美孚灯及电灯用各种花式钓笠、各种杯具、应用一切器具

福建福州谦祥公司所制之煤油灯罩、各种杯盘极良

湖北广顺记之玻璃器可为特色

广东畔塘宏兴公司之化砂五色玻璃器

广东成业公司之化学花玻璃

农工商部工艺局亦有化学试验用玻璃器具

福建泰祥公司之玻璃器具

天津松盛公司啤酒瓶

天津华太公司各种灯罩、器具

天津县华太灯罩　赞牌、镐牌

北京一鸣灯罩

陶瓷部

江西景德镇及萍乡瓷业公司之仿洋式瓷器

湖南醴陵瓷业公司仿洋式瓷器，其釉上及釉下写生超过洋品

北京王德昌瓷器庄各种瓷器

天津实习工厂之瓷器

井陉马清华之瓷器

湖北大冶水泥工厂之水泥及各种花砖

上海姚新记水泥公司

天津启新洋灰公司之水泥及各种洋式砖瓦、大小水沟管，其牌印为双狮球

常州宜兴陶业公司之各种陶器

山西平定州仿照日本沙壶

广东高州府瓷业劝工场之瓷器

广东士敏土厂之士敏土，即水泥

天津唐山开平矿厂之火砖、瓦筒

化学工业部

香港华商广生行双妹嚜牌各种花露水、擦牙粉、香水、香粉、菓子露

南京日益胰皂有限公司之各种肥皂　日益条肥皂　日益块肥皂　日记块肥皂　日华块肥皂　日利块肥皂　日利条肥皂　日和块肥皂　白兰香肥皂　玫瑰香肥皂　美容药皂　传染病预防药皂

上海老百花洲粉局各种香粉、香油

天津造胰公司之各种化妆品　团龙香皂　奇芳香皂　美人香皂　各种百花香皂　各种醒虎香皂　各种芍药牌黑香皂　荷花牌香皂　二十条黑皂　黑厚方皂　各种香水粉　虎牌牙粉　香胭脂面　楼牌白烛

天津祥生公司　虎牌红白洋烛及正副号条皂

天津合记公司　各种黄白黑条皂

天津益和公司　各种条胰　花牌鹤牌　信昌　蜜蜂窝

天津王盛合公司大小各色方块香皂，其牌印为清真汤瓶

天津华胜公司黄白方条各种胰皂

天津芝兰香公司本牌香粉、牙粉

天津公益公司各种香胰、条胰

清苑县廉正堂狮子牌牙粉

上海祥生茂烛皂公司之各种洋烛、肥皂

金陵天昌造烛厂之洋烛

金陵亚笙实业厂之洋烛　龙舟牌　月光牌

上海实业研究社之洋烛　火车牌

常州宝炬公司之洋烛

丹徒于礼氏洋烛　其装置表面一如英国白礼氏制品，品质亦精良。

常州东下塘宝升洋烛公司之洋烛

上海宇丰造烛厂之洋烛　鹿鹤牌

大章公司洋烛　人牌

和兴公司洋烛　双狮牌

江西云龙牌洋烛

恒丰润龙船牌洋烛

宝升公司龙牌洋烛

郑本淑兆民公司火柴　人面牌　商轮牌

海门陈康藩火柴及洋烛

义生祥火柴　系中国人在神户制造者

北洋火柴公司　状元方印　方盒火柴

上海振馀厂唐祥寿洋式各种信纸信封　现为时出之品，其每把束条上有唐字者是也

上海华章机器制造有限公司之各种连史纸

四川乐利公司之各种纸

饮食部

上海福和烟公司之雪茄　从前冒充外牌，今已证实为中国制造。

上海利泰烟公司各种纸烟

上海曹子祥各种纸烟　鹰牌

四川含英工厂有仿造吕宋烟极佳

天津麟记纸烟　宝星牌　蓝飞龙牌　麒麟牌　柳马牌　福禄牌　牧牛牌　凤凰牌　双龙牌

上海公顺纸烟公司　大佛牌　猴牌　国旗牌　金三星牌　红三星牌　蓝三星牌　少年中国牌　福禄寿牌　双如意牌　学生牌

上海泰丰公司之罐头食物　罐头以此家为最上品。

新加坡和和公司之洋糖　种类繁富，装潢精美。

四川江津建馨厂各种罐头食物

山东工艺传习所各种罐头食物

山东泰安肥城罐头公司之肥桃等物

奉天奇珍罐诘公司罐头食物

烟台张裕公司之泼兰地酒及白葡萄酒、各种外国酒，其装置超过欧品

天津华洋公司各种仙鹤牌露酒

天津留芬公司各种蜜饯罐头

天津卫生药糖公司卫生糖

天津鸿兴汽水公司各种荷兰水及露酒，其牌印为双龙旗

常州茂兴公司之面粉　兵船牌

通海海丰、阜丰两公司之面粉

黑龙江制糖公司之洋糖

教育品部

教授器具类

上海科学彝器馆之各种教育品　无论关于教育所用何种品物皆备，是为中国今日之特色。

广东省城所出售之教育用品，如石版、纸制石版、粉笔、蓝墨油、真笔版、墨水、不败糊、胶水抟

奉天天兴恒所制铜鼓、铜号颇佳

商务印书馆各种彝器、铅字、铜版等

湖南华光公司之曲线、三角各板，丁字尺、直定规、直笔版、幽墨各种

湖南文艺社之各种墨水

湖南江禾县现有制售毛笔、图画纸者极佳

浙江教育品公司制造之彝器、文具极精，且有万年石石版出售

江西农工商实验场出售之品有真笔版及油墨

山西河东迴澜公司之粉笔

山东日新公司之粉笔

直隶高阳县蜡纸

直隶完县油墨

直隶藁城县粉笔

天津教育品公司所制各种器械与沪上品均美

上海科学彝器馆及北京众和风琴厂皆售卖风琴

徐州教育品制造所之粉笔为各种中之特色

常州宜兴陶业公司有自制紫泥石版、紫泥石笔

苏州苏纶纱厂之粗纱色泽鲜丽，与外国绒绳无异，为女学堂编物原料之上品

北洋劝业铁工厂 各号号令钟 各号手摇铃 音乐鼓号 制造粉笔铜模

华娄之天然墨

山东、江宁、福州俱有白粉笔

太仓州体操器械

吴江费公直无油印墨、各种药水、墨水

理化博物器械药品类

上海科学彝器馆各种彝器、标本、模型

天津教育品公司各种彝器

四川劝工局剥制之动物标本极生动可观

浙江黄氏学堂实业研究所所造化学药品极佳，后日必推广出售

河南博物品制造人关永辉出售各种标本

农工商部工业试验所所制各种化学药品其制颇精

农工商部工艺局有玻璃制造，如夫拉司苦来土而特乳钵量杯等件

山东器械所之理化器械

机械部

北洋劝业铁工厂 各种锅炉 各种汽机 各种车床 各种刨床 各种钻床 缴螺丝机器 开齿机器 造火柴机器 造胰子机器 石印机器 造汽水机器 铅印机器 大刀磨麵机器 罗麵机器 压缸砖机器 脚蹬撞纸机器 手摇撞纸机器 手摇剪纸机器 手摇风箱机器 手摇印字机器 手扳压牛肉汁机器 宽式铁轮织布机器 窄式铁轮织布机器 新式铁轮织布机器 弹棉花机器 轧棉子机器 煤矿起重机器 九寸径双筲煤矿抽水机器 五寸径单筲煤矿抽水机器 八寸径人力抽水机器 手摇扳钻 六寸径人力抽水机器 循环抽水机器 美式顶水泵 手摇摇钻 平头钢锨 尖头钢锨 各种军械 行军三折铁浮桥 行军铁床 各种镀镍指挥刀 各种法蓝指挥刀 行军钢具 各种权衡 各种磅秤 各种千斤顶 各种消防器具 各种水龙水车水抽 各种铁床铁棹椅 各种保险铁柜 各号铁熨斗 各号洋式火炉

北洋机器局 撞头道铜盂机 刮铜版漆喹机 撞底火机 齐底火口机等

天津恩兴和铁工厂各种人力机器

上海求新机器厂　火油抽水机　筛子风扇轧豆机　豆油榨机　压纸机　铁路桥梁　机关车

通州资生铁厂各种机械　有打米机、救济机等　切面机

山东机器局各种机器

湖北广济纺织机器厂

湖北周鼎孚轧花机等　有刘泰昌制皮滚子

湖北邓义兴造砖瓦器

湖北兴业公司吹水机等

湖北工艺官厂　磨粉机　碾米机　榨油机　铁床

汉口扬子机器公司各种机器

汉阳制铁厂各种机器　有铁轨等

四川劝工局裁缝机　又有车床、打绦机

上海美利华钟表　奉天谘议局及工艺局、上海中国公学及集成图书局楼顶大钟皆此家所制，盖浙江鄞县孙廷源也

广东广州祥盛林记钟表，其制颇精

天津文方斋本牌天文钟

天津源发庆铜铺各种红白铜器

北京首善第二工厂镀镍物件极佳

湖北针钉官场　针钉

南洋华侨在巴达维亚协昌机器厂　加卢必气灯　剪茶筛茶机械　制茶机械　研树薯粉机械　缫丝机械

振兴商务原案

案照环海交通，商战剧烈，交通愈广，事业愈闳，非蓄力厚而结体坚，不足以事竞争而擅权利。故近年欧美各国之商界，有所谓托辣斯者出，集合大资本，组织大公司，经营专业，而小商末贩遂被潮流所席卷，尽入其旋涡之中而不克自立。我晋之太原府已设有商务总会，其各府厅州县之商务分会、分所亦已渐次成立，宜乎商界之气象一新，精神一振矣。乃观各属自设有商会以后，而商业之状况依然如昨焉，此何故哉？盖商战之潮流愈进愈厉，其有数之金钱尽被大资本家

所吞蚀，漏卮莫塞。职是之由，似宜妥筹办法，竭力提倡，广设商业学堂，培养人材，厚集股本，多开最大公司，吸固有之资材，经营一切专业，自不难与外洋各商争雄海上矣。

核定城镇乡议事会董事会公费薪水案

原案按照宪政编查馆章程，参酌各属情形，区为三等，酌定城镇乡议事、董事会公费、薪水数目，并声明未能照办者准其变通，或按成支给，或纯尽义务，是不以原表为确定之数也。查晋省各处财力，数年来举办新政，久已罗掘俱穷，况自治划分区域，每县数处，公费、薪水之数目，各区分计，所费数百金，数区合计，为数动至数千金。若照表内第一项支给，其在财力丰富之地，如祁、太、平、榆各县，或可勉强支持，其余各厅州县虽素号繁盛者，亦恐力有不逮。欲求限制之方，拟将厅州县分别等级，祁、太、平、榆各县照第一项支给，其余均照第二、三项数目分别支给，下及偏僻厅州县，应按表列第三项核算递减。各地方无论财力如何，均按照此数，不得议加。盖自治职为名誉员，凡属士绅，皆应竭力维持，倘有热心办事，愿尽义务，或半尽义务、半领薪水者，俟著有成绩后，由自治监督特别表彰，以资激劝。至文牍、庶务薪水，须比照表内之数，以次递减。又查城与镇乡情形不同，镇乡与镇乡情形又不同，繁盛厅州县中，自治区亦有偏僻者，中等厅州县中，自治区亦有繁盛者。拟请于分别厅州县之外，并准其按区分别等级，庶因地制宜，可期推行尽利。

核定城镇乡议事会董事会公费薪水原案

案照城镇乡地方自治事宜，前已饬属提前赶办，以期早观厥成。兹据各属报到，城镇乡议【事】、董事会渐次成立。所有各该会员公费、薪水，查城镇乡地方自治章程第三十三条第二项内开，议长、副议长有办公必需之费用，得给相当之公费，其数目由本城镇董事会或乡董定之；又第六十条内开，总董、董事均支领薪水，其数目以规约定之。是议事、董事各会员应给之公费、薪水，均由议事、董事各会互相酌定，不至漫无限制，似应归各属酌量地方情形办理。嗣经宪政编查馆会奏议覆山东巡抚孙奏地方自治拟请变通章程折内称：经费之难，诚为近今通病。然自治职为名誉员，凡属士绅，自应为地方恪尽义务。除举充文牍、庶务各员应薄给薪水外，其议事、董事会员只准给予办公必需之费，而为数均不可多。况如乡董、选民会，员额既少，经费自省，应由地方官实力监督，严为限制，不准但以职员坐耗款项，转于地方公益不能举办等语。是此项经费，亟宜量地方之财力折衷规定，以免筹办为难。且财政奇绌，晋省尤甚，所有议事、董事会各项公费、薪水，非预为决定，无以杜浮滥而维公益。兹由地方自治筹办处参酌各属情形，区为三等，拟定各属城镇乡议事、董事会员公费、薪水数目，相应送请公同议决。俟议决后，无论各该地方财力如何，概不得逾越此数。其文牍、庶务各员薪水，即比较表内各数，以次递减核定，用示限制。如因筹款维艰，并照表开各项亦未能照办者，自应准其变通，或按成支给，或纯尽义务，均可酌度地方情形办理，庶于宪政进行不无裨益。

附：拟定城镇乡议事会董事会公费薪水表

拟定城镇乡议事会议长副议长公费暨董事会各董事薪水表			
厅州县等级别 公费薪水别 事别	繁盛厅州县	中等厅州县	其余厅州县
城镇议事会议长公费	每月四两	每月三两二钱	每月二两四钱
城镇议事会副议长公费	每月三两	每月二两四钱	每月一两八钱
乡议事会议长公费	每月三两	每月二两四钱	每月一两八钱
乡议事会副议长公费	每月二两四钱	每月一两八钱	每月一两二钱
乡选民会议长公费	每月二两四钱	每月二两	每月一两六钱
乡选民会副议长公费	每月二两	每月一两六钱	每月一两二钱
城镇董事会总董薪水	每月八两	每月六两四钱	每月四两八钱
城镇董事会董事薪水	每月六两	每月四两八钱	每月三两六钱
乡董薪水	每月六两	每月四两八钱	每月三两六钱
乡佐薪水	每月四两八钱	每月三两六钱	每月二两四钱
乡选民会乡董薪水	每月四两八钱	每月四两	每月三两二钱
乡选民会乡佐薪水	每月四两	每月三两二钱	每月二两四钱

核定厅州县办理地方自治次序及期限案

查宪政筹备清单，厅州县地方自治筹办始于宣统二年，续办在三四年间，成立之期则限于宣统六年。若照单内所开依次推行，势必厅州县地方自治与城镇乡地方自治同时并举，揆诸晋省之人力财力，均属兼顾不暇。原案参酌变通，缩短中间续办时期，俟宣统二三年间城镇乡地方自治完备后，予限两年厅州县地方自治一律成立，用力专而成效自速。且成立之期规定于宣统四五年，按之清单，尚在提前赶办之列，于宪政进行毫无贻误，应请如议办理。

核定厅州县办理地方自治次序及期限原案

案照宪法大纲及筹备清单，筹办厅州县地方自治应在宣统二年。此次由地方自治筹办处所拟之次序及期限表已迟至宣统四五年间，是显与奏章不合。且清单内载，筹办城镇乡地方自治与筹办厅州县地方自治，虽时日稍判前后，而秩序则依次并进；此则于筹办城镇乡完了后，始行接续筹办厅州县地方自治，似又与奏章相背。特晋省风气晚开，财政拮据，若同时并举，当城镇乡议事会、董事会未成立以前，不惟人才缺乏，办理诸多窒碍，即经费亦不易筹措。似不若变通办理，次第推行，既可收事半功倍之效，亦可泯互相冲突之虞，著手虽迟，成立尚不至落后。此所以在地方自治筹办处，欲于斟酌情形之中，而筹一完全之办法，以收筹办之实效者也。兹将原表列后，究竟是否可行，应俟公决，俾得以先期有所准备。

附：拟定厅州县办理地方自治次序及期限表

办理自治事宜次序	繁盛厅州县	中等厅州县	其余厅州县
厅州县地方长官就筹办城镇乡自治事务所另选公正明达士绅，以为筹	宣统四年正月初六一律成立	六月十六日一律成立	宣统五年正月初六日一律成立
办厅州县一切自治事宜，并申报成立			
厅州县长官划分自治区域	正月初七日至月底	六月十七日至七月十五日	正月初七日至二月十七日
分派各区宣讲员	二月初一日至初五日	七月十六日至二十六日	二月十八日至月底

续表

办理自治事宜次序	繁盛厅州县	中等厅州县	其余厅州县
地方长官督催宣讲员认真宣讲	二月初六日至四月初五日	七月二十七日至九月二十六日	三月初一日至四月底
厅州县长官就自治区域划分选举区，申请抚院核准	二月初七日至月底	七月二十八日至八月二十七日	三月初二日至四月十五日
厅州县长官详报事务所办事规则，并宣讲员人数、姓名及划分选举区等事项	三月初一日至十五日	八月二十八日至九月十七日	四月十六日至五月十五日
厅州县长官实行调查选举人名册，并分配议员额数，编制副本，申报抚院备查	三月十六日至四月初六日	九月十八日至十月十六日	五月十六日至六月二十六日
厅州县长官宣示选举人名册及各区应选议员额数，并选举传单、选举日期	四月初七日至月底	十月十七日至十一月十六日	六月二十七日至七月底
宣示选举人名册后，如有遗漏错误，限期自请更正	五月初一日至初十日	十一月十六日至月底	八月初一日至二十日
厅州县长官通知监察投票、开票之城镇总董、乡董，投票、开票所即借已成之城镇乡自治公所为之	五月十一日至二十日	十二月初一日至二十日	八月二十一日至九月初十日
各选举区选举人投票	五月二十二日	宣统五年正月初六日	九月十五日
厅州县长官及城镇总董乡董一律开票	五月二十五日	正月初十日	九月二十日
选举当选人由城镇总董、乡董榜示姓名后，即呈报厅州县长官，由厅州县长官即时通知当选人	五月二十六日至月底	正月十一日至二十日	九月二十一日至十月十一日
当选人答复应选	六月初一日至初十日	正月二十一日至月底	十月十二日至二十三日

续表

办理自治事宜次序	繁盛厅州县	中等厅州县	其余厅州县
议员当选后，即由厅州县长官发给执照，普报抚院	六月十一日至二十日	二月初一日至初十日	十月二十四日至十一月初十日
厅州县长官召集议事会议员	六月二十一日	二月十一日	十一月十五日
互选厅州县议事会议长、副议长	六月二十二日	二月十二日	十一月二十日
厅州县议事会成立	六月二十四日	二月十五日	十一月二十五日
互选厅州县参事会参事员并候补参事员	六月二十六日	二月二十日	十二月初一日
厅州县长官发给参事员当选执照，并申报抚院	六月二十七日至七月初九日	二月二十一日至三月初五日	十二月初二日至十四日
厅州县参事会成立	七月初十日	三月初十日	十二月十五日
厅州县筹办自治事务所一律裁撤	七月十一日	三月十一日	十二月二十日

助筹设立贫民教养局普济院经费案

按原案拟裁撤南北两饭厂，改办贫民教养局及普济院，眷念群黎，无微不至，不惟使此辈异日能自谋生活，且于风俗、治安亦有所维持，擘画至为完善。至预算，该二处常年经费须七千余金，两厂每年领销之款仅五千金，其不敷之二千余金，自应由自治团体筹拨，藉资补助。惟查预算报告总册，地方行政经常门第一类第九款饭厂经费项下开列宣统元年实支之数系七千四百一十二两五钱八分五厘，与原案预算该二处常年经费七千余金之数适相符合，尽数拨充已敷应用，似可无庸另筹。至省垣酬神演剧，为向来恶习，男女群集，多生事端，诚有如原案所云，自应永远革除。惟演剧之费，均系临时凑集，并非储有常款，碍难劝谕饬提。

助筹设立贫民教养局普济院经费原案

案照省垣每届冬令，向于南北城开办饭厂各一处，自冬月起，至次年二月底止，计放粥四阅月。虽属慈善之举，而就食者或不尽贫民，即系贫民，亦随领随散，仍不免沿街乞食，鸠形鹄面，非惟瞻观不雅，亦且影响及于风俗、治安。况仅止与食，则若辈终无自食之能力，年复一年，贫民必至有增无减，其扰害地方固属意中之事，即经费亦恐难以为继。是以各省多就旧有各项善堂改办教养局或学工厂，期于贫民将来得以自谋生计。晋省此项设施尚付缺如，现拟裁撤南北两饭厂，改办贫民教养局，专收十三岁以上、六十岁以下之贫民，以一百名为限，教以粗笨手艺，俾出局后可以自食其力，不至仍流于乞丐。其未及十三岁，或已逾六十岁，暨残废、笃疾等项贫民之不能工作者，则另立普济院一处，收入食宿，以一百五十名为限，庶不至流离失所。惟预算该二处贫民饭食，每月约需银四百金，执事、员役薪工杂费，每月约需银二百金，兼之教养局佣雇艺师及预备学工材料等费，每月亦需银数十金，合计二处常年一切经费，至少亦须七千余金，开办费尚不在内。查南北两饭厂每年领销之款仅只五千金，但此系慈善事业，其不敷之二千余金，似应由自治团体筹拨地方公款或无益闲款，藉资补助，以充常年经费，俾斯举早得成立，实于直接善良风俗、贫民生计，间接地方治安，均有裨益。又查晋省酬神演剧，各属成为惯习，而尤以省垣为最，计大小庙宇演戏之举，每年不下二、三十起，每起至少必需三日。在数年前，地方寥落，居民鲜少，尚无大碍，近则火车开通，街市日增繁富，每当开演之日，男女群集，充塞街巷，动辙滋生事端，于风俗、治安均有妨害。省城为首善之区，此习自应永远革除，以期表率。倘能由自治团体调取各街首事之人，剀切劝谕，饬将此款提出，充作教养局经费，亦化无益为有益也。

劝导良民应征并劝办征兵暂行章程案

查立宪国家，当兵为臣民应尽之义务。中国国会未开，权利义务之关系未能确定，故征兵之法骤难实行。原案拟寓征于募，为将来实行征兵之预备，委自治机关以劝导之责，办法最为妥善。惟尚有应增者数条，录呈如左，以备采择：

（一）检查长赴征兵区域，应先由省城选派声望素著绅士，分赴各区声明宗旨，以期取信良民。

（二）查练兵处奏定营制饷章募兵制略条内载，每兵一名，准免差徭三十亩，其无差徭省分，准照监生例具报等语。改订章程并未列入，劝导时应先事声明，以资鼓励。

（三）如乡约、甲长等类按户轮充，民间视为苦累，劝导时应酌按各地方情形，所有受累之处，征兵家属概予优免。

（四）应募之兵往往于入营后沾染习气，渐化不良，应征者指为口实，似于征兵前途不（如）〔无〕妨碍。劝导时宜声明，嗣后认真整顿，以免藉口。

（五）安家银、储蓄金由自治机关发给，办法最为妥善。惟兵丁饷银除已扣安家银、储蓄金外，所剩有限，而兵营积弊，弁目往往于营盘左近附设小铺，兵丁一切食用在铺购取，多方盘剥，应请严加禁革。

劝导良民应征原案

案照新军章制重在征兵，惟各州县征送兵士，其籍贯、家属多有不实，于缉捕逃亡、办理退伍，均属不易措手。前因晋省应征风气未开，非有本地望重绅耆出力劝导，良民难期踊跃，苟尽责诸地方官征送，恐仍有籍属不实之弊，当由协司令部拟定简章，咨会兵备处详送核夺。现正举办退伍，转瞬征兵在即，所有兵备处前送简章凡关于地方绅士辅助各节，行之有无障碍，此外尚有何法劝其应征，应即连同简章，送请公同核明决定。

附：改订山西劝办征兵暂行章程

宗旨及定名

一、此次征兵遵照陆军部奏定办法，专招土著，凡客籍及无业游民，概不收录。

一、查宪法大纲，臣民有当兵之义务。现当征兵令未颁以前，就山西情况暂定一单行法，以利推行。俟征兵令宣布以后，此项章程即行取消。

一、现在地方风气未开，户籍法未定，此次征兵在提倡武风，改良昔日重文轻武之习，故不尚强迫，专主劝导，故曰劝办征兵。

组　织

一、征兵办事员以官绅军三界人员组织而成，兹分为局所组织、人员组织二项如左：

（甲）局所之组织

（一）征兵总局设于省城督练公所。

（二）征兵分局设于征兵处所之各府州县地方。

（乙）人员之组织分征兵局长、劝导长、检查长三项如左：

（一）征兵总局长一员，以督练公所兵备处总办充之。

（二）征兵分局长四十四员，以征兵处之各府州县地方官充之。

（三）劝导总长一员，以自治筹办处总参事任之。

（四）劝导长无定员，以征兵处之各州县地方自治事务所员绅任之。

（五）检查总长三员，以公所或军队之中级军官充之。

（六）检查长四十四员，以公所委员及军队之队官、排长中选择充之。各检查长准酌带头目、护兵随同检查，其应带人数由总局长随时酌定。

任　务

（甲）征兵局长及劝导长之任务

一、总局长凡关于总、分各局征兵事宜及人员、经费等均归掌管。

一、劝导总长凡关于劝导一切方法，催促各州县地方自治事务所员绅踊跃担任，将来征兵安家银两按期领放时，有转核之责。

一、分局长凡关该分局征兵事宜及发给川资、口粮等事均归掌管。

一、分局长、劝导长于未征之前，有晓示及派人分往各村镇演说当兵可贵，提倡武风之责。演说要旨约分四项：

（甲）家与国之关系，启发其国家之观念。

（乙）军人现在之价值，以动其钦慕心。

（丙）军人将来之尊贵，以发其尚武心。

（丁）胪举国耻国仇，以作其敌忾心。

一、分局长、劝导长照部定营制饷章内募兵制略所载，有保护征兵家属，尊崇征兵人格之责。（募兵制略抄发）

一、分局长、劝导长有调查征兵籍属、保人是否土著，是否符合之责。

一、分局长、劝导长有招待检查人员及征兵之责。

一、分局长于征兵满期退伍后，应查照此次山西退伍办法，准其投充巡警，择其优者，并委充教练巡警及地方应办之各项事宜。

一、分局长于领放征兵安家存饷时，有稽查之责。

一、劝导长于散放征兵家属存饷时，有按数发给各兵家属，勿任胥吏、差役侵渔之责。

（乙）检查长之任务

一、检查总长有联合官绅统率各检查长任征兵籍属保人，及体格检查之责。

一、检查总长不时巡视各分局征兵情况是否踊跃，及协官绅尽心施行提倡之法。

一、检查总长考查各检查长在各分局是否尽力，并有整饬军纪风纪之责。

一、检查长有会同地方官管束征兵之责。

一、检查长有会同地方官护送征兵来省之责。

区 域

一、征兵区域分南北两大区。省南之征兵入八十五标及砲队、工程队，省北之征兵入八十六标及马队、辎重队。其两大区内之各分区及各分区应征之人数分列于左：

省南征兵区（共征一千名）

临汾县八十名　洪洞县八十名　曲沃县四十名　襄陵县四十名　太平县四十名　翼城县三十名　浮山县三十名　岳阳县三十名　汾西县三十名　吉州三十名　解州三十名　夏县三十名　安邑县七十名（附运城四十名在内）万泉县三十名　荣河县三十名　猗氏县三十名　临晋县三十名　隰州三十名　蒲县三十名　绛州三十名　绛县三十名　河津县三十名　稷山县三十名　闻喜县三十名　垣曲县三十名　霍州四十名　赵城县四十名

省北征兵区（共征九百名）

忻州八十名　定襄县六十名　五台县六十名　代州八十名　崞县一百名　浑源州六十名　繁峙县六十名　灵邱县八十名　岢岚州五十名　应州四十名　山阴县四十名　神池县三十名　岚县五十名　宁武县三十名　五寨县三十名　静乐县五十名

各分局长须照额数多招三分之一，以备选择。

资 格

一、检查征兵以少壮良民，素无嗜好，并未有刑事案件者为合格，其细目如左：

（甲）年龄在十八岁以上，二十五岁以下者。

（乙）身长在裁尺四尺八寸以上者。

（丙）膂力能平举百觔以上者。

（丁）籍贯实系土著，有家属、行业者。

（戊）品行端正，向未犯有案件者。

（己）从未吸食鸦片者。

（庚）务农工实业，未染城镇游荡习气者。

（辛）语言清爽，声音嘹亮，肺力充足者。

（壬）能识字写字者更好，否则能合上数条之选者亦可。

一、检查征兵如有后列各项即不入选：

（甲）身长不满四尺八寸者。

（乙）眼目近视或因他疾妨害视力者。

（丙）腿足运动迟滞，试以跑步不轻捷者。

（丁）耳聋或耳听不聪者。

（戊）指掌生有支指或缺少者。

（己）身有暗疾或癣疥淋梅各传染症者。

经　费

一、征兵总分局长均系兼充，薪公局用概不开支。

一、征兵之一切川资、口粮仍照向章办理，由地方官支放，分报藩司、督练公所核销。

一、劝导长往各村镇演说所需川资由地方官酌给，并案分报核销。

一、检查长所需各项经费由征兵总局长发交各检查长，按日核算，实报实销。

一、检查长旅费概列于后：

（甲）征兵总检查长每月每员旅费银十两。

（乙）征兵分检查长每月每员旅费银六两。

（丙）无公费差事之检查长每月另津贴银四两。

（丁）检查各长护送员、随带目兵每月每名另加旅费银一两。

（戊）关于征兵各官长因公往来各县车辆由各该县代备。

次　第

一、此次征兵，官为董理，绅任劝导，军界任检查，各有其责，非明定办事次序，则权限无以明晰。兹概列如左：

（一）征兵文件到日，分局长会同劝导长即行着手征兵一切事宜，从速设局开征，以便检查长到时即行检查，免致耽延时日，虚糜经费。

（二）各州县征兵分局设于地方自治事务所内，并于附近择一宽大寺院为征兵住居之所。

（三）征兵报名时，约同保人按照志愿书、保证书格式一一填注明白，由分局长会同劝导长调查籍属、保人是否真实，随时剔留其合格者，即留居征兵寓所，候检查长到时检查。

（四）检查长于由省出发前二十日，通知该处分局长及劝导长，以便预为准备。

（五）检查长到后会同分局长、劝导长检查征兵，不合格者剔退，合格者填注验准报单，盖章交分局长处。

（六）各分局无论应征人数之多寡，征兵至四十人即由检查长派人护送来省，征额不足四十人者，可与附近之分局征兵合成四十名送省，于该兵左肩用红布一方书名“征兵”两字，以示区别，而易查察。其所需车辆由分局长备办。

（七）征兵送省途中，应发之小口粮由分局长预算，须若干日到省，按日照数交由检查长转交护送人员，以便在途发给。途中如遇阴雨，实在不能行走，须住一二日者，其一二日之小口粮，即归所住之地方官垫发，仍向征兵分局移取归垫。

（八）征兵每次送省，由分局长会同检查长造点名册一份，暨保证、志愿各书，及检查长验准报单，汇交护送人员，以便到省投呈征兵总局，按名照单册复查。

（九）各分局长于征募足额后，造具花名册一份，申送征兵总局。

（十）各分局长将保证、志愿各书暨验准报单，除原件交护送人员呈送征兵总局外，另填两份，连同花名册二份，一存地方官署，一存自治事务所备案。

（十一）征兵在各分局时，检查长到后即归检查长约束，如滋生事端，会同地方官分别革除惩办。

（十二）征兵送省在途中时，如不遵约束，滋生事端者，即送所在征兵分局；无分局者即送所在地方官惩办，并报告检查长革除兵籍，通知分局长追取凭照缴销。

安家银两

一、遵照部定营制饷章办法，于征兵饷银中扣存安家银两，为该兵仰事俯畜之用。

一、安家银两由各地方自治事务所发给，由地方官稽查，免滋流弊。

一、散放征兵安家银两办法条列于左：

（甲）每兵每月扣银一两，按六个月散发一次，其未发之前，由兵备处将此项银两存大清银行生息，所得之利银一并归入储蓄金内生息。（参看后储蓄金条）

（乙）散发安家银两时，兵备处将此银两按州县之名数，及各兵之银数，分包盖戳，移送省城自治总会，由省自治总会按册分送各州县自治分会。

（丙）安家银两送到各州县自治分会时，各兵家属可以随时持照往取，自治分会取有该家收条，递报自治总会，移送兵备处存查。该地方官亦宜随时稽查各兵家属领到此项银两与否，以期有利无弊。

（丁）安家银两执照于征兵官出发时带往各征兵区域，征集齐毕后会同地方官、自治研究所，将执照上书明征兵姓名，当该兵之面，给与其家属领讫。日后领取安家银两，即以执照为据。其发饷之后，即于照上注明某年某月某次领讫字样。倘执照遗失，即报明地方官及自治所具文请领，并函达该兵，递报兵备处补发，以免迟延滞碍之弊。

（戊）发给此项银两时，若有自治所未成立地方，即由教育会代办。

储蓄金

一、各兵来自田间，本极朴质，入伍以后宜严密防闲其习然省垣奢靡之风，而其关键所注，在不使各兵有多余饷银在手为最要。且三年所蓄，为数四、五十金，将来满期退伍，无论操何项执业，以此作为资本，亦不致流离失所。固于该兵将来之生计裨益非浅，且关于异日之退伍召集，实至重且大也。兹将详细办法条列于左：

（甲）每兵每月扣银一两为储蓄金，存大清银行生息。

（乙）储蓄金于期满退伍时始行发给，其平时领用概不许可，但未满三年身故及开除者不在此限。

（丙）储蓄金之扣收、存储等经理事项，由兵备处及混成协统领会同藩司办公处核办，但已存储银行以后一切经理，概归兵备处管辖。

（丁）兵备处立总银折一扣，各营队立分银折一扣，凡此项银两，每月扣存银行后，由该银行按数计入折内，盖用图章，送归兵备处及各营队存案。

（戊）总银折归兵备处帮办收掌，分银折归各营队军需收掌，无论何项人等，在服役期限未满以前，均不准持折取银。非公所派人会同营队军需持总、分银折往取，不得发给。

（己）储蓄金每年年终结算一次，所生之利息即归入翌年储蓄金本内生息。

（庚）安家银两之利息按六个月结算一次，一并归入储蓄金本内生息。

（辛）各营队每月将现有兵数与储蓄金银数详为核对，以免错误，并由标派员协同各营队长官每月稽查此项银两账目，以免他弊。

（壬）各征兵期满退伍之际，由兵备处会同办公处派员将此银两按兵分包，粘签盖印，发给该兵原籍自治局，并给该兵凭照，以便回籍领取，免致该兵途中滥费。

（癸）此项储蓄金既已收存银行生息，如部中另定有征兵专章，储蓄金各办法即经实行，自应仍旧办理，以昭大信。

酌提差徭案

晋省差徭，向区大驿、次冲、又次冲、偏僻为数等，其款项有随粮征收者，有按里摊派者，有由官捐廉者，有筹款生息及由司请领者，有协自邻近州县者，有抽之过往脚户者，因地各殊，办法不一，要以大道州县，其担负为尤重。近年以来，铁路交通，差务较前已减，是以预算案内差徭一项，曾奉部文，有拟令除军政包走车马外，其余悉数裁提之议，仰蒙发交议决前来本局，公同参酌。当兹财政困难，筹措维艰，但使差徭一项稍有赢余，何敢固执己见。惟按照地方情形悉心研究，实有未便轻议者。谨就原拟办法数条，分注于后：

（甲）指定可以酌提之区域。近日正太铁路既通，所以火车经过之平定、盂县、寿阳、榆次等州县原筹之差徭自可酌提。惟查平定原筹各款生息，专备差徭之用，嗣因办理学堂无款，业经酌提若干，以充该堂经费，曾经禀准有案。至盂县、寿阳，向称瘠区，纵有存款，亦属无多。当此新政繁兴，百般待举，留此一款以充自治经费犹恐不敷，似难骤议提拨。若榆次，差务殷繁，甲于通省，自火车既通，北路差务虽较向日为已减，而南路差务仍复不少，若径行裁提，恐差务不无贻误。此火车经过各州县难以骤提之实在情形也。

（乙）核明可以酌提之盈余。查徭政一项之款，出于正供外之摊纳者多，乃一般人民按照每年应需之款议定摊纳，只求适足，不求有余。支销之数既有奇盈，人民即共议减纳。所指太平、曲沃、洪洞各县，自光绪二十六、七两年，差务络绎，供给繁多，为从来所未有。各处清徭局除将历年蓄积罗掘一空外，莫不亏累甚巨。近年以来，渐次弥补，稍有余款，而举办新政，款项难筹，往往有藉资挹注者。且查以上所指各州县，实为西南要冲，现在同蒲铁路虽议举办，尚未兴工，若骤行提取，倘遇钦贡各差过境，以及喇嘛、土司、回藏并本省各项要差，势必无从供给。此盈余各州县难以骤提之实在情形也。

（丙）审查可以酌提之数目。差徭一项，关系民力最为重要，岂容丝毫滥支，致滋弊混。如绛州滥支之款提充新政要需，汾阳滥支之款提作自治经费，办法极为得当。他处似此者恐亦不免，应呈请抚部院严饬地方官或委员确查，倘有前项滥支情弊，立即提充地方公款之用，则款不筹而政毕举，法固莫良于此矣。

以上三条，皆就原拟办法详加研究，谨举其困难如上。去年筹办同蒲铁路保息，各处纷纷请免，尚难办到。至各处差徭一项，究竟每年实用若干，盈余若干，非地方官及经手局绅，难以得其确数。应请抚部院通饬各地方官，协同地方自治各机关妥议详覆，核夺施行。

酌提差徭原案

案照晋省差徭，向区大驿、次冲、又次冲、偏僻为数等，其款项有随粮征收者，有按里摊派者，有由官捐廉者，有筹款生息及由司请领者，有协自邻近州县者，有抽之过往脚户者，多者一万余千，少亦三、四百千，总计每年所收入约合银十五、六万两，尤以省西南太、汾、平、蒲、解、绛所属大驿各州县收数为最巨。其沿革已于山西全省财政说明书内分别著明，不日当即印就，送备参考，无庸赘述。惟前项差徭，虽自光绪丁戊大祲以后，中经多次之整顿，各属徭政确有条理。又于同蒲铁路案内，有酌提大道之榆次等十五处差徭余钱，酌派次冲之忻州等及协济兵差之太谷等三十二处差徭帮贴银两之议，然其盈收滥支各情，仍多所不免。近年来差务较昔为简，且以芦汉、张绥、正太各路轮轨交通之故，向之所谓冲僻者，今亦不无变异。当兹财政困难，筹措维艰之际，以民间有限之脂膏，听其作无益之浪费，殊属消耗可惜。是以预算案内差徭一项，曾奉部文，有拟令除军政包走车马外，其余悉数裁提之议。当即以谘议局开会伊迩，应俟交局核明，再行办理各语登覆。所有此项徭役，有何变通办法，如何酌予裁提，亟应由局核议。兹并分拟各种方法，以待公决：

（甲）指定可以酌提之区域。差务烦简，视地方之冲僻以为衡。如榆次及平定、盂县、寿阳一带,在昔差务原本络绎于途,近来火车便利,则供亿已不烦苛。所有原筹之款,昔时虞其竭蹶者,今当绰有余裕矣。此就区域言而可以酌提者也。

（乙）核明可以酌提之盈余。力役之征，本应量出以为入，所谓只求充分，不贵有余也。然如太平、曲沃、洪洞等处，每岁所收入总在一万千以上，核其支销之数，均岁有奇盈焉。挹彼注兹，理亦正当。此就盈余言而可以酌提者也。

（丙）审查可以酌提之款目。徭政章程，各属之情势，因地攸殊，向无（达）〔通〕例。故经多方整理，仍不免时有滥支，如绛州滥支之款，曾提充新政要需，汾阳滥支之款，曾提作自治经费。他处似此者，亦所恒有，量为裁节，藉备提供，款不增筹而政举，尤为当今之急务。此就款目言而可以酌提者也。

筹备省城巡警经费案

查筹备省城巡警经费案，上届会期曾因出入款项甚巨，均未能悉，无从置议，议覆在案。本届会期内已将巡警常年出入款项缮造表册，复行送交核议。本局详加核算，警务公所出入款项并无不足情事。该所每年收入之款共计九万九千八百四十余两，而所出之项仅九万七千三百二十余两，通盘核计，不特无二千余两之亏项，每年实有二千五百余两之赢余。当此百废待举、筹款维艰之际，该所经费只可撙节，令收支适合。兹经公同决议，款项既系有余，无庸再行筹备。至上届交议案谓巡警款项除斗捐外，皆列入借垫项下一节，现时地方税与国家税尚未划清，巡警款项究竟出之国家，出之地方，应俟划清后再为提议。

筹备省城巡警经费原案

案照省城巡警经费，去年曾以岁需银七万余两，除斗捐抵用四万两之谱外，尚须筹银三万两提交协议。嗣经公议，以省城巡警经费出入款项为数甚巨，详细情形均未能悉，无从置议，须俟警务公所将岁出岁入款项列表报后再行议覆等语。兹值第二届开会之期，自应查照前案，将巡警常年出入款项缮造表册，送请覆行核议。再，前次提议以岁需银七万余两，系按通常经费核计。此次表列各款并将特别之雨衣、皮袄等项计银六千余两，以三年平均数计之，每年加增二千两；又视察员川资，两季合算，加增银八百余两，两项共计约增银二千八百余两，合并声明。

另交警务公所暨所属局所通年出入款项表一册。

宣统三年财政预算案

案蒙交到宣统三年预算总分各册，以备议决及参考。本局正以有出无入，未便核议为困难，旋奉资政院电开，准于原交册内酌盈剂虚，移缓就急办理等因，遵即审核各册，除于各厅州县官收、吏收明暗入款，未免稍持放任主义外，其总出、总入几近适足。新案收入所列整顿烟酒、牲畜税及酌减驿站等款，共计银十六万两；所列出款，除新军经费外，共计银十五万五千两，出入尽足相抵。此外拟加商税、毡税、出境粮捐、行政司法手数料及募集公债等项，本局未便承认，诚以非不得已，不可加重商民之负担也。更有甚者，度支部划自治经费于册外，而一切自治各机关，民政部定于三年内成立，顷定宣统五年召集国会，更不得不提前赶办，是非责令人民负担不可。虽宪政不得不预备，而晋省民生之艰苦，民情之涣散，久在抚部院及各大部洞鉴之中。筹自治而先敛钱，则冲突难免，且恐致滋事端。所以官多敷衍了事，绅多退缩不前者，皆坐此无确定之入款，无从著手故也。仰望国家，固不胜其补助，俯揆比户，实不忍于增抽。而自治各机关又不能不预备成立，不得已而思其次，惟有于中饱内筹挹注矣。细核总分各册，于地方官私收入之各款，虽责令和盘托出，仍作为各该官公费之用，体恤固为周至，然度支部尚有酌减八万之议，足见为数已不甚菲。此外但有附说，未列总数，及并附说亦未声明之项，似可酌盈剂虚，移缓就急，即以作为地方附加之款，提充地方自治经费。又各地方吏收入一类，亦有巨款，向不呈报，似可一体酌议提留，俾两无妨碍。拟请抚部院核准示覆后，由本局函知各地方自治事务所，详细查出确数，议定提留限日，开单送局，再由本局汇呈抚部院立案施行。如或不许议及地方官私收入各项，而自治不能无入款，惟有于最普通之平余及上解斗捐二项下，量出为入，以期成立自治各机关，仰副预备立宪之明谕。则所交总分各册，即不能不稍移动，仍须要求临时召集，共议决定。所有议决呈覆预算案各缘由，理合照所议详情呈请核覆。附呈审查府厅州县分册排比表一十分，以为稽核各地方官已报册内私收入之实况，庶不至患其公费太窘矣。又拟请通饬各地方官，于明年造办预算册时，加送本局一分，以便早日审查议决。

本局提议案

请饬各属遵章速设农务分会案

中国古昔圣王莫不注重农业，故神农之后有后稷，六官之中有地官，他若闾师、党正、遂人、甸人、草人、田畯之属，皆有督农之责，教农之司，故农业发达最早。自士农分途，士不问农，农不读书，大都守祖宗成法，代代相沿而已。究其何以反硗确为沃壤，化瘠土为良田，雨何以致，旱何以防，蟊贼何以能尽除灭，收获何以能倍寻常，则茫然不知也。是果何故？智识无以开，见闻无以广也。今国家既设有农工商部，省垣亦设农林学堂及总农会，泰西农学诸法亦足供我之参考，而农业未见发达者，因其组织之机关，尚未能完备也。晋省府厅州县农务分会均未成立，职司既无专责，则一切蚕桑、森林、播种、土宜、肥料诸要务，自无人提倡讲求，虽有农工商部、农林学堂及总农会，而鞭长莫及，成效难期。虽有泰西农学诸法，而机关不全，难收效果。则农务分会之设立，诚当务之急，不可须臾缓也。查现在山东省已通饬各属设立农务分会，并令举定会长，详请农工商部加札派充。兹拟仿照山东办法，请抚部院通饬各府厅州县，遵照部章速设农务分会，俾相土之宜，日事改良，务期农业振兴，地无遗利，庶凶荒有备，而富强亦有基础矣。至一切办法，应按照部颁简明章程，视地方情形，酌量变通办理。

推广蚕桑案

中国古称农国，蚕桑其一端也。蚕桑之益，资本少而获利厚，且饲养时间不妨农事，诚为谋生至便之图。晋省天时地利南北稍殊，省南天气温暖，随地皆能种桑，然亦惟蒲、解、绛、泽、潞等属略著成效，其余尚未普及。省北气候较寒，提倡者更属无几，推原其故，一由民不知利，一由官不认真。今者罂粟永禁，小民利源日少，负担日重，不至日穷一日不止。晋省欲开利源，以图补救，当以蚕桑为第一要务。兹拟办法如左：

（一）专责成。各厅州县农会多未成立，责任尚无专归，拟请由总农会提倡，责成地方官督令城镇乡各区自治员，将树桑养蚕新书各置一编，细心研究，由宣统三年起，各区开宣讲所，极力劝导。先就官田闲地，照种桑、压桑等法，即时广培桑苗，以备散领，并令各区将所栽桑苗若干，成活若干，一面先行造报该处地方官，一面造报省垣总农会。至次年逐处查勘，如有阳奉阴违等弊，准自治员禀明地方官惩处。倘知而不举，即予自治员以失察之咎。俟各厅州县农务分会成立，再归该会办理。

（二）给奖励。查农工商部奏定农会简明章程第二十条，有阐明农学，创制农具，改良农产，编译农书者，均准各该会报部察核，酌予奖励。现在农会未立，拟呈请抚部院通饬各地方官，于各区自治员择其热心公益、劝导有效者，汇报本省总农会，援改良农产例，由总农会报部请奖。

附：简要种桑法

一、种桑。桑椹熟时摘下，入于水中，用手搓开，其子自沉于下，捞出晒干。将地浇湿，犁虚浅种，勤用水洒，勿令地干，十数日即生芽成苗，仍用水勤灌，令其易为滋长，一年即可移栽。

一、压桑。于八九月雨后，每压一株，砍桑条二三枝，盘一圈，掘地尺许，插入内，用土埋实，将桑条杪三四寸露于外。至冬月恐冻，用骡马粪埋好，次年即生芽长叶矣。又一法，仍于八九月雨后如桑条长短，掘地一壕，深五寸许，将桑条入内埋实，次年即由节生芽。桑条一枝约可出苗十余根，于次年芽未发时，裁断老桑条，分栽别处，亦易生活。

一、移桑。除压独株不移外，种者及横压者必须移栽。于二月间草木将萌动时，将地掘一坑，深浅视桑大小，每坑相距约五六尺，先注水坑内，待水渗完，将桑秧下面直根剪去，只留横根，坐在坑底，务使根须舒畅，然后用土埋实。天旱可十数日浇一次，有雨则否。

一、接桑。种压之桑叶如薄小，须择叶之肥大者接之，但接法有杪接、根接之异。桑树以根接为最佳，其法于春分后将树身距土三四寸处锯断，随用利刀削平，即以斧凿，按树中心劈开，暂插木钉于缝中，选好桑新条大如小指，长可尺许，削成荞麦稜式，一面留皮于缝中，两边各插一枝，务使新枝之皮与旧树之皮两相吻合，然后拔去木钉，用泥糊缝，蔴丝缠紧，再取湿土埋实，外止露新接枝寸许，听其发芽。

一、掐桑。桑秧长至二尺许，即将顶掐去，令生横枝。待横枝长至尺许，近顶处只留三枝，余尽剪去。待此三枝长至尺许，又将顶俱掐去，令生横枝。横枝长出于近顶处，各留三枝，任其自长，不必再剪。如此培植，将来采桑易于攀援，且桑身不成材料，亦可免人偷伐。

一、肥桑。每年十月间，将桑树近根处周围约距树身二尺许，掘一坑灌水并粪尿满坑，俟水渗完后，仍用土埋实，拥成圆堆，来年发叶自能肥大。若初栽小树，不宜用此法。

一、採桑。採桑宜摘叶，不可攀折枝条，惟远出而细长者宜剪去，俟明春另长嫩叶。诗云“取彼斧斨，以伐远扬”是也。

一、捕虫。桑虫有名尺蠖者，有名蠋者，其害桑一也。或捕杀之，或火焚之，务令不遗一虫。

附：养蚕简要经验法

一、择种。茧之厚薄视乎种之强弱，故凡饲蚕者，宜于茧初成时，择其坚厚匀净者，不拘黄白，留作来年嘉种。盛之筐内，约七日后蛹化为蛾，破茧自出，天然配合，约六时即可折开，取雄者弃之，雌者另放纸上，俟其下子，无令再配，再配生子必弱，结茧难厚。

一、藏种。蛾在纸上下子既毕，必须将纸展开，掛在背阴有风之处，使得空气，无令受热复出。

一、暖种。按每年清明、谷雨之间，天气渐暖，桑芽将生，始可将蚕子连纸折好，置人怀中，或放在温暖之地，如箱柜等器内，用棉衣盖住，听其自出，时间以七八日为期。

一、扫蚁。蚕初出如蚁，故名蚁，宜以鹅翎或鸡翎从纸上扫落盘中饲养，然必待蚁出过半数，方可一扫出全。再扫至多三次，不可陆续扫之，致有参差，缘先饲一日即先长一日，眠不一时，饲叶必多不便。

一、饲蚁。初出之蚁，嘴輭力弱，若饲坚韧之叶，势必受困，宜用嫩桑叶剪成细丝轻撒盘内，令其易食。

一、移蚕。蚕初生甚小，占地无多，若稍长，必须另盘分移，以防堆压埋没。俟长大，更分移竹簾或苇箔上，使蚕沙下漏，污秽易除。

一、布叶。蚕自初出至老，食叶总宜干净，切不可以带雨露、沾泥土之叶饲之，且饲蚕之人宜忌食葱、韭、蒜、香椿等味，否则蚕必受病。

一、蚕室。蚕室喜燥恶湿，以空气流通者为佳。如天气寒冷，室内必用微火温之，方能令体舒强食，不然则抑郁不动，即动亦不健旺。

一、眠起。蚕当眠时，不动不食，仰头而卧，约一二日可起。当未起时，切勿移动，移动则皮不易脱，且易受病。初起时亦不宜撒叶太早，太早则蚕亦受病。头眠、二眠、三眠饲法无异。

一、保护。蚕在室内，须防鸟啄鼠食，宜常拴一猫以镇之。

一、上山。蚕三眠后，食叶最多六七日便不食叶，自行结茧。然结茧必有所藉，方可成功。宜视蚕通身发亮，举头乱走，即为布置，或将芝麻干，或菜子干，或干树枝，依墙立起，捉蚕于上，一半日即能吐丝裹身。

一、摘茧。茧既结成，过五日便坚硬可摘，如越时不摘，恐内蛹化蛾，咬口而出，伤断丝头，不易缫练。

一、杀蛹。摘茧后即宜杀蛹，或蒸或晒均可。

一、缫丝。其法有用外洋机器者，有用本地车子者，各处不同，然必资熟手，亲身试验，方可从事。

以上所述,只就家蚕而论,若野蚕有用柘叶、栎叶、槲叶等喂养者,须採访各处,如有此等树木,即养野蚕,更为简便。兹将柘、栎、槲形式说明列后,以便调查。

一、柘树。李时珍曰：处处山中有之，喜丛生，干疏而直，叶丰而厚，团而有尖。其叶饲蚕，取丝作琴瑟，清响异常。按浙江《柞蚕汇志》，柘干有刺，叶柔輭，与桑同，经冬不凋。

一、栎树。李时珍曰：栎，柞木也，实名橡斗、皂斗，谓其刓剜象斗，可以染皂也。南人呼皂如柞，音相近也。又曰：栎有二种，一种不结实者，其名曰棫，其木心赤。诗云“瑟彼柞棫”是也。一种结实者，其名曰栩，实为橡。二者小则耸起，大则偃蹇，其叶如槠叶，而文理皆斜勾。四五月开花，如栗花，黄色。结实如荔枝核而有尖，其蒂有斗包，半截其仁，如老莲肉，山人歉岁採以为饭，或捣浸取粉食之。丰年可以肥豬。按鲁山放蚕，有一种树曰尖柞，即此树也。其叶状类椿头，尖而长，色绿，较椿叶坚厚。

一、槲树。李时珍曰：槲有二种，一种丛生小者，名枹，见《尔雅》；一种高者，名大叶栎。树叶俱似栗，长大粗厚，冬月凋落，三四月开花亦如栗，八九月结实似橡子而稍短，其蒂亦有斗。按鲁山放蚕，有一种树即此也，叶尾尖而头圆，色深绿，较栎叶宽大。

按以上三种皆可饲蚕，但此树须于年年放蚕后剪伐之，不令成大本，约距地仅二尺余。

征收田房契税不得额外加征案

窃惟田房契税，度支部为抵补洋土药税厘，酌量加增，厘定新章。查第一条、第二条载，买契一两一律收税九分，典契一两一律收税六分，此外丝毫不准多收。又第十三条载，各省加收火耗经费等项，亦系行政办公必须之款，均应在九分、六分内分别拨还。又第十四条载，此次加收契税，每加征一分，应扣提一厘，以为经征官吏办公之用。详绎部章，既不忍人民受浮收之害，复不欲官吏有赔累之苦，筹画精详，体恤周至。乃各厅州县仍藉口于办公经费，以及火耗、加平、补色等名目，加收五厘或一、二分不等。至官契纸一项，部章第九条载，契尾户管执照，各省所收经费多寡不同，即官纸一项，收费亦不一律，应暂准仍旧。查晋省光绪三十二年改用官契章程，定为每张缴纸价二百文，以外不得多取分毫。迄今四、五年间，而各厅州县视为具文，有按此数加倍者，有因契价递增者，其他挂号、謄字等费，种种弊端，实难缕述。值此预备立宪时代，凡在官吏，均应恪守定章，力除积弊，万不容逾额浮征，借端需索，致令负担已重之人民，更受此苛派滥加之苦。按部章第十八条所规定，已属法所必惩，应请抚部院重申禁令，俾各厅州县一律实行，遵照办理，庶税则归于划一，而中饱亦可厘剔矣。

晋省财力艰窘宜由各局所学堂提倡撙节案

三晋物力维艰，久难例东南各省。自甲午、庚子以后，兵荒交警，商贾疲敝于外，农工困乏于内，民穷财尽，更甚曩时。言兴利者类皆注重于开源，实则开源不如节流，尚属救时之要。比年以来，新政待举，成效之覩，尚须异日，担负之重，已有难胜。加以风俗奢靡，生活程度日益增高，欲有以挽救之，非先从上等社会开端提倡，断无以立标准而示矜式。因先就局所、学堂中择要撙节，酌拟数条如左：

一、各局所、学堂教职各员薪金宜加裁定也。查近年各局所、学堂教职各员，每因薪水过优，财力难继。盖由开办伊始，人才难得，不得不姑从优异。现在风气渐开，人才不至缺乏，若拘守旧章，不加限制，恐经费日见支绌，办理愈形棘手。拟请通饬省内外局所、学堂，除严汰冗员外，其教职各员薪金，务须各就现时财力，酌定限制，勿得稍涉冒滥。

一、各局所、学堂夫役宜认真裁减也。夫役因事务而设，用一人必须得一人之用。查各局所、学堂夫役，往往人浮于事，虽云耗费无多，究属财政之蠹。应请无论何项局所、学堂，此后对于夫役一项，认真裁减，以重经费。

一、中小学堂自修室、寝室宜令学生自行洒扫也。查各处学堂，除乡间初级而外，其城镇之中小学堂，往往夫役充斥，不独于经济有碍，且惯长学生骄惰之习。应请通饬各属，凡中小学堂自修室、寝室，均宜令学生自行洒扫，书案、寝床尤应整齐清洁。

一、各项学堂操衣、课本宜令学生自备也。按奏定学堂章程，学生入堂均须照纳学费，前因风气初开，暂缓学费，亦系从权办理。如操衣、课本系各自练习所需，亟应归学生自备，即或虑有不齐，亦须照章缴费，由堂中代购。学期给假时无庸照缴。

剔除诉讼积弊案

查立宪国家，莫不有各级审判，以平人民之争执。中国司法尚未独立，一切民刑诉讼，不得不归地方官审讯。惟向来积弊甚深，吏役工于舞弊，不免藉诉讼之事，以勒索民财，而地方官复多有任情出入，不能如法评断迅结，以底于公平，遂使良民视法庭为畏途，以兴讼为大戒。间有因事启争，必不获已涉讼公庭，往往案未结而产已罄，理莫白而冤愈深。种种弊害，难以尽述。夫使良民受人欺陵，含冤而莫敢伸讼，是为间接受害；因讼而至于荡产失业，又为直接受害。当此预备立宪时代，莫先于尊崇人格，保护权利，岂容有此不平之事。除省城已设各级审判厅外，其他各厅州县拟暂筹一救济办法，分述于左：

（一）明定书差费。按各国诉讼法均有手数料，我国向无其例，而吏役需索，较之各国不啻倍蓰。拟化私为公，如代书费、传票费、挂号投呈费等，由自治会绅士酌按各地方情形，明定标准，呈请州县官核准，牌示大堂，俾人民有所遵守。除许给数目外，吏役不得需索分文，违者重予惩办。

（二）确定讼期。凡立宪各国，其诉讼手续，由起诉以至判决书公布，莫不有一定期间。我国州县官对于民刑案件，往往有累月经年不为判结者，吏役得以舞弊，民人多受牵连，胥由于此。拟酌定期限，除命盗重案不能遽结外，其寻常事件，应按照各级审判厅试办章程，传票期限不得逾五日，传到即讯，不得延搁。如有案情复杂，必须勘验访察者，得倍其期，过期者以违法论。

（三）宣示判决书。人民因权利义务之争执提起诉讼，州县官既有保护权利之责，必公同宣示，始足以袪弊端而成信谳。拟嗣后各州县每判决一案，须将两造之争执情形，及判决理由，并科罪、罚金各条例，于结案后五日内缮就判决书二分，一粘卷备查，一张贴大堂，俾众周知，以免蒙蔽。倘过期不贴，诉讼者得请求自治会向地方官诘问。

（四）严防专断。数级审判主义，近今立宪国多採用之，其所以防民冤抑，意至周也。查中国旧习，上控之案每多批回原籍审讯，州县官得藉之以泄忿，人民冤恨乃从此而愈深。拟请通饬司道府直隶州各上级官，嗣后遇有此等案件，或自行审讯，或委附近印官调案审讯，勿得批回原籍，使人民终抱莫白之冤。

禁止商人买空卖空案

查经商之事，尚实不尚虚，无论何项营业，必须信用昭著，方足以资发展，而获厚利。晋民素称朴厚，以善营商业著闻，惟市面向有一种恶习，奸商黠贾侥幸于厚利之获，惯作空盘，一买一卖，并不过付实物，惟视将来价格之高低，为双方赚赔之准。据旬月之间，盈亏动至千万。历年以来，各商行倒闭歇业，一蹶不振者，率多由此。甚有凭恃多财，必欲达其目的，因空盘之故，变为霸盘，价已涨而买犹不止，价已落而卖仍不已。其流弊所极，至使银价、粮价之伸缩，因空买空卖为转移。若不严为禁止，必至习为固然，酿成市面恐慌之象，于商务前途大有关系。其希图厚利，亏折资本，影响直接及于股东者害犹小，而使市价变动，交易失平，间接及众人者，害更大也。近来国家注重商业，整顿不遑，岂容嗜利之徒，倒行逆施，扰害市面。拟请通饬各属地方官及商务分会，如该地方有空买空卖恶习，亟应严切谕禁。倘敢于谕禁之后再有违犯，除将买卖主从重惩罚外，其包揽此等买卖之钱店、牙行等，视买卖主加倍议罚。至各地方因有此等买卖抽有捐款者，自禁之后亦应一律免除，庶于维持商务之中，仍寓体恤商情之意，裨益地方，实非浅鲜。

提倡试种棉花案

唐俗素称勤俭，《蟋蟀》诸诗，可为妇人纺织之证。降及今日，男子躬【自】耕作，妇女无所事事，反以衣食累人。比来士大夫有鉴于民穷财尽，不可终日，于是提倡工业，扩充土布。然棉业不兴，购纱外埠，成本而外，所赢几何？似尚非救贫之本计也。查晋省棉花一项，平、蒲、解、绛等处颇多种者，霍山以北曩不讲求，动谓气候、土脉之不（齐）〔宜〕，究之未尝试验，遽甘放弃，非致贫之道乎？况近年商战日烈，漏卮日多，只一身衣服之需，犹仰给外人，不知吾国民何以生存于世界也。本局公筹挽救之策，拟就平、蒲、解、绛种棉之地，逐渐推广，以期普及。由各区议员分举各该处平日讲求实业者一二人领籽试种，如有成效，徐图进步，将来棉利大兴，土布日出，当无难抵制外货，挽回利权矣。谨将试办、试种等法列左：

（一）散籽。由平、蒲、解、绛四区议员携来家存棉籽，分给各议员，转寄各区，有志棉业者届时试种。

（二）种时。谷雨前后同时布种。

（三）择地。棉喜薄地，亦不宜逐年迁移。粪料不宜多，多则枝叶茂而结苞转少。

（四）种法。棉籽性粘，先入水中二小时，捞出放炭灰或柴灰内，用手搓匀。一法用开水先冲，随将水倾尽，浸冷水中，立时捞出。种时将地细犁一次，耱之，再粗犁一次，遍掷棉籽于犁沟，用耙覆之，苗出必陇行分明。如苗未出而大雨，土坚苗伏，晴时再用耙耙之，苗自出矣。

（五）留苗。苗不宜稠，拣高大者约离尺余留一苗，余尽除去。

（六）锄法。棉最喜锄，初次留苗，即宜锄之，以后尤宜勤锄，至结苞时锄要细心，恐妨苞也。

（七）掐顶。六月初伏天晴时，将棉总顶用手掐去，令多生横枝，横枝上能多生花结苞，如横枝过长，亦宜掐顶。

（八）摘棉。棉成熟，其苞自绽，棉朵外露，却不自落。旋开旋摘，摘下晒干。收之霜后，枝叶虽枯，结成苞者仍自绽，摘如前。十月杪拔去其株，或有未开之苞，摘下放向阳处曝之，久亦自开，摘出棉朵，可作絮用。

（九）去籽。有用外国机器者，有用本地车子者。机器去籽速而价昂，每付约大洋六、七十元；车子去籽缓而价廉，每付约钱二串。棉籽可榨油，气味亦佳。

整顿各地方巡警案

查警察为内务行政之一部，而其作用实与行政全体有密切之关系，故国家为达行政之目的，而设立行政警察，诚以人类组织为共同生活，凡天然与人为之危害无时不有，必预防于未发，始可保全人类之安宁，增进国家之幸福。我国警察现时虽不与军队混同，而警官之资格，警兵之职务，以及对于国家、地方各种机关之权限，仍未能遵守法规，充满其排除危害之性质。故警务长有仍用裁缺营官者，警兵有招募厮役、游民者，甚至沿乡勇之旧习，只供衙署驱使，对于地方毫无裨益。设常此腐败，非特虚縻钜款，有伤公理，且于宪政进行大生阻碍。兹经公同研究，拟定整顿方法八条，呈请抚部院饬巡警道通饬各属认真整顿，庶警察不至废弛，而地方可收实效。

（一）慎选警务长资格。地方巡警为各厅州县行政之补助机关，责任綦重，故原章警务长非有高等警务学堂毕业资格者不得派充。查现在各处警务长，由警务毕业者固不乏人，而不谙警务，买一五品功牌，由运动而得者，所在多有。应请嗣后警务长除高等警务及法政毕业不敷派充外，必须有警察知识学问者方准派充，并准由地方官绅协商指名，禀请札派，以示慎重。

（二）划清警务长权限。警务长为下级行政官厅，专以执行警察行政为职务，惟受上级官之指挥监督。从前之捕盗营长与佐贰等官不得侵占其权限，而警务长除指挥、监督警察全部事务外，对于地方民刑诉讼，亦不得有干涉请托情事。

（三）酌加警务长薪水。查警务长在日本必高等官自三等至七等充之，年俸给予一千元至二千元不等。我国当官制未颁，公费未定之时，警务长薪水固难与日本比例，然必俸足以养廉，方能固其操守。查山西偏僻州县警务长薪水月支四、六、八两不等，往往有操守不坚、索贿纵赌之弊。嗣后应酌量地方肥瘠，将缺划为上中下三等，以定警务长薪水，至少每月须有十二金。

（四）郑重招募警兵之方法。警兵对于人民有密切之关系，故原章必须粗通文义，练达世务，品行端正者，方克补充。查各处警兵多系外省游民，或无赖子弟，对于地方情形殊多隔阂，大失保卫地方之宗旨。嗣后宜仿照征兵办法，凡旧有之各省游民渐次裁汰，添招本省良家子弟，认真教练。其于地方既关痛痒，而于警察行政事务，亦能充满其分量。

（五）革除役使警兵之陋习。巡兵原为预防危害、维持治安而设，非有特别委任，不得旷其职守。查各处警局，虽经奉有职务法规，而玩弛放弃，依旧仰视州县鼻息，常有拥护车轿，伺候站堂，供家丁之驱使，作衙役之羽翼。此不特违背巡警之法规，且有伤巡警之品格。嗣后地方官差遣巡警，除法律规定各种事务范围外，不得任意役使，以重警察职守。

（六）实行站岗。巡警站岗为警察外勤服务之必要，非仅为巡视地方，且可查察人民之情状，监督法律之有无违反也。查今春巡警道通饬各属，令将巡警仿照省城办法，分班站岗，意美法善。乃查各属巡警，除办理杂差外，仍系游手好闲，实行站岗者十无一二。此后应按地方情形，妥定规则，安置岗位，昼夜轮流，庶巡查不至虚设，而地方得受其保卫。

（七）清查警款。现时各处办理警务，以款绌一语为一时同病，然各处款项涓滴归公，巡警饷糈开支全由地方官吏伸缩挪移，以致警额不足，所在多有。嗣后各处警款应归自治事务所，将每季收支清查一次，榜示通衢，以清积弊。

（八）派员视察。巡警道应按照《奏定官制办事细则》第六条，随时派员视察各属巡警，如有旷废职务，办理毫无起色，暨违法舞弊情事，应立即撤换惩处。若警务长违法舞弊，不在视察时间，各处自治事务所议事、董事会得指明确据，禀请地方官转详或径禀巡警道撤换，以儆效尤。

宣统三年举办各属物产品评会以为下年本省筹备劝业会基础案

案农工商部奏定筹备清单内开：第五年筹设各省劝业会，为赛会之练习；第六年各省劝业会以次成立，即筹设国内赛会；第八年国内赛会成立，即筹设万国赛会；第九年开万国赛会等语。将来国会之期无论缩短与否，赛会之期无论提前与否，而预备赛会即为物质进步之精神，自应先将关于应行调查各事通盘筹画，切实兴办。查部定筹备清单，第二年有通饬各省调查商品出入大概数目，商务衰旺大概情形，编成报告。第三年调查各省出产商品，通饬各省调查商品出入详细数目，商务衰旺实在原因，编成报告。第四年调查全国矿物品类、产额、销场，编制统计；调查全国工艺及制造原料，编制统计；调查全国著名工艺品。第五、六年通饬农会编辑农务统计，通饬各劝业道编辑畜牧统计及渔业统计，皆列表报告。以上各条，凡在筹议国内赛会之先，一切应筹设、应兴办、应编制各种，无不视此调查各条为进步之嚆矢。自南洋劝业会发起后，东南沿海及长江流域各省，有两江各属物产会，有武汉共进会，有各省出品协会，皆倍力猛晋，将应行调查者无不实事求是，以求达其目的。是不待农工商部所定之第八年开国内赛会，而先于第三年在南洋放一异彩。凡先南洋劝业会而预备适当之省，俱有各种统计报告。凡一切应筹议、应兴办、应编制者，经此劝业会出品后，已研究有得，易于筹备。晋省既于南洋劝业会无适当预备，凡关于一切应筹议、应兴办、应编制之各种调查，尚未曾著手。在他省，因预备出品，已将部定第六、七年以前各种调查，于出品之先办有端倪，晋省则尚未从事，即有之，亦简单草率，不能对于各省得有生产力之比例。在他省，出品人既知所以博名誉之道，扩充改良，日求进步，晋省农工商界若不知本年有此盛举。在他省，此次出品已有部定第八年国内赛会之成绩，晋省则尚无第一、二年生产力之确实统计。若不急起直追，设法筹画，则筹议、兴办俱落人后，经济前途日绌一日。现本省劝业道尚未奏设，自应请饬农工商局，将部定分年筹备事宜表内调查类一切迅速办理。然省城劝业会及国内赛会次第筹设，又为期不远，亟应于宣统三年举办各属物产品评会，以为次年照章筹设省城劝业会及后年筹备国内赛会之基础，且应此举可将部定第六、七年以前事宜表内调查类所列历年应行调查各事，俱可同时得有实在统计，列表报告。此后本省之天产力与技能力，既知对于各省，对于全国，对于世界为若干之比例差，则可定将来本地实业，若者可以为主干，若者可以为先务，若者为日用之要需，若者为社会之消费，若者宜加改良，若者宜事扩充，若者为可抵制以塞漏卮，若者为可外销以收利益。自兹以往，对于农工商部所定之筹议类、兴办类、编制类各种，始可以有实事无空言。有比较自然有改良，有竞争方可有进步，可以启实业之真知识，可以生普通之决择力。至宣统四年，即可遵定章筹设劝业会而练习之，以为宣统五年筹议国内赛会之根据，则各属物产品评会自应克期举办，不容缓图。兹拟简章如下：

一、缘起。今为催促全晋实业进步，特参仿日本昔年市府物产共进会及两江物产会办法，由抚部院通行各属，于宣统三年各将本地所出产物、工艺一切详细征集，定期分地举行物产品评会一次，以为次年照章筹设省城劝业会及后来筹设国内赛会之基础，并将部定分年清单第五、六年以前调查类所有一切，藉此可以调查完备，易于筹办。

二、区域。此项品评会既系为省城劝业会及国内赛会而设，则凡山西各属为物产汇聚、交通便利之地点，均宜各就所产，组织立会，以期详备。兹分定设会区域若干处，具列于左：

（一）太原府属（会场设省城）

（二）平阳府属（会场设府城）

（三）汾州府属（会场设府城）

（四）宁武府属（会场设府城）

（五）大同府属（会场设府城）

（六）蒲州府属（会场设府城）

（七）朔平府属（会场设府城）

（八）泽州府属（会场设府城）

（九）潞安府属（会场设府城）

（十）平定州属（会场设州城）

（十一）绛州属（会场设州城）

（十二）忻州属（会场设州城）

（十三）代州属（会场设州城）

（十四）霍州属（会场设州城）

（十五）解州属（会场设河东）

（十六）辽州属（会场设州城）

（十七）沁州属（会场设州城）

（十八）隰州属（会场设州城）

（十九）保德州属（会场设州城）

（二十）口外十二厅各属（会场设归化城）

三、组织。吾国内地农工商各业，向者绝无统辖画一之机关，山西尤甚。今一旦组立此会，克期期成，则所有主任之机关与监督之责任，以至组织一切之（织）〔职〕务，所宜预为之计者，当于先期由抚部院饬农工商局于应设斯会之各属地方，每属札委二人为该会之创办人，会同地方官筹备一切，并令该地方长官即充该会监督，以期机关有属，责任较专。至该会应设各员，并录如下：

（一）文牍科

（二）会计科

（三）调查及陈列科

（四）庶务科

右各科人员之多寡，以事务之繁简定之。

四、模范。先由太原府属定一会期，试办一次，以为各属模范，然后由抚部院定各属唯一会期，令各举办。

五、会场。凡各属设立此会至实行开会时，由创办人会通［同］地方官勘借该地方所有公所、庙宇宽广之地，以为物产陈列之所，不必另行建筑，以省繁费。

六、会用。凡各属设立此会，关于筹备、实行种种应用之费，由农工商局酌定额若干，各会无论如何，不得逾于定额之外，应由各地方官量筹补助。

七、类别。该会征集本地所出物产、工艺各种置入会场，统须审别各物之原料与制法一切，区分部类，并各部依类次序布置陈列，不得羼序杂陈，以致不便于研究参考。兹拟物产分类之法如左：

（甲）天产品

（一）农业部　五谷　园蔬　树艺　储藏　器具　肥料　水利　益虫害虫及各种标本

（二）蚕桑部　茧　丝　桑种标本　蚕种标本　器具　场室及各种模型

（三）水产部　鳞鬐　介甲　两栖　腔囊　植物　储藏器具　舟艇及各种模型

（四）药材部　植物　动物　金石　制合器具　储藏器具

（五）矿采部　五金　石炭　杂矿　采矿器具　炼冶器具　山场及各种模型

（六）狩猎部　皮革　牙角　毛羽　器械　各种标本

（乙）工艺品

（一）染织部　漂染　机织　机器　场舍模型

（二）服装部　衣服　冠履　带佩　陈设　装饰　各种制造之器具

（三）陶器部　陶器　磁器　土器　制造器具　窑厂模型

（四）髹漆部　雕填　磨甸　彩绘　八宝　器具　工场模型

（五）琉璃珐琅部　琉璃　珐琅　景泰蓝　盪磁

（六）五金部　金　银　铜　铁　锡　铅　钢　器用　工场及各种模型

（七）竹木部　竹器　木器　籐器　柳条器　竹簧器　器具

（八）玉石部　玉器　石器　器具　工场模型

（九）牙角部　牙器　角器　骨器　马尾器　器具

（十）鞣革部　牛革器　马革器　羊革器　鹿革器　器具标本

（十一）笺扇部　笺纸　扇　画纸　造纸器具　槽舍模型　纸料标本

（十二）化学制造部　蒸酿　化炼　器具　模型

（丙）美术品

（一）绣织部　刺绣　织锦　器具

（二）绘画部　水墨画　油画　铅笔画　器具　调色

（三）雕塑部　雕镌　粘土塑　石膏塑　器具

（四）锻冶部　五金　镶镀　器具

（五）陶烧部　紫砂器　磁器珐琅　宝烧　器具　顺序标本

（六）手工编制部　编织　像生花菓　器具　顺序标本

（丁）教育品

（一）教授用具部　笔墨　器具　时计　规表　量器

（二）理化器械部　电学　化学　声学　光学　力学　水学　汽学　磁学　热学

（三）图书部　木板　铅版　石版　铜版　电胎　器具　印刷机工场模型

（四）成绩部　普通　专门　实业　女学　校舍模型

（五）标本模型部　动物　植物　矿物　水产　器具　原料

此表仅列各种物产分部大纲，至详细类别之法，当由农工商局另以清单说明。

八、标注陈列。会场物产各种既各区分部类，依类陈列，并须各于该物之次附黏浮签，表明该物品名、量数、价值、产地等项，以资研究参考之用。该签特由农工商局订定专式，刊印颁发各会，以便填注陈列。兹将标签正背两格式附录如下：

面　正

号 ○ 第

部 ○ ○				品 ○ ○		
府属物产会	宣统 年 月 日	制造姓名	产地	价值	量数	品名

面　背

说略	运销地方	每年销额	每年产额	效用

九、开会期。由农工商局详准抚部院，定以宣统三年某月某日为各属物产会开赛之期，会期一月，期满闭会。

十、审查报告。自颁发此章后，并于详定各属物产会开会期前一月，详请抚部院派委该会审查员若干人，周历应设该会之各地方，凡于会场之布置，物产之良否，以至办法之合否，均责成该员详细报告。

十一、奖励。凡各属物产会由农工商局调查员报告后，当遴择各会物产，呈请抚部院（结）〔给〕予奖励。其奖励法计分三级：一金牌，一银牌，一铜牌。

十二、运赛。各属物产品评会既为预备宣统四年遵章筹设本省劝业会而设，则凡各会物产自调查员报告以后，由农工商局甄择其品质精美、销额广巨暨堪以改良扩张之土产等，通知该调查员另填清册，转呈农工商局，责成监督该会之地方官及该属各绅机关等，暂行收贮，至省垣劝业会筹办有期，即饬运送来省，以便列入劝业会场陈赛之用。

十三、附则。以上各条系为物产会之大略办法，至各属地方物产情形，一切有难尽同者，俟实行时不妨斟酌各地所宜，变通而增损之。此外仍由临时详订各属物产品评会细则发布各属，以资依据。

整顿巡防各队案

查马步巡防之设立，原为保卫地方，巡缉奸宄起见。按定规，以一队之兵分为两班，以一班在营教训操演，一班在外昼夜梭巡，每一月或一季两相更调，皆归管带督率，优者奖之，劣者汰之，俾军人知所激劝，不敢不力为盘查，始无负国家养兵卫民之意。无如近年以来，各属巡防队虽不无认真办理之处，而有名无实者亦所在多有，往往有行人被劫喊报，巡队置若罔闻，以致盗贼肆行，毫无顾忌。甚至驻扎城内，窝赌宿娼，欺压平民，拐骗铺户，无所不至，而为管带者不惟不加约束，反多方袒护，商民冤抑，莫由伸诉，是保民转以病民也。拟请饬下各营队，遵章认真整顿，庶巡队知有忌惮，则地方均受其福矣。谨拟办法数条列左：

一、营盘宜驻扎城外也。城内兵民杂处，易生事端，况要害之地，多在城外，遇有事变，呼救不灵。嗣后应一律移扎城外，以资保卫。

一、队官宜专责成也。各处大道抢劫时闻，队官多不经意，应按所辖各卡地段，责成队官每月亲巡数次。如地方一有抢劫，查出该队官职名，严行参处。

一、训练宜认真也。巡队腐败，实由于无所事事。凡撤防归营，宜责成队官认真教练，严明约束，庶不致放弃责任。

一、行旅宜护卫也。巡队之设，原为保护行旅起见，乃各巡队终年逍遥，不知所为何事。嗣后商旅行李较重，或时刻过晚者，应各卡轮流护送，不准需索。

请赈口外各厅暨大朔宁保各属灾民案

窃本局于七月间由常驻议员协议，将预筹救荒特别、普通办法先后呈请，并准照复各在案，自应静候核办。惟彼时秋禾在地，收获之分数不可知，所筹仅备荒之策。此刻田功既毕，灾象已成，应实行救荒之政。查口外各厅春夏季概未落雨，秋后复经霜冻，赤地无苗者有之，秀而不实者有之，被灾虽殊，饥馑则一。又查大同府属之大、怀、应、山、阳高、天镇暨朔、宁、保属各州县，与口外被灾情形略同，而山阴、应州及朔、宁、保所属，地土尤多硗瘠，丰年所获仅及沃壤之中稔，中稔所获仅及沃壤之歉岁，遇兹荒年，不惟此数处囊无积粟，民不聊生，即口外素号产粮之区，自京张铁路开通以来，粮行之存储者，运售为之一空。大同、阳高、天镇等县，粮价之贵，亦皆受其影响。夫国以民为主，民以食为天，灾荒若此，民贫又若彼，如不设法赈济，则今冬无衣食，而明春无籽种。无衣食则弱者生以待毙，强者（挺）〔铤〕而走险。无籽种则来岁即能雨旸时若，而坐失东作，安望西成耶！言念及此，可哀亦可虑。拟请抚部院分别筹赈各区灾民，俾免饥寒而资播种。附呈办法如左：

一、确实调查贫户。明佥事林希元有云：救荒有二难，曰：得人难，审户难。调查不得其人，则所赈皆无业游民，农民难邀实惠。拟请分饬该灾区地方官，督同自治各员，并遴选本地公正、热心绅士，预带册籍表，照分区调查某镇某乡共有极贫、次贫民各若干户，每户家主何名，男女大小共若干口，一面注册，一面发给执照，以为散赈之根据。

一、分别缓征、蠲免钱粮。钱粮为国家正赋，议缓议免例应以报灾之分数为标准，但官厅狃于积习，往往以有报无，以多报少，为讳言灾变之计。拟请严饬该灾区地方官，于调查贫户时博访周谘，凡实系贫民自有之田，并非向有赀之家租种者，准其分别极贫、次贫，纳粮若干，核实造报，或缓或免，应俟奏明后分饬遵行。

一、开放常平仓谷。常平本为救荒而设，与其庾积多年，朽腐无用，何如分发灾区，普济民生。应俟查确贫户后，统计极贫、次贫民各若干口，存谷若干石，区分等级，酌量施散。至施散时期，拟于十二月为第一期，来年二月为第二期，缘十月至十一月尚有蔬菜及圆山药可以充饥，明年三月以后或有佣工处可以糊口。

一、筹贷来春籽种。春贷秋收，民间久成惯例。遇此荒年，凡素放斗债之家，本息皆归无有，贫者固告贷无门，不贫者亦爱莫能助。若不设法代筹，恐来岁不耕之灾，较不雨之灾为尤重。查朱子社仓条议，原有具状给保请贷之法，拟请分饬该灾区地方官，查照仿行。如社仓并无存储，或腐朽不堪作籽，谷少不敷分布，拟请饬司酌拨库款，由地方官督同正绅迅速籴备，缘来春粮价必增，且如保德、河曲等处，曩资蒙粟，兹因口外被灾，蒙汉交困，来春匮乏，更形危险。

一、平粜官仓米豆杂粮。平粜之法始于李悝，大饥则发大熟之所敛，中饥则发中熟之所敛，富国足民，法良意美。自以银纳粮之例兴，官仓之所存者，除常平仓谷而外，惟有裁兵节省之米豆及营租之杂粮。而常平囤积多年，既有贾用不售之势，其米豆、杂粮地方官复利其价昂而报粜之。为民父母尚忍出此，彼粮行商贩之把持行市，增长价值者，更无足责。拟请分饬该灾区地方官，于来春谷贵时，将仓存之米豆、杂粮，零星平粜于被灾贫户及手艺贫民。如有富户行贩，假名渔利者，加倍罚金，并饬严谕粮面各店，不准任意高抬市价，致病贫民。

免除河东盐商朦禀加价案

查河东盐务自光绪七、八年间张文襄公抚晋时，因盐商病民，开通道路，以便转运，平其物价，限以足秤，永不许由商户增加，札饬各处在案，有卷可查。光绪三十四年，度支部为抵补洋土药厘税，奏准每斤加价四文，并屡电直省督抚严防冒加。是于额外加价之中，仍寓体恤民情之意。乃宣统元年春间，各盐商见度支部奏准加价，利欲勃发，意谓盐价可以任意增加，遂公推代表，以银价赔累，赴河东具禀，力恳加价，再三渎求。河东道以每斤加钱二文批准在案。然以一年之间，度支部奏请加价四文，同蒲铁路公司保息加价二文，盐商又朦禀加价二文，以今日之生计艰难，而令人民如此负担，则贫乏者势必至于淡食。况度支部为统筹国家全局，蒲同铁路为收回晋省利权，皆为万不得已之举。独盐商之任意加价，其理由何据？查其具禀之意，不过以银价赔累为词。夫银价赔累，以产盐、销盐两处银价之低昂悬殊。然光绪七、八年间，各处银价每两一千七八百文，较河东银价甚昂，未闻盐商禀请加价。光绪二十四、五年间，各处银价一千一二百文，较河东银价甚低，亦未闻盐商禀请减价。即以现时银价估计，河东每两银换制钱一千三四百文，与各处银价相较，适属平均。所谓赔累者何在？查现在凤台县已将盐商加价二文照数减去，而各处已加未减者仍居多数。应请抚部院札饬河东道，通饬各处，免除盐商加价二文，以苏民困而顺舆情。

改良社会以补助国民教育案

立宪国民，必人人受普及教育，人人有普通知识，然后于宪政进行始无妨碍。晋省僻处偏隅，风气晚开，一般人民率囿于习俗不能自返，或迷信风水，或妄谈祸福，或喜言时日星命之占，巫觋神鬼之说。揆厥由来，皆缘一种谬书邪说流行于社会之间，浸渍既深，习与俱化。其究也，谬妄相寻，积非为是，而造谣生事之徒，遂利用其心理，演出无理蛮横之举动。庚子拳祸，以晋省为最烈，职此故也。倘长此锢蔽，实于宪政前途障碍殊多。若必俟教育普及，始为改良之计，无论河清难俟，而财力所限，欲强一般知识不开之人民尽入学堂，亦势所不能。计惟有设法改良旧俗，以补教育之所不及。应请饬提学使、巡警道会同合办，务期随俗利导，俾之默化潜移，则于宪政进行不无裨益。兹将所拟办法条举于左：

编译小说。小说者流，盖出于稗官。《汉书·艺文志》列为九家之一，通俗牖民，莫善于斯。我国旧行小说，多出自元明人所编，大率多诲淫诲盗之书，而近日新译之本，又复文辞古雅，或雅俗参半，不适于启迪愚民之用。应通谕省内外，如有宿学能文之士编译小说，合于社会之用者，准其呈请学、道两宪审定，如果精善可行，优予以特别权利，藉资奖励。

改良戏曲。优孟衣冠，最易倾人观听，亦最易动人情感。拿破仑握欧洲霸权时，所有戏剧均令演战阵威武之事，故能激敢死之气，开尚武之风，横厉一世，良有以也。中国齣本多附旧行小说，排演成书，其弊亦复与之相同。应通谕省内外，如有编撰新小说者，即令所编戏曲与小说本同时呈送审定，以资仿演。

实行宣讲。按学部奏定劝学所章程实行宣讲条下载，各属地方一律设立宣讲所，延聘专员随时宣讲，其村镇地方亦应按集市日期派员宣讲等语。惟各属奉行不力，遵办者甚属寥寥。应严饬各属照章认真举行，并饬令初等小学及简易识字学塾教员酌加津贴，使于正课外遵照学部审定宣讲用书宣讲一二小时。至宣讲之时，宜纯用白话，以期愚民易晓。

发行白话报。启迪愚民，惟报为要，而通俗报尤要。故各国以报纸销售之多寡，觇国民程度之高低。晋省报章甚不发达，其已有之报，宗旨、论说亦不专为人民而设。应饬令自治筹办处于公报每期出版时，另印附张，或即于该报纸内另添一栏，措意选词专对下等社会，因症而发，期有以矫正其恶习而鼓荡其新机，则事轻易举，收效实多。

暂定儿童计年就学单行规则以试行强迫教育案

东西立宪各国必先行强迫教育，以齐国民之知识，然后予以参预政务之权，始不（至）〔致〕有流弊。惟吾国筹备宪政，颁布此项章程尚在宣统七年。窃意危亡之机迫在旦夕，速开国会朝野上下已成不刊之公论，俯视吾幼年子弟，即十年后之完全国民，若不分别施行，强迫教育何能普及。特现在地方补助教育行政之经费尚未筹定，似难一概从事。兹本奏定小学堂章程所开之计年就学各节，略为变通，以作晋省试办强迫教育之单行规则如左：

一、凡儿童年届七岁以上，十三岁以下，均有入初等小学之资格。

一、初等小学科目部章分有完全、简易二种，每遇儿童入学时，须由该儿童之父兄抉择愿入何科，惟入学以后不得无故退学。

一、凡毕业初等小学完全科或简易科者，由地方官赏给徽章，令其佩带，以示优异。

一、凡城乡市镇或村落设有官公私立小学者，该处儿童年届七岁以上，十三岁以下，有不入学或入学无故退学者，罚其父兄或认保护儿童之亲族人。其罚则如左：（甲）处一元以上，五元以下之罚金，其罚金以补助无力就学者之学费。（乙）停止其选民之选举及被选举权一次。

一、凡殷实之户，如有年届七岁以上，十三岁以下之儿童，均有受劝学员之指挥，担任组织公私小学及简易学塾之责任。倘有抗不遵办，须按照儿童名数，亦科以上条之罚则。

一、儿童有患疯癫痼疾或五官不具，不能就学者，经劝学所察实，呈明地方官，准免其就学。

一、学龄儿童如有届应就学之期，或病弱，或发育较迟，不能就学者，本乡绅董可禀明地方官察实，准暂缓就学。

一、儿童如有因其父兄或认保护儿童之亲族人家实贫穷，不能就学者，本乡村绅董可禀明地方官审察，酌量或免除或暂缓就学。

一、儿童受人雇佣者，该雇佣主人当设法通融，令儿童得就半日学或夜学。

一、儿童如有患传染病症，或性行不良，有妨儿童之教育者，小学校长可命停止上学。

一、各乡村绅董每届年终，须会同劝学员，将各该学区之学龄儿童实地调查，编成学龄簿册，共备三份，一呈地方官，一存本处小学堂，一本乡绅董自行存查。每届入学时，即按簿通知该儿童之父兄及保护人，劝其就学，如无故违抗，照章议罚。

一、本规则就官公私立各小学及简易学塾已成立之处实行之。

整顿各府厅州县中小学堂慎选办学人员案

近年各府厅州县中小学堂，虽已渐次成立，然卓著成效者百不获一。推原其故，皆由办学无相当之人，或旧绅揽权，希图利己，或官长倚势，位置私人，縻款多而成才少，言之可为太息。倘不急求整顿，恐将来反对学务藉为口实，仇学之风日炽，学堂永无发达之期矣。兹谨将办法数条开列如下：

一、县视学统筹全境学务，责任极重，须由地方官会同自治会、教育会人员，按部定资格投票公选，开列当选者二人，详请提学使择派，以昭慎重。

一、凡官立、公立中小学堂，其监督、堂长嗣后应行交替之年，由官绅会同选任，或延访聘请，或投票公举，总期得品学兼优、素谙学务之人，方足以资整顿而促进步。兹将其选任权限分列如左：（甲）中学堂监督由该管府州会同绅学界选定，详请提学使委任；（乙）高等小学堂堂长由各州县会同自治会、教育会人员选定，详请提学使委任。如无自治会、教育会之处，暂由各区绅董商酌公举，但须县视学认可。

一、凡劝学所之劝学员由县视学调度，中小学堂之教员、职员由监督、堂长调度，为事择人，各宜秉公延揽，不得由地方官绅强派勒荐。

一、凡办学人员，每届学期之终，须将经手款项，按四柱清册，逐条列榜，张贴于各该担任义务之区域。

普设女学以端教育根本案

窃维孟母断机，子舆氏卒成亚圣；欧母画荻，文忠公遂为名臣。是圣功必端于蒙养，教育必始于家庭也。故东西文明各国，无不注重女学，以端教育之根本。我国比年以来，咸知广兴学校为急务，而女学则成立寥寥，是不徒失普及之宗旨，且无以立教育之根基。盖儿童幼时，知识初开，先入为主，苟得善良之母教，渐渍熏陶，以正初基，入学后师长训导，自无扞格不入之虞，诚预备立宪时代所最切要之图。请言其关系至重大者。

一、女子向以裹足为天职，其步履艰难等于废人无论已，即幸免痼疾，亦不便操作，待人而食，大为男子营业之累。如设女学，此种恶俗，自可渐除。

一、女子向以深居简出为训，贫寒之家尚日有所事，其稍能自给者，类多幽闭深闺，专工刺绣，以致气血不能流通，易于生病；即幸而无恙，所生子女资质亦多脆弱。如设女学，体育可望改良。

一、女子向以读书识字为非分，除名门望族外，自少至长，于古今贤媛闺训毫无闻见，其所贪恋自私不越服饰金珠等类，往往因妯娌竞争，以致阋墙起衅。如设女学，家风可望敦厚。

一、预备教员保姆资料。立宪时代首重教育普及，而基础则赖有导师。惟各处遍设小学，数年之后，毕业人多，以次升入简易、完全等师范科，或保姆讲习所，较之临时招考，通融录取，可收事半功倍之效。拟办法四条列左：

一、各厅州县应择繁盛之区，由官筹设初等完全小学一所，其学科程度、服饰悉遵照定章，惟经费一节，民间负担过重，不能再事搜求，或由富商捐资提倡，或由官立各学堂、局所分别筹拨。

一、各乡村堡除户口过稀，无力独设外，其余应一律开办。所需经费拟由公款、公产及敬神演戏项下分别筹拨，不足则酌收学费。

一、合格教职各员暂时尚乏，拟由教育会、劝学所慎选本邑之年老举贡生充膺，但乡望素孚，热心教育，自无不乐于服从。

一、无论官立、公立学堂，不必另行建筑，或庙宇，或公所，均可借占。管理员即以教员兼充，一切务照乡塾规模，不准稍涉铺张，以速成立而图久远。

尚质朴以节财流案

晋俗古称勤俭，至今日一切服食、器用、建造、兴作莫不踵事增华，有加无已。不知讲求实际者，虽处财力充实之时，遇必不得已之事，犹格外从俭，不使英华泄尽，后难为继，况值公私告匮、支绌异常之时，生财之途日少，耗财之数日增，士农工商，毫无进步，人人如此，事事如此，恐文明实际未达，而穷败现象立至也。诚能早鉴其弊，力崇简朴，虽不能遽臻富厚，而量入为出，则余一分即受一分之福也。是宜共念时艰，急图补救。拟请饬下各地方，分普通、特别两种，一律以质朴为主，庶知惜有用之财力，塞无底之漏卮矣。

一、普通节流。

各处学堂、局所星罗棋布，乃曩者每员终岁得数十金不形其少，今得数百金不见其多，酬应繁而用度奢也。教员为学生之师法，士绅为人民之表率，侈靡之风类皆开自上流社会，而一般人民乃渐染而习为故常。拟请饬各处地方官，督饬各属学堂、局所及自治机关人员，本身作则，酌度本处情形，明定规则，使一切日用所需，皆有限制而无滥费，庶可长保富源。

一、特别节流。

婚丧为人家常事，乃陋俗相沿，往往因重聘、厚葬，损家破产，愚莫甚也。婚礼论财，夷狄之俗，已不可为训，至人家男妇，因病身故，妻党母舅，借端滋闹，尤属不成事体。此晋省特别之恶习，而以太原县为尤甚。急应请饬地方官，转饬所属自治机关，凡婚丧用费，男女服饰等项，明定规则，其有故意要求，越礼扰害者，由地方官从严惩罚。

调查陋规办法案

中国官吏俸廉给（簿）〔薄〕，办公经费往往恃一切陋规以资补苴，此我国向来之习惯，原不必深为曲讳。是公费未定以前，此项陋规似骤难于议革，故虽经清理财政局严饬列表，尽数详报，地方官每多视为生命，必不能和盘托出。其甚者或反乘此机会，以为及时取盈之计，而不肖书吏，又甘为虎作伥，窟穴其间，冀馂其余。值此民穷财尽，元气凋敝之秋，岂容有此积弊，而不思救济。查地方绅董对于此等陋规一切情形、数目知之较确，拟请通饬各属，遇有绅士调查事件，毋得深闭固拒。即一面由谘议局责成地方绅董分别列表，确实调查，但使多得一分之实在，即可少减一分之负担。将来筹备新政，办公经费或亦得藉此以资补助。兹拟定调查办法如左：

（一）调查机关。此项调查人员即以自治事务所、教育会、劝学所共同组织，分任调查，以求确实而节经费。

（二）调查别类。陋规种类，名目繁多，倘不先分门类，名色混淆，调查无从著手。兹就表面大略分之，约有三种：

（甲）单纯陋规。各地方文武大小各衙署上任、年节商行各业承应之一切规费、货物及指派、摊解并不发价者之类。

（乙）相沿陋规。如各衙署所用食物、商行供应物件，及一切差徭、夫马、工匠之类，虽有由官发价之名，而家丁、差役层叠克扣，商行并不能领，赔累实多。此等陋规，到处皆然。

（丙）附加陋规。如征收钱粮、厘金、杂税之额外浮收，及加捐、罚款并不上解之类。

（三）调查表册。此项调查，应造制表册，分门别类，详细填写。如系纯为陋规，则宜填明确数若干；如系相沿陋规，则宜填明领价若干，赔累若干；如系附加陋规，则宜填明实征若干，上解若干，赢余若干，并某项入官，某项入于吏胥。至所需表册，一俟制成妥议，再行发布。

整顿差徭案

查晋省差徭，于光绪初年间经阎文介、曾文襄二公奏准立案，近驿府厅州县各设清徭局，订有章程。后经历任抚部院屡次添订，既详且备。于是官绅遵办，差事无虞其留滞，民力亦藉以稍苏，法至善也。然久则玩生，过境差事与本邑衙署支用一切车马，类多额外需索，不守定章。而办差局绅，亦复虚与委蛇，不敢援章抵抗。若不严加整顿，任听其滥索滥支，以小民血汗之资，供过客旅行之便，日复一日，苦累何堪。拟请申明定章，通饬近驿府厅州县，嗣后各项差事及署内供应，统照定章支应，违者照例惩治，以清徭役而苏民困。兹经公决，兼拟定救济方法数条，分列于左：

一、每月月报宜变通办理也。查旧章，清徭局应将每月支过之差缮造簿册，呈报地方官呈报抚宪，用备稽核。惟册中所载有不合定章者，地方官恐干查诘，不免有所窜改，希图粉饰。拟请嗣后每月月报册由清徭局将支应月日，是何事由，员名谁某，有无多索车马各节，详细缮造三份，一份呈地方官，一份径呈抚宪，一份径呈藩宪，藉资核对，庶地方官有所警畏，不敢违章强制供应。

一、过往官弁不准违章要差也。查官弁奉差，沿途应给车马例有定数，不准额外苛求。至现在新政繁兴，派委官员每多发有川资，尤不应需索车马，藉便私图。拟请严饬，嗣后奉差官弁宜自加检饬，如仍有向来情弊，准清徭局将违章骚害情形叙入月报册内，由上宪查实参处。

一、地方官宜严禁差门违章代索也。查差徭之弊，每多由差门恃势勒索，藉肥私囊。拟请饬嗣后各地方应支之差，必持有印票、火牌、委札等，由地方官核实确与定章相符，方许支应。如再纵任差门私自需索，准揭载月报册内，一经上宪查实，即予地方官以失察之咎。

一、官员例差宜严禁折价也。查每年例差名目繁多，其实被委之人多不亲赴各属，而应给夫马必折算成钱，由清徭局支给。拟请嗣后此项差员必奉有札委，实经过各地方，方与支应。如再折差变价，虚受钱文，由上宪查实参处。

一、清徭局劣绅宜撤换也。查支应差徭有定章可守，地方官虽违章需要车马，局中绅董何至不敢援章抗拒。惟因素日种种舞弊，使地方官有所挟制，或与地方官扶同作弊，虽明知与章程不合，只得俯首相从。拟请派员确实查明，如首事绅董有别项弊端，除按法惩处外，立将该绅撤换，另聘正绅接办，以重徭政。

改良监狱案

我国监狱之制向以防逸为主义，典狱之官亦以防越为尽职，至对于犯罪者考究其性质，断绝其习染，注重其卫生，激动其廉耻，一切化莠为良之法，皆漠然不知。而监狱之内，又复湫隘秽臭，恶气传染，外人每称我国监狱为地狱，良有以也。日本变法，监狱与审判同时改革，各国遂收回领事裁判权，诚以地球文明各国，不容有此污点。我国有鉴于此，遂于各省先创立模范监狱，以为各州县筹办改革之准绳。特是构造监房分合之制，培养练习监狱之材，造端宏大，经费浩繁，恐非一蹴所能几。兹拟于未尽改革之前，就旧日监狱先事改良，以祛从前之积弊。谨定办法数条分述于左：

（一）选择狱官。监狱之改良全在狱官，向日之典史、吏目毫不解监狱之制，感化惩劝茫然不知。拟请嗣后选慈厚诚实之佐贰，曾于法政毕业，领有文凭者试署，若遇出缺，即以此项人员补之。

（二）慎雇狱卒。狱卒多半凶顽残忍，惟利是趋，罪犯无钱，辄遭蹂躏。应由狱官慎择老实稳练者充之，宽予工食，不得以贱役相视，以励其廉耻奋励之气。

（三）稽查克扣。各地方罪犯口粮多少不一，官纵发出，一扣于狱官，再扣于家丁及狱卒，罪犯所得已无几矣。应请饬令地方官认真稽查，无任犯人困饿，别生事端。

（四）隔离居所。狱房之制，固以独居为宜，第财政支绌，纯粹独居，万难办到，然亦不可仍尽杂居。应酌量监狱情形，兼采折衷办法，重罪、轻罪，严为区别。至于女监，尤宜与男监隔绝。

（五）展拓监地。监狱狭隘，空气闭塞，有碍卫生，应多开窗棂，以透空气。若有余基隙地，可宽筑房舍，以免黑暗，俾得各习工艺，补助衣食，尤为两便。

（六）清洁扫除。监狱之内便溺积秽，臭气熏蒸，恶菌传染，最碍卫生。应由狱官督责狱卒，随时扫除清洁，以重卫生。

（七）责成习艺。监狱之内应设习艺厂，以处轻罪之犯，定其期限，勒令操作。俟罪满出狱时，将该犯工作赢余，除一切费用外，如数发给，以为出狱后自谋生计之资。

（八）革除恶习。犯人入狱，家丁、禁卒刁难勒索，及遇赦出狱，又复如是，以致不能生活，依然犯罪。此等恶习，应请一律革除。

严禁各卡需索留难案

厘卡之设，原以接济军需，为一时权宜之计。后因政务繁兴，需款孔急，遂至日为增加而不能去。然沿袭愈久，弊窦愈多，官吏视为优差，胥役目为利薮，多设分局，位置私人。其收多报少，中饱之数，每加倍于额征，而凭藉威福者，又复于定章征收之外，藉端需索，故意留难，虽肩挑负贩，亦必以恐吓手段，任意剥削，致使多数商民，呼号怨咨，莫敢谁何。以无厌之欲壑，阻商务之进行，此等弊端实为预备立宪时代所不能容。兹拟补救方法数条列左：

（一）裁并分局。查晋省各卡，每以一地方而分设数局，商货入境则互相串通，有经此处卖放，而彼处指为绕越者；有由彼处收纳，而此处勒令重征者。运输商人无所适从，与之争执，势必人畜扣留。此时惟有吞声忍气，以逃出虎穴为幸免。如是则多一局反多一扰，若将分局酌量裁并，则此弊或可少减。

（二）宣布章程。按章完厘本商民应尽之义务，然何者宜轻，何者宜重，厘则规定，本自明晰。乃各卡委员举部省各章以及抽收细则，恒多秘而不宣，以留胥役人等肆意嚇诈地步，故每有零星物件，亦认为违章而处苛罚者。商民欲与理论，每因不谙章程，莫由启口。嗣后如遇此等情弊，准商民求自治会代为诘问，并将各项章程规则登报宣布，刊贴门首，并广示通衢，以便纵览，庶人民知所遵循，不至受胥役无端之嚇索。

（三）严加处分。查厘卡积弊，除应行征收发给官票外，其余或给小票，或不给票，私收中饱，种种违法，虽云胥役人等所为，究系卡员驭下不严之咎。至贩商隐漏，厘章本有专条，乃一经发觉，动辄违章苛罚。有力缴纳者每以数十倍、百倍科之，其无力交付者，鞭笞立至，枷锁拘留，甚有变卖货物、牲畜凑交罚款者。酷虐之状，惨不忍闻。拟请嗣后如有蹈各种情弊者，委员严行参处，胥役人等按律惩办，庶各卡咸知敛迹，而商困亦可藉以稍纾矣。

普设罪犯习艺所案

按罪犯习艺所之设，自光绪二十九年前抚部院赵奏准后，已通饬各州县一律设立，迄今实行遵办者固自不乏，而虚应故事暨延搁未立者尚居多数。若长此因循不变，其何以矜庶狱而裕民生？查原奏各节，系仿汉时输作之制，为军流徒犯开自新之路，揆诸近日情势，狱制尚未一律改良，刑讯又应亟行禁用，习艺所之设，不惟常赦得原之军流徒犯可以收所营作，即应得笞杖之犯，除愿受罚金者外，亦应收所折作工艺，以示惩儆。盖惩役之法为今日立宪各国所公认，良以游手无赖之徒，率为良民害，有习艺所以收纳之，在良民既免受其扰累，而该犯亦得各营工艺，生其向善之心，一举而两有裨益，此亟应普设者也。兹拟定办法如左：

一、地址。择官有或公有院宇，量加修理，期适用而止。如经费充裕地方，亦不妨另行建筑，但不可稍设（縻）〔糜〕费。

一、罪犯。除常赦得原之军流徒犯例应收所习艺外，凡罪应笞杖及不守本业之土棍、地痞，均勒令入所学习。

一、职役。设总监理一人，总持一切，即以各地方之司狱佐贰官兼任，不支薪水。此外设书记一人，门役一人，看守役无定数，视习艺人数之多寡定之。

一、工作。所习工艺不必限定何项，须视各地方之所宜，工省而易于销售者，佣雇技师，教令学制。至制物变售之钱，除所中费用外，无论赢余若干，统俟该犯出所时如数给予。

一、稽查。每日习艺应有一定时间，由书记置一总册，逐名记其日程，交总监理处查核。

一、劝惩。每至月周时，总监理应按日程考各犯工作之成绩，优者丰其口食，劣者则折作苦工以惩之。

一、时期。习艺时期除军流徒人犯例定年限外，所有土棍、地痞应延长其期。如果悔过自新，亦须于一年后取具公正人保结，方准出所。

一、其他规则。其他详细规则，由各地方官酌定，以期详密。

严禁售卖彩票案

案谘议局章程第二十一条第一项内开，议决本省应兴应革事件。查本省销售他省各种彩票及私办之副票，每年输出金钱为数甚巨。各种彩票虽系奏准开办，实则与赌博无异，甚有奸商影射，私设副票、小票，随同大票开彩，价值既廉，销售更易，以致穷苦小民，妄生希冀，启人民侥幸之念，坏地方节俭之风。其有伤经济，扰乱人心，较之他项赌博，为害更甚。晋省既非开售彩票省分，则他省彩票虽系奏办，而晋省亦非必有应行销售之义务。徒以奸商牟利，代为包办、批发到晋，商人从中按成分肥。省城如彩生吉书业、昌文元书局等商号，皆代售各省彩票，省外如祁、太、平、榆、平定等处，亦有售卖彩票等铺。应请抚部院通饬一律严行禁止，以端风化而定民志。嗣后倘仍有偷卖情弊，一经发觉，从重惩罚，庶奸商不敢代售，而各省彩票自不至批发来晋，似于经济、人心不无裨益。

推广商会案

农工商部订定专章，倡办商会，数年来商埠、通衢有遵章设立，实行举办者，已收效果。晋省开通较迟，商人之见闻较狭，前由本省农工商局督促设立，各处间有禀报成立者，究厥内容，几等虚设。值此五洲互通，商战竞争时代，若仍固步自封，不惟懋迁日窳，丧失利权，于国家财政，亦大受影响。推原其故，商业之不振兴，由商会之不发达。试举其重要者如左：

（甲）消极的。如垄断、倒闭、罔利、病民等情弊，均须廓除。

（乙）积极的。如筹设地方银行，设立各种公司等要务，均须提倡。

以上诸端，要非广设商会，集合多数人之智识，共事研求，无以图改良而求进步。查农工商部分年筹备事宜表，商务以次成立，限至宣统五年，征诸晋省商务情形，自应提前赶办，以收速效。谨将办法略拟数条如下：

（一）勤督促。责成地方官，凡厅州县未设商会者，限宣统三年一律成立，已成立者大加整顿，督率各商人照章实行。

（二）筹经费。部章第二十一款定商会筹款之范围，一注册费，二凭据费，三簿册费。均系由商酌输，而仍为保商之用，在地方情形不同，均遵照部章酌量试办。此外如有商人向摊赛会、演戏等费，及他项无益之费，均可酌提，以资办公经费。

（三）慎选举。总理、协理有保商振商之责，设不得人，殊于前途有碍。宜责成商人或就商界，或就绅界，必以审慎推出，期能胜任为合格。

（四）严稽查。劝业公所未成立以前，由总商会选派妥员，名为劝业员亦可。每年分赴各属调查一次。如有不遵定章及未经设立或敷衍者，即具情禀明抚宪，饬地方官督率整顿。按奏定各省外官制通则，厅州县应设劝业员一员，掌理农工商及交通事宜。现晋省风气甫开，事务较简，未便照章增设，宜暂由本省总商会设调查员专任其事。

剔除征收钱粮积弊案

查征收地丁钱粮，正银一两加收耗羡本有定例。晋省各处征收之法轻重悬殊，苦乐不均。约略言之，除带征亩捐不计外，每正银一两，加收火耗、平余、补平、解费等项银，三钱者约居多数，三钱以下者较轻，三钱以上有多至四五钱、六七钱者不等。有征银者，有按时估征钱者，有按时估加钱数十文者，有将火耗等项统定于银价内者，自为方法，讫无定章。目下国家税章程未颁，地方官公费未定，遽议划一办法，亦恐窒碍难行。而书役多方需索，额外浮收，种种弊端，莫可究诘。当此民穷财尽之时，筹一补偏救弊之法，但能寓抚字于催科之中，俾去其害而适得其利，便于民而不病于官，国计民生两有裨益，计惟有剔除积弊一法，尚可通行。兹将弊害太甚者择要列左：

（一）捲零为整。查钱粮册卷，银尾则有厘毫丝忽，粮尾则有合勺抄撮，而粮书收粮，分以下零数捲为分，如解州之征银是；升以下零数捲为升，如应州之征米豆是。又有按正粮数一捲，加耗后又一捲，算成钱数又一捲者。合计三捲，渔利太多，宜一律严禁。

（二）贴补银色。征银已加火耗花户，纳银往往任意排驳，勒令贴色，此系征银各处通弊。如蒲、解、绛等处始用元丝银，每两贴纹银七、八分，今则市面通行纹银，即用纹银完纳，每两仍须贴色七、八分，是以纹银贴纹银，辗转补贴，受累尤甚。以后凡系纹银交纳者，宜免贴色。

（三）浮设银匠。解省粮银有由各处银炉镕化库色者，往往浮设银匠名目，藉图中饱。如河津原设银匠四名，渐加至四十四名，每两粮银加收银匠工食钱五十二文，合计为数颇巨，宜一律革除。

（四）米豆浮收。查另征裁兵米豆及随征旗兵米豆之州县约有数十处，弊害最甚。应州所征米豆，按正银划出，每斗加一升。赴仓交纳，又有看盘、地盘、斛面等名目，一斗之数，几乎加倍。临汾米豆归督粮通判征收，每京斗时价仅值钱百文，竟折价至三百五六十文之多，均系书役从中舞弊。两处如此，他处可知。

（五）书差垫粮。查上下忙完粮期限本有定例，近因各处民力凋敝，完粮稍迟，然亦未敢轻误解期。该书差即援旧日定例，过时不准再纳，彼即缘此以垫粮为名，重利剥民。近如浑源、朔州等处，有因垫粮一节，多致倾家破产者。此等弊端，当不止一州一县为然，应请通饬各处，严行禁革。

（六）轻重悬殊。同系国民，无论正供、附加，自应平均负担。高平绅粮、民粮向有区别，民粮则加重多收。朔州绅士纳粮尚无弊端，平民纳粮任意折算。宜亟划一，以昭公允。

（七）亩捐浮收。查亩捐一项，每正粮一两，加亩捐一钱五，火耗一厘五，此外不得再加丝毫。查繁峙县附收亩捐，于一钱五分、一厘五毫之外，又有浮收，违章实甚，应请禁革。

以上所列积弊，有特别者，有普通者，应请抚部院通饬各地方官，会同自治各机关，查有此等积弊者，一律革除，以苏民困而培邦本。

请饬各属实行推广初等小学堂及简易识字学塾案

初等小学为养成国民道德之初基，简易识字学塾又为贫寒子弟及过时失学之人民而设，普及教育，此为首务。当此经济困难时代，遽欲用强迫手段施之于穷乡僻壤，其势有所不能。然亦必设法改良，使之逐渐推广，庶为事易举，而成效可睹。兹将所拟办法条举如左：

（一）初等小学宜注重简易科也。

按部定变通初等小学堂章程，有五年完全科及四年简易、三年简易科之别。晋省州县村镇瘠苦者多，人民读书其目的为升学者亦寥寥无几。除繁富村镇宜按五年完全科设立，作为模范外，其余均注重四年简易及三年简易科，酌量情形，设法推广，庶几款项易于筹措，毕业期短，识字者较能加多。

（二）简易识字学塾宜饬令各属中小学堂附设也。

查简易识字学塾，关系立宪前途，较初等小学尤为紧要。除饬各属极力推广，专设此塾外，其各属已设之中小学堂，必限定每堂之内附设简易识字一班或二班，就原堂之教习，乘功课之余闲，开设夜班，分任教授。款项不费，收效实宏。

（三）宜实行改良私塾章程，令遵授部颁课本也。

改良私塾以遵授部颁课本为入手办法，宜饬各属劝学所筹垫公款，购备初等小学及简易识字学塾课本若干分，责成县视学广劝各私塾购买遵授，并由县视学酌量私塾情形，照初等五年完全、四年简易、三年简易章程，劝令酌改。其有最穷僻之村落，不能按照初等章程办理者，即可改为简易识字学塾。至限期造册，详报改良私塾数目、情形，及实行赏罚县视学政策，仍请饬提学使督同省视学照章办理。

奖劝各学堂种树案

窃维种树一事，功省而用宏，行之学堂，尤有各种便利。现在东西洋各国，凡地方长官，皆须调查管内学校种树情形，以实行督饬奖励，良法美意，亟应仿行。兹述其理由如左：

（一）关于教育之计画。教授植物学，不征诸实象，领（误）〔悟〕最难。惟有学校园林种植一切，教育上自可得天然之标本，且实地试验并足补教室之不逮。

（二）关于卫生之计画。植物与动物有同化作用，互相换取酸素及炭酸，以助生活。树木对于人生之关系更不可少，如于学堂暨体操场周围广为种植，使儿童优游其间，庶后日能养成伟大之国民。

（三）关于纪念之计画。东西各国每立一学堂，均有纪念品，就中以植物为最。如日本文部省训令，以各处立纪念学林为可喜之现象，今日征之统计，无校无之，洵足取为助神促进之一端。

（四）关于财产之计画。凡学堂之设立，苟无基本财产以维持之，久或支绌停办，否亦虑部分缩小。惟择本地土宜、易于发达成材之树广行栽种，十年之后，不难成林。嗣此陆续伐售补种，亦足为基本财产之一助。

具以上理由，应由提学使通饬各学堂实行栽种，详定奖励及督种规则，即将种树一项列入一览表内，每年由视学员调查情形，无论地之广狭，树之多少，实行督励，以求后效。其有培为学校园林、堪作基本财产者，请提学使优为奖励，以资观感。

筹备单级教授法案

自德、日两国以小学制胜闻天下，在稍知学战者，罔不以教育普及为目的。然而普及之难也，原因亦随时随地而互异，要其荦荦大者，约有二端：曰缺经费，曰乏师资。单级教授法以一教员而能于同时同地训练多数异程度、异年龄之儿童，即所以解决此难问题也。诚提倡而实行之，则各处小学堂之设立，自不难由无而渐有，从少而分多，且其他之便利，尤不一而足。第班级之排比，时间之支配，科目之编次，教材之设备，非研究有得，历经实验，殊莫由从事。兹谨将所有议决提倡办法开列于后：

（一）请饬由提学使选择单级教授法课本。查此法创于德而盛行于日，（尔）〔迩〕来汉译之本亦伙，须择繁简适宜，词旨明畅，众易通晓者，刷印多册，遍给学堂及学务各机关，使共见习闻，藉先濬瀹其智识。

（二）选派员绅调查演习。闻江苏、直隶当日入手办法，系先资遣多人至日本各单级小学堂详细调查，归而开班传习。今宜仿其办法，先从省垣选择素明教育，且具热心之员绅数人，分赴该两省参观练习，将来自不患无单级之先导。

（三）改办单级模范小学以资观摩。查省垣有官立、公立各小学堂，就中先择其一，用单级法教授，以作模范，其他各小学自不难收观摩之益，渐次改良。

（四）通饬初级师范学堂均附设单级师范班，其学员即由各地方官保送，限期毕业，以便归而实地教授，且广传习。惟此项学员资格，必曾充教员、素讲教育者，其初级完全班并须将单级教授法加入教育科作为功课。

（五）通饬各厅州县治内均须就原有各学务机关附设单级师范传习所一处，俾治内各私塾及各小学堂教员轮流到所传习，以资推广。

（六）请饬省内外各视学员，平日均须研究单级教授法，视学时查察有用单级教授合法者，即从优予以名誉各奖励，冀渐收普及之效。

倡办归化皮毛公司案

尝考世界各国，由外采买生货加以制造，仍销于外国者，其国必富；本国产出生货，不能制造，坐售于外国者，其国必贫。晋省归化为汉蒙贸易场，出产以皮毛为大宗，该厅商行约数千家，其中坐地与蒙古交易，或分庄于库伦、乌里雅苏台、科布多等处，及每年运售杂货于各部落者，约占多数，俗谓之通师行，因翻译得名。其贸易所获，半系皮毛趸售洋商，每年合计约值数百万金，而获利甚微。加以洋商操纵利权，价值涨落无常，土商动受亏折，因之票号、钱庄各行亦受影响，市面为之动摇。究其原因，实由商情散涣，未知远谋。查上年伊犁将军、塔尔巴哈台参赞大臣均经相继倡办皮毛公司，奏明在案。晋省若不早自为计，转瞬张绥铁路告成，运费既轻，交通又便，该厅商务必至日就衰败。若倡办皮毛公司，或可以挽利权而维商业。兹略拟办法如左：

（一）应请抚部院设法借拨官款。值库款支绌之秋，而议提拨官款，似亦无法可筹。惟晋省风气不开，保晋、同蒲各公司集股之难，其明征也。然查《晋阳公报》，公立中学堂、公立女学堂，凡一切公益事项，类皆赖我贤大吏热心补助，始克有济。况皮毛为实业大宗，近年来洋商垄断其利，该厅商行久经失败，若不设法提倡，终无挽回利权之日。拟请借拨官款若干，俟公司办有成效，照数归还。

（二）请饬归绥道就地提倡集股。夫借拨官款不过为倡办之起点，然为本地谋利益，即应由本地人先为负担。查归化本商贾辐辏之区，富商大贾颇不乏人，果能合资办理，三五家即足以蒇事。惟向日习惯牢不可破，遽欲其出巨资以组织公司，一时恐难办到。拟请稍假官力，晓以大义，饬归绥道就各方面责成绅商界分担劝股，庶几集腋成裘，公司可期成立。

实行商律设法预防钱庄倒闭案

窃维钱庄之设，流通泉府，市面藉以周行，如人身之血脉，关系为至重也。比年以来，大率商业萧条，有基本金已经亏损，遂逞其架空伎俩，广为联络，而贪图厚利者每入其牢笼以资周转，即民间有余之家亦习焉往来，或浮存，或息借，若不知其信用之不足恃。乃弥缝偶有不周，风声所播，索债者奔走骇汗，群鼓噪其门。迨至行政官厅派人弹压，已破坏不可收拾。此晋省近二十年来，所屡见不一见者。拟请通饬各厅州县实行商律，并转知所属商会及行社查核虚实，庶免商民交困。谨拟办法如左：

（一）基本金须查核虚实也。开张之先，基本金若干，必经商会或行社查明立案一切公私各款，方准寄存。即办理不善，损失仅系本金，不至有波及之累。

（二）经理人宜严定惩罚也。经理一人之身，关系股东财产性命，平日养尊处优，分利独厚，宜如何郑重其事。乃凡倒闭之家，经理多先时中饱，极其害不过受刑拘押而止，如遇股东庸懦，或寡妇幼儿，彼反逍遥事外，另谋生活。宜严定惩罚规则，庶知警惕而免效尤。

（三）商律宜刷印分布也。我国官长习惯，每视钱债为细故，钱庄倒闭之事层见叠出，未必非有意尝试，即债户亦习闻此说，不得不吞声忍气。现值振兴商务时代，正宜周知商律，以资遵守。

广设教养局以济无业贫民案

查近今文明各国，实业发达，工厂林立，故人人有谋生之路。此外若无业废民，又由国家设立贫民院、习艺所及盲哑各学堂，而教以简单手工，是以流离失所者概未之闻。晋省地处高亢，乡间人民舍务农而外，别无生活，其懒于服苦者往往游手好闲，流为败类。弱则沿街乞食，强则抢劫为匪。迩来雁门以北盗贼日多，尤其彰彰较著者也。本年列宪洞鉴其弊，议将省垣南北两饭厂改作贫民教养局暨普济院，以为此辈将来养身地步，诚体恤穷黎之苦心，亦防患弥祸之要道。特此等贫民随处皆有，似应通饬各地方官，自宣统三年为始，酌量本地情形，一律设法举办，则施恩尤溥，而地方之治安亦基于此矣。谨列其法如下：

（一）地址。现今财力缺乏，不必另筹建筑之费，可择各处宽敞庙宇，或向有粥厂、善堂而局势较大者为之。

（二）经费。查各处城市地方，往往乞丐络绎，沿门索讨，以每年合计，各商户已所费不赀。拟嗣后仿照河南办法，将各商户统年所出之钱，作为此项经费，饬巡警将若辈严加管辖，不准再向各商户扰害；或地方向有善堂、粥厂及其他善举等项，即以其经费改办，尤为妥善。

（三）用人。开办伊始，不必遽求完全。每局只设执事一人，料理局中一切事务。然必由绅学两界为多数人所共推者，方可收效。此外则工师一人或二人，门夫亦只一人，以供执事指挥。

（四）收入。每班可先收三十人或五十人，限半年学成出所，再收次班。如此循环办理，不过五年，各处贫民自可减少。其或限于经费，局中不能尽收者，遇有建筑地方、修治道路，不妨令其工作，酌量给价，以示格外之体恤。

（五）制造。收入此项贫民，原为代谋生路起见，技艺不必繁难，如织布、织带、编草帽之类，令其熟习一艺，便可按限出所，不至冻馁。间有期限已满，而手法精熟，且诚实可靠者，亦可仍留本局，或改作工师，或将所出之货余利，以六成归公，以四成归其本人，尤足生其激劝。

以上所拟数条，期其轻而易举，事在必行。至详细章程，成立后应按省城所定，参酌本地情形办理。

普筹实业进行方法案

今日谋致富之策，莫不曰振兴实业。实业何以振兴？莫不曰官绅提倡。至进问其提倡之实力与方法，大都不外招集股本设立公司，兴学以造人材，调查以审土宜，开赛会以资竞争，购书报以扩智识数者而已。其立言固已精且详，其用心尤属公而溥，究之或虑缓难济急，或恐高不易企，或则确定之期必俟诸风气大开、财力已充之后，或则发达之望必迟之信用既著、交通胥便之年，审时度势，因地制宜，为今日山西计，似均非救急要图。盖事莫难于图始，业莫尚于精勤，各国工艺专利之制，比物此志也。今欲普筹晋省实业之进行，惟有悬拟以少数特出之资格，而又欣动以利益，矜宠以名誉，庶一勇倡前，百懦俱起，而官绅提倡之始愿不虚，实业或可进行于万一。兹并拟两种方法如左：

（甲）补助方法。实业为莫大利源，人顾鲜所从事者，恐创始维艰，一有折阅，并固有者而先失之。若逆料其折阅之所从生，为之设法补助，俾无所用其瞻顾，斯奋然以兴矣。第欲施此方法而不穷于应付，必先筹有各种款项：（一）亩捐股息为各处必有之岁入，可提储供用。（二）凡各处正佐官吏，可劝令酌出补助实业捐。（三）凡各处绅富可劝令酌出补助实业捐。（四）地方因实业起诉之罚锾。（五）各种实业附捐之盈余。如指定事项附加油榨棉花等捐支用有余之类。（六）公地种植之岁入租课。（七）各集市场所习惯之收入。（八）农工商界有酬神演戏者酌量抽收补助专款。（九）学警各机关人员可劝令酌出补助实业捐。既凑有的款，其补助方法可分二项：

第一项特别补助。凡自费赴外洋或各巨埠学习实业新法理及技能者，或留学归国能倡设公司及局厂者，或招雇工师创立实业生理、仿造外洋新式物件者，皆特别补助之。其差等如左：

（一）时间先后之分。如宣统三年可补助百金，至四年始发见或发明者，只补助八十金之类。

（二）年限久暂之分。如五年之发见发明，每年补助三十金者，三年则只六十金之类。

（三）基本大小之分。如一万金基本每年补助千金者，五千金基本只补助四百金之类。

（四）营业难易之分。如制造理化机器，照第三例补助千金者，制造日用寻常器具只补助八百金之类。

第二项普通补助。凡改良旧有农工商各种事业，或推广，或倡兴附近原有各实业者，皆普通补助之。其差等如左：

（一）关于佣工之分。如因关于前指改良等行为而增加工役时，则按增加之数补助以工资十分之一，或代任保护之责。如无增或所增在五十金下者不补助。

（二）关于成绩之分。如因关于前指改良等行为而成绩胜前时，则计胜前之成绩总值补助以十分之一，或代任经理之责。如胜前之总值在五十金内无补助。

（乙）奖励方法。没世不称，君子犹疾，凡人具颖异之资，未有不思博荣锡褒，以为宗族交游光宠者。督促实业，正利用此心理。查农工商部前后奏定商勋、实业爵赏、商牌暨各等奖励章程，其所以提倡之者，已属至优极沃。维缘悬格甚高，一时颇难其选，且往往各处奉行不力，致精研工艺者鉴于申报周折，不愿呈请，故近年获奖者甚属寥寥。兹若责成照章实行，并准通融推广，裨益定非浅鲜。其奖励方法亦分二项：

第一项名誉奖励。凡匾额、商牌及勋爵等一切名誉之奖励皆是，其差等如左：

（一）内奖。内奖关系奏案，非可轻议通融，但将原章广为刊布张贴，俾穷乡僻壤人人知现在注重实业之意，则观念既新，感发自易，挟有巨资者或可奋袂以兴。

（二）外奖。外奖由地方主政，凡属有益实业前途之举，尽可通融推广。如乐输实业捐者，办理关于实业事项者，均可与执行实业之人一律从优奖励，但仍必严判等级，以杜冒滥，不使受者视为无足轻重，予之反无以劝。

第二项实事奖励。凡专利、免税等一切占有利权之奖励皆是，其差等如左：

（一）执行定章。凡为定章所有，如专利年限及免税年限等类，均须声明，按照执行，否则予司其责者以隐匿之咎。如此则从事实业者，既无遏抑不伸之情，自可收渐次振兴之效。

（二）特别优待。贱视劳力，我国久成惯例，以后欲实业发达，须明定章程，凡实业人色及实业团体，皆必特别优待，或酌减其附加租税，或暂免其习惯摊派，或于教育、诉讼等事量予以独有利益，庶争趋者日益加多。

以上各种方法，将来即责成劝业道节次办理，并分饬各处地方官会同农商分会实力奉行，列为考成，详定功过，稍有懈弛，查实量加惩罚，如此严加督促，山西实业不难日起有功矣。

统一河东坐商案

按照图治以保富为要，理财惟劝业居先。晋省河东盐务各项，岁入近达一百二十余万，亦赋税之大宗，国家所注重也。而究其盐所从出，则惟恃各处绅富出资浇晒。畦业之坐商，迩来因势成散沙，茫无秩序，其疲困赔累情形遂达极点。昔年巨万之畦锭，今竟一钱不名。每舫一文之代价售出，且患无主浇晒，则资本掷出，亏折不支，荒芜则禁令綦严，捕逮无已。故两年以来，运城富绅大贾向充坐商者，已多借贷无门，情同倒闭。今岁夏雨连绵，收成大减，幸七、八月间河东道陈设法接济，坐商犹得稍救燃眉。现闻已因故停办，倘不亟行维持，非惟一般商富坐受有业无价之困顿，势不能永久存在，而基本缺乏，冬工不能如法，来年池盐产出必少，大为可虑。爰综所以疲敝总原因，议决统一办法十条，开列如左：

（一）选创办。河东商人素鲜开通，非得资深望重之人提倡指导，诸务均无从办理。拟请转饬河东道，先选择一家道丰饶、素孚众望、最有信用之畦东，照会来运，剀切晓谕诸生商，以统一意旨，以期联络一气。至将来一切组织、用人、筹款诸要务，均应归其总理主持。

（二）设局所。开创之始，应行会议办理次第及订立合同诸要务，必有定所。可暂借商号或公所供用，即定名曰晋潞产盐集股有限公司，以便按照农工商部奏定章程办理，俟公司成立，再确定地址。

（三）定借款。公司性质原属集股营业，但此次系因补救坐商起见，惟以畦业作为股本，其每年浇晒之资，须先借定，然后方可从事。拟由创办人约计应需之数，具禀河东道，或会办盐政大臣担保，向大清银行借银若干万，仍由公司创办人订立合同，以畦股质抵。

（四）收畦股。畦多分售，此旧日盐贱之总原因。今拟统一，必将三场现在浇晒畦业，一律设法定价，作为股本，归入公司。其原日荒芜及不堪浇晒之畦锭，均须声明立案，除本公司外，以后永不准他人开晒，以防参差之弊。

（五）招承办。公司但能司出纳之大纲，作调度之机关，断不能兼办浇晒之事。其承办浇晒者，或招殷实富户，或招熟练商人，讨保质业，以防领本舞弊。惟原有畦主，能照旧承办浇晒，最为适宜。

（六）定本额。诸事既归公司担任，浇晒等费若照常随便开支，稽查万难周遍，弊窦自必多端。惟按照旧年某号某畦通常产盐多寡数目定额应用工本若干，使分年领用，大致不得出入，则在承办者诸维减省，有余即利，事皆浪费，不足即赔，人自为战之下，必不虑仍前疲累，公司亦无浮冒侵吞之弊。

（七）立年限。承办浇晒者资本既定为额，交盐必准成数，设遇旱潦，收成不一，即盈绌难齐，谁复敢为办理。惟立定年限，俾得通数岁以计之，则短长截补，自无足虑。

（八）限制价目。畦盐全归公司，即是独行生理，盐价若不限制，久则食户吃亏，故必定明章程，除一切费用外，各号畦盐定价，只能按二分赢利，不得过于腾贵。

（九）明定章程。公司既照章按公司办理，其权限利益自必遵照奏案，但有未尽事宜，尤必另议专则。至一切应行随时改良之处，尤必责成公司中人尽心扩充，不可故步自封。

（十）推广销路。池盐归公司专卖，价目自必稍昂，现在附近火车通行，防范稍疏，恐客盐即乘间而入，将致坐运两商俱敝。故公司成立后，宜即联络运贩，邀同商会，严防私盐之侵入，推广潞盐之输出，以固盐务基址。再能仿化学新法，用盐质制造各种药物用品，尤为莫大美利。

振兴工业案

工业为商业之母，土业又为工业之母。晋省物产不乏，而制造不讲，输出之品天然者多，则得价廉；而输入之品，又往往以我有之原料，加以外人之制造，转以贵价售我者。长此不已，卮漏何塞。宜设法振兴工业，俾各就其土产原料，研究制造之方，内而供我自用，溢出之金钱可少，外而行销各处，加增之价值可多。拟请抚部院变通定章，宽予专利年限，兼破格奖励，庶风声所树，制造可期日精，而人工之代价，并可随土产以收吸外来之财，乃救贫谋生之要策也。谨于矿物、动物、植物中略举数条如左：

（一）矿物原料之制造

（甲）改良铁料及铁器。本省之铁及铁器先时行销六七省，近为洋铁夺我销路而输出日少，盖镕炼时配合未精，故生铁不受钻错，熟铁不甚柔韧。不知虽无大炉大锤，而罐镕柴炼，亦可臻于精美，是在讲求其配料及火候耳。至于铁器，其铸造不求新式，但守旧规，何能适今日之用。是宜研究若何美观，若何适用，以求逐渐改良，收回利权。

（乙）改良玻璃质及其制造。查交城玻料，乃土产之净沙石及钙弗石加以硝盐渣，即含钾养最多之土合镕者，其所行销以珐瑯为多数，配合之料，鹻性稍重，易镕而软，不甚合于常用之玻璃，且所制多玩器，并不美观，所以不能发达。是宜改良配合之剂，学习制造之方，以求进步。

（丙）瓷业及建筑业。本省虽未见高陵泥之矿，不能制最细之瓷，而稍次泥质各山多有。如宜兴之瓷，式样制胜，泥质非佳；河南之瓷，黝彩眩人，泥胎颇厚，而皆可行销各处。我晋业此者但能改良仿效，亦可售钱。又火泥最佳，而不知造火砖以售人塞门，忒原料甚多，煤价甚贱，而不知配合锻制之法，皆与弃货于地无异也。

（丁）石鹻之仿造。硬肥皂之原料乃钠养轻（即本省所产土鹻加入新石灰提出之最强鹻质），与动植物之定质油或松香合成者也。凡南北产鹻之区，油价皆不甚贵，宜于产鹻处各筹设一厂，先制粗者，后制精者，庶鹻价、油价可增，而人工亦以代价出售矣。

（二）动物原料之制造

（甲）制皮。制皮为裘，本省优为，而外商资本反多于本省，且南北所制，软硬不一。宜考究其法而齐一之，自设最大之厂以抵制之。

（乙）制毛。本省毛产最富，织呢之大厂虽不易骤设，而氈毯之改良及手织之小物皆不需大资本，最易仿效学习。

（丙）制革。无毛之鞟，本省多熟，以朴硝遇湿，往往变硬。外人以树皮酸熟之水中又用，其原料乃橡槲青棡等木之皮及乌桕之叶，本省各山所多产也。大作泡之以池，小作亦可泡之以瓮。制箱制包最贵者，机器之皮带，皆为此法所制。

（丁）制乳。牛羊之乳，土产甚多，制炼罐封，可久储而行远，其酥油亦外人日食必需之品，最宜仿效制造。

（三）植物原料之制造

（甲）制棉。近设之织布工厂，只足为洋纱广销场，非能制土产品也。省南产棉不少，而人造土布有限，且粗劣不能美观，每人每年至多能制三十斤之棉线，一人只能纺一线也。宜讲求能纺二线以上之纺车，俾妇女倍其程工。改良织机织法，令购用者悦目，则生棉可全变熟布，其利甚溥。若夫设大厂以纺纱，则销棉广而种植自多，虽难骤设，要当设法渐筹。

（乙）制果实。果树之不多植，以其实不易久储及行远耳，不知凡果皆多含糖质，皆可酿酒。酿成即饮，如葡萄酒等，绍酒类也；酿成蒸溜而后饮，如柿酒、罢兰地酒等，汾酒类也。榆次所制稍可外销，而装潢不美，且仅甜酒一种，不能制香宾及罢兰地等。宜仿烟台之法而改良之，兼酿他果而新其花样，则销路可期日广。又果酱一宗，亦日用美品，仿而制之，诚储果售果一良法也。

（丙）制纸。平阳之纸多用烂麻，虽韧而粗，未能甚平，不合刷印。布头所造，仅可包物，诚以器具未精耳。宜购最小之机器设厂，以开风气，则常用之器，亦可观摩而改良，如构皮、稻草、玉谷之包，皆可学其制法，而纸业可期发达。

（丁）制麦茎。草帽辫之外销，壶关等处岁入约数万金，乃我之弃物加以人工而售钱者也。不用机器，不用贵价之教师，即可仿效，行销国外，最为产麦区贫人适宜之手艺，急宜提倡之一宗。

以上所列，不过仅举其例，遗漏实多。总之能以土产物变为制造物而多售钱者，皆可厚赏以银钱，或补助其资本；更能自出新裁，可以销行广远者，不妨变通商律，多予以专利年限，庶工知竞胜而加精良，民歆其利而减游惰。不徒工业日兴，或于改良社会，亦稍有影响欤！

保护行旅案

晋省民情谨愿，虽以光绪丁戊之大祲，老弱转沟壑，夫妇相离散，而萑苻啸聚，劫掠公行者未之前闻。可虑者雁门以北，地势辽阔，即丰稔之年，每届冬季，往往有邻省匪徒路遇行劫。今岁更假荒歉为名，五六月间劫案已层见叠出。迩来日短天寒，盗风益炽，行旅戒严。若不思患预防，诚恐愚民迫于饥寒，被其煽惑，勾结窝留，始而三五合伙，劫夺于隐僻之地，继且数十成群，掳掠于官道之旁、市镇之区矣。应请设法保护，以安行旅，并呈办法如左：

（甲）普通保护。巡防队本以保护行旅为天职，分段驻扎，法良意美。惟查该队止于行营门首悬挂旗帜，天暖时营门左近，犹见三五巡兵，聚谈喧笑，一至严冬，杜门不出，坐食帑镶。例如阳曲县之柏井，距大盂深港十里，地最隐僻，劫夺时闻，应有巡兵持械往来，以防不测，迺竟概无该队踪迹。至雁门以北之石匣沟、黄花梁及其他险要之处，兵不巡防，概可想见。又查韩侯岭南北及潞、泽一带，巡防队之疏忽情形，与省北略同，故强夺案件，亦层见叠出。应请严饬各队官，督令巡防各兵弁，痛除积习，分路分班，确实保护，隐僻处尤宜注意。

（乙）特别保护。查通区大路，皆设巡防，而偏隅曲径，该队亦有鞭长莫及之势。应请通饬各厅州县，暂拨城关巡警兵十分之四，各带刀枪武器，酌给驿站马匹，令于所管境内，扼要守险，轮流稽查。如其路途复杂，警察不敷分布，冬防为日无多，需款有限，应于附近乡镇，添雇笃实农民，发给号衣，同巡警兵协力保护，俾免单弱。又查命盗各案，届限未获，参处极严，与其事后干失察之咎，虽悔莫追，何若事前为预防之谋，有备无患。似此办法，官民两便，地方官谅亦乐为。

（丙）补助保护。查外盗之来，必有土民勾结窝留，乃得逞其贼技。然一经败露，往往渠魁远逃，协从抵罪，亲族邻保，悉受牵连。应请通饬各厅州县，传到各村镇董事、乡约，条具理由，推诚开导，令其归劝店户、居民，万勿贪利忘害，容留形迹可疑之人，俾免拖累而清盗源。

预清盗源案

盗贼为地方害，尽人知之，故朝廷定律，官长执法，胥于是加严厉焉。然必有流为盗贼之由，而后盗风日炽；必有容留盗贼之所，而后恶匪潜踪；抑必有包庇盗贼之人，而后横行无忌。事前不慎防维，迨盗劫时闻，饬差缉捕，即逐案破获，尽法惩治，而良民受害，已不可胜数矣。扬汤止沸，何如拔本塞源也。谨拟预清盗源办法列左：

（一）严禁赌博。盗贼之源，其原因本非一致，而以出于赌博者为尤多。盖喝雉呼卢，一掷百万，虽有巨资，不难立罄。迨至饥寒交迫，一经匪徒引诱，弱者则随同鼠窃，强者则持械伙劫，无所不为。前人以赌为盗之媒，洵探源之论也。应饬各属地方官，督率巡警，认真稽查，有犯必惩。如有因聚赌酿成命盗重案者，并将该管地方官照失察例从严参处，庶不致视为具文。

（二）严稽窝藏。盗贼固宜严惩，然使无窝藏之家为之隐匿，则事前既无地容留，事后亦易于破获，此窝藏之恶，实较盗贼为尤甚也。晋省向来盗案正犯不少严惩，至于窝藏之家，往往轻纵，鲜有明正其罪者，盗风日炽，职此之由。应饬各属地方官，嗣后遇有盗案，除正犯严拿务获外，并严究窝主，治以应得之罪。平日尤宜协同地方自治各机关，严密察访，一有所闻，立行捕获，尽法惩治，勿稍姑息，庶几若辈知所儆惧，不致再蹈前辙。

（三）严惩土棍。土棍与盗贼名异而类同。盗贼恃土棍为包庇，土棍借盗贼为爪牙，狼狈为奸，同恶相济。尝见乡民被盗，辄有土棍出而通信，令将赃物用钱赎回，免其控案。失主急于得赃，且畏讼累，往往曲从若辈，从中渔利。此种土棍，平日与盗贼通气，良民一有所忤，辄受其害，莫不畏之如虎。是虽非窝匪，而实较窝匪为尤甚也。应饬地方官认真查访，从严惩办，庶盗贼失所包庇，良民得以安枕矣。

酌留甘饷拨充省北赈款案

军需、赈务，胥关国家要政。边疆告警，凡在臣民，皆宜输财助军。饥馑荐臻，即属饟用，不妨移款救民。同出人民担负，不论本省、邻省，均当权其缓急，一视同仁。晋省接壤秦陇，前因甘省回民不靖，需款孔急，奏准协济甘饟，年由司库及河东道库分别拨解。嗣后叛回顺化，边防无事，而巨款之拨解如故。维时晋省素有繁富之名，筹措不至棘手。自光绪丁戊大祲，元气亏伤，内容远非昔比。庚子之变，赔款独巨，晋人商于东三省者俱大受其创，殷实商号相继倒闭，加以新政繁兴，铁路、矿务等在在需款，罗雀掘鼠，十室九空，筹之无可复筹，加之不能再加。上年曾由前抚部院宝两次奏请酌留甘饟，未邀允准，不料丁戊大祲景象，又忽遇于今日。本年省北一带荒旱成灾，哀鸿遍野，各地方官当早将饥荒情形详细申报，无庸赘述。查省北大、朔、宁、保四属，土地硗瘠，丰岁所入，仅敷糊口，一遇荒歉，不免流离。口外一带，幅员辽阔，土客杂居，平日冬防吃紧，尚多抢劫重案，今年灾情较重，边备空虚，若不早为之所，诚恐饥民乘机煽乱，酿成边境莫大之忧，邻近省分均受影响。本局谊关桑梓，早夜焦思，故曾有提议收纳流亡，兴大工厂者，然嗷嗷待哺，缓不济急；又有提议分别重轻，设法筹赈者，然款未指定，徒托空言。窃谓甘饷本系晋民脂膏，昔年新甘多事，晋有盖藏，两相通融，自当无分畛域。今则情形互异，即无此宗协款，甘省当有救灾邮邻之义，晋民亦有厚施食报之情。况灾黎失所，迫不及待，以晋人之资财，保晋人之生命，揆之情理，不为不平。拟请抚部院将协济新甘饷银两，或奏请免解，或酌量裁留，作为晋省北路赈济要款，派委妥员，协同各地方正绅散放，务使实惠均沾，则晋民幸甚，全局幸甚。

明定期限实行上届议案案

窃维议员有代表舆论之责，行政官厅有执行政事之权，议案之有无效力，全在行政官厅之实行与否。本局于上届会期内议决可行事件，已遵章呈请抚部院公布施行，并由抚部院通饬所属行政官厅，一律遵照实行在案。兹已届第二常年会期，凡抚部院之交议、本局之提议、人民之请议各案，亦复渐次议决，陆续呈请。惟是各种议案既系本省应兴应革事件，必各行政官实力奉行，乃不至徒托空言。兹查地方行政官厅热心任事，次第实行者，固自不乏，而故为推诿，视若具文者，亦所在多有。上届之议案，既未普收圆满之效力，则本届之议案，势将由前例后，每况愈下，实行不力，自不待言。按本年九月十一日宪政编查馆咨送各省督抚厘定谘议局议决各项清单第四款，督抚批准公布施行之件，既由督抚行文到后，行政官吏亟应实力奉行。惟须有限期与无限期之别，如明订期限，以到所定期限为断；不定期限之案，以到次期常年会为断。如于各该限内而该管官吏未经声明窒碍情形，详奉督抚批准展限在前，故意延宕不行者，该局得照局章二十八条，指明确据，呈候督抚查办等语。查此章程发生于本届会期内，对于本届议案为效力发生之始，然上届常年会期内议案，其至今未能实行者，究竟有无窒碍情形，是否故意延宕，非酌定期限，无以清旧积而促进步。果有窒碍难行之处，一年中必有各属申详说明原委者，拟请于会期内详细答复，以便修正。并请通饬所属，凡上届常年会议决案内实行期限已明定者，酌展以本年年底为断，未定者以宣统三年二月底为断。如过期仍未实力奉行，即照局章二十八条，指明确据，呈候督抚查办。所有议请实行上届议决各案，分列开后。

计开：

改良风俗：（甲）禁早婚，（乙）戒溺女，（丙）除淫剧，（丁）勤妇职。

附节省婚丧费，附改良八旗丧费。

案欲使一般人民俱为立宪国民，必先注意于社会之习惯，则改良风俗当为国民教育治本之一助。地方行政官往往对于前项各条漫不经心，致社会积弊日深一日，其实遵此实行决非难事。应请饬各地方官重申前令，务期普布周知，以促进改良。如逾明年二月底仍有未能实行之处，即照局章以违法呈请查办。

各厅州县小学宜极力推广

简易识字学塾急宜设立

开办各厅州县女子初等小学堂　系保姆讲习所交议案改设者

实业学堂当先审本地情形分别筹设

整顿原有中学堂及高等小学堂

按村保送巡警教练所学生　附整顿各厅州县原有巡警

查以上各案自上届议覆，由抚部院公布施行后，业经一年，而各地方实行者固自不乏。闻有请求变通，如宁武府、汾州府、沁州等处以初等实业学堂科目说明原委者，本局无不体察情形，酌准变通，以促进步。然查各属原无窒碍情形者，尚所在多有，自应以明年二月底为断，届时如确有违法实据，即照局章二十八条办理。

清理地方公款公产

厘剔胥吏中饱

妥筹地方自治经费

查上届议决案内，各地方未能实行者，以清理地方公款公产、厘剔胥吏中饱二项居十之八九。清理地方公款公产是否已于奉到文后照定限期实行，又胥吏中饱虽多寡不一，几于无地无之，其征收手数料及划清中饱界限是否已于上届会期后六月内办到，兹俱展限以本年年底，如仍未见实行，即照局章以违法请办。

改良官妓办法

查此案既批准认为可行事件，本年正月已在妓捐项下酌拨银一千两，以资提倡，不敷再由商凑等因在案。然一年中尚未见诸实行。此事近在省垣，耳目易周，如此因循，其何以励各属而资观感。拟请于此案办法果有窒碍、须略为变通之处，应于会期内说明原委，交局核议。如至明年二月底仍未见诸实行，即照局章二十八条呈候查办。

禁用刑讯及非刑

查此案系恪遵定制慎刑恤民要事，闻各处地方官仍有沿习惯例，托词推诿，奉行不力者，不免有碍宪政进行。应请重申前令，实力奉行。

改良看守所

查此案改良，固在看役人等妥实，尤在认真稽查，乃有实效。应再行通饬实行。

取缔游民规则

查此案核覆，注重多设巡警，严切稽查，惟各地方筹款维艰，一时万难办到。原案取缔规则四条不烦，筹款添兵只能认真办理，有裨地方治安实非浅鲜，应请限年内一律照办。

划分省界住民权利义务之关系

查此案既咨商直、陕督抚核明定议，奏请办理在案，迄今未闻该两省答覆如何办理。查宪政馆奏覆核府厅州县地方自治折内开，边远地方如贵州等省，往往有府厅州县辖境壤地插花不便行政者，若非及时整理，嗣后举办一切殊多窒碍。应请饬下民政部通行各省督抚，将区划不便之处酌量改正，奏交该部议覆施行等因。嗣经民政部咨行各省督抚查照办理在案。因请援据奏案，再行咨商直、陕督抚，奏明改正。

广储社仓以备荒歉

查此案各处奉行者有之，而视为具文者实属不少。本年雁门以外被灾，各厅州县因向来储蓄无多，刻下饥民倍形困苦。（因）〔应〕请饬省南丰收各州县，限年内赶办积谷，以备荒歉，勿再失时。

预备养成军国民资格精神案

窃维强国无政，政在强民，故小戎驷铁，秦以之兴；轨里连乡，齐以之霸。泰东西强国林立，溯厥政见，罔非沿用司巴达主义，以举国皆军为致强唯一宗旨。中国自唐改府兵，军民分社，数百年来，农工商界，但知谋生，一旦欲以军国民编制之，殊匪易易。然变法于二十世纪，非变国民为军国民，无以竞争生存。普通国民现难丕变，而择易于教育之人，便于教育之地，起点培养，以为后来普通之渐，则固今日亟宜讲求者。查德相俾士麦、日相大隈伯经营军国，其得力处眼光直注学界。古者十三舞象，成童舞勺，年二十舞大夏。中国强盛时代，文武固出一途，军学匪分两界。今欲变弱为强，相应酌衷中外，先从学界【入】手。现在学界非无体操，而尚武之资格、精神，实非现在体操所能养成。德、日学生，武器、武技实地练习，有技艺，故有资格；有资格，故有精神；精神发越，故能释箧从军，抵御外患。中国学生性质非少逊也，特无人提倡练习，文弱相沿，遂至于今。诚以学界吸收之资格、精神，先天下而养成，则编制军国民可运之掌矣。谨拟办法数条列左：

一、各学堂教职员宜星期讲演也。西历一千二三百年间，欧洲十字军起，倡尚武主义，至一千八百年后，德被法侵，创举国皆兵之制，世界各国遂争先仿效。其君被军帅之装，其学生被军戎之服，孩提羡之，遂至执国旗而习战斗，故提倡风气，莫如学生。应请各学堂教职员，于正课外加随意课，专讲军国民主义，痛切发挥，并练习技艺。一二年后，学生思想可冀一变。

二、府厅州县宜立体育会，实行军国民教育也。中国国民之众冠绝五洲，乃老弱者去十之一二，游惰者去十之一二，嗜烟酒者又去十之一二，无愧军国民资格者不数数觏。以此竞争于欧风美雨之大舞台焉，能不归于劣败。查泰东西各国皆重军国民教育，德则首重体育，英则首重运动，日本则首重武士道，而所恃以养成者，则在体育之有会。晋省能仿而行之，则河朔劲旅，久称强悍，比及三年，足备干城之用。

三、宜饬各处开运动会也。各属于岁晚务闲时，开运动会一次，召集学商农三界，演练各种方式，优者酌给奖赏，似于提倡尚武精神不无裨益。

重申烟禁严防疏懈案

查禁烟一事，自戊申奏明禁种，两年以来，官绅协力，所为朝夕营谋，多方筹画者，罔非欲禁种以绝生产，禁卖、禁运以断来源，冀禁吸得有把握，并可明定期限也。今幸三千五百余顷之烟地一律改植嘉禾，省内外之土店、烟馆同时尽行歇闭，倘再无邻土输入，将数十年之烟祸不难计日廓清。特自有八月二十四日谕旨，愚民率多误会，谓抚宪以严于禁种、禁运被议，保案以严于禁种、禁运撤销，从此种、运无妨，禁令可（施）〔弛〕，疑影听声，谣诼传播，烟民觊觎以生心，土商影射而牟利。若不先事严行防范，一有疏懈，禁烟大局讵堪设想，是以拟请重申禁令，并附办法五条，以备采择。

第一条　禁吸。查禁吸一事，除官绅学商军警各界人员已经纠察，取具保甘各结申报外，所有一般社会，虽由普济、戒烟总分各局报称烟民戒断者十居六七，究竟泯棼之众，查验势不能周。值此烟禁吃紧之际，非重整旗鼓，俾人民耳目一新，殊不足以昭炯戒而儆效尤。其法应分甲、乙二种：

（甲）特别禁吸。从来法行自上，查前此禁烟大臣奏定禁烟查验章程第一、第五各条，及续拟禁烟办法第六至第九各条，凡所以处理上流社会者，约略已备。但风闻迩来办理甘保各结固多敷衍，即入禁烟公所查验，亦往往故事奉行。长此不变，非惟无以示齐民之准，反恐予烟户以口实。拟请设法认真查验，择有确据者即行从严参革，无少瞻徇，庶风声所树，遐迩遥听，不但上流社会可期相戒不食，影响所及，人民亦必群思戒断。

（乙）普通禁吸。晋省前限本年三月底除年在六十以上暂缓禁吸外，凡六十岁以下者一律禁吸。现在时越半载，断无复行劝戒之理。拟请就目下情形，筹一切实办法，寄耳目于多数人，盂晋追群，乃克有济。先将禁例十二条再登报申明，并刷印多张，分发各处，遍贴城乡市镇，一面派宣讲员分投演说，一面由地方官出示，申明厉禁，如有偷吸，准人人指告，倘经查验，执有烟灯、烟具等实据，即按照禁烟条例第四条酌量罚金，以一半赏指告人，但不得诬告。

第二条　禁种。据外间传闻，现时土价飞涨，大利所在，冒法尝试，亦愚民故智。若但查出私种者，勒令犁毁，不复照章惩办，非惟查不胜查，且恐误听谣言，或被人煽惑，既毁复种，抗拒生事。前鉴不远，殊堪痛心。拟请饬各地方官悬赏招告，如查获烟苗确系种植，即照禁烟条例第一条，处以四等有期徒刑。倘邻右知而不举，并酌量予以连坐处分。

第三条　禁卖。土店、烟馆现既一律歇闭，而私行秘卖恐仍所在多有，拟请照会各处议员、士绅，并多派印委、员弁，共负稽察责任。如获有秘卖人等，即照禁烟条例第三条，处以四等有期徒刑，或一千元以下之罚金。房主知情者，房屋入官。至一切吸烟器具，如枪、灯、签、盒等类，暨制膏器具等类，均须尽行焚毁。倘肆市及户家仍有存者，查出比附私卖情节，予以相当之处分。

第四条　禁运。中国烟禁现在未能统一，闻豫之郑州，燕之石庄，土店公然开张，存土约不下数百万，防堵稍疏，即暗藏夹带，浸淫灌入。故晋省对于禁运，亟宜持绝对主义，凡获烟土，必并拘人，照章治罪，不得仍前以追赶不及饰报，致滋贿纵情弊。至所获之土，除一半解戒烟局制药外，其充赏一半，但准戒烟局价买，不得暗售吸户。惟甲地获土，如讯得系由乙地人员放过时，必并将乙地人员加倍处罚治罪，庶免稽察不力之弊。拟请严饬接壤邻省各州县及晋属之各火车站、印委各员弁，均须照上开各节办法，认真查拿，如有纳贿故纵情弊，一经发觉，即严行参革。

以上四条先注重于禁吸，即从禁种、禁卖、禁运加倍认真，拔本塞源，以求达晋省廓清烟祸之目的。而必罚须济以信赏，方足励贤能而收实效，故以赏则一条殿焉。

第五条　赏则。印委、士绅各员，如查禁出力，印委则分别记功，士绅则酌量奖励。倘有异常出力，卓著成绩，拟请印委分别委署差缺，士绅酌量援案请奖，以资鼓励。

本局建议案

停解甘新协饷以济急需案

山西谘议局敬呈，为陈请事。窃查宪政编查馆会奏各省谘议局章程，光绪三十三年九月十三日内阁奉上谕：该局有条议事件，准其一面禀知该省督抚，一面径禀资政院查核等因。钦此。遵此，查晋省财政，留供本省用者十之三，支拨京协饷及洋款者十之七，而协款中尤以甘新饷为一大宗。宣统元年，经前抚部院宝查明，光绪十一年遵部拨定，由藩库解银七十八万两，河东道库解银四十八万两，合计每年一百二十六万两。前此款力充裕，照解无难。至甲午乱后，出款日增，诸形支绌。据旧案，通年地丁税厘约收四百余万两，出款在五百万外，截至宣统元年，亏银一百四十余万。据新案，除预算册所载增筹入款未尽可恃外，出入相抵不敷银七十五万余两，经部核减、补列等项，实不敷银八十三万八千余两。夫协济之名，必我有余，而后佽助于人。今本省艰窘万状，自顾不遑，即欲并计兼筹，实属无可措解。且就本省与新、甘财政，统观现势，逆计将来，山西别无补救之方，新、甘有可自立之势。以不暇自济者济人，于事理亦至不平。试据实陈之。

田赋为晋省入款大宗，以近边僻壤，负担增至三百余万两，已成弩末。近因筹办路矿，奏加亩捐，亦属无可再增。至厘税各项，因晋俗俭啬，商货不便交通，统计厘卡征收，不过二十余万两。若再议加，将失故步。前年奉文，田房加税，而收数锐减，可为明征。然使官民尚有余力，犹可权宜济急，今各官养廉及驿站等项，俱减成扣发，厘税盈余，酌提殆尽。迩来路矿各需，多由民间募集，而闾阎生计，自丁戊大祲，元气未复。甲午、庚子两役，商民损失资财不下数千万，禁种烟土又顿失大利，更无论教案赔款、矿产赎款矣。譬如负重之夫，力已竭而担荷日加，不至颠蹶不止。所谓山西财政别无补救之方者此也。

甘、新入款虽视协饷为转移，然据度支部审查各省预算报告，甘肃羊毛、麵灰、铜矿、金沙皆为土产，茶票、盐引又为厘税大宗，若能提倡土货，整顿税务，不必另筹巨款，利源自能日增。是该省地利未尽，附加未行，不至如山西之搜剔靡遗，筹无可筹也。昔年西邮用兵，需饷孔急，各省均有应尽之义务。今回民顺化已久，各省协济如故，舍就地天然之利，徒仰给协饷，而协款又不可长恃，为该省计，亦未为得。至新疆地处极边，建设行省以来，取民之政，务从宽大，田牧盐矿遗利尚多，圜法茶务诸待整饬。据度支部审查各省预算报告，该省尚非无可筹画，断不宜专依协饷，待哺于人。是其遗利在地，藏富在民，略加整顿，便成沃区。匪直此也，据该省监理官报告，如改折征银一案，两年为民省三百万两。厘捐各项向归包征，亦有不实不尽。俄货入境，尚未设关收税，可于修约时收回利权。凡此利源待濬，诸务待举，皆山西视为一筹莫展者，新省能措之裕如。所谓甘、新财政有可自立之势者此也。今以疲极之山西，接济可以自立之新、甘，揆之事理，未免失平。姑言其概。

查甘、新协饷，每年奉部拨定银四百四十六万两，晋省司、道两库解款，已逾全额四分之一。数十年来，源源协济，担负既加重于他省，困难不见谅于邻封，不平之点一。查度支部审查各省预算说明书，甘省岁入协饷，原册所列一百五十一万九千六十六两有奇，系额拨之数，不足尽恃。新疆所收，三十四年尚一百三十六万两，宣统元年仅收一百二十一万两。是各省关多未能如数协拨，而山西尚接济不绝，不平之点二。甘、新地有余利，民有余力，既如上所述，而山西财政状况，本年预算除公债六十万两由部删除外，已筹及粮捐、毡捐等项。晋人竭泽而渔，甘、新饱橐而去，何幸为新、甘民，而不幸为晋民也，不平之点三。本年晋省北路一带荒旱成灾，哀鸿遍野，晋民既担任协款四十年，以缓急之义言之，甘、新当有救灾恤邻之谊，晋人宜得厚施食报之情。今仍责以协解，是舍燃眉而救手足之疾也，不平之点四。所谓以不暇自济者济人，事理亦有未平者此也。

夫晋省财力奇穷如此，新、甘势有可为如彼，轻重缓急，较然易明。为此陈明晋省民穷财匮，艰窘万分，拟请将每年额定应解甘、新协饷，悉数停解，以济急需。除一面陈知山西抚部院外，伏乞资政院公决，代奏施行。须至呈者。

禁烟划一章程缩限迅行案

山西谘议局敬呈，为禁烟要政办法参差，陈请核议划一章程，缩限迅行，以免误会牵掣，贻累大局事。

窃维去疾莫如尽，远害莫如速。自光绪三十二年八月奉特旨申儆，定限十年以内将洋、土药之害一律革除净尽，规条具备，先后颁行，而紧要关键，不外分年递减。推定章之意，诚恐积重难返，不欲操切图功。然读三十四年二月上谕，及今年八月二十四日上谕，知朝廷锐意湔除，原期雷厉风行，迅达目的，只恐缩限未必办到，非谓缩限不许办到也。况英人有试办三年之约，统税有别筹补抵之策，参以本年各省成绩，全国禁种但有净不净之分别，实无能不能之问题。当此时人民悔祸，机势可乘，急起直追，交相鞭策，期年之内，效果可成。所虑者土商罔利居奇，不谙深意，倘误会此次谕旨，群以督抚急于禁种、禁运为非，是私心窃幸；煽惑愚民，疑怨丛生，复兴抵抗，交文已事，讵独山西。言念及此，甚为可惧。若不设法预防，影响何止一省。即以山西为比例言之，山西产土、吸烟素称甚盛，土商亦伙，光绪三十四年经抚部院恪遵谕旨提倡禁烟，经官绅协议决定方针，以禁种为入手，力除分年递减之见，期以一年禁绝，即于是冬查禁。幸官绅确守宗旨，协力严办，雷厉风行，遂有上年全境一律肃净之效。

奈秦、豫花苗相形触目，愚民积疑生怨，劣衿见事生风，今年交文反覆，几动全境，非操切敷衍之咎也。至禁吸办法，设局施药，立会劝戒，公私数十处，涤染甚众，而扼要尤在禁卖。上年本局议决对内、对外办法四条，订赏罚细则十八条，均经抚部院核准实行。本年三月业经将土膏店如期封闭。惟邻土暗输，节节难防，一省如是，他省可知，此皆缘办法未能划一故。彼此牵掣，成效难收，若长此参差不齐，土药无销减之日，英商有藉赖之词，一篑功亏，九仞并弃，贻累大局，何堪设想。谨就管见所及，拟具划一章程五条，陈请资政院核议施行。须至呈者。

一、查禁烟苗，各省宜同年净尽，不分先后也。创巨痛深，人人思返，急筹善后之策，无为姑息之谋，持以果决，断其观望。拟定宣统三年为一律净尽之期，倘有一茎发见，即予处分，斯全国一辙矣。

一、运卖土膏，各省宜同时禁闭，不分缓急也。查本年各省办法不一，有已行禁闭者，有未行禁闭者，已禁者反作销场，未禁者更获厚利，是不啻奖励土商也。拟定宣统三年为一律禁闭之期，互相稽查，不分疆界，申明赏罚，无须展延，则宿土无存留之地，外土绝周转之机，断其希冀，而吸者自戒矣。

一、调查烟民，广施药饵，以除沉痼也。药饵必须自配，禁用洋丸恐犯吗啡，调查必须认真，破除情面，命令责诸有司，办事宜归绅界，不必克期，自见减消，三年之内，成效大昭矣。

一、全撤税捐，以杜口实也。利害不能并立，内外不可偏枯，寓禁于征，久成套话，挟私偷运，亦属惯技。命令一而后趋向专，稽查真而后私贩绝。应请将未停税捐之省分一律停止，更宜注意海关，断其私路，乃为惟一之政策。

一、严定罚则专条，以戒敷衍也。烟苗有无，吸户众寡，皆考绩之据。大吏负稽查之责，有司任履勘之劳，明暗兼行，上下互举，无私无滥，权衡各当，则臣工感惕，绅董畏怀，何患禁烟不达目的欤！

以上五条，原本定章，参以现势，稍为变通，期于划一。是否可行，伏望采择。

整顿山西北路盐务办法案

山西谘议局谨呈为整顿山西北路盐务办法利不胜害，得不偿失，陈请核议具奏，以裕国而便民事。

窃查谘议局章程第一条，谘议局钦遵谕旨，为各省采取舆论之地，以指陈通省利病，筹计地方治安为宗旨。第二十一条第七项，议决本省权利之存废事件。本年八月十八日《政治官报》载督办盐政大臣会奏筹拟整顿山西北路盐务办法一折内称，系山西前署河东盐法道张汝爔来京面陈办法，其大要以划分引岸、官运商销为入手办法。拟于省城设立省北盐务总局，酌量岸情，设立分局，即派令该道驰回晋省，招商认岸，领运试销。其素产土盐之太原、太谷等二十余州县限制锅数，严禁透漏，以期逐渐收束，无碍官盐销路。而其结果则在分配引额，酌定盐价，裁免厘捐，规定课则，以为核算余利，截数造报之地。自系为整顿鹾纲，维持财政起见，曷敢稍持异议。惟按诸盐务历史，揆之现在情势，若果依法实行，窃恐利不胜害，得不偿失，国与民交受其病。试据实指陈之。

（一）官运蒙盐无益公家也。查嘉庆年间，省北一带曾行吉兰泰盐，嗣以道远价昂，吉商误运，频年亏课，改为官运，引复不行。十七年命侍郎阮元视之，奏言官运不难，难于官销。若因滞销，兼顾课额，势不得不派之州县，州县非亏挪仓库，即扰累闾阎，是能销之弊，更甚于不销。于是议吉引终不可行于内地。适河东道茅豫奏禁水运吉盐，因并下元议，先后与巡抚衡龄奏请当还盐湖，准兴贩入口者照例纳税，商民称便。是吉岸不可恢复，已有明验。今以久废之引岸，复年费湖租万金，运销于数千里外，路远费重价昂，断难畅销。且设立总分局，费项百倍商运，恐阮侍郎之言，复验于今日。至官运青盐之弊，光绪年间丰镇曾设官盐局，由民运乌珠穆沁等盐归官收买，发贩行销。乃局员垄断居奇，罔识大计，贱价勒买，运者停轮，高价专卖，贩者裹足，而仰食青盐等处群忧淡食，商民均受其困，而官局亦赔累不赀。现虽招商包办，亦难起色。再以潞盐官运局证之，查张汝爔前在河东道任内禀盐政大臣整顿盐务“兴利”第二条云：光绪三十二年，经前道详蒙前盐院恩批准试办太汾官运，只以课本过重，运费太巨，售价不能过减，难收成效。夫以该道素号熟悉晋省盐务情形，官运仅数百里外，即自认为课重费巨，价高销滞，今丰镇青盐售价每斤六七十文，已倍潞盐，再由官购运于千数百里外，其能畅销于内地否耶？此官运蒙盐无益公家之实在情形也。

（二）规复水运大碍潞纲也。原清单云，既改行官运，自应规复旧章，准运至碛口起岸，发商领运，而于潞纲引岸，仍有龙王辿阻，吉盐不能越险而南。窥原奏之意，似欲恢复吉岸，兼顾潞纲，不知潞商撤而吉盐始利，水运通而潞盐必病，断无两利俱存之势。查吉盐由黄河运至碛口，始于乾隆五十一年阿拉善王之请。嘉庆十一年，侍郎英和等查办河东盐务，奏请准吉盐在河口村地方积储，由陆路行销，不准由水运直下，以侵潞纲。嘉庆十七年，大学士庆桂奏吉盐准由陆运，不准水运，以致侵坏潞纲，其课银六万三千五百八十两，即由潞商按年完纳。咸丰五年，巡抚王庆云奏碛口镇有富商大贾，将水运之盐包揽屯积，影射透私，实为潞纲之害，请即以汾州府通判移驻碛口，量移营汛，添派水快巡船，令该通判统率，分路查缉。今行水运，直下碛口，潞商代纳之吉课，事理究属未平。而通判已移口外，营汛又早裁撤，上下游查缉势难办到。若恃龙王辿阻，吉盐不能南下，前数十年岂无龙王辿耶，何移官移汛、添置水快巡船，如此之难且费。今即设卡稽查，无论卡员之贿纵与否，而人少力单，侵灌潞纲，断难防范。此规复水运大碍潞纲之实在情形也。

（三）限制土盐病民卒以病国也。查省北太、汾、宁三府，平、保、忻、代、辽、沁六州，隰州之大宁、永和两县，向准配食土盐，仍归潞引纳税。大、朔两府及口外各厅，准购蒙盐，照例纳税，相安已久。今禁土盐邻销，设蒙盐道远误运，除产盐二十八厅州县外，其余四十四厅州县既禁贱食，邻盐复难购买，官盐一壤之隔，枯莞不均，而阳曲等三十州县仍留引税，民尤不堪。且产盐各处，亦因限制出境，生计断绝。盖盐地类皆卤薄，不堪耕种，山阴、应州等处，尤属多半瘠卤，惟借扫土熬盐，运销邻县，藉谋生活，以纳粮差。此外若锅税，若赔款之抽收，若抵补洋土药税之加价，若地方公益捐，若过卡厘金，凡确定为晋省入款大宗，皆属熬盐、运盐、食盐者负担。若严限土盐，则多数盐民谋生无术，窃恐老弱转沟壑，国家正赋及本省指定要款均归无着，而桀黠者生命所关，甘蹈法网而不顾。防之稍疏，民化为枭，缉之过严，枭且为盗，如元之张士诚、方国珍等可为殷鉴。今行官运，虽尽舍土盐锅捐，以作地方官缉私费，而当饥寒交迫、人情浮动之秋，忽剥夺小民生计，设奸民从中煽惑，窃恐卤泊滩及如皋之变复见于山西。此限制土盐病民卒以病国之实在情形也。

以上所陈，利害得失，显然易见，然犹得曰，事权其大，苟利于国，他所弗恤。请姑以利言之。原折以万金租盐湖，以十万金作成本，是公家投资已重，而北路七十一厅州县虽曰蒙、土兼销，其实土盐、税厘并征，通年收数，为款甚巨。今既限制锅数，禁止出境，税厘收入，势必骤减，不久裁撤，产盐各地，生计渐绝，粮赋亦且难收。夫蒙盐能否截算余利尚未可知，而先捐此确定可恃之巨款，其利于国者安在？

藉曰收束土盐，蒙盐自必畅销，是又不然。夫蒙盐价高土盐既如上所述，价高则私盐百出以乘之，地方官穷于防缉，必多设分局，招养巡兵，费皆取给盐价，而价愈高而销愈滞，而课愈亏。至无人领运，或又顾瞻。盐课不论贫富，计口分配，各州县领运勒销，复蹈康熙初年签商之覆辙，激生事变。是收束土盐未见效果，而地方徒滋纷扰，甚属非计。

本局窃以为，唐代宗时盐铁使刘晏创就场征税之法，今若仿行，实廓清积弊、增益国帑之根本解决。张道汝爔误听市井之言，罔顾国家大局，舍就地之天然生产物，必取给于东北、西北数千里之蒙盐，于人情固多不顺；筹画蒙旗生计，杜绝小民生路，于政体亦有未合。试比较言之。官运蒙盐虽可增加税课，除一万湖租，十万成本，以及总分局薪公、各处缉私等费，其益于国帑无几。若兼行土盐，既省上项巨费，而规定税厘之后，所入或较官盐有过之无不及。孰赢孰绌，不难预定。拟请整顿包头官运局，准照旧章，运至河曲，起岸行销，一面查禁花马池盐，使吉岸、潞纲两无妨碍。乌珠穆沁等盐，仍用官督商销之法，规定税则，听民贩运。至产生土盐各处，规定锅税，责成地方官实征实解，不得丝毫隐匿。各厘卡划一蒙、土各厘，严剔中饱，不必拨款加租，税厘必大起色，则国家与地方财政两有裨益，全晋人民亦获无穷之福。所有整顿省北盐务办法利不胜害，得不偿失各缘由，除一面陈知山西抚部院外，理合陈请资政院核议，具奏施行。须至呈者。

人民陈请建议案

议决猗氏县雷电章请议蒲解绛三属征收纹银贴水应划提浮收以举办新政案

查钱粮积弊，所在难免。据称，蒲、解、绛三属因元贵纹贱，民间完粮，反复亏折，受累之巨，实为各处所无。既奉前抚部院饬令，准完纹银，有案可稽，则贴水一项，自应豁免。第径行裁去，又恐将来元贱纹贵，别生枝节。来书请按届划提，发商生息，以举办新政，筹画颇属妥善。兹经公同议决，应请抚部院查明，转饬各该属地方官，嗣后每届征收钱粮，扫限时会同地方绅士及自治员董人等遵照办理，核算浮收若干，尽数提出，发商生息，以资应用而昭公允。

附：原请议书

猗氏县增生雷电章，年五十六岁，为请议事。窃维纳赋乃人民必负之义务，筹款实举办新政之要端，缓其一势既迫于不能，兼为顾力又苦其弗继，此在预备立宪时代，固我三晋全省所同慨，非独蒲、解、绛为然也。而于此筹得一上足益国，下不病民，中又无损行政官权利之办法，则惟蒲、解、绛所独有。所独维何？如划提浮收，以举办新政是已。查三属惯例，小民寻常贸易，皆用九三成色之元银，以故完纳钱粮亦胥恃此。向仍与征收者以贴水，其数统火耗、解费诸名目计之，按每正征银一两，恒贴至一钱五六分不等，而附纳之耗羡一钱三分，平余一钱二分，及带征之亩捐一钱五分，并里书、工食、柜串等费二三钱，犹均不在内。乃自光绪二十年以来，元贵纹贱，市面行情持纹银以易元银，每两据涨起最高度言之，倒贴至二钱四五分以上。征收者利其辗转可获厚资，小民完粮直用纹银始犹不允，至光绪二十五年经前抚宪札饬各属完纳钱粮准纹、元自便，百姓始渐免倒贴之亏折。然而，开征之际，其往日因完元银所出一钱五六分内之贴水，固仍照旧浮收，以尽饱私囊也。夫民完元银而贴水，官收贴水，至解司时复出贴水，向商人以易纹银，其法固行之已久，在官无所谓不利也。今征纹银而责令民间仍出贴水，是在小民为重出，在官吏为浮收，其利益稠叠，固已大非公理，况现在民穷财匮，新政繁兴，筹款维艰，罗掘俱穷之时，尤不应令少数征粮之行政官，浮冒吞蚀，以至于此。若各从此项贴水一钱五六分内留存若干备火耗、上解诸费，其余划出浮收贴水银一钱或八九分，以中县年征五万两估计，共该银四千余两，核提存公，作为基本金，会同地方士绅及自治员董发商生息，每年举办新政即取盈于斯，在民免加派之累，在官无追呼之烦，在绅少筹凑之苦，一举而三利俱存，便利孰甚。况现在绛州之闻喜、稷山两县，闻已将此项贴水银两提出，归地方举办自治、学堂诸务。蒲州之万泉贾令已允每两减收贴水七分，补助地方公益。解州虽未实行，经前何牧禀明请示锡前升抚，固已批饬移作地方公用，均有案可稽。果使行之稍有窒碍，前之人必俱不肯为，为之亦不久即止。否则化私为公，一转移间具有莫大之利益，夫又何所用其瞻徇。虽或谓外官制未行，公费未定之前，所有衙署一切办公咸恃陋规，未可遽言厘剔，不知每两附纳之平余一钱二分，大都皆不解司，统作留署办公之用，假定征银五万，此款已达六千，公费即定其数量，亦不大悬殊。至此项贴水浮收，乃蒲、解、绛十余年来元贵纹贱后，官场特别陡增之重利，较三晋各属迥然殊异，于行政官应得之进款，固丝毫无与者也。为此陈明缘由，呈请谘议局公议可否，转请抚部院通饬蒲、解、绛三属地方官，自本年下忙为始，每届征收扫银时，即会同士绅及自治员董，各按征收之数，核计贴水共该若干，提公生息，庶于嗣后举办新政有所裨益，而三属人民均被幸福无既。为此呈请谘议局公鉴。

议决定襄、崞县邢建序等请议开复广济旧渠案

查水利一事，亟宜讲求，况开旧有之渠，兴自然之利，润田至四十余里，其可修复，洵无疑义。惟忻州白村等屡次阻挠，似恐独受损害者。然细阅原书，并据两县议员陈明图说，且称开渠地势，用水时期，必能于上下游毫无妨碍，则是该村等并无损害可受矣。或者附近居民恐有洳泾之虞，但两利相形取其重，两害相形取其轻，似未便以一村之微患，而阻两县四十余里之利益。至该白村等有无别项情节，难以悬揣。兹经公同议决，应请抚部院遴派妥员，并转饬地方官会同

三处自治员绅等，详加测验，绘图贴说，妥议开复。

附：原请议书

定襄县生员邢建序年五十一岁，崞县生员梁志道年四十四岁，为请议事。

查广济旧渠引滹水灌田，起忻州镇忻口之蝦蟆石，经灰岭等三村，东流十里许，入定襄县界；又东五十里，至建安口之牛羊沟，复入滹沱，为崞县界。上下六十里，润田四十余里，南北约十里。渠创于宋尔朱氏，金源李子成，《创开滹水渠堰记》见《元遗山集》中。国朝康熙二十一年重开，县志载有碑记。雍正间相传以粟荒废。嘉道以还，定、崞两县人民屡起争讼，欲复渠旧迹，卒以渠路久湮成田，田屡易主，当道难之。光绪初，五台山喇嘛来崞，邀乡老力任其事，旋得御史奏，奉旨饬下山西巡抚查覆。时曾忠襄抚晋，探知事端之肇于喇嘛，辄以不可开覆奏在案，意在杜弊也。二十八年四月，升任抚宪岑振兴水利，委李令兆周会同定襄县董令志敏查勘旧渠，并将筹拟开办情形详细会禀，蒙批仰布政司移会臬司、冀宁道核议详办。嗣据藩、臬两司，均以确无格碍，急宜修复，会议详覆各在案。十月定襄李洪灿、崞县李华堂等具禀升任护院赵，请派员覆勘，亦曾批准在案。嗣因筹措款项迟延中止。本年三月间，请测量毕业生王鸿宾、李鸿鸾逐段测绘，录有图说存查。其间高下既不甚悬殊，开复亦毫无窒碍。建序等公同商定办法，组织公司，集股开复渠路，纯估价购买。对于下游以秋尾春头仅用余水，不碍旧渠水期为宗旨，并立案立石，以昭大信；对于上游以解决困难，给以相当之利益为宗旨。乃忻属之白村人郭含章等出而阻挠，并以有害伊村，禀控忻州朱牧案下。建序等亦具禀州牧，详陈开复旧渠和衷商办，决不使有害白村。嗣将其所称困难一一解决，以渠在该村南，沿村均系腴田，开挖颇蒙损害，再南则为鹻滩，纯属不毛，然地低费工，因免交涉计，别勘一路，去该村益远，无丝毫之可借口矣。旋蒙州牧批：选派绅士，协同赴白村，邀同首事，勘明渠路，和衷妥商，取具合同。因派忻州米绅庭珍、卢绅培乾、许绅之翰、焦绅树声、李绅儒珍，赴该村查勘。因各有意见，将札委缴回，事仍中止。盖定襄县近北一带，土性高燥，亢旱时灾，今年尤甚，秋禾几无收成，若不及早修复，广兴水利，势必饥馑荐臻，饿殍有虑。况开旧有之渠，兴自然之利，与事属创办、成效难以逆睹者，更自不同。且渠为古渠，该村为古村，若谓有害该村，当渠开时代，该村固依然无恙也。建序等佥持和衷商办主义，特以开复旧渠诚为今日不可少缓之举，事关重大，屡议无成，谨将前后议开情形逐件开呈，理合陈请谘议局公鉴。

议决保晋公司请议第二次付息办法案

查原书以昭信用、杜弊端为宗旨，拟由各处教育会、商会为付息机关，复虑偏僻之区或并此机关无之，办理不无窒碍，是以声请决议前来。兹将公议各条开列如【左】：

（甲）绅商合办。查原书拟由教育会、商会经手付息，所见极为允当。惟偏僻之区，或并此机关无之，诚（无）〔如〕原书所虑。现在地方自治会皆已成立，除由公司径领外，拟就地方所有自治机关协同该处钱行经手代付，无钱行之处即交当行，或无当行，即交殷实商号代办亦可，总以不假手胥吏，致有克扣为要。

（乙）劝导商号。商号既经手付息，似应酌给薪资，但晋矿为全省命脉攸关，即为全省公益所系，凡属晋民皆有应尽义务，且因付息而更筹经费，在公司通例，尤属无此办法。拟请由各员绅担任劝导，庶商号乐从，免生窒碍。

（丙）广刊报告。查保晋公司章程，每届付息，先期一月登报，俾众周知。惟偏僻之区，或报章未能普及，或虽有报章而乡人未能遍晓，拟请由公司刊发浅显报告，明示办法，庶人人知所遵守，作奸犯科者自无从施其故智。

附：原请议书

保晋矿务公司为请议事。窃以公司集股，信用为先，非按期付息，不爽毫厘，不足以昭大信；非付托得人，严禁侵蚀，不足以杜弊端。本公司开办之初，即抱此为宗旨，是以通行各处，遴派正绅帮同办理，不得假手胥吏，并声明于百分之一经费外，不得滥索分文，其立法不可谓不严。乃各处奉行不善，有勒掯股息不肯发给者，有发息未能如数者，甚有挪用股款，必待再三严催，始行清解者。种种弊端，不堪枚举，殊于矿政前途大生阻碍。本年七月初一日为本公司第一届付息之期，所幸此次股款多由各票庄在外省招集，由某号招集者即由某号付息，办法尚属简易。其余官场、学界诸股，即由本公司自行核付，亦无他虞。惟转盼即届宣统三年正月初一日第二期付息之期，若不未雨绸缪，诚恐临时仓猝，措置或未尽善，难保不更滋他弊。盖综计股款一百六十余万，而第二期招集者实居多数，且属于本省各厅州县者为尤多，自非择定各地方公共机关眼同发给，不足以昭大信而祛弊端。查各属教育会、商会均由地方公众组织，应否请各该会代发，其偏僻小县并无此等机关，应如何发给之处，敢祈公同决议，及早示覆，以便遵办。所有请议缘由，理合陈请谘议局公鉴。

议决保晋铁路公司请议亩捐付息案

查晋省展限亩捐，原为晋矿收赎之初，以招股缓不济急，不得不再藉地方公款以为补助，作股付息，充办学务，已属体恤民艰，通融办理。今则矿务以资本未裕，组织未完，铁路以集股维艰，尚在筹措。当此财力支绌之时，两公司百计经营，正虞棘手，岂能以亩捐付息与招股付息同时比例。招股以八厘付息，原期集股踊跃，理应从丰；亩捐付息，已系成案，虽廉何妨。原奏展限亩捐案内，周年以四厘付息，自应遵办，以昭信用，而符部章。兹经议定，亩捐息银仍以周年四厘发给，庶于昭信之中，仍寓补助公益之意。至各厅州县股票息银，应发给各属自治会收管，以办公务而归划一。

附：原请议书

保晋铁路公司总理渠本翘、刘笃敬、郑永贞为会同请议事。窃查凡属举办地方公益，莫不赖地方公款为补助，未有于补助之款复行给息者也。晋矿收赎之初，原以招股为唯一办法，只以股款缓不济急，是以禀请前抚宪张奏准展限亩捐，专备路矿两项之用，经户部覆准在案。复于章程内载明，分领亩捐一律作为五两一股，其股息红利悉遵原奏，专充地方兴学之用。盖以近年以来，晋省民力艰难已达极点，未忍以地方公益重为民累故也。计敝公司于三十二年十月、三十三年三月二次共领过亩捐银二十万两，本应填给股票，如期给息，惟三十二年通年亩捐共收四十万零七千四百八十六两四钱三分六厘四毫，尚应补领银七千四百八十六两四钱三分六厘四毫。拨出与铁路公司各分一半，庶于各州县股本相符，以便照数给息。去年九月以省城公立女学堂经费支绌，经贵局议决，暂将三十三、四两年息银一万六千两拨充该学堂经费，敝公司遵于是年十二月照拨无误。近日复经泽州府属凤台等五县暨壶关县禀请亩捐息银拨充学堂及自治所经费，叠准藩司移请会同铁路公司核议前来，自应按照奏案一律作股付息，以昭信用而符定章。惟敝公司奏准成案原系周年四厘行息，铁路公司奏准章程亩捐仍按周年四厘行息，嗣敝公司因各省招股多系八厘，是以特予变通，改作周年八厘，以期踊跃。至亩捐作息是否仍按奏案周年四厘，与铁路公司一律办理，抑按现行章程周年八厘，事关通省出入甚大，应如何发给之处，敢祈公同决议，及早示覆，以便遵办，将元年息银拨付各厅州县。嗣后每年九月拨付一次。所有请议缘由，理合陈请谘议局公鉴。

议决平定州冯司直请议中小学堂应无分主客畛域案

按学堂之设，原以普及教育，造就多数人才为宗旨，学生应无分畛域，主客并收。来书所见诚是，惟学堂款项向由地方负担，客籍对于此项，平日本无应尽之义务，似与土籍难享同一之利权。查陆军部所定陆军小学堂章程第九条，本籍者按原额取十分之九，客籍者按原额取十分之一。又折内云，附学概行删除。是陆军学额，部章既明定限制，未便遽议通融。兹经公同决议，除陆军小学仍照章限制学额外，各处中小学堂尚可变通办理，惟须按各学堂情形酌收学费，如土籍不出学费之学堂，客籍可酌收之；土籍已出学费之学堂，客籍可多收之。以昭公允。

附：原请议书

平定州冯司直为陈请建议事。窃见各处中小学堂不收客籍学生，以愚见观之，殊不合公理。彼客籍但纳学费或自费便可收入，不然则官场子弟将无求学之路，统吾全国计之，不亦湮没多数人才乎？即云官宦子弟难教，吾辈果能持一视同仁之心，赏罚一秉诸公，亦有何难处。鄙人素抱大同主义，以为土籍中不必尽好学生，客籍中不必尽劣学生，况学问又何分界限哉！持此议论非为官场子弟谋路也，特为全国学务上计算也。不过当时舆论，总以出客为正当，而鄙人一得之见，敢公诸众高明之前，请一裁酌，为此呈请谘议局公鉴。

议决祁县孟步云、丰镇厅郭绍基请议严禁缠足案

查中国积弱之原因，一在男子吸烟，一在女子缠足。禁烟一事，奏定条例厉禁森严，晋省尤雷厉风行，大著成效。独此缠足陋俗，往往视为闺房琐事，只主

劝导，不主严禁，概无法律与社会之制裁，不知始而弱体，继且弱种，卒乃弱国，其患害适与鸦片为正比例。当此生存竞争时代，而犹留此莲步弓鞋之积习，窃恐一弱而不可复强，终难逃天演淘汰之公例。应请严申禁令，勒限革除，以立转弱为强之本。

一、十岁以下幼女概不准缠足，十岁以上、三十岁以下妇女缠而未放者，统限宣统三年内一律解放，三十以上者听。

一、各属禁止缠足，须由地方先发严切告示，遍城镇乡申明禁令，并责成地方绅董及各区自治员组织天足会，广为劝导。

一、各属绅士为平民所观法，必须以身作则，由各绅士家首先遵办，始足端表率而挽浇风。

一、至宣统四年如有再缠或缠而不放者，由议事、董事等会及乡董陈明地方官议罚，其罚则分为绅富、平民、贫户为三等。

一、各处旧习有专卖坤鞋木底为生者，此等不正之营业，亦应自宣统三年严禁。

本局质问案

质问晋省未设劝业道暨以农工商局归并冀宁道理由案

窃按谘议局章程第二十六条，谘议局于本省行政事件及会议厅议决事件，如有疑问，得呈请督抚批答。据此，查光绪三十三年总核官制大臣奏改订官制第十四条，各直省应设劝业道一员，专管全省农工商业、各项交通事务，现有之驿传一并由其兼管等语。原以实业、交通二项朝廷已特设农工商部、邮传部分治其事，外省亦宜设专官，以期上下相维，责成有属。比年以来，各省遵章奏请添设者已相踵接，晋省煤铁各矿甲于天下，土厚水深，利源待濬，现为铁路兴工，筹备在即，虽有农工商局措理一切，究于实业、交通二项责任未专。各业惰窳，进步弛缓，生计前途，不可终日，审时度势，则山西劝业道一缺，遵章奏请添设，较之他省尤为先务。乃各省次第设立者几乎直省均有，而本省尚未有添设明文。此不解者一也。

其或以经费艰窘，致生迟延。兹又查改订官制第十七条，各司道除主管事务，如盐运司暨盐法、盐茶、关河各道外，不得兼管地方行政事宜；其右列各司道以外，所有管理地方之守巡各道一律裁撤等语。本省原有分巡冀宁道一缺，公务虽繁，类多照例详转，且近在省垣，事易就理。所辖水利一节，亦照章应归劝业道职掌。迩来四川、陕西诸省俱有照章裁撤巡道，改设劝业道事实，俱经奉旨俞允。且以旧有关于实业机关，如农工商矿各局所经费，暨新章劝业道，应由农工商部及邮传部，按省分大小酌给津贴，以资拨用，定为劝业道或劝业公所经费，事既易举，而经费不须多筹。各省遵章如此改设归并者又不一而足，而本省仍未见有改设明文。此不解者二也。

度支部单开核减各款内开，农工商局经费内拟裁会办公费一千九百九十六两八钱，据云该局事务无多，会办公费近于浮（縻）〔糜〕，拟应裁去等语。窃以山西实业惰窳，亟须振兴，未设劝业道以前，尚赖农工商局会办合力筹画，以资进步，乃清理财政局于此条项下议覆云：应遵章先裁一员，并拟自宣统三年起，将该局归并冀宁道兼管，以省（縻）〔糜〕费等语，议覆理由更百思不得其故。以官制第十四条言之，劝业道既为必设之官，则未设劝业道以前，以劝业道暨劝业公所所应分年筹备之事，就此农工商局会办、提调等数人，尚恐人少力微，不能历事周到，则会办经费似乎暂不宜省。以官制第十四、十七两条合言之，冀宁道一缺既在应裁之列，则农工商局自应俟劝业道设立后而以经费归并劝业道或劝业公所需用，则农工商局似更不应归并于将裁之冀宁道兼管。兹清理财政局既如内开者覆部，此不解者三也。

有以上理由，确系于行政事件为疑问之件，拟请答覆，以便公布。

本局覆议案

筹措普设乡巡用费案

按筹措普设乡巡用费，前经备案交议，嗣由局中公同议决，送呈覆核在案。兹以事关重要，所议尚未详尽，再交覆议，以便核准，转饬施行。因即遵照送交覆议案所指各节，公同决议，除巡饷数目、支配警额仍照局中原议外，所有调查及征收手续分述如下：

调查。查巡田、支更等款，筹措之法地各不同，有计亩均摊者，有随意凑集者，有专收杂粮者，有无是事亦无是款者。欲知其确，自应先事调查。拟请饬巡警道拟具册式，分发各属，饬自治事务所督率各区乡董，转令各村董照式填写，尽数呈报。如各该地方此等款项为数无几，不敷应用，或并无此等款项，拟照局中原议，按户按亩分三等摊捐，总期劝导得法，俾知匿报旧款，亦必加抽新款，乡民权度重轻，庶不至于隐讳。至填造簿册，应分呈地方官及自治事务所各一份，用资核算。其未有乡董之处，即由自治事务所遴派正绅办理。

征收。查前直隶总督袁奏办天津四乡巡警折载，巡警月饷由村董酌定支给，官不经手，其总分局官弁薪工、马匹、杂支银两由官发给等语。晋省筹办乡巡与直省事同一律，应即仿照办理。拟请饬各属由招设警兵各村庄公举正绅，按数征收，交由乡董按月分放。每季将收支确数缮造清册，分呈地方官及自治事务所，用备稽核，并详开清单，张贴村中，以昭大信而杜弊端。其未设乡董之处，即饬令各村公举正绅，如法照办。

上届改良官妓办法案

案查宣统二年十月十六日核覆呈请实行上届议案，明定期限议决案内，改良官妓办法一案内开：妓馆开设大南门外，无利可获，商人不愿投资。至改良官妓，于善良风俗、保卫治安均有关系，亦未便听其散处营业，致有碍于风俗、治安。现已暂由巡警道将察院后头等小班移并于原有小巷二三等公娼一处营业，于巷之南北两口各建栅栏一道，以便取缔。所有原案应如何略为变通，抑或仍照原案另筹招商方法之处，俟公决后饬巡警道照办等因。准此，查正月十七日照会内开，拟在妓捐项下，酌拨银一千两，以资提倡，不敷再由商凑等因。查城内西南隅地址空旷，若以千金提倡，招商建筑，比之大南门外似较便利，商人或有应者。且不溷杂于人烟稠密之地，于风俗更无妨碍。兹准照会，知商人疑虑，不肯于大南门外投资建筑，暂由巡警道将察院后头等小班移并于小巷，南北口界以栅栏，用便取缔，较察院后与良民杂处，诚为有益。惟此巷内西头尚有小巷通大关庙巷，仍须于该巷内再界栅栏，使大关庙巷良民妇女不得由此巷出入，以防沾染。此亦暂时权宜办法，应请饬巡警道出示，仍以千金为提倡，招商于城内西南隅空地，建筑头二三等妓馆，于良民住所四面隔绝，乃为完全分居之制。如能办到，于风俗、治安关系匪浅。倘仍有窒碍难行之处，应请说明理由，早日照复，实为公便。

宣统三年财政预算案

（协议呈请核准仍照前议预算总册外各款查出后统留作自治经费文）

为呈请事。案奉核覆交议宣统三年预算议决案来文内开，各州县呈报列入预算表册者，系为匀定公费之根据，应将官厅尚未调查之行户及其他尚未报出之私收入、吏收入等项，由局函知各地方自治事务所，详细确查，并由清理财政局严饬各该地方官尽数报出，限期送由布政使、清理财政局会同本局核议，酌量提留，以期于自治得以进行，于官治亦无妨碍等因到局。奉此，仰见抚部院统筹全局，敦促自治，并维持官治之至意，计画极为周密。惟查各属陋规中饱情形各有不同，而其历年积弊半由官贪吏黩而来，当此预备立宪时代，此等不正当之收入，亟应与民更始，永远革除。不惟不应匀定公费，以黩货浼廉能，并不应提充自治经费，以巧取伤政体。良以设官授禄，体制优崇，应动支国家之正款，共谋公益，负担平均，不悖公正之原则也。本局讨论此案之始，未尝不见及于此，嗣以国会缩期，自治必须赶办，一切费用在在需款，径由地方增筹，既恐民生困敝，实力难支，若恃国帑补助，又知用款浩繁，应接不暇，必不获已，始议决将分册之不实、不尽调查明确，尽数拨出，假定为自治经费。一俟租税法颁布以后，尚当妥筹经常的款，凡此不正当之款目，均拟一律豁除。是前议办法原系一时权宜之计，按理已属不合，为数复恐无多，此不应再议酌提者也。至匀定公费，各省互有不同，晋省府厅州县一百二十余缺，并佐贰杂职等官计之，量晋省之财力，依下级之比例，通盘筹算，约共需银六十余万两之谱。查预算报告总入册所列平余款各项，及总出册所列之编俸养廉，合计已足七十万两，以之匀定公费，不必另议酌提，似已有盈无绌。所有册外尚未调查之行户，及尚未报出之私收入、吏收入等项，拟请仍照前议，统留作自治经费，以符原案。倘有窒碍难行之处，则此案关系重大，曾经全体公决，断非协议所能擅为变更，应请早日召集全体议员，于宣统三年正月内特开临时会，以便决议。为此呈请抚部院查核施行。须至呈者。

重申烟禁严防疏懈案

（协议呈请核准重申烟禁办法文）

为呈覆事。窃本局本届会期内议决重申烟禁办法五条，业经呈请在案。兹蒙核覆，并逐条指示办法，交局再公同酌核等因。准此，除议定认为可行事件外，尚有一二待资讨论者，谨再覆陈。原议案谓私吸准人指告，原期互相纠察，使私吸者知所警惧，并严饬不得诬告，自含有反坐之意。若预先声明不实反坐，指告者畏葸不言，而私吸者益无顾忌，为禁烟一方计，似不妨稍宽攻讦之例。查验必执有烟具实据，始按禁烟条例惩办，亦为预防诬陷起见。灯、枪、签、盒等类，既经地方官明白示谕，早应一律焚毁。若再发见此物，即不得谓之无心留存。至签、盒纤细之物，虽难保无他人栽害，然既无枪、灯重件，亦难以一签一盒煅成疑狱。此条似无庸过虑。各处调查，官绅同负责任，洵属周妥办法，然亦宜划清界限，各尽厥职。盖官厅之权主执行，绅董则除劝导、稽查、报告外，均非权限所能及。倘不问报告与否，一律议罚，恐人人自危，反为自治生一障碍。禁烟公所添设议绅，亦以均官绅责任，惟以四人调查各界，耳目已属难周，况日仅一人，月更一次，其敷衍塞责，不问可知。兹经协议，拟省内外绅董对于禁烟事宜办法若干条，另折缮呈，用备采择。至院司道暨议长、监督等，体制既崇，当能以身作则，伴其起居一则，似可无庸置议。其老病及六十岁以上吸烟者较少壮固应从末减，然许其领照购土，或反由此伪增瘾量，捏造年岁，百端设法冒领，间接传染他人，又生种种流弊。不若认真推广戒烟善会，令其多领戒烟药丸之为愈也。各州县书吏、差役多半烟癖已深，非劝导所能望其悛改，自应严行革惩，以去禁烟之阻力。再，现在禁烟事宜正形吃紧，拟请迅速公布，实为公便。所有蒙示禁烟办法交再公同酌核缘由，理合呈覆抚部院核夺施行。须至呈者。

附公拟省内外绅董对于禁烟办法于左：

一、厅州县自治绅董对于禁烟事宜之办法。

（甲）厅州县议事会、董事会绅董各按区分任劝导、稽查、报告之责。

（乙）各地方议事会、董事会未成立以前，由自治会事务所绅董任之。

（丙）各绅董如查出私种及私卖确据，即呈明地方官核办，并同时报告谘议局。

（丁）各绅董双方报告后，即为已尽职任，不受事后之处罚。

（戊）各处如有烟苗发见，绅董未经查出，或未曾报告者，按烟亩多寡议罚。

（己）各绅董如对于私种、私卖有贿庇贿纵等弊，轻则撤退，重则斥革功名。

一、省内绅董对于禁烟调查、调验之办法。

（甲）调查人员以禁烟分会之会员为限。

（乙）调验议绅由谘议局就禁烟分会会员内月举四人，轮班到禁烟公所监察。

（丙）无论官绅学商军警各界，凡私吸及私卖、私运，均应一切调查，不得瞻徇情面，亦不得藉端诬陷。

（丁）由巡警道购制木柜，仿邮筒式分设通衢，以备调查员投票之用。

（戊）调查员调查确实时，将私吸、私卖、私运者之姓名、住址、职业书于票上，投柜备查，但不必书投票人之姓名。

（己）调查票式由禁烟分会制就，每月每员散给若干张，不用正式票纸者作为无效。

（庚）每月开柜二次，由调验议绅会同禁烟公所委员开视，检定列票姓名总数，私吸者由公所调验，私卖、私运者送巡警道核办。

（辛）开票后私吸者按票数之多寡依次调验，不及三票者暂免。至私卖、私运，投出即行查办，不以票数为限。

（壬）各药店售戒烟药品，间有以烟料冒充药丸，或搀用吗啡者，贻害尤酷，调查确实时一律投票。

（癸）如有奸商偷运过境，查实即行报告会长，转知巡警道饬拏惩办，不在投票之列。

第四编　山西谘议局第一、二届常年会文牍

山西谘议局上宪政编查馆理由书

议员杨钺田 拟稿

山西谘议局全体议员谨呈宪政编查馆钧鉴：定章督抚行谘议局用札一节，窃以为督抚对于谘议局不适于用札之理由有七，请为钧馆缕陈之。

盖札之内容，皆上官下行属吏之命令，曰遵照，曰勿违，曰准此，乃有从无违、有准无驳之文体也。谘议局对于督抚，固非平等，而似居对待地位。凡督抚交议案件，无论其理由如何具足，皆有可从、可违、可准、可驳之特权。设使谘议局受札，而实行其遵照、勿违，充类至尽，将有可无否，而议员溺职，谘议局为虚设矣。此议员不适于受札，即督抚不适于用札之第一理由也。

或者议员受札而仍勉尽其职务，名虽遵照、勿违之具文，实仍不免于辩驳，甚且为不留余地之异议。犹是札也，一至谘议局，顿失其遵照、勿违之效力，足征文体之不合矣。此不适于用札之第二理由也。

即令权用惯例，于议长之官阶清尊者仍用照会，暂时固可相安，而议长一席遂隐生资格之问题。凡为议员者，皆具本局不愿受札之思想，将来公举议长，必轻学职而专重官阶，亦谘议局前途之（畏）〔危〕险。此不适于用札之第三理由也。

如果恪遵新章，又论官阶，而一体用札，则外而督抚之林下者，内而编检科道以上，皆不愿充议长，且不愿充议员。夫平时不受札，以充议长、议员而不得不受札，谁实甘之？浸假而上流社会皆不愿托足于谘议局之门，而谘议局之前途愈（畏）〔危〕险。此不适于用札之第四理由也。

督抚之于谘议局，其比例宜如日本国务大臣之对于众议院，或府县知事之对于府县会，凡提议、答辩，皆以通告，不以命令行。诚以命令者不可违，可违者非命令也。此不适于用札之第五理由也。

考之古昔旧典，天子于三老，则曰乞言，下诏求谏，又曰求言。《诗》曰“爰谘爰诹”，又“询于刍荛”。盖自行政一方面言之，则上级对于下级必用命令，非命令不足责其遵照奉行也；而自谘议局方面言之，贵者必降其尊，严者必和其气，非如此不能使之尽言也。《论语》曰：“不耻下问”。既下问矣，又耻而讳其下问之名，是教天下以名实之不副也。此不适于用札之第六理由也。

稽本朝掌故，各衙门堂长皆有命令司属之权，都御史对于科道独异；各部尚书对于大学士皆称晚生，而科道独不许。无他，有言事之责者，不得不伸其气也。此不适于用札之第七理由也。

理由如此，是否有当，仍请钧馆训示。更有甚者，钧馆之章既定，民政部自治章程相承而亦定，地方长官对于绅士用谕，绅士对于地方长官以下皆用呈。是于平时不能谕者，亦一切谕之，平时不必呈者，亦一切呈之，恐窒碍尤甚于督抚对谘议之用札矣。地方自治会章程亦本局应议之件，谨附及之，并乞垂察。

按：此稿为初七日所拟，初九日即有宪政馆之来电，未及上而止。然资格问题仍未得确当之解决，恐将来之纷争仍未能免也。爰亟登录，以为研究宪政者之一助云尔。——本社附志

《晋阳公报》，宣统元年九月十六日（1909年10月29日）

谘议局上宪政编查馆电补录

宪政编查馆钧鉴：窃谓督抚对于谘议局不适于用札，理由有七。一、札者，上官下行之命令，有遵照而无辩驳。谘议局之于督抚原非平等，而似居对待地位。督抚交议案件，谘议局或可或否，固皆议员之职务。假使谘议局受札而实行其遵照勿违之体例，充类至尽，是有可无否，而议员溺职，谘议局为虚设矣。二、若议员受札而仍勉尽其职，名虽奉遵照勿违之具文，实仍不免于辩驳，甚且为不留余地之异议，而札文转失其效力。三、若使权用惯例，于议长之官阶清尊者仍用照会，暂时固可相安，而议长一席遂隐生资格之问题。凡为议员者，皆有本局不愿受札之思想，将来公举议长，必轻学识而重官阶，亦谘议局前途之危险。四、假使恪遵来电，对于京堂、翰林用照会，是京堂、翰林而外仍一体用札，则凡各部郎员、内阁中书等员皆以受札而不愿充议长、议员，浸假而上流社会亦皆不愿托足于谘议局之门，而谘议局之前途愈险。五、督抚于谘议局，其比例宜如日本国务大臣对于众议院，或府县知事对于府县会，凡提议、答辩皆用通告，而不以命令行。六、考之古昔，天子于三老，则曰乞言，下诏求谏，则曰求言。盖在行政一方面，上级对下级非命令不足责其遵照奉行；在谘议局一方面，既许其言，必许其有从违之两端。若用札以责其遵照奉行，是教天下以名实不副也。七、本朝掌故，各衙门堂长皆有命令司属之权，都御史对于科道独异；各部尚书于大学士皆称晚生，而科道独不许。无他，有言事之责者，不得不伸其气也。理由如此，是否有当，仍请钧馆训示。山西谘议局全体议员仝上。

按：此即前号所登杨君之拟稿，不过略加芟除耳。又前报谓未及上而止，系传闻之误，并为更正。

《晋阳公报》，宣统元年九月廿六日（1909年11月8日）

谘议局常驻议员协议办事规则

一、谘议局章程第二十一条自第九至第十二各款所列事件，不在开会期中，由议长遵照谘议局章程第十二条之规定，委任常驻议员办理，得开协议会。

一、凡应议事件，由议长委任协议办理外，有三人以上之同意，得要求议长开会协议。

一、协议会由议长酌定开会时月，预先通告。

一、协议会非有常驻议员三分之二以上到会，不得开会。

一、协议会除由议长主席外，副议长同列议决之数。议长如有事故，得以副议长代之，但副议长二人不得同日请假。

一、协议会之议事，以到会过半数之所决为准，可否同数则取决于议长。

一、遇有紧急重大事件发生，认为不可不召集临时会之时，有议员七人以上提议，得开协议会公决，以列席员数三分之二以上所决为准。

一、资政院、抚部院有谘询事件，由议长将谘询全文付常驻议员开会协议。

一、常驻议员对于谘询文件有疑义时，得以协议会之议决呈请资政院或抚部院答示。

一、谘询事件经协议会议决申覆之旨趣，由议长委书记长拟具申覆书，限定日期开协议会报告。

一、本省自治会有争议事件呈诉于谘议局，经议长认为属于谘议局公断和解之权限内者，得受理之，开会协议。

一、自治会争议事件经协议会议决公断或和解，由议长委常驻议员一二人拟具公断书或和解书，开协议会报告。

一、本省自治会或人民有呈请建议事件，合于本局请议规则，得收受之，开会协议。

一、常驻议员办事，分为庶政、法律、财政、请议、资格惩罚五股，经协议会认为必须审查事件，即归股审查。

一、审查员报告审查之结果于协议会，经协议会议决，即公布施行之。

一、常驻议员每日上午九钟至十一钟莅办公处，凡局中逐日来往文件，由该管书记呈送阅看，议长、副议长阅毕，均应加盖图记。

一、常驻议员协议会，除因公外出及有不得已事故经议长特许外，不得无故缺席。

一、常驻议员协议会预备下届开会之议案，交由议长于开会三十日前通知各议员。

一、协议会备有会议录，详载会议事由，俟下届开常年会，报告全体议员。

一、会议录于开协议会之次日，由该管书记呈送办公处，以备议长、副议长、常驻议员核阅。

一、常驻议员所办事件，非经协议，不得以谘议局之名义行之。

一、常驻议员协议会开会时，除抚部院委员及经议长特许入场外，不准旁听。

一、常驻议员外，议员之驻省者，对于协议会所议之事件，得到会陈述意见，但须先通知议长。

一、谘议局对于驻省议员，遇有特别事件，得由议长通知到会。

《晋阳公报》，宣统二年二月廿六日（1910年4月5日）

谘议局照会各属绅董协同禁烟文

为照会事。宣统元年十一月二十六日案准抚部院照会内开：晋民获罂粟之利百倍五谷，间断甫经一年，愚民无知，深恐被人诱惑，利心复萌，希图再种。大局所关，殊非浅鲜，此则不能不日夕竞竞者。惟今之际，宜防冬烟，迨及开年，应防春烟。百密虑有一疎，有终方为善始。防维之法，有辙可循，或请绅学各界分段调查，或派亲信之人改装侦访，毋任藉口，致起萌芽，毋掉轻心，致生枝节。各地方官讼庭之暇，尤宜下乡演说，晓以利害，相度土宜，劝令改种杂粮、棉靛等类，必使地无旷土，方保人无异心。此事地方强弱攸关，中外观瞻所系，本部院发起在先，断难稍疎于后。好在禁种之令业已风行，在一手经理者固应保全前功，至接任之员亦当勉作后劲。倘守成之不能，更卸过以何说，情无可原，即咎无可逭。果克有始有终，不惜一再奖励。信赏必罚，任自择焉。至于社会应担之义务，仍由谘议局查照成案办理等因。旋于宣统二年二月二十五日复准抚部院照会内开：照得晋省上年禁种土药，系官绅通力合作，贵局筹办处所派各属劝学所、学堂、各机关绅士帮同印委演说，周查劝禁，甚为得力，故能一律净绝，迅奏全功。本年正月间仍旧派员分投预禁，并由贵局亦照旧派查，以免乡愚故智复萌。惟各绅去岁既均著成效，则今年自必始终勤奋。刻当春烟布种之时，应请贵局切嘱原派各绅力担义务，会同印委切实查劝，庶期永绝根株，而清三晋烟祸等因。准此，查晋省烟禁事宜，去岁业经前抚部院奏明实行禁种在案。兹值春日融和、草木甲拆之时，又为本局议决禁卖之期，叠经抚部院通饬各属一律认真严查各在案。本局窃恐各厅州县地方官事务殷繁，办理未能周到，调查未易详悉，而奸商愚民或嗜利忘义，暗地偷种，或朦蔽本官，侥幸私卖，若非切实调查，不特无以服不种不卖者之心，而有初鲜终，于全省禁烟前途贻误甚巨。兹事上关奏案，下除民害，凡属本省士绅，均应负调查劝禁之义务。今拟请各属议员协同各处事务所所长、教育会会长、劝学所总董、高等小学堂堂长、各机关绅董分头查报，以期一洗隐饰，尽绝根株。素稔贵绅急公好义，热心桑梓，所有厅州县查禁事务，请即担任，亲赴各该厅州县四乡稽查。倘有偷种私卖等情，即请一面函知地方官勒令照章惩罚，一面函报本局，十日报告一次，以凭呈办。贵绅请烦查照办理施行。须至照会者。

《晋阳公报》，宣统二年二月廿九日（1910 年 4 月 8 日）

山西谘议局陈请建议规则

第一条　凡自治会或人民所上之陈请建议书，与本局所定规则相合者，始行收受。

第二条　自治会请议书格式须用正式公文，盖用自治会图记。

第三条　人民请议书格式须用白折楷书（式附后）。

第四条　自治会请议书须详列某地方并代表人姓名。

第五条　人民请议书须详注籍贯、职衔、姓名、年岁、住所。

第六条　人民请议书须有议员为介绍，介绍之议员当于书面署名，盖用介绍图记。

第七条　请议书开端直书“为请议事”，不得用“禀呈”字样，尾用“理合陈请谘议局公鉴”，并不得用禀呈旧式抬头恭颂之语。

第八条　请议书须词意明显，不得语涉浮诞。

第九条　请议书有对于皇室用不敬语，对于政府或谘议局用侮辱语者，不收受。

第十条　请议书有依谘议局章程第二十八条言及官绅纳贿及违法情事，不指明确据者，不收受。

第十一条　请议书有关于军事、外交、裁判等事者，不收受。

第十二条　请议书关于个人诉讼事件者，不收受。

第十三条　请议书由审查员审查后认为不合规程者，议长可经介绍议员却下之。

第十四条　请议审查之结果，当从左之区别，记其大要，报告各议员：一、应付会议者；无须付会议者。

第十五条　请议审查后，对于无须付会议之报告，一周间内议员无要求会议者，即作废弃。

第十六条　请议审查后，对于应付会议之事件曾经议决，可将其请议书付议决意见，呈请抚部院施行之。

附请议书格式：

盖用介绍议员图记

籍贯　职衔　姓名　年岁　住所

为请议事云云

理合陈请谘议局公鉴

年　月　日　具

《晋阳公报》，宣统二年七月初九日（1910 年 8 月 13 日）

谘议局公启

本局第二届常年会会期临迩，各属自治会或人民【如】有陈请建议事件，务于八月十五日以前按照本局陈请建议规则，由议员介绍到局，以便汇齐后审查提议。此启。谘议局公启。

各厅州县在籍议员、各机关士绅暨初行当选诸君仝鉴：前由本局寄发调查表式，业经函请催交，兹查未到【者】尚有数处，务恳速为寄局，以便汇齐研究。此启。谘议局公启。

《晋阳公报》，宣统二年七月十三日（1910 年 8 月 17 日）

谘议局呈请抚部院通饬各属查明查禁出力士绅详请给奖文

宣统二年七月初六日呈

为呈请事。案准抚部院照会，本年查禁烟苗，应照上年办法，由局知会各属劝学所、教育会各机关士绅，帮同印委各员确实查禁，当经遵照办理在案。旋于三月初六日案准抚部院内照会：得晋省遵旨禁种烟苗，上年经开，官绅通力合作，业已尽绝根株，在事员绅分别内奖、外奖。贵议长所派各属各机关士绅，虽由各属前同谘议局开折陆续请奖，但出力众多，恐尚有漏未开列之员。现查本年系属照案查禁，将来仍应酌奖，以励有功。上年如有遗漏之员，应俟本年烟事查毕，准其并案奖叙，仍由谘议局查明核实汇办，以示大公，合先照会。为此照会，希查即照施行等因。准此，窃查各属禁烟事务，现均陆续告竣，担任查劝各绅，尚能照旧认真，不辞劳瘁，前经函报到局者已不下数十处。其有上年曾经出力、未蒙奖叙之员，查亦不乏其人，理应汇列请奖，以励勤劳。惟是出力人员众多，须由各属地方官就近查明，分别酌请，方足以资核实而免向隅。所有本年帮查烟事，及上年遗漏各员绅应行酌奖之处，理合呈请通饬各厅州县据实详查，汇具清折，径行详请给奖，实为公便。除照会各机关士绅查照外，合即呈请抚部院查核，照准施行。须至呈者。

《晋阳公报》，宣统二年八月十六日（1910年9月19日）

谘议局呈请抚部院核办本局协议预防明年种烟办法文

宣统二年七月初六日呈

为呈请事。窃以禁烟一事，上年由官绅通力合作，已清毒卉。本年交文烟民尝试复种，虽其犁毁最早，未及蔓延，而种烟较多之区，已诩诩欲动相率播种之势。所幸官绅协力，始终勤奋，分投劝禁，不致灰燃。但前辙已过，来轸方遒，愚民无知，深恐被人煽惑，利心复萌，希图再种。而旧日产烟最多之区，更宜特别注意查劝兼施。秋冬播种已在目前，亟应重申禁令，先事预防。兹经公同协议，拟请出示晓谕，申明宪政编查馆奏定条例，俾众周知。一面通饬各厅州县先期由地方官绅实力周劝，仍请仿上年办法，酌派员绅，分投预禁。其旧日产烟最多之所，拟请派遣巡防队分区驻劄，逐日梭巡，以警将来，而树风声，总期乡愚故智，无由乘隙，慎终虑始，永绝根株。所有议请缘由，理合呈请抚部院查核办理施行。须至呈者。

《晋阳公报》，宣统二年八月十六日（1910年9月19日）

谘议局呈请抚部院咨明绥远将军暨各都统严禁蒙地种烟并饬归化厅设法销毁旧存烟土文

宣统二年七月初六日呈

为呈请咨明将军、都统严禁蒙地种烟，并饬归化厅设法销毁存土事。案查禁种罂粟，朝廷久已垂为功令，本省各厅州县幸赖官绅合力，去岁业已雷厉风行，净绝根株。旋因秦、豫未能一律，影响波及，致酿起交文重案，他属亦多希图尝试，势将蔓滋，遂使已大成局几为破坏，言念及此，靡不寒心。近闻萨拉齐、五原、东胜等厅与内蒙古西盟各旗毗连地界，多有无赖客民租地种烟，就中以鄂尔多斯旗地为尤甚。此外尚有归化之土默特蒙旗地，丰镇、宁远二厅界内之察哈尔红、蓝两旗地，及该旗等界内之喇嘛各庙地，多系汉民租种，难保不无潜图种烟，冀获重利。当斯烟价昂贵之时，俨有利导播种之势，以后运归行销，实为前途巨害。倘不咨明将军及各都统从严禁制，非惟有碍禁卖、禁吸之实行，且难免口外各厅藉口效尤，再酿事端。似此关系重要，牵涉大局，不得不思惩前毖后之策，以图防维于未然，俾免棘手于将来。至存积烟土，亦以归化为最多，请并严饬地方官设法销毁，痛惩私卖，以为禁吸之先导。兹经常驻议员并留省各议员协同决议，据请咨明绥远将军及土默特、察哈尔各都统，希将该旗籍领土之罂粟一律禁种，并请陆续惩儆私种各奸民，以重禁烟功令，而免内地生心，庶已成之功，不至再堕，未来之患，藉可预防，实为德便。为此呈请抚部院查核，分咨施行。须至呈者。

《晋阳公报》，宣统二年八月十六日（1910 年 9 月 19 日）

谘议局呈覆抚部院谘议局交文禁烟善后办法文

宣统二年七月初六日呈

为呈覆事。案查六月二十一日承准照会内开：据候补直隶州何廷弼禀称，交文地亩半系绅富恒产，由佃户耕种，按年纳租等情。是种地者图利尚微，纳租者获利甚厚。且绅富为一乡之望，又系有地之主，若不设法劝导，将禁种一事，官吏何以执行？小民何所观感？于禁烟前途大有阻碍。贵局为舆论代表之地，自当先行提议，或由在籍各议员，或由自治局士绅，剀切劝谕，俾各绅富同谋公益，不得自便私图，乡里小民益加兴起，知种烟有干例禁，自不轻于尝试等因。准此，查禁烟一事，上年由官绅通力合作，已清毒卉。乃本年交文烟民，藉口于外省未禁，久成蓄谋，相率播种，幸其扑灭最早，未及蔓延。果旧日种烟者多属佃户，而地主得有租资，自应不无限制。且地主既半系绅富，更当同谋公益，共担责任。亟应重申禁令，特定办法，以防将来。兹经公同协议，拟请饬下交城、文水二县，照下开办法出示晓谕，并邀集绅耆暨多田地主分力担任，相助为理。其办法：一、限制。凡地主与佃户立租约时，必写明不准种烟字样。其旧日未解租约，亦必由地主重行补注。二、奖励。自文到后，由地方官邀集各机关绅衿及多田地主，俾各担任查察。自宣统二年八月始，如能于每年全境绝无种烟情事，满三年后，由地方官呈请择尤优奖。三、惩罚。此后如有种烟情事，一经查出，无论地主、佃户，均按宪政编查馆奏定禁烟条例，从严处罚。凡此诸条，务期实力办到，以杜毒萌而重禁令。一面仍由本局照会该处各机关绅士及在籍议员同担责任，以资劝导。所有议覆缘由，理合申覆抚部院查照施行。须至呈者。

《晋阳公报》，宣统二年八月十六日（1910 年 9 月 19 日）

谘议局呈请抚部院核办左云县贡生陈文昭等请议地方官减少捐项事件文

宣统二年七月初七日呈

为呈请查核饬办事。窃本局于本年五月十二日，由常驻议员王者聘介绍左云县前县视学兼学务总董、贡生陈文昭等五人陈请建议。据云：窃以立宪基础首在学务、警察、自治诸要政，前已迭经列宪通饬地方官推广小学、设自治讲习所及巡警教练所各在案。然非官绅协力筹款，无米固难为炊。若官绅协力筹定上不碍官、下不病民之款，旋复被人破坏，以致亏累无法弥补，已成者功废半途，将创者势成画饼，宪政攸关，谁任其咎？贡生文昭光绪三十三年冬由地方公举，复蒙学宪委充县视学兼学务总董。受札以来，义务难辞，幸遇前任廖县台廉明干练，热心新政，贡生文昭等迭次禀商，酌量地方情形，附加煤捐、改良驿草、抽收车捐，均已立案，指有的款，遂次第创设初等小学六堂，自治讲习、巡警教练各一所，并整顿原有两等小学及旧有巡警。以筹定之款，办必要之事，两年以来，颇有起色，贡生文昭忝蒙学宪记功一次。不料宣统元年八月中，现任周县台接印后，故意减少煤捐、草钱，随将讲习、教练两所一概停办，两等小学及初等各小学之经费大为支绌，束修且不能致送。贡生文昭于宣统元年十二月遂邀集绅士尹鸿业等清算账目，书有出入花榜，交周县台查核张贴。计开：附出钱三千四百二十四吊零，共入钱二千零九十七吊有奇，未收入钱二千余吊，不敷钱一千三百二十六吊，视学二年之薪水在外。贡生国华等查不敷钱项，分歉在各商号及各教员、各花名名下，皆总董一人担当。周县台不知何意，将包定煤捐，转以少数仍包于窑户，驿草羸余亦尽数归官，又将车捐停止不办。贡生等禀恳再四，无法挽回，以致地方公债直同个人私债，无款弥补，而新政亦不能办。不得已，贡生文昭于上年十二月底辞职。至今外债逼追，无力负担。而自治事务研究等所，虽由周县台详明举定二人，无米难炊，势成画饼。即已成之初等小学六所，恐亦办不下去。贡生等情出无奈，理合谨胪实情，附呈筹款详情并出入花单，另呈印谕两张，伏乞谘议局核议施行等情。并抄呈该县先后筹款情形节略三条，及该员等经手之出入款目清单，并前任廖令之示谕二件前来。据此，查局章第二十一条，有收受本省自治会或人民陈请建议事件一款，自应照章收受。旋即于六月二十九日，遵照局章第十二条，经各常驻议员协议，佥谓煤捐既可多包，果有人承办，自当照前任之法办理，以弭中饱而裕公款，想周令何乐不从。至改良驿草，洵为上不亏官，不下损民，且前任廖令之办法又极为平允，似当率由前章办理。若车捐一节，果邻境均能抽收，左邑自可援办，否则非惟左失权利，亦且左之营车马业者必受邻境之亏累，揆之情理，亦未平允。且该员等办理地方公益既著有成绩，蒙提学司记功，必为热心任事之人，若竟因公累私，反使受失财产信用之不名誉，浸之荡其家产，尤属人情之所难安。兹经决议，拟请饬令该县周令体察地方情形，谅原前任廖令及该员等之苦衷，俾旧政之善者支持于不废，将来之应改良者仍须勉为其难，以苏民困。且并于该员因公亏累之款速行偿补，以彰公道。谨将所开先后筹款情形节略及该员经手之出入清单照抄附呈，并原呈之廖令印谕二件，统呈抚部院查核办理，实为德便。为此具呈，伏乞照呈施行。

须至呈者。

《晋阳公报》，宣统二年八月十九日（1910年9月22日）

谘议局移清理财政局将国家地方经费款目并预算岁出岁入之数照开送局以备研究文

宣统二年七月初七日呈

为移请事。案查本局第一届常年会议决呈请分别国家、地方经费，早行交局，以备明年预算事宜一案，承准前抚部院宝照覆，内开：按预算报告，在部章系限于明年五月内咨达。划分国家税与地方税之性质，在部章系限于明年六月内咨达。所议开示国家、地方经费，系为研究预算地方经费起见，自应饬办。惟现正调查各属一切财政款项，报到者甚为寥寥，核办尚无从着手，应俟册报到齐后，即由清理财政局遵照部定清理财政章程第十条、第十四条办理，一面照开送局，以作研究之标准等因。准此，本局窃维现在达部限期已过，各属预算册报想已到齐，而国家税与地方税之性质当亦早经划分。所有各项门类款目并岁入岁出之数，统希照开送局，以资参考而备研究，实为公便。为此合移贵局，请烦查照，赐覆施行。须至移者。

《晋阳公报》，宣统二年八月十九日（1910年9月22日）

谘议局呈请抚部院应行交局各议案于七月内交局以便通知各议员早日研究文

宣统二年七月初七日呈

为呈请事。案照谘议局章程第三十四条，凡召集开会，应于三十日以前由议长将届期开会应议事件预行通知各议员。又案语称，议事不可无准备，故必由议长早日通知，俾各议员事前有所研求，则临时自不至漫无定见等语。是议案通知，原以备各议员之先事研究，为会以前必要之手续。通知之期特定于三十日前，而每届常年会开会，照章皆起于九月初一日，是七月以内即为（推）〔通〕知议案之确定期间。惟未经通知之先，一切议案或须另行缮印，或须订本散发，种种手续，仍不免少需时日，自非提前赶办，恐有猝不及备之虞。现在会期临迩，除本局自行提议草案督催各议员从速预备外，所有抚部院应行交议各案，即请于七月内交局，以便遵章通知，俾各议员皆得先事研究，实为公便。为此呈请抚部院查核，照准施行。须至呈者。

《晋阳公报》，宣统二年八月二十三日（1910年9月26日）

呈请抚部院查核本局编辑《调和民教浅说》并饬洋务局校正通知各教会文

宣统二年七月初四日呈

为呈请事。窃查本局上届议决调和民教一案，内列编辑《调和民教浅说》，散给各处，广为劝导一条，业经呈请核准在案。兹查此项浅说已由本局编印成册，惟事关民教，须双方认可，方便推行。谨将《调和民教浅说》呈请抚部院查核，并饬洋务局校正后，照会天主、耶稣各教会查照，实为公便。为此具呈，伏乞照呈施行。须至呈者。

《晋阳公报》，宣统二年八月二十三日（1910 年 9 月 26 日）

移覆宁武府拟将林业学堂改办毯染各科文

宣统二年七月十六日呈

为移覆事。案准照会内开：案据宁武县劝学所、自治事务所绅董具禀，请将原拟创设之林业学堂，改办毯染各工科等情到府，当经据情转禀学宪查核采择。兹蒙批示：禀悉。该府森林甲于他处，谘议局原案议设农业学堂林业科，本为因地制宜起见。今该绅等称，除杆木外，他木不宜，请改办毯染科，以为挽利收权之计，亦属可行。但与谘议局原案未符，能否变通，仰即补详谘议局核夺。缴等因。蒙此，合亟备文照会，请烦查照，文内事理能否变通，希即采择核议等因。准此，当经常驻议员协议，佥以本局议案，实业学堂之筹设，原就各地方现在情形分别定科，或工，或商，或农林，或蚕桑，总期于事实上相宜，得收推行无阻之效。贵区之议设林科，诚以森林为宁武特产，果设专科而研求之，不特可保已有之成利，且可图将来之扩张。今该绅等称除杆木外他木不甚相宜，特请改办毯染各工科，虽与原案未符，尚不失整顿实业之本意，应照所请，准其变通办理。所有议覆缘由，理合移知贵府，希即查照施行。须至移者。

《晋阳公报》，宣统二年八月二十三日（1910 年 9 月 26 日）

又呈请抚部院核办河津县廪贡生米炳光等请议革除额外银匠事件文

宣统二年七月十七日呈

为呈请事。案据常驻议员申梦鹰介绍河津县廪贡生米炳光等二十八人陈请书内开：窃以新政叠兴，需财孔急，不筹款无以办公，欲筹款难免招怨。去岁创办教练所，按户抽钱二十文，为数甚微，尚啧有烦言；嗣后设立事务所，议抽所中经费等捐，至今人言沸腾，抗拒百出，是其明证也。于此而筹一不扰民、不误公，非除积久之弊，以私化公不可。敝邑征收钱粮一项，除色银、解费、平头、火耗、差钱、口食一切杂费外，每正项银一两，银匠抽钱五十二文，每年约抽钱一千八百余串，尽为四十四名银匠坐地分肥。问其所办何事，则茫然不知；问其所使何钱，则曰祖宗所遗。其中应名之人，有务农者，有营商者，有当差者，有转卖别人者，混杂虚冒，朦蔽把持，以劣绅为首领，以县主为护符，几经攻击而牢不可破。倘该银匠果关心钱粮，于事有济，尚有可原，但敝邑现行征收钱粮规则，有倾销银炉十数家，专为花户纳粮而设，每收银五十两，即给库交纳，丝毫不得挪借。每家先有殷实大户作保，以防吞使拖欠，迨完粮拆封之后，各该银炉认其投拒之封若干，照数备银，均交于揽宝人评论色银，以定赔头。揽宝人又出工食（顾）〔雇〕人铸【宝】，宝成上解，亦止借铸宝银匠一名，到省交库，惟解粮户书是问。是敝邑钱粮自开征以至起解，始终与该银匠毫无干涉，该银匠何得滥厕其间。溯厥其始，当年封粮不归统一，户房无法办理，因择殷实大家，每年定准四名，开张收粮铺，以为整齐计，每名劳金不过二十四两。至咸丰年间，黄县尊告退，州宪令州判许德春到县护任，急欲完粮，因花户纳粮不及，始令银炉纳银票子，不数日将粮收清，得获大利。从此银炉交纳银条，永为成规。尔时银匠不过八九名之谱，迨后惯走衙署之人，或花银数两续银匠一名，或当官卸任，求赏给银匠一名，大祲后亦有续者，渐渐夤缘，竟漫延至四十四名之多。光绪二年赵县尊在任，自设收粮局在衙门收粮，将银匠一切取消。嗣撤任后各银匠仍照旧应名，但往年每银一两不过抽底子钱二三十文，后加至五十文，又加二文，共加至五十二文。光绪二十七年，总摧等禀除此弊未果。二十八年，炳光于张抚宪辕下条陈敝县积弊十则，内列此弊。蒙批或为国家之蠹，或为民生之害等因，因饬令查办。迨张县尊到任，仅将条陈内羊用一款筹银四百两归公，而银匠积弊亦欲究办。乃该银匠巧言欺饰，竟于伊等每年给署内银二百一十两外，再增银二百两，其事遂寝。去腊张县尊在任，炳光等复禀除此弊，张县尊断令准归公三百两，以办要政。夫果非积弊，一丝不可苟动，既为积弊，一毫不可轻留。我皇上煌煌明诏叠颁，力令兴利除弊，炳光等亦为国家一份子，何忍听无功之徒坐拥厚糈，长此终古而不宣乎？敬请贵局公议，可否转请抚宪饬县，将此一千八百余串之底子钱，作为敝县自治常年经费，将新加蓄、煤等捐暂行豁免等因到局。查该县银匠原额四名，后蔓延至四十四名之多，而现行征粮规则，自开征以至起解，只需银匠一名与户书到省交库，其余银匠皆空分肥利，是数十人偏得其利，致千万人累受其害，揆之情理，殊欠平允。兹共同协议，以该银匠四十四名所抽之钱一千八百余串核计，每名该得钱四十串有零，除交署内规银二百一十两，再酌留原额银匠四名，需钱一百六十余串外，其余银匠四十名尽行革除，尚余钱一千二百串有奇，拟均拨为该县自治常年经费。其今年新加等捐，暂为豁免，庶事有济而民不扰。为此理合呈请抚部院鉴核施行。须至呈者。

《晋阳公报》，宣统二年八月二十三日（1910年9月26日）

谘议局呈请抚部院裁夺本局预筹救荒普通办法文

宣统二年七月十八日呈

为呈请事。查本省山多地瘠，素鲜盖藏。去秋收成歉薄，冬雪又少，入春以来，雨泽愆期，粮价渐贵。比交夏令，除河东道属及潞、泽、辽等府州外，数月之久，概无透雨，而归（绥）〔绥〕道属之各厅及大、朔等府尤为酷旱。夏田未获，秋成难望，几乎赤地千里。且地气较寒，下种最迟，降霜独早，虽得秋雨，节候已过，万难补种，兼之运粮出境，蓄积又空，粮价飞涨，人心惶惶，大有乏食之虞。嗟我嗷鸿，何以聊生。应预备救荒普通办法，另缮清折，呈候抚部院采择施行。须至呈者。

谨将预筹救荒普通办法恭呈钧鉴。计开：

一、勘灾。勘灾务在亲履其地，然地方官或委员每下乡查灾，往往书吏发纵指示，轻重失宜。应会同公正绅耆勘准轻重分数，以为将来核赈及钱粮蠲缓之等差。

二、查户。荒政莫难于审户，户口不清，百弊丛生。应选派正绅，协同官人，挨间逐户，验看大口、小口各若干，并察其生理、田粮有无残废，确定极贫、次贫，详记于簿，将来散赈，无遗无滥，而饥民乃得均沾实惠。

三、任贤。饥民之生死，全视地方官之贤否，关系最为重要。贤则民饥己饥，补救自有良方；否则或隐匿，或迟延，或冒滥，救荒真无善策。应请留心察核，贤则责成之，否则更调之，以重民命。

四、停粜。仓谷原以备荒，当粮价昂贵之时，与其趸粜于粮商，俾牟厚利，何如平粮于饥民，以全生命。应请通饬有仓各厅州县，无论常平仓谷、裁兵节省米豆及营租杂粮，一概停止报粜，以备减价平粜，救济饥民。

以上四条，系预备救荒普通办法，至赈济方法，随后酌量情形，拟再呈请。

《晋阳公报》，宣统二年八月二十六日（1910年9月29日）

谘议局呈覆抚部院谘询京张铁路工头赴大同各州县购运工食应如何维持文

宣统二年七月十八日呈

为呈覆事。宣统二年七月十四日承准抚部院照开：七月初九日准邮传部咨开，路政司云云，究应如何维持等因，并附粘原详及照式三纸。准此，当经常驻议员协议，佥以路工需食孔急，自应设法维持。惟查省北一带，本年雨泽稀少，自春徂夏，概未沾足，而大同、朔平等府州县及口外十二厅亢旱尤为酷烈，夏田未收，秋禾尽槁，粮价奇涨，民心恐惶。四五月间，附近该路之州县彼此运粮，饥民拦截为难者层见叠出，以故该处绅民陈请建议咸拟禁粮出境。据称，大同辖境并无腴田，只因地广人稀，故旧称积粮之区。近来客籍日繁，工商日众，巡防、巡警诸队又均不耕而食，本地所产，渐不敷用，一值歉年，仰给西北诸郡。今西北一带赤地千里，而大同丰年所蓄之粮，由春迄夏，悉被铁路飞运出境，附近铁路居民，估计所运，不下两万余石。肉已尽而剜不止，将来筹赈，从何挹注。现在乡民啧有烦言，群思抵制等情。本局一再调查，确系实在情形，始请暂行禁运，以顺舆情而弭隐患。兹准前因，意在弛禁。窃维大同全属，内鲜蓄积，外乏来源，若再继以该司之大宗购运，虽与商贩有别，而其足以制民之死命则同。况据该处士绅报告，该工头之积有巨赀，恐后来粮价再昂，先行增多购运各等情，诚有如该总局原详所称者。似此大宗采买，络绎不绝，路局之购运愈多，灾区之蓄积愈少，迨致十室九空，难保不因饥生变。万一蹈湖南之覆辙，谁任其咎？此固京张总局所不暇顾，邮传部所未及知，而本局桑梓攸关，不得不预为顾虑者也。现就两方面通盘筹画，为民食计，仍以暂行禁运为上策；为工食计，亦以到处购运为得体。且该铁路南通豫、楚，东连奉、吉，略费运价，何处不能购食？当兹民不聊生之时，正宜取西江之水以苏涸辙【之】鲋，似不应计较运价，竭泽而渔。否则让工人在大同界内者就各该地购食，已属不支，若复以巨资购运，为囤积居奇之计，居民何所恃而不恐。一旦变生意外，恐于该路亦不无影响。所有大同灾区未便购用工食各情形，应请咨明邮传部饬知京张铁路总局，凡该路工头购用工人食粮，有禀赴大同各州县者，该管工程司仍予禁止，免给凭单，实为公便。以俟有秋，再行弛禁，庶几可以保灾区而维路工。本局系为维持治安起见，是否有当，理合呈请抚部院裁夺施行。须至呈者。

《晋阳公报》，宣统二年九月初三日（1910 年 10 月 5 日）

谘议局呈请抚部院查办临县自治事务所所长本局议员吴作新报告犁毁永宁州烟苗情形文

宣统二年七月二十八日呈

为呈请事。据本局议员、临县自治事务所所长吴作新开具查烟报告书及清折内开：接奉照会，委查临、永两属偷种烟苗，私卖洋烟之家，务期认真查办，永绝根株等因。蒙此，伏思罂粟间断甫经一年，恐愚民无知，利心复萌，暗地偷种。一经查觉，议员躬膺局责，咎实难辞，故不敢稍涉延缓。遵即会同李县主亲诣各乡镇，连查数次，并邀各机关绅董等不时分区调查演说。所以临县界内烟苗尽绝，亦无私卖之家。临县查毕，遂赴永郡，会同杨牧于各镇大村随地履勘，亦无偷种、私卖之家。但州辖地方辽阔，路径奇岖，其僻地居民仍恐贪利偷种，若不认真稽查，焉能根株尽绝。欲再赴山沟小庄查勘，适因铁路、矿务紧迫，势难久停。彼时禀辞杨牧，面求会同各机关绅董，潜往人迹罕到之处认真确查，务期净尽，以副上宪严禁之意。讵议员去省后，杨牧上瞒各宪，下媚奸民，并未亲诣确查，亦未派绅分任。议员五月间旋里，路经州境，密查数日。除历委员犁毁烟苗不计外，现峪口、南阳两沟，尚有烟苗三四千亩。惟恐妨碍全局，咎无所归，奈此时杨牧在省未归，议员隔境路生，不得已邀请前路巡防马三队右哨哨官张有禄切实稽查，勒令犁毁。两沟奸民异口同声，咸颂杨官庇护，毁骂吴绅无情。兹据该哨官将查办过种烟村庄花户姓名并犁毁过亩数开折前来，声称根株尽绝。议员思偏僻沟湾，犹易朦蔽，并请该哨官逐细再查，以期净绝。径禀抚宪外，理合缮具清折，即请查核等情。据此，查永宁为产烟最多之区，上年经官绅协查，根株尽绝，本年尤宜预先防范，认真遍查，毋使毒卉复萌而后已。乃直至五月间，经吴议员留心密查，并邀请马队哨官张有禄周历严查，勒令犁毁，竟有八十余村、三千一百余亩之多。细阅清折，令人骇异。所幸者该哨官敢于担任，劳怨不辞，一律犁毁，并未生出事端。设抗不遵毁，致生事端，是谁之咎？且一州之地，除委员犁毁不计外，经该哨官勒毁者为数如此其巨，成何事体？若不明定赏罚，诚恐各处效尤，敷衍因循，于禁烟前途大有妨碍。附呈原开清折。为此照章呈请抚部院查办施行。须至呈者。

《晋阳公报》，宣统二年九月初六日（1910年10月8日）

谘议局移覆汾州府照会拟改初等工业学堂为中等商业学堂文

宣抚二年七月二十八日呈

为移覆事。案准照会内开：窃敝府前于宣统二年三月初八日蒙学宪札开：照得开通民智，以教育为先，促进富强，尤以实业为亟，因将实业一项，列入教育议案。嗣经谘议局议决，中等暂不设立，初等实业学堂于九府、十直隶州及归化厅，每处先设一所。饬即会同地方学绅迅速筹办，限三月以内统将筹办情形禀报，计发表内开，汾州区开初等工业学堂等因。蒙此，窃维振兴实业为富强之本，设立学堂培养人才，尤为当务之急，自当赶紧筹办，以宏教育。敝府奉文后，遵即邀集学界士绅妥议办法，并派幕宾陈之骥赴省调查课程，物色教员。据该绅等佥称，设立工业学堂原以造就人才、改良工业为宗旨，无如汾属习尚，向不讲求工业，民间子弟资质颖悟者，多系出外经商，不习工艺，实以商务较工业为急。且创办工业学堂，不特教员难以延聘，合格学生亦难其选，应用一切机器必需置备，所需款项亦觉甚巨。近年办理新政，地方财力已难为继，若再筹此巨款，实非易易，不如改办中等商业学堂，需款少而愿学者多，较办工业为有实济。即陈之骥由省回称，连日与学务处实业科长晤会研究，工业教员亦难乎其人，即标本、实验等项，亦所费不赀，汾郡恐无此才力各等语。敝府查该绅等所称，委系因地制宜。汾、平为商务荟萃之区，民间子弟多就业于商，亦系实在情形，自宜将初等工业学堂改为中等商业学堂，以顺舆情。当将筹办大概情形，先行依限禀请抚、藩、学、道宪核示在案。兹于本年六月二十八日蒙兼署提学使司翁批：禀悉。该府拟改工业初等为商业中等学堂，自系因地制宜办法，尚无不合。惟原案系谘议局决定，能否变通，仰即补呈谘议局核夺。（激）〔缴〕等因。蒙此，拟合照会。为此照会，请烦查照文内事理能否变通之处，希即核夺见覆施行等因。准此，查议决案，汾州区拟设初等工业学堂，系由本区各议员再四筹商，公同认定。原以汾俗重商，工艺一项素称缺点，若设学堂以提倡之，不特旧有之手工各业，可期扩充改良，即曩来未有之工艺，亦可渐图兴办。今该绅等称创办工业学堂，招生、筹款诸觉匪易，不如改办中等商业学堂，需款少而愿学者多，较工业为有实济等语。虽与原案未符，尚不失整顿实业之本意。工业改为商业，系为因地制宜，应准如议变通，改办商业学堂。至商业学堂拟办中等一节，本局上年第一届常年会抚部院交议案内已早虑及，酌量财力、人力分区筹备，特为郑重其事，于实业教育前途，方免敷衍因循之弊。中等商业系为中等程度相当之学堂，今各属中等学堂尚因经费维艰，未臻完善，若再设一中等程度相当之学堂，难免敷衍因循，致多阻碍，且于中学堂性质系属划然分明，又未便合设，以省经费。又升入学生现少高等小学相当程度毕业资格，势不得不照章开办豫科。与其办豫科二年后始办本科，不如以此项学生即办初等商业三年，毕业后既收办学成效，且以成多数应升入中等商业本科学生。事既易举，仍不失循序渐进、实事求是之道。所拟设中等商业学堂一层，应照原议筹设初等。所有议覆各节，合亟移知贵府，请烦查照施行。须至移者。

《晋阳公报》，宣统二年九月十六日（1910年10月18日）

谘议局呈请抚部院饬知辽州区平定州区各复选监督递补本局议员以符定章文

宣统二年十月十七日呈

为呈请事。窃照本局互选候补当选人王议员用霖、李议员素，业经抚部院选定补资政院议员，给予执照各在案。查谘议局互选资政院议员章程第十五条，充选资政院议员者不得兼充谘议局议员等因，本局议员自应遵照另补。惟王议员用霖系由辽州复选，李议员素系由平定州复选，兹准前因，应请饬知各该复选区监督，查照复选候补当选人名次表之列前者递补，发给本局议员执照，俾得依期到会，以符定章。为此呈请抚部院转饬遵照施行。须至呈者。

《晋阳公报》，宣统二年九月十九日（1910 年 10 月 21 日）

抚院丁准谘议局呈催查办蒲解绛三属纹银贴水等情札藩司详查议覆文

为札知事。案准谘议局呈称：案据本局议员许鉴观、景蔚文具书质问去岁雷电章陈请蒲、解、绛三属纹圆贴水一事，已经大会公决，呈抚部院施行。院覆饬藩司、河东道会同财政局查核办理。今已半年有余，是否查讫，作何办法，抑是否照会到局，何以渺无消息。窃维谘议局本代表舆论机关，今决一案而不能发生效力，已同虚设，而况反为人民增害乎？近日蒲属州县开征，不惟不去贴水，而反较往年苛收，交纳必要晋泰官银号倾铸五两之锞锭，其余虽足色，亦不准交纳。且晋泰官银锭稍剪去若干，不足五两者，更不准交纳。推其苛刻挑剔之意，必使人民交圆银而后快，一交圆银，则倒贴之色可得，而贴水之划提亦自取销。在征收之手段诚巧诚狡，而百姓之受累至冤至极。现在群相奔告，共愤扰累之苛，同谋抵制之法，一旦迫急生变，后患不堪设想。鉴观等天职攸关，不能袖手，祈即公同协议，呈请抚部院实行上届议案，以免节外生枝，实为公便等因到局。准此，查上年第【二】届常年会期人民陈请建议案内，据猗氏县人民雷电章请议蒲、解、绛三属征收纹银贴水应划提浮费以举办新政等因，当经本局据情呈请在案。嗣奉抚院核覆：按蒲、解、绛元贵纹贱本非正当之商行为，其根本问题实有关于币制，所议拟照雷绅请议各节，查明浮收之款，饬令提出，发商生息，以资公用，自系苟为举办新政起见。值此财力困难之际，有可筹之款以补助公益，本部院深表同情，惟三属所征钱粮究收贴水若干，是否一律，有无别项情形。现在清理财政，于匀定公费、改良收支等案有无牵涉，应饬布政使会同清理财政局、河东道，详细查明，核议具覆，以凭酌夺办理等语，亦在案。时隔半年之久，未蒙查覆。兹经议员许鉴观等质问前来，本局实无以对一般人民，未便再事延宕，为此呈请抚部院饬催迅速查明，具详核办，以便照覆施行等因。准此，合亟札知。札到该司，即便查照，会同清理财政局、河东道详细查明，核议具覆，以凭酌夺办理，毋延。此札。

《晋阳公报》，宣统三年六月二十日（1911年7月15日）

谘议局议决潞城县裘大令贪纵各节呈请抚宪核办文

为呈请事。六月初三日，议员王鹤鸣介绍潞城县自治事务所正、副所长刘学孔、白仁，议绅常联魁、马继常等请议书到局。查系呈请事件，当即协议。兹经共同协议，查恒祥茂等草缏行栈，上年因抗不纳捐，致起交涉。嗣后经潞安府连太守查明，实系洋商，遵照宪批通商条约，勒令闭歇，以符定章。另由绅董招本地新商振潞元等四家开庄收买，按觔抽制钱六文，以充自治经费，详明洋务局立案。蒙批：应准如禀立案。该恒祥茂等九家商人，如果去而复来，即可由县禁止重开，以免竞争。裘令身为自治监督，正宜保利权而维自治，乃纵容门丁冯序桥、内亲贺葆忠，纳贿至二千五百金之多，确有过付。又复被其怂恿，嘱令恒祥茂等改以太记缠庄，希图掩饰一时耳目，诡开行栈，其实买货仍旧，旧日洋商字号有戳记可证。似此改变字号，上置成案约章于不顾，下违议绅公论而弗恤，且责令里甲总禀请恒祥茂等重开行栈，面谕担草缠者与事务所为难，致自治员绅全体告退，袒庇洋商，破坏自治，其用心殊不可解。再，纳马丑孩贿银，使教育会经费无着；钱行代交粮银，重行加色；巡警查获烟土并不惩办，名为以土充公，实则私吞。且怂恿门丁、官亲在署内公然吸烟，使民间有所借口，禁烟前途，何堪设想。应请查照原案，将改以太记即恒祥茂等九家行栈，勒令闭歇，以符定章，而保主权。查谘议局章程第二十八条，本省官绅如有纳贿及违法等事，谘议局得指明确据，呈候督抚查办。来书所呈各节，均确有证据，自应附抄原请议书，照章呈请。为此呈请抚部院察核，派员查办施行。须至呈者。

《晋阳公报》，宣统三年六月二十八日（1911 年 7 月 23 日）

谘议局呈请抚部院查核本局协议大同县附生吕文汉请议驿站草干而外别有驴头苛敛文

为呈请事。案准议员吴凤鸣介绍大同县附生吕文汉陈请建议书内开：窃查驿站草干积弊，通省皆然，惟大同草干而外，别有驴头，非赋非捐，无例可稽。相传国初用兵，右卫道出大同，按村赋驴，载运粮饷，遂沿之至今。其赋之之法，或一村五六头、三四头不等，一驴头或折钱四五千、二三千不等，官取之只有此数，而书吏包揽、公役索诈反倍于官。其村中有举贡生监或土豪乡霸出头抗拒，不纳分文者，官吏亦置之不较，而懦弱良民交稍迟缓，即将乡约、社首等私押比追。此等特别无名之征敛，不惟立宪时代不容有，亦全省州县所未闻。此项既与豆干草束划清，另立名目，虽悉数提归地方，亦无碍正供。现值新政繁兴，筹款维艰，与其苛派勒捐，何如除旧有之积弊，藉以稍纾民力也。尤有奇者，驴头苛政，当时何以有此名？后世何以沿此弊？在官弊混草豆，借端多取；在民久沿惯例，不事详求。拟请贵局转呈抚部院调查卷宗，指明事例，颁发告示，晓谕居民，庶不使百数十年例无明条之苛派，征不一律，出无正名，则地方受福不浅矣。理合陈请谘议局公鉴等因。准此，查此案因草干外另立驴头名目，虽系惯例相沿，究属无名苛派。本局覆经调查，实系多年积弊，自宜即行革除。惟现在筹办自治、普设学堂，在在需款，若将此项提充地方公用，事轻易举，民亦乐从。为此呈请抚部院核准施行。须至呈者。

《晋阳公报》，宣统三年六月二十八日（1911 年 7 月 23 日）

谘议局呈请抚部院查照本局议覆谘询东三省移民殖边事文

为呈覆事。宣统二年九月二十二日承准抚部院照会内开：宣统二年九月十三日准东三省总督部堂锡电开：洪。东省逼处两强，自日俄协约告成，视耽欲逐。俄于西北利亚，日于南满，均各移民拓殖，竭力经营，而我则地广而荒，弃沃壤为石田，边备空虚，莫此为甚。良忝任斯土，目击艰危，前经奏请筹款兴办垦务，奉旨俞允。惟经营草昧，非一手足所能为力。查日本北海道拓殖计画，始则对于个人直接保护，久而无效，继则从事道路之设置、水利之扩张、舟车之特别减费，近户口较前十年增至十四倍而强，国家设备之周至，与国民进取气象之发达，俱可崇仰。此间松花江、嫩江、乌苏里江各流域，舟车可通，即气候、土壤亦较北海道为胜，锦洮铁路不日先筑。良不敏，敢窃有所规画。现假举国开省议会之日，拟请转札各谘议局，于移民殖边之事，同尽劝导筹措之责，不致以大利让之外人，不特东三省之幸，抑亦全局【之】福。夙纫公谊，企望荩筹示复，良印等因，准此。查东三省土地饶沃，只因土旷人稀，以致地利未辟，边备尚虚。移民殖边自是目前要著，各省均应协力合筹。惟此事须有经费，地方情形亦各不同。晋民安土重迁，边外归绥垦务，前往佣趁者多系直东等省之人，而晋民未闻前往。若令远徙，更觉苦以所难。但事关边防大局，究应如何劝导筹措之处，应请按照来电，酌度本省情形，妥议见复，以便转咨。除先行电复外，相应照会。为此照会，请烦查照施行等因。准此，窃维东三省土地饶沃，开垦待人，筹议移民殖边，以尽地利，自应协力劝导，资送前往。惟查晋省自光绪丁戊大祲以来，土旷人稀，不惟归绥一带荒地甚多，即内地各州县未垦之地，尚有八千一百余顷。属在本境，劝垦尚难，若再远徙东边，恐安土重迁，更非人情所愿。兹经公同议决，拟俟本省报垦升科后，再行设法劝往。所有议覆缘由，理合呈请抚部院查照施行。须至呈者。

《晋阳公报》，宣统三年闰六月初八日（1911 年 8 月 2 日）

谘议局呈请抚部院查核本局协议忻州郭珖等请议酌裁厘卡严禁小票以杜弊端文

为呈请事。窃据本局议员陈敬棠、张炜、郑淑介绍忻州商务分会总理郭珖、协理卢昌福等陈请书内开：为请议事。自咸丰初发逆扰乱，军需孔亟，胡文忠始建抽收厘金之议，准行在案。初议俟军事敉平，即行裁撤，乃迁延至今，事变日繁，需款益巨。由光绪二十七年后，屡次增订百货厘则，一律加抽，原属万不得已之举。然当此商情困难之秋，虽不能遽议裁撤，亦应稍事变通，以恤商艰而苏民困。查咸丰五年于忻州城北之忻口镇始设厘金总卡，凡行商货物一体抽收。嗣又于忻口西山之西奇村镇设立分卡，其初不过曰防绕越、验厘票耳，乃相习既久，凡百货物，但到奇镇，一体抽收。殊不知忻口地本通衢，并非市场，所来货物俱系行商，自应完厘；奇镇地本市场，并非通衢，所来货物既纳落地税，而又完厘金，揆诸行商厘金之议，已觉显有不合。不意于光绪三十三年，复于忻口东北定属之汤头村，并忻属之三交镇、关城镇，同时共设分卡三处。今春于奇镇以东蔚家野场村，又设分卡一处。夫以斗大一州，而厘卡林立，四面盘剥，百物昂贵，商业倒闭，日甚一日。即为国家筹款计，亦不应以忻民独肩担负。间有质诸卡员者，一则曰防绕越，再则曰验厘票。夫既能绕越，则是忻口与奇镇之不适于设卡已可概见。既不适宜，乃别筹一法以设分局，不知设一局即有一局之费用，设局愈多，则费用益巨。访问各分局司事，往往谓每年收数入不敷出，尚须正卡补助，是公款不见有益，商民实多困难，似于裕款保商之道两有未便。拟请以关城镇改设正卡，凡塞外以及崞县、五台、定襄、宁武等处所来货物，均必由此。三交镇仍设分卡，凡保德、静乐所来货物，均必由此，居中扼要，绕越无从。此外忻州、奇镇各卡一律裁撤，在公款不惟无损，在商民已实蒙其利。何也？设局愈多，则卡员之耳目难周，司役作弊，势所难免。今若并为二卡，约束自易，舞弊莫由，其便一也。关城镇既设正卡，已扼商运之吭，绕越不能，收数必巨，其便二也。忻州境内既少厘卡，则商务必能发达，销场日多，来货自旺，厘款增高，自不待言，官民两便，莫善于此，其便三也。如谓改设厘卡，暂时恐有比较不足之虑，查忻、奇二卡每岁入款，以油、盐、碱、面、牲畜为大宗，此项货物每岁销于忻州境内者不足五十分之一，其余皆销于省南各州县，则所损更属无几。如能严饬卡员禁发小票，一律发给大票，将来比较必较盈于往日也等因到局。准此，查厘卡之设，原以税百货而济军需，其初本有定所，嗣因绕越难防，乃于各处增设分卡以稽查之。然积久弊生，往往以验票、稽查为名，究不免留难需索之弊。故地方多一分卡，商民必多一困难也。来书谓咸丰初始于忻州忻口镇设厘金总卡，继于奇村镇设立分卡，光绪三十三年汤头村、三交镇、关城镇同时又增设三分卡，今春于蔚家野场村又增一分卡，是一州而共设六卡，访诸省南北州县，固未有若此多者。窃思忻州地处省北要冲，自与他处不同，然因所属扼要，择交通必由之处，设置二三卡，似不难揽其全而防其漏。且分卡虽多，既以验票为名，对于上必无〈无〉额外之进款，对于下实多分外之诛求，不若减一卡确省一卡之经费，无损于国而实有利于民。至谓分卡发给小票，尤属特别弊端，易归中饱。应请饬委查核，会同忻州州牧审度情势，酌量减裁，并严定章程，一律严禁小票，庶国税不至少减，而商困亦可稍纾。为此呈请抚部院查核施行。须至呈者。

《晋阳公报》，宣统三年闰六月二十六日（1911年8月20日）

谘议局呈请抚部院札催归绥道查覆丰镇章厅丞滥刑苛罚等情文

山西谘议局为情节重大，遵章纠举，呈请核实查办事。窃本年二月间，丰镇厅自治绅士温廷相等联名具书，以该厅章丞滥刑苛罚等情胪举多款，并将受害之天德泉、天合泉、义生泉等，过付之谦益、玉义、丰恒等，经手之家丁朱锦华、管账师爷刘逢润等逐一指明，陈请到局。本局以情事较重，当即开会协议，呈请查办，业蒙前抚部院丁饬归绥道派员按照原书指明各节逐细确查，据实禀覆，以凭核办在案。嗣因事隔三月，未奉核覆明文，该绅等于四月廿九日具书质问本局，复为呈请，亦未奉覆。兹于闰六月二十九日该绅等又来质问，并称该丞自此案呈请后，挟忿勒罚油行钱四千吊，当经牌示此后讼费每名应缴到单钱二千文等语，一似怨本局处人民代表之地，不为实力纠举，反致该丞益无忌惮者。查谘议局章程第二十八条，本省官绅如有纳贿及违法等事，谘议局得指明确据，呈候督抚查办。其案语曰：谘议局为一省舆论所集之地，官绅有纳贿违法情事，人民必遭其冤抑，自应立予纠举，俾顺群情。细绎章程、案语各文义，是谓国家以人为重，如有官绅纳贿违法，查明确据，不待人民陈请，即应立予纠举。今该绅等胪举多款，迭次陈请，如系挟嫌诬蔑，此种攻讦之风，固不可长，原书具在，本局纠举该绅，不为无据。但该丞辩明书亦现存本局，节节可为铁证。即如该绅原书称，该丞以解缴斗捐名义，买东镇隆盛庄钱行现银二万五千两，按初旬银价勒买，钱行以吃亏太重，再三恳乞，不特不准，且怒其拂命，各戒饬二百，严行管押。该钱行无奈，卒如数卖与该丞银二万五千两等语。果系解缴斗捐，尚属因公，而该丞辩明书自称，忻州交代尚欠解交款八九千金，又值厅署经年支用，均由挪借而来，其时均须归结等语。据此，则银系私用，自应听商自便，理无抑勒。乃辩明书又称，查城内银价，每两涨至一千七百余文，该镇则仅一千五百六十文，遂饬人前往购银二万五千两。惟当购银之初，该商等原有抗拒之事，迨一经责斥，亦遂俛首无嗣等语。是该绅称吃亏恳乞，该丞称原有抗拒；该绅称戒饬严押，无奈卒卖，该丞称一经责斥，俛首无词。以两造原书核对，谓非勒买，其谁信之？且二万五千两应偿钱三万九千吊，果使该丞平日勒索不至如该绅等原书所称之巨，试问区区厅缺，正当进款能有几何？一掷数万，来源何处？况该丞辩明书，叠叠十九页，洋洋数千言，其气满意得，半多直承者，固不止勒买一节。原函炳存本局，纠举该丞确乎不为无据。总之，该绅为自治之员，该丞为亲民之官，际此危急存亡，稍有人心，宜如何体恤商民，冀补时艰于万一，乃大局罔顾，惟知肥己拭取。该绅、该丞两书通读一过，直觉该厅地闇天昏，另一世界。本局忝膺舆论代表，似此重大情节，应请札催归绥道迅速查覆，以凭核办。抑尤有请者，近来积习，（过）〔遇〕有奉查之件，破除情面者固多，而袒庇搪塞者亦复不少。此案非绅诬官，即官虐民，天下事断无两是。若敷衍办理，本局当人民督责之冲，固不能默尔而息也。为此纠举，呈候抚部院札催施行。须至呈者。

《晋阳公报》，宣统三年七月二十一日（1911 年 9 月 13 日）

谘议局呈请抚部院饬盐务总局将官运商销各项章程规则交局议决文

为呈请事。案查谘议局章程第二十一条第六【款】，议决本省单行章程规则之增删修改事件。是本局职任权限，原得参与本省立法事宜。前准照会内开省北盐务总局司道会详借运芦盐各情，并所拟章程二十二条，交本局查照核覆。本局以此系借运芦盐专章，于商销办法尚未提及，因于六月初一日呈请饬盐务总局详订平、辽两属行销芦盐章程交局，以便与借运章程一同协议，而资修正在案。现闻平定等处已有商人认岸承销，此项商销章程当已详订，但时隔数月，尚未交局。再吉盐、青盐两引岸，已设有官运局招商认岸，不久当即行销，此项官运蒙盐及商销蒙盐各章程亦未交局。查关系法律性质者，大则为法典，小则为单行法。法典者，为全国通行之法律，交资政院议定。单行法者，仅行于一省之章程规则，交谘议局议决。盐务总局官运商销各章程规则即单行法，若未经本局议决，当然不能公布施行，商民亦无遵守之义务。应请饬省北盐务总局统将官运商销各项章程规则汇呈抚部院，交本局议决（贝）〔见〕覆，以符定章而便实行。为此呈请察核施行。须至呈者。

《晋阳公报》，宣统三年七月二十三日（1911 年 9 月 15 日）

谘议局呈请抚部院重申禁运明文以免误会而肃烟禁文

为呈请事。案据本年四月初十日外务部与英国公使续订禁烟条件第三款，无论何省土药已经绝种，他省土药亦禁运入，显有确据，则印药即亦不准运入该省等语。是印药禁运，以土药禁种、禁运为准。查晋省向为本产本销省分，数十年间印土概未输入。自光绪三十四年奏准禁种，官绅协力分查，不遗余力，烟苗已经绝种。自宣统元年正月底省内外一律禁卖，三月底一律禁吸，且叠次请咨甘肃、陕西、河南督部堂、抚部院协助查禁土药入晋，并饬沿河、沿边及火车经过各卡认真严查，以断药源，均经本局先后呈请实行各在案。又统税、亩税均经宣统元年一律停止，奏咨有案，可为铁证。是晋省土药，尽绝根株，他省土药已不得运入，将来印土运销，万不得侵及晋省，以破禁烟之局。再据税务大臣咨各省文内开：准度支部咨称，土药加税，产销各半，分收各省须严定稽查办法，应分行各省转饬遵照，并声明嗣后各省未经禁运，及本产本销地方征收全税、半税各办法等因。按本产本销收全税，晋省则本产业经禁绝。未经禁运者起运时收半税，晋省则不但无本土运出，并无邻土运入。是此项加税分收各办法，于晋省无所用之，特恐愚民误会，利心复萌，于烟禁不无妨碍。以上各情，应请分咨禁烟大臣、度支部、外务部查照立案，并饬各厅州县明白示谕，以免误会而维大局。为此呈请抚部院查核施行。须至呈者。

《晋阳公报》，宣统三年七月二十五日（1911 年 9 月 17 日）

谘议局移知筹办处繁峙县事务所请议划清地界户口文

谘议局为移知事。案据繁峙县筹办自治事务所请议书称，该县北山外五口，由马兰而东，茹越、小石、大石、北楼等口，皆与厅州连界，原为县之属地。今春厅州自治调查员亲诣五口，竟将小石、北楼等口选民、户口、学龄尽数调查，越界霸地，越地霸民等情，呈请查核到局。准此，查此案关于划分自治范围，本局无案可稽。贵处前派催办自治各员亲履该地，调查较确。相应据情移明，为此移知贵处，烦查文内事理，核夺施行。须至移者。

《晋阳公报》，宣统三年七月二十五日（1911 年 9 月 17 日）

谘议局移知筹办处垣曲县城乡议董各会请议厘剔斗捐积弊以资办公文

谘议局为移知事。案准垣曲县城乡议董各会请议加抽斗捐，厘剔中饱，以资办公而杜欺朦等因到局。查此案因该县斗捐向归粮行包收，擅造斗斛，剥民肥私，拟剔除弊混，提拨办公。事关自治筹款，且迹近诉讼，敝局无案可稽，相应转请贵处就近调查核夺可也。为此移知贵处，烦查文内事理施行。须至移者。

《晋阳公报》，宣统三年七月二十五日（1911年9月17日）

谘议局呈送资政院本局第二届常会议案文

山西谘议局敬呈，为呈送议案事。案照谘议局章程第四十二条内开，凡议决事件，除议长、副议长同认为应行秘密者外，均公布之，并应随时报告督抚及资政院等语。查本局第二届常年会议决并抚部院核覆各案，前已照章公布在案。兹经刷订成册，理合备支呈送，以资参考。为此具呈，伏乞查照施行。须至呈者。

《晋阳公报》，宣统三年七月二十五日（1911年9月17日）

谘议局呈请抚部院查核各属造送陋规中饱行户赔累表册立案文

为呈请事。窃查宣统三年预算，前经抚部院于第二届常年会期内将总分各册交议到局，本局公同决议，各厅州县总出总入几近适足，惟地方自治各机关，度支部既划经费于册外，而民政部复定于宣统三年内成立，现因宣统五年召集国会，更不得不提前赶办。查各属办理自治，官多敷衍，绅多退缩，皆坐无确定之入款，故无从着手。细核总分各册，于地方官私收入之各款，虽云和盘托出，此外但有附说、未列总数及并附说亦未声明之项，似可酌盈剂虚，移缓就急，即以作为地方附加之款，提充地方自治经费。又各地方吏收入一类亦有巨款，向未呈报，似可一体酌议提留，俾两无妨碍。拟请抚部院核准示覆后，由本局函知各地方自治事务所，详细查出确数，议定提留，限日开单送局，再由本局汇呈抚部院立案施行等因，呈请在案。旋奉抚部院先后照覆：除前经各州县开报列入预算表册，系为匀定公费之根据，应无庸提拨外，所有官厅尚未调查之行户，及尚未报出之私收入、吏收入等项，即由贵局函致各议员协同地方自治员详晰调查开报，以备自治经费之用等因。核准亦在案。本局奉覆之后，当即公同协议，即就调查中饱陋规、行户赔累各表式，由邮分寄各议员并自治各机关，详细调查，限日报局。兹据先后送到各表已有二十七处，本局覆加核对，除与预算册数不符未便列入外，其确系册外不尽之数，本局无册可稽，自应造册，汇呈立案，并请通饬各衙署查照册内所列各项，拨归自治，以符原议。惟近年商人多赔累难支，此次查出之陋规各项名目，似应全行裁革，但令照向日报出之数认捐一半，分别按年、按季径交自治各机关，庶民力稍纾，而自治筹款名义亦较正当。至匀定公费，既定为以宣统三年以前各项预算表册为根据，嗣后凡各州县造报预算册，于官收入、吏收入之中饱陋规、行户赔累各项，或宣统三年册无而今有，或宣统三年册少而今多者，应一律划归自治，以免纷歧而息争执。又各处中饱陋规、行户赔累各项，性质、名目不一，此次调查期限又迫，难免无遗漏。未报之处，应准随时查出，陆续补报立案，合并声明。所有自治员绅调查宣统三年预算册未报之中饱陋规、行户赔累等项，应请立案，并请通饬各衙署查照拨归自治各缘【由】，理合呈请抚部院查核施行。须至呈者。

《晋阳公报》，宣统三年七月二十七日（1911年9月19日）

谘议局呈请抚部院缓撤交文查烟巡防马队文

为呈请事。案准交文查禁烟苗李绅澍洲报告，据称去年十一月奉谘议局照会暨抚宪札委，前赴交文查禁烟苗，旋于十二月蒙局转请抚宪添派巡防马队二十名帮同稽查，仰见肃清毒卉、除恶务尽之至意。惟查督练公所照会内开：马队限四月底撤回。本年春烟虽属尽绝，确闻民间有试种夏烟、刹苗煮膏之说，自非仍旧驻扎查勘，恐难克竟全功。且洲现奉道宪札委，准于四月底赴祁、太等处视察，巡警所派马队尤未便【遽】行撤回等因到局。准此，查交文一带，向视种烟为利薮，其查禁亦较各处为独难。本年春烟已尽，妄意试种夏烟，愚民趋利忘害之心，似非专恃口舌所能劝禁，万一防范偶疏，不惟前功尽弃，且恐后来益烦手续。应请饬下督练公所，将前派驻扎交文巡防马队二十名暂缓撤回，俾竟全功，实为公便。理合呈请抚部院核准施行。须至呈者。

《晋阳公报》，宣统三年七月二十九日（1911 年 9 月 21 日）

谘议局移知筹办处临晋县张青选等请议撤换所长文

谘议局为移知事。案据临晋县高等小学堂董事张青选等呈称，该县自治事务所所长郭兴唐搅乱议案，破坏宪政，恳祈撤换，以符舆情而除民蠹等因到局。查撤换自治人员，不在本局权限范围之内，碍难照准。惟事关宪政前途，又未便置之不理。贵处前派员催办自治，亲履其地，知之必确，相应据情移明。为此移知贵处，请烦查照文内事理，核夺施行。须至移者。

《晋阳公报》，宣统三年七月二十九日（1911 年 9 月 21 日）

谘议局呈请抚部院赓续派查烟员绅将禁运禁卖一并认真稽查并饬各属张贴告示晓谕严禁文

为呈请事。窃禁烟一事，叠将查禁办法，先后呈请允准，公布实行各在案。惟数年以来，官绅协力，分途严查，禁种卓著成效。而禁运、禁卖未竟全功，固由办理有难易，亦因稽查有密疎。愚民何知，全视禁令之宽严为向背。前次省委员绅，多在冬春烟籽下种及烟苗发现之时，几疑查禁注重者全在种植，此外均视为缓图。加以地方官公事烦剧，委来则帮同调查，委去则渐形松懈，而巡司、书役半多吸食，甚或勾串奸商，私行运卖，小民效尤，无所顾忌。况私运、私卖全恃自治员绅严为揭发，而揭发后地方官往往不甚注意，徒开怨府，无裨事实，遂致相率缄默。故近日叠据查烟报告，运卖烟土者几于无处不有。长此不改，必至禁烟一事，功败垂成。为今之计，莫若不拘何季，分派员绅于禁种外，将禁运、禁卖认真稽查，一经查获，按律惩办，使人耳目一新，咸晓然于禁令之森严，则狡黠者不生觊觎，驯良者讵敢尝试。且委员络绎，既可以作官绅之精神，复可以稽胥役之纵庇，节节进行，烟祸或可肃清。亦明知库款奇绌，派员公费亦苦不支，然欲清巨害，难惜小费，功亏一篑，岂容中止。又查近日因外务部改订条约，民间误会，以为禁烟复开，各属均有补种秋烟、割苗煎膏之说，道路传闻，恐非无因，拟请从速通饬各属，张贴告示，明白晓谕，以释群疑而申禁令。所有赓续派员并通饬示禁各缘由，理合呈请抚部院查核施行。须至呈者。

《晋阳公报》，宣统三年八月初二日（1911 年 9 月 23 日）

谘议局呈请抚部院札饬各属将加送本局宣统四年预算分册从速交局以资参考文

为呈请事。案查本局第二届常年会议决交议宣统三年预算案内开，又拟请通饬各地方官于明年造办预算册时加送本府一份，以便早日审查等因，业蒙前抚部院准行通饬在案。现查本年各府厅州县交到之预算分册，除汾州、平陆、浮山、孝义四府属县业经交局外，其余各厅州县尚未交到，本局无从预为审查。拟请抚部院分别札饬各地方官，将加送本局宣统四年预算分册从速交局，以资参考而便审查。为此理合呈请抚部院札饬施行。须至呈者。

《晋阳公报》，宣统三年八月初四日（1911 年 9 月 25 日）

谘议局呈请抚部院查办潞城县事务所请议该县裘令袒庇恒祥茂各商违章诡开行栈等情文

为呈请事。案据议员王鹤鸣介绍潞城县自治事务所正、副所长刘学孔、白仁，议绅常联魁、马继常等请议书到局，当即公同协议。查恒祥茂等草辫行栈，上年因抗不纳捐，致起交涉。嗣经潞安府连守查明，实系洋商，遵照宪批及通商条约，勒令闭歇，以符定章。另由绅董招本地新商振潞元等四家开庄收买，按觔抽制钱六文，以充自治经费，详明洋务局立案。蒙批：应准如禀立案。该恒祥茂等九家商人如果去而复来，即可由县禁止重开，以免竞争。裘令身为自治监督，正宜保利权而维自治，乃竟纵容门丁冯序桥、内亲贺葆忠纳贿至二千五百金之多，确有过付。又复被其怂恿，嘱令恒祥茂等以太记辨庄具禀捏称，希图掩饰一时耳（自）〔目〕，其实买货仍用旧日字号，有该商戳记为凭。似此改变字号，诡开行栈，上置成案约章于不顾，下违议绅公论而弗恤，且责令里甲总禀请恒祥茂等重开行栈，面谕担草辨者与事务所为难，致自治员绅全体告退，袒庇洋行，破坏自治，用心殊不可解。再，纳马丑孩贿银，使教育会经费无着；钱行代交粮银，重行加色；巡兵查获烟土并不惩办，名为以土充公，实则私吞。且纵容门丁、官亲在署内公然吸烟，使民间有所藉口，禁烟前途，何堪设想。应请查照原案，将恒祥茂等九家改变字号之太记辨庄勒令闲歇，以符定章而保主权。查谘议局章程【第】二十八条，本省官绅如有纳贿及违法等事，谘议局得指明确据，呈候督抚查办。来书所呈各节均确有证据，自应附抄原请议书，照章呈请。为此呈请抚部院察核，派员查办施行。须至呈者。

《晋阳公报》，宣统三年八月初四日（1911 年 9 月 25 日）

谘议局移送筹办处临晋县薛毓洛等请议该县自治事务所所长郭兴唐搅乱议案破坏宪政等情文

为移送事。案据本局议员景蔚文、许鉴观介绍临晋县清理财产事务所总理薛毓洛、劝学所劝学员王硕浚、教育会会长王士鉴、教练所司事郭迎暄、高等小学堂董事张青选等请议该县自治事务所所长郭兴唐搅乱议案、破坏宪政、扰害治安等情，具书到局。查此案前由张青选等列款请议，本局以事关自治甚【巨】，经据情移请贵处，查明核夺在案。兹据该绅等覆行陈请，相应照录原书移贵处，以便并案核办，请即查照施行。须至移者。

《晋阳公报》，宣统三年八月初四日（1911 年 9 月 25 日）

谘议局质问抚部院催查蒲解绛三属纹圆贴水以符原案文

为质问事。窃据本局议员许鉴观、景蔚文具书质问：去岁雷电章陈请蒲、解、绛三属纹圆贴水一事，已经大会公决，呈请抚部院施行，院覆饬藩司、河东道会同财政局查核办理。今已半年有余，是否查讫，作何办法？抑是否照会到局，何以渺无消息？窃维谘议局本代表舆论机关，今决一案而不能发生效力，已同虚设，而况反为人民增害乎！近日蒲属州县开征，不惟不去贴水，而反较往年苛收，交纳必要晋泰官号倾铸五两之锞锭，其余虽足色亦不准交纳，且晋泰官银锭稍剪去若干不足五两者，更不准交纳。准其苛刻挑剔之意，必使人民交圆银而后快，一交圆银则倒贴之色可得，而贴水之划提亦自取销。在征收之手段，诚巧诚狡，而百姓之受累，至冤至极。现在群相奔告，共愤扰累之苛，同谋抵制之法，一旦迫急生变，后患不堪设想。鉴观等天职攸关，不能袖手，祈即公同协议，呈请【抚】部院实行上届议案，以免节外生枝，实为公便等因到局。准此，查上年第【二】届常年会期人民陈请建议案内，据猗氏县人民雷电章请议蒲、解、绛三属征收纹银贴水，应划提浮费以举办新政等因，当经本局据情呈请在案。嗣奉抚部院核覆：按蒲、解、绛元贵纹贱，本非正当之商行为，其根本问题实有关于币制。所议拟照雷绅请议各节查明浮收之款，饬令提出发商生息，以资公用，自系为举办新政起见。值此财力困难之际，苟有可筹之款，以补助公益，本部院深表同情。惟三属所征粮银究收贴水若干，是否一律，有无别项情形，现在清理财政，于匀定公费、改良收支等案有无牵涉，候饬布政司会同清理财政局、河东道详细查明核议具覆，以凭酌夺办理等语，亦在案。事隔半年之久，未蒙查覆。兹经议员许鉴观等质问前来，本局实无以对一般人民，未便再事延宕。为此呈请抚部院饬催迅速查明，具详核办，以便照覆施行。须至呈者。

《晋阳公报》，宣统三年八月初六日（1911年9月27日）

谘议局呈请抚部院查办和顺县事务所请议马岭关厘卡岳委员任情苛罚各节文

为呈请事。顷据议员刘祖基介绍和顺县自治事务所所长祈汝霖、杜元善，绅民徐桂林、常瑛、贾中元、聂融和、杨承绪、樊志君、张俨麟、尚连锁、赵连级、赵廷善等请议书，内开：为请议事。窃查谘议局章程第二十一条十二款，有收受自治会或人民陈请建议事件等语。又查第二十八条内开，本省官绅如有纳贿及违法等事，谘议局得指明确据，呈候督抚查办等因。上年议决案内有严禁各卡需索留难案，所长等故敢遵章请议。窃以乐平乡马岭关之厘金总卡，分卡于和顺东区松烟镇、黄峪岭二处，自设卡以来，历任卡员苛罚商民钱八百余千，业已呈禀县天，有卷可查，无容赘述。自去秋岳卡员接办，位置私人，任意剥削，恣肆愈甚。其所以虐待民人者，厥有四事：

一、纵用私人，左右罔利也。书记李悌堂盘踞松烟厘局，多历年所，威福自作，大养掷手，每局至多七八人，少亦四五人，无事则欺压平民，有事则借端恐吓。且勾串地方痞棍为臂助，巡防队为羽翼，呼吸相通，狼狈为奸，往往以商民旧存之盐，即诬为未报厘金之货，锁拿到卡枷打，横施捆缚，不能自由，冬则冻于局院，夏则曝于日中，去其衣服，绝其饮食。小民何辜，屡遭此劫！

一、违章抽收，民不聊生也。既不能恪守厘章，上副朝廷设卡之意，又不能谨遵议案，下慰群黎望治之心。清夜自思，安耶否耶？松烟镇之分卡，本以验长凝、范村之票，专收由德入晋之厘，除驮载大宗货物照章纳厘外，下至小民肩挑背负，亦必逐件苛收，不发厘票，或给小条，或不给小条，现有保存小条者甚多。夫和与邢只隔一岭，小民于耘耕之暇，以和之土产、山药、石炭等物，易邢之柿梨、盐枣、面烟、筋杆，皆系自食，并非贸易，计其本钱仅值三四百文，抽其厘则百倍之。甚有从本境铺户零买日用货物，未至卡地即遣卡役半路锁拿，照偷漏索诈。

一、斗捐之重征，不给执照也。和顺素称穷苦，近来举办新政，如学堂、巡警等费，全赖斗捐为补助，初则每斗抽钱六文，继则渐加钱二十文，摊派多而担负重，民已不堪其苦。自元年春厘局补收斗捐，彼时粮禁未开，民无异议，刻下粮禁暂弛，民受其残。和顺既无大宗粮石出关，间有骡驼驴载，每驮则以四十文、二十五文抽收，民则曰抽钱给照，伊则曰抽钱无照，因此民不以为斗捐钱，而以为买关钱，激伊之怒，遂喝众卡役执棒殴民，反诬民抗捐不纳也。

一、苛刻商民，受害无休也。不论货物之多寡，不分境界之出入，一概额外苛罚。如民人常道尊、张臭来从岭下伙驮食盐五十觔，距卡十余里，即遣卡役锁拿到局，索钱一百四十文，又索下锁钱二千文，过付人杨承绪、梁起方。又有铺户萧忠魁，贩盐一驮，已经报厘，反索钱五十千文，过付人痞棍周根才。更有民人郭迎春、史三黄、刘春喜、赵多春、马三孩等三十余人，为驮食盐三四觔，或十余觔，或数十觔，枷打俱受，共索钱七百余千，过付人内有刘宝鉴。其余类此者不胜枚举。富者忍气出钱，贫者鬻产交款，更有妇人女子，遇归宁庆吊诸事，卡役擅敢借公逞私，任意污辱，又复于验票之时，每票索制钱二百文。有经此役验放者，复经彼役扣留，稍不遂其吓恐手段，即啸聚众卡役执绑横打，头破血流，几乎殒命者，如邢台龙化村客民是证。鼠贪蛇啮，十室九空，吏怒妇号，生离死别，驱和邢岭上岭下之人，如置饿虎于犬羊之前，非吞噬不止。

所长等责任自治，为除弊洗冤起见，若不据实呈请，深恐别滋事端，破坏大局，受知而不言之咎。除绅民前具八九呈纸，公禀县天，一再断讯，令卡员照章抽收，以纾民困，又禀恳县天转详列宪查办外，肃榷政以安闾阎等因。准此，当即公同协议。案查本局第二届常年会提议严禁各卡需索留难案，业蒙前抚部院丁核准公布在案，各厘卡委员宜如何整躬率物，洁己惠商，庶几不负委任。乃马岭关厘卡岳委员，于所属之松烟镇、黄峪岭分卡，位置私人、滥发小票、庇纵蠹役、四出讹索、任情苛罚、漫无标准，甚或欲壑未遂，辄复恣行毒打，惨无人理，不惟肆毒商民，甚且污辱妇女，种种妄为，至如原书所称，言之殊堪痛恨。又原书所称该县斗捐因近年举办新政，每斗已加至二十文，民间担任已属不轻，而该卡又复重征，每驮至四十文或二十五文不等。查各属斗捐类由绅商经理，只完一次，而该县竟征两层，尤为特别苛敛。又查晋省重订厘则，亦无征收粮捐之条，该卡何得藐视定章，格外巧取？似此婪索无厌，证据确凿，律以纳贿违法，实属咎无可辞。若不据情呈请，实无以纾民困而顺舆情。为此理合呈请抚部查办施行。须至呈者。

《晋阳公报》，宣统三年八月初八日（1911 年 9 月 29 日）

谘议局呈请抚部院查核第二次报到调查陋规中饱各表册立案文

为呈请事。窃本局于上届常年会议决，宣统三年预算册外不实不尽之数，查出悉数拨充自治经费，业经呈请照覆核准在案。前据各处自治事务所送到调查陋规中饱表册二十七处，由局汇呈在案。兹又据各处陆续送到调查陋规中饱表一十三份，本局覆加审查，确系册外之数，核于原议案相符，理合汇册，呈请立案，并饬财政局及各州县，查照前案，提拨自治经费，实为公便。为此呈请抚部院查核施行。须至呈者。

《晋阳公报》，宣统三年八月初十日（1911 年 10 月 1 日）

谘议局呈请抚部院查办灵邱县事务所请议劣绅张待等舞弊等情文

为呈请事。案据灵邱县自治事务所所长张合璧等呈请书内开：案据丁经邦、杜瑞麟等禀控事务所吞挪公款各节，蒙宪委查悉在案。而事务所呈控劣绅张待等勾串诡弄摊解府师范银两及一切舞弊账目款项等情，虽经呈委，均未行查。谨将应请饬委查办各件并晚等被查情形，逐望汇案呈明。除径呈筹办处宪外，理合详具书册，汇附案情，呈请贵局公鉴等因。据此，查所长张合璧被控被查各情形，及条问答覆，并关于此案之原因，（与）〔于〕各禀呈胪列至为详悉，但既经浑源州牧、灵邱县令奉委会查，禀覆在案，本局未便置议。至所长张合璧等所指张待等舞弊各节，据云高等小学堂张待曾任经理，宣统元年四月官绅集议学堂归局经理，嗣后凡学堂经费每月出入各款，由局经手，与张待并无相干。不图于是年七月初三日，检阅河工局账目，突出高等小学堂取钱八十吊，拨与张棣之铺东福祥、张待之铺宝全号，而学堂入款反无账可查。又云宣统元年四月，张待等经手学堂账目，除别项的款开支外，动用生息七百吊，理应于开支时按月日出账，不图于光绪三十四年不出本年开支之账，竟于宣统元年始行附出，一连五页。又云张棣等经理河工，□父死子继之绅，一切账目任意拨弄。宣统元年十月账交办公局，开来东福祥、宝全号、荩义成并庆和明等号旧债二百余吊，令局抵偿，照数拨给，不图于事后庆和明露出原来清单一纸，与张待等交局该号之债，收欠大不相符。又云张待、张棣、刘穰等于宣统元年充办公局绅，诡称摊解府师范学堂银两，由绅筹解，问之礼房，亦无异言，由局筹解银一百二十两。张待又称光绪三十四年垫解银一百二十两，勒局补偿。因局款奇绌，竟将缸行应交高等小学堂一百八十吊自行扣除。宣统二年又借解银二十两，共计解过银二百七十两。嗣查卷宗，此项解款系包公任内业已由商捐解，蒙前府县翁批准立案，始知张待等勾串礼房，将商行应解银两匿入私囊。又云杜瑞麟将前任阮令所给照会呈于委员浑源王牧，照会内开：除刘辮、刘子前二宗罚钱一千一百五十吊外，别无罚款。上年所入事务所马牙行烟户刘云、贾起等罚款并不列入，未及呈请更正，又无案卷可查，欲陷敝所于滥罚，阮令之居心何不可测如是各等语。查自治必先筹款，筹款易招怨尤，不便于官，官与绅冲突，不便于绅，绅与绅冲突，非地方官善为维持，豫有以平绅民之争。其始起于一二人私意，其究必害及地方公团，矧是非不明而故挑衅以激战，自治前途，尚堪问乎！所长张合璧等被控各节既经查悉，而所指张待等勾串、诡弄、舞弊等情，关系学款，尤为重要。案关新旧绅士互讦，未便令张待等独逃查办之外，应请派委并查，以昭平允而维自治。所有协议缘由，理合照章呈请，为此呈请抚部院察核施行。须至呈者。

《晋阳公报》，宣统三年八月十二日（1911年10月3日）

谘议局移送禁烟公所查核本局办事处各员切结及印结表册文

为移送事。案查本局于四月十二日准贵公所咨开：案查本所遵照禁烟章程，所有通省候补各员自府以下，无论正佐、教员、幕友，皆应出具甘结，由本管上司加结填表，按三个月报结一次，业经详蒙批准，分别咨行在案。兹查本年春季分，凡各署、局所、学堂、公司结报，应于三月底送所，以凭汇转。现在限期已逾，相应咨催。为此合咨，希即查照，望速见覆施行等因，准此，本局自应遵办，当即取具各员切结移送，以便汇转。为此合移贵公所，希即查核施行。须至移者。

《晋阳公报》，宣统三年八月十七日（1911 年 10 月 8 日）

谘议局呈请抚部院查核太谷等处请议米豆一律改征折色等情文

为呈请事。查太原府属各县，向来民间完纳米豆，其征收之法，视他处为不同，其毒害之深，亦较他处为尤甚。此次米豆，多由米商开铺，向农家直接征收转缴，理事、通判藉端盘剥，居中渔利，总计浮收之数，几逾定额一倍。夫米颗一粒，其来匪易，乃平民以血汗之代价辛苦而来，奸民以巧黠之手段攫拏而去，作弊自肥，不法实甚。前因文水县武宗康、徐沟县郭宗彝等以兴学、自治，需款在即，拟援照前抚部院岑奏准成案，每石米折银壹两贰钱，每石豆折银陆钱一分，径交该管官厅，不经米商之手，所有吏商中饱之数尽数剔出，拨充公用等情陈请建议到局，业经本局公决，呈请在案。嗣以时阅数月，能否实行，未据照覆，复与他案并文呈催，亦在案。旋又据文水县绅具书诘问，本局无从答覆，因转据来书，具呈专催，亦在案。乃催请不止一次，为时已逾半年，而此事究未实行，其不行之故，亦未奉有照覆。倘竟日复一日，长年延宕，不即解决，其何以符奏案而顺舆情。况自治、教育弥关紧要，尤未便以经费无着之故，阻碍前途。近复迭据太谷、祁县、太原、清源、徐沟、交城、榆次等处士绅陈请建议到局，本局公同审查，均同前因。拟请抚部院迅饬主管官吏，遵照奏案，将太原府属各州县应完米豆，其未经折色者，如太谷、祁县、太原、徐沟、清源等处一律折色，其已经折色者，如交城、榆次等处一律核实。所有剔出中饱、陋规之款，酌拨地方公用，俾自治不至中止，而学务得以实行，庶几兴利除弊，一举两得。合将太谷、祁县、太原、清源、徐沟、交城几次各原请愿书另折抄呈。为此呈请抚部院查核见覆施行。须至呈者。

《晋阳公报》，宣统三年八月十七日（1911 年 10 月 8 日）

谘议局呈请抚部院查办交城事务所李绅澍洲请查武攀奎夹种罂粟破坏烟禁文

为呈请事。案据交城事务所来书称：五月二十五日准敝邑警务长李君承沛请议书内开：为请议事。缘沛五月初八日奉县尊面谕，往横尖镇查武绅攀逵各地庄种烟等情，遵于初九日起程，初十日午后到阳坡村，查得武绅兴太永地内夹种烟苗约有一【百】亩之谱，当即饬令兴太永从速犁毁。观其词色，似有奥援可恃，不服劝谕，计出无奈，严加申饬，始行派人拔毁。十一日早随同兴太永铺伙履勘武绅各村庄，烟苗有已经毁拔者，有未经出土者，劝令随时犁毁，万勿意存观望，致贻后悔。午后返横尖镇，遇巡防马队，因武绅等毁烟不力，将武绅天成庄掌柜与雇工一并带回，意欲送县。嗣经兴太永托人通说，取保释放。十三日回城，将所查实在情形禀明县尊在案。该武绅在附近横尖六地庄夹种罂粟，事前已属疏于防范，惟有禀报二字希图塞责，且恨沛据实禀报，曾到李视察员处谈在横尖镇查烟事，大为怨恨，竟图报复。祈贵所再行派员覆查，并询横尖马队郝书记对质，倘有不实，情甘负咎。除禀交城县尊派员覆查实究虚坐外，敬求贵所核议，转详谘议局等因到所。准此，敝所以为一面之词，无从核议，于是密派妥员前往该山庄调查确情。兹查得武君攀逵六田庄夹种罂粟情事，与该警务长所称一切大致不差。事关禁烟大局，碍难缄口，敝所又非地方议会，只得转请。为此转请贵局核议等因到局。又据交城查烟委员李绅澍洲来函报告，称洲五月初间在省卧病，接交城劝学所、教育会公函，谓武攀逵倡种烟苗，人心摇动，催洲迅速就道，洲即时扭病赴交城，派妥人明查暗访，查得横尖镇附近之阳坡村、柴鹿沟、中卷村、麻业村、阳题塔六处，均系武绅攀逵山庄，计田产约数十顷，多数播种菜籽，各菜籽地内夹种烟苗，盖闻四月底撤退马队，故在菜籽地内夹种烟籽，于五月初间苗皆出土。嗣闻禀留马队，众目难掩，始自行禀报地方官，谓阳坡村等六庄地内烟苗实系被人撒籽陷害，已著人毁拔，请查拿谋害之人等语。查横尖镇为何委员带队驻扎查烟之所，该武绅毫无顾忌，违法偷种，若谓被人陷害，实有可疑者五：一、既系奸人谋害，该铺长并非土偶，何以事前无一人觉察。二、仇人陷害，在一地一庄间或有之，断无六地庄遍撒烟籽之理。三、该武绅地内烟苗系四月下种，五月出土，若有人陷害，岂有按时应节，一齐出土之理。四、据武绅禀称，横尖【一】带不独伊地有烟，他人之地亦属【不】少。究竟他人有无姓名，并未指出，亦未被人查获，何得援以自解。五、该武绅五月初八日与李警务长函云，王家湾、阳坡村等【六】庄地内烟苗出土，着人毁拔。何以李警务长初十日到横尖，该阳坡村尚有抗不〈孰〉毁拔之意。洲于五月十六日业经面〈未〉禀王令，传讯各地庄铺掌，以别虚实，意知各地庄知奥援可恃，差传一月，尚□□局到案。洲不敢缄口不言，有负照会之巨，为此函报贵局，秉公核办等因，亦到（严）〔局〕。据此，查上年开栅之变，交城受创最前，故特派委员带队驻扎查禁。〈不为不村〉该武攀逵身为地方富绅，宜如何惩（烟）〔前〕毖后，表率乡人，痛除痼习，乃该阳坡〈此〉等六庄地内，犹复于四月内夹种〈秋〉。（此）〔至〕于五月出苗后自行禀报被人谋害〈中〉情节，诚有如李绅所谓五可疑者。当烟禁森严之时，而特为此行险儌幸之事，至众目难掩，乃始稼罪于不可知之人，以来解免。若仅以自行拔毁遂得无事，窃恐效尤者众，人人皆可以种烟，人人皆可以逃罪，禁烟前途何堪设想。应请饬地方官认真究办，以警将来。所有协议缘由，理合呈请。为此呈请抚部院察核施行。须至呈者。

《晋阳公报》，宣统三年八月十九日（1911 年 10 月 10 日）

山西谘议局致内阁电

内阁王爷中堂钧鉴：川人争路，有哀求，无暴动，前经将军、总督等奏明，举国皆知。蒲、罗诸人既系争路代表，自与匪乱无涉，乃赵督电奏，竟指为首要逆绅，前后自相矛盾。幸朝廷仁明，谕令分别良莠，剿抚兼施，固已洞烛其隐。惟赵督多方罗织，群相惊骇，深恐牵动大局。伏乞奏饬岑春煊确实查办，以警欺罔，而靖人心。无任惶悚。山西谘议局叩。

《民立报》，辛亥八月十九日（1911 年 10 月 10 日）

谘议局移知同蒲铁路公司查照榆次县赵铭及郝光第等请议书派员履勘路线具说来局以凭置议文

为移知事。案据本局议员刘怀瑛介绍榆次县增生赵铭等请议书内开：为呈请建议事。缘绅等先茔坐落东阳镇堡东，距镇三里之遥，创始于前明洪武间，除正葬者一百四十冢外，权厝者亦约数十冢，坟墓累累，地当金河之冲，历五百余年，经水淹没，土深数丈，若欲徙冢，实属不易。近因铁路公司已购地至绅等茔地，因茔旁别有空地，实为直线，而测量员必欲舍空地而绕占茔地，绅等以事关公益，原不敢少参末议，但查铁路公司第一章第八节所载，路线所经，凡遇庐墓可绕越者，自应绕越。乃该员等不维迂曲绕占，且欲于茔内建筑站台，竟占茔地之半，徙塚至百余之多。且占此茔地，公司势必给价，以至多之塚墓，给至多之价值，何若少加变通，则给价实为省减，于公司未尝无所裨益。如茔旁别无空地，占茔尚有可诿，乃茔之东邻则为空地一段，该测量员舍而不取，势不至将塚全行挖毁而弗止。不思铁路站台之建筑，原以交通便利为宗旨，该员等不计其便利与否，必欲强占茔地，绅等据公司章程力与争议，该员等即允迁茔外，寻复言舍茔地不占，公司之亏损实多，务令绅等集股以补其亏。绅等念在公益，应允集股。不意购地至此，竟将茔地强购过半。绅等族人因祖茔将毁，惶恐异常。绅等欲与公司抗论，恐碍铁路进行，若坐听族人纷呶，又恐别生枝节。绅等再四思维，计惟有苦口谕解，无如族人之贤愚不一，恐不免别酿衅端。想贵局关怀时事，轸念民艰，决不忍任该员等颠倒曲直，显悖章程。倘蒙派员查勘，非特绅等感佩，即于公司，亦未尝不利焉。除禀明榆次县尊并呈铁路公司外，理合具由呈请，伏乞钧鉴施行。计粘茔地图一纸。

又据议员郝光第介绍榆次县东阳镇职员秦凤元等请议书内开：为呈请建议事。缘同蒲铁路公司已测准路线，购地至东阳镇之堡东，兹事关系重大，本不敢妄赞一词，第以路线（径）〔经〕由镇东，似不若改由镇西，有百利而无一弊，谨就管见所及，不避嫌怨，为贵局详晰呈之。窃以铁路之设，所以便交通、利社会也。查该路经由镇东，则与镇距离较远，商旅往来诸形阻碍，加以金水之冲决不时，塚墓之连绵弗绝。又镇东皆系水田，购价不免过昂，河渠连亘，桥梁相继，凡一应建筑经费尤巨。至建设站台，须求稳固，若届夏秋水涨，镇东一带几同泽国，站庐势必损害，行旅亦惮跋涉。若镇西一带，率为旱壤，果改由此行，则购费既属无几，又鲜河桥之修筑，即车站亦极便利。不知彼工程师等，亦何乐而不出于此耶？准而言之，路经该镇之东，地势极洼，于车站既多不便，又无邻近商镇有绝对之关系。若由镇西，近接榆邑之要村、永康镇、车辋村，徐邑之大常镇，谷邑之南席、小常等村，均为商贾会萃之区，交通既形便易，商务自易发达。且该镇之西，自谷邑小常村以至墩坊、水秀等处，既为旱地，又属高原，非惟交通极便，工费当亦较省，非若该镇之东，经由谷邑之胡村等处，地皆污下，田尽肥沃，地价、工价决不能减少。【且】以【东】路远近，较之西路，亦近十余里。何该工程师于地价、工价、徙墓诸费，似无【意】省，且舍易就难。更有甚者，谨查铁路公司章程第一章第八节所载，凡遇坟墓所在，可绕越者，自应绕越，而测量员于东阳镇赵氏祖茔反弃直线之空地，而必绕占纡曲之茔地，似此任意行为，办法歧异，与公司原定章程不免有所背驰。该员等精通路学，担负重寄，竟违悖章程，至于此极也。窃以公益所在，利害攸关，又逼近桑梓，见闻较切，本应先事呈请，第因路线未定，不敢率行妄渎。兹恐路线错误，贻害地方，不得已始献刍荛，想贵局关怀大局，当不以绅等之言为咎责。倘蒙咨商公司，暂停购地，迅速派员查勘清晰，然后再定行止，非特绅等数村受赐，即在社会全体，亦罔不蒙其幸福矣。除具呈铁路公司外，理合具由呈请，伏乞钧鉴施行。计粘路线图一纸。各等因先后到局。准此，查此案关系路政前途，非实行履勘，无由得其确情。本局言论机关，碍难遥断，拟请贵公司总理另派妥员，切实调查，具说来局，以凭置议可也。相应移明贵公司总理，烦查文内事理，派员调查，并希见覆施行。须至移者。

《晋阳公报》，宣统三年八月二十三日（1911 年 10 月 14 日）

谘议局呈请抚院文

为呈请事。本局先后奉读电抄谕旨，得悉川乱方殷，鄂变继起，连日以来，风鹤惊传，人言不一，方虑牵动大局，莫名震惧。顷闻豫省拟借本省枪械若干，兼借军队拨赴河南之说。夫晋豫壤地毗连，依若唇齿，理应缓急相资，以全邻封互济之谊，而纾朝廷南顾之忧，曷敢稍有异议。惟晋省为畿疆右辅，关系之大，迥异寻常，似不宜舍己芸人，自疎守备。自川鄂乱事传播以后，人心异常慌恐，一夕数惊，百端譬解，不肯深信。而晋省军队，甫经征召成立，程度至为幼稚，一闻豫省借械借兵之信，亦无不长虑却顾，恐纷纷调动，则在晋兵力单弱，致有意外之虞。若不妥为筹办，竟允豫省之请，其势必至于长乱萌而馁军气。况南路接连秦、豫，刀匪横行，北路口外各厅马贼出没，内地虽似静谧，亦难保无伏莽潜踪，危机暗伏。综察大势，在在可虑。当兹人心动摇、浮言四起之秋，万一因守备空虚，匪徒乘间煽惑，惊起波澜，祸生不测，其将何以善后？刻下因乱信外来之故，市面恐慌，银价涨落，变动无常，岌岌可危，而在晋教士，更复悚惶增切。本日英国耶苏[①]教牧师来局面陈危急情势，恐蹈庚子覆辙，拟与该国同事诸人挈眷送往天津，又恐中途遇有危险，变生意外，进退两难，请妥筹保护等语。本局以权限所在，只许以据请代呈。凡此诸端，至为可虑，苟办理稍有未善，筹画稍有未妥，弥足以酿交涉而生后患。如上所述各情，则给借豫省军械与拨借豫省军队，其为不可，彰彰明甚。抚部院有守土之责，而本局亦有建言之权，值兹事务倥偬之际，苟有所见，不敢不言。用敢陈述意见，拟请抚部院将豫省指借军械及军队具文咨明不可情形，缓予借拨，以靖人心，而弥隐患，则大局幸甚，全晋（辛）〔幸〕甚。是否有当，理合呈请抚部院裁夺施行。须至呈者。

《晋阳公报》，宣统三年八月二十九日（1911 年 10 月 20 日）

谘议局呈覆布政司照会核议朔州何牧禀称左云仓谷碍难前往拨运等情文

为呈覆事。宣统三年六月十五日案奉贵司照会内开：为据情照会事。准前司移交，据朔州知州何庆埏禀称：窃查卑州上年被灾各村，当经禀请给发赈银到州，邀同议员胡存善赴查，按名散放，固已实惠均沾。事毕，该议员复以未报各村穷困无聊等情，呈请谘议局转请续赈，复蒙【抚】宪恩准，拨左云常平仓谷一千八百石前来，并饬将拨给前项赈谷应如何运放，会商议员、绅士妥筹办理，仰见宪恩高厚，钦佩莫名。卑职于奉札后，当将拨给赈谷情形□函□马□□□，

① 耶苏即耶稣，为旧时译法。

请该议员胡绅出城妥商办法，乃该议员始终以抱病为辞，坚不出城。商诸事务所各绅，复以此事系该议员一人创议，今年雨旸时若，夏禾将登，赈非其时，彼此互相推诿。卑职查左云常平仓谷系归绅矜经管，必须绅士前往接洽，方可起运。今该议员既托病【不】出，事务所各绅复以事非伊等建议推诿，碍难前往拨运。且运费浩大，卑州筹措无从，可否缓俟秋后察看收成，再行办理，抑或照会谘议局，由议局函告胡绅出任。理合具由，禀请查核，俯赐【批】示祗遵，实为公便等情到司。据此，合亟照会。为此照会贵局，请烦查照，酌核办理，并希见覆，以便转饬施行等因到局。奉此，当开会协议，经众议决。查朔州素称瘠苦，丰岁所入，仅敷糊口，偶遇荒歉，则嗷嗷待哺，比户皆然。该州牧因上年被灾，首先请赈，全活无算，救荒独得大体。议员胡存善因赈款不敷，复行由局转请续赈，先后虽稍有分别，其出于为民请命之心均无不合。前拨仓谷既未经领，据该州详称，今年雨旸时若，夏禾将登，赈非其时，俟秋后察看收成，再行办理等语，自属现刻妥当办法，似应如详结案。所有协议缘由，理合照覆。为此呈覆贵司查核，转饬施行。须至呈者。

《晋阳公报》，宣统三年九月初三日（1911 年 10 月 24 日）

谘议局呈请抚部院限期召集各区议员到局文

为呈请事。案照谘议局章程第三十一条内开，谘议局会议期分常年会、临时会两种，均由督抚召集等语。查常年会会期有限，一切议案均应先事研究，用资准备。惟各属议员，南北分途，远近不一，自非限期召集，恐有此先彼后之虞。上届召集议员，系以八月初一日为定期。本年五月十五日准前抚部院丁照会转准资政院咨，九月初一日为资政院第二次开会之期，仍于八月二十日召集所有该院议员，均即遵照定期，一律齐集等因。准此，当经常驻议员协议，以谘议局与资政院事同一体，本届召集议员亦拟以八月二十日为定期，以昭划一而免参差。至来省川资，仍照上年办法，暂由议员自行筹垫，俟到省后照数发给。相应呈请通饬各区复选监督转知各寻常议员，务于八月二十日前早行到局，并将川资先行自垫缘由声明，实为公便。再平定区议员王敦临辞职后，以候补无人，尚在缺额，一俟另行选【出】，再为照章补充，合并声明。除常驻议员无庸召集外，合将各区寻常议员姓名、籍贯开具清折，呈请抚部院查核，限期召集施行。须至呈者。

《晋阳公报》，宣统三年九月初五日（1911 年 10 月 26 日）

谘议局呈请抚部院通饬各属筹备改选手续文

为呈请通饬事。案查谘议局选举章程，宣统四年正月为各省谘议局议员改选之期，并有初选人名册应于先期六个月前造成等语，业蒙抚部院照章通饬在案。凡在官绅，自应遵守定章，迅速举办。惟选举事项，头绪纷繁，各厅州县官绅夙谙办法、堪资熟手者固自不乏，而筹备不先、贻误临时者恐亦难免。本局上届筹办处困难曾经其始末情形及办理手续，理应贡献前途，俾资研究。查本局上届筹办选举，事属创始，根据全无，按章则有事实隔阂之处，就事则有章程出入之虞。况法理精深，每多误会，民智幼稚，易起讹言。遇有疑难问题，或据章演告，或派员督催，或电询宪政编查馆解释疑义，或函告选举事务所细绎条文，文牍纷披，笔舌互用，因得最后之解决，实为此事之中枢。曾经拟定调查手续、选举表式并期限清单各等件，分发各厅州县，诚以调查不清，非滥即疏，期限不明，非猝则缓，而名册一误，驳回另造，往返多稽时日，再查更形张皇。此本局筹办处经过之实在情形也。此次办理，有上届选名旧册作为依据，止就三年内变更情形略加增减，较前似易着手。但恐上次所发各表式，在官在绅，不无遗失错【漏】，布置稍有不周，地方或起诉讼，则选举期限难免延误，自不能不先事豫防，力求完备。拟请仍明定各项手续、表式、清单等件，分发各厅州县，俾得早日遵办，以免临时忙迫，贻误事机，实于选举前途良有裨益。是否有当，理合呈请抚部院查核施行。须至呈者。

《晋阳公报》，宣统三年九月初五日（1911 年 10 月 26 日）

谘议局移送教育会各省教育总会联合会第一次报告书一百一十册请即转致各地方学务机关文

为移知事。顷奉江苏教育总会来函内开：敬启者。教育总会联合【会】议决案应行呈请学部施行者，业经缮正，于二十二日发递。至会章及议决各案、会场记事等，亦经汇齐印订。兹特寄奉一册，即希察存，另附一百一十册，并请分致各地方学务机关，以冀共同遵守，实力进行，是所切祷等因。准此，查贵会为全省教育之总机关，相应移送，即希转致，以便遵守而速进行。为此合移贵会，请烦查照施行。须至移者。

《晋阳公报》，宣统三年九月初五日（1911 年 10 月 26 日）

第五编　其他有关山西谘议局文献

一、议事日表

谘议局开局后逐日议案大要

初二日　会议议事规则。

初三日　会议旁听规则。

初四至十一日　因议长辞职停议。

十二日　会议禁烟善后并改良官妓办法。

十三日　会议禁用非刑，笞、杖【改用】罚金。

十四日　会议妥筹地方自治经费。

十五日　会议清理地方公款公产。

十六日　会议厘剔胥吏中饱并昭示关税、厘金。

十七日　为追悼李烈士暂行停议，移至十八日会议。

十八日　会议改用大洋。

十九日　会议同蒲铁路筹款。

《晋阳公报》，宣统元年九月廿三日（1909 年 11 月 5 日）

谘议局逐日会议大要

十月初一日

午后一时开议，五时闭会。

一、宣读抚部院送交议案：（一）地方自治类，（二）庶政类，（三）教育类，（四）警察类。

一、宣读厘剔胥吏中饱编定案。会议整顿原有中等学堂及高等小学堂。

一、宣读通告铁路劝股来函。

初二日

星期停读。

初三日

抚部院到局报告议案。

议长报告宪政编查馆委员到省。

初四日

续议整顿原有中学堂及高等小学堂议案。

初五日

宣读拟定分期筹备自治表式。

提议抚部院交到议案地方自治类：（一）分期筹备，（二）自治经费。

初六日

提议抚部院交到议案庶政类：（一）禁早婚，（二）戒溺女，（三）戒淫剧，（四）勤妇职。

提议节省婚丧费。

初七日

提议抚部院送交议案警政类：（一）筹备省城巡警经费，（二）按村保送巡警教练所学生。

提议整顿原有巡警。

初八日

报告暂时推定公立女学堂协理程廷遇李柳染，请由各董事自行签定。

报告筹办地方自治事务所简章。

续议巡警议案。

提议抚部院送交议案庶政类：（一）修治汾河，（二）审判厅各厅征收讼费。

初九日

星期停议。

《中国报》，宣统元年十月十二日（1909 年 12 月 23 日）

谘议局准备会议事大纲

谘议局会期临迩，各属议员陆续报到。前经公同协议，自上月二十日起，除星期日停会外，每日午后二钟至五钟，招集各议员在局开准备会，报告上届闭会后协议事件，及一年内款项出入数目，研究开会时应行准备各事宜。各议员皆各报告本籍暨邻近州县筹办自治一切情形。兹将其开会报告及提议大纲录登于左：

二十日午后二时开会，五时闭会。

张君冰卿报告广灵县筹备自治及派员宣讲种种困难情形。

王君鹤鸣报告长治县筹办自治情形。

李君逢春报告应州及雁门关北各属筹办自治有名无实，并差役收买马乾作弊病民一切情形。

王君士秀报告平定州按期筹办自治情形。

郑君淑开具说略，报告定襄县自治各机关大致情形，照登于下：

忻州定襄县议员郑淑为报告事。敝邑学务教育会、劝学所人员恪勤厥职，两处经费由戏捐拨充，尚可敷用。高等小学堂学生六十余人，教授、管理均合部章。官立小学五十余处，公立、私立三十余处。公款一万余吊，旧在各商生息。各机关收入支出按期榜示，毫无弊端。教练所学生八十余名，现开两班教授，维股经费，按保送学生之村均匀负担。事务所成立以来，中区业经调查完备，以外六区现正分往调查。旧有的款二百吊，现向铺捐一千余吊，各绅撙节办理，约可敷用。警务向虽腐败，近已逐日改良，渐见整齐。至县署中饱一项，和盘（脱）〔托〕出者十居七八，已在调查表内分别注明。二十一日午后二时开会，五时闭会。

议长报告曾议员纪纲具函辞职事。

宣读壶关县自治事务所请议书。

张君毓珍报告壶关县巡警及门役舞弊虐民情形。

王君鹤鸣报告长治县筹办自治情形。

签分议员坐号。

宣读清理财政局预算报告总册。

二十三日午后二时开会，五时闭会。

提议分股审查事：（一）庶政，（二）法律，（三）财政，（四）资格惩罚，（五）陈请建议。各股均公推审查长并理事各一员，审查长总管审查事务，理事经理审查文件，并推定起草员，担任编制审查报告书。

提议投票互选审议长并常驻议员一切事宜。互选常驻议员仍照上年办法，略事变通，先由各区按本区议员名额选出半数，互选时即就各区选定名单投票选举。旧常驻议员如再被举，应按照谘议局章程第十五、【十】八两条所载各节，得行连任。

韩君秀升报告沁州某绅把持公事，自治各机关日滋败坏一切情形。

陈君敬棠报告忻州议事会、董事会陆续成立，其它议案，如清理公款、公产等事皆未办到。至筹设乡巡，殊属困难，多设则款项无出，少设则巡查不到，如何整顿，尚祈公议。

王君鸿顺报告赵城县巡警现已添设马兵，以图整顿。巡警教练所尚未筹有的款，由地方官垫出制钱数百吊暂行举办，招考学生，程途颇可。所授功课，各乡轮流，每月每人上课数次。高等小学堂前经设立三处，日见退化，每处学生仅十数人，现在三处合并一处办理。高等如此，初等亦形腐败，尚须整顿。自治事务所前已成立，款项刻拟加抽差徭若干，约计每年能收制钱一千余吊，拨归自治、警察两项分用。业经禀请抚宪批示，如蒙允准，自治、巡警尚能将就办理。

续读清理财政局预算报告总册。

二十四日午后二时开会，五时闭会。

议长报告审查壶关县士绅请议门丁、书役、巡警舞弊各节意见。

宣读渠君本翘送到发起江皖水灾募赈公启。

宣读学务公所为学务筹款来函。

报告广东谘议局电询对于借款意见。

刘君懋赏报告雁门以北因旱荒之故，抢夺日甚，道路几至不通。各地方官皆坐视不理，所有巡警仅供官署奔走，不出城门一步。盗风滋炽，抢案迭出，日积一日，其患不堪设想。应否提出议案，呈请通饬各属，分派巡警四路巡查，以弭盗患，尚祈公决。全体议员合词赞成刘君懋赏之说，即决定提出议案。

李君逢春报告大同各属每年冬间皆派巡防队分驻，惟办理不善，各乡受害尤甚。如何整顿，尚请公议。

刘君懋赏提议国会代表团刻下拟上第三次请愿书，我省同志会宜派代表从速赴京。议长谓同志会代表已推李君星源代任，宜再致函王靖宣、李朴庵二公，请其就近公同担任为便。

刘君懋赏提议中学堂以上宜一律实行兵式体操。

续读清理财政局预算报告总册。

二十五日午后二时开会，互选各股审查员，用无名投票，并公同认定归入何股，至六时方行闭会。兹将选定各股员额、姓名照录于后：

庶政股二十三人：张照林、张维藩、王鸿顺、尹欲仁、申梦鹰、王廷弼、宋杰、陈彝、李捧霄、李逢春、王者聘、刘文炳、马继桢、乔（稧）〔禊〕亭、景蔚文、李玉山、刘怀瑛、刘效文、杨馨桂、任晋蕃、姚烈舜、吴凤鸣、许鉴观。

法律股十一人：赵瑞瑚、赵廷璧、王士秀、张熙、郭际丰、李苑林、张毓珍、吴作新、邵允恭、贾鸣梧、袁履泰。

财政股十三人：可秉篪、陈敬棠、郑淑、桐华、段慎宪、史焕文、韩垧、韩友芝、秦龙光、王廷宾、杨轍田、程毅、田万棠。

资格惩罚股五人：周泉清、武鸿藻、贺椿寿、张世荣、王鹤鸣。

陈请建议股九人：冯朘、刘懋赏、段雨田、张洁、张炜、栗名儒、刘大鹏、杨万钟、赵长庚。

二十六日午后二时开会，五时闭会。

提议九月初三日互选常驻议员，先于二十九日由各区按照本区议员名额选出半数，开单送交办事处，以便互选时各就名单所开人员投票选（案）〔定〕。互选审议长及各股推（案）〔定〕审查长，均俟常驻议员选定后（案）〔举〕行。

议长谓互选各股审查员，其用意在于专责成而免推诿，其未经被选审查员诸君，均应担任额外审查员，按股均匀分派。全体起立赞成。

宣读藩司移咨抚部院札开准宪政编查馆咨覆东抚请示各省督抚对于各议员应守权限文。

续读（请）〔清〕理财政局新款预算报告总册。

报告明日开会拟将各项规则公同研究，尽行通过。后日报告一年内协议事件及经费出入大概情形。

提议议长、副议长、常驻议员均应捐出一月薪金，以作驻京代表公费，并《国民公报》捐款。全体起立赞成。

宣读编订法令公布规则。

二十七日午后二时开议，五时闭会。

宣读改订议事细则原文，并刘君效文修改各条，公同研究。

二十八日午后一时开议，五时闭会。

议长提议各区选举，以事实上计，宜用单记投票法。再，公推股长、理事，请勿限定常驻议员。全体赞成。

宣读陈请建议规则。

宣读常驻议员协议办事规则。

宣读办事处办事细则。

宣读议事细则，续行通过。

《晋阳公报》，宣统二年九月初三日、初九日（1910年10月5日、11日）

九月初三日第一次会议

第一，议长宣言。

第二，劝导良民应征兵案。（交议案）

第三，振兴实业宜先组织实业团案。（议员李苑林、乔禊亭提出）

第四，请饬各厅州县设立农务分会振兴农业案。（议员申梦鹰提出）

第五，普兴蚕桑案。（交议案）

第六，推广蚕桑案。（议员杨馨桂、段慎宪、申梦鹰提出）

第七，提倡森林案。（交议案）

第八，广植森林案。（议员李玉山提出）

第九，筹议改良征收钱粮案。（议员郭际丰提出）

第十，决议修正议事细则。（本局提出）

第十一，选举审议长。

《国民公报》，宣统二年九月初八日（1910年10月10日）

九月初六日第二次会议

第十，振兴实业宜先组织实业团案。（审查报告第二读会）

第十一，请饬各厅州县设立农务分会，振兴实业案。（审查报告第二读会）

第十二，普兴蚕桑案。（审查报告第二读会）

第十三，推广蚕桑案。（审查报告第二读会）

第十四，提倡森林案。（审查报告第二读会）

第十五，广植森林案。（审查报告第二读会）

第十六，筹议改良征收钱粮案。（审查报告第二读会）

第十七，报告陈请建议案一十六件，交付审查。

《晋阳公报》，宣统二年九月十三日（1910 年 10 月 15 日）

九月初八日第三次会议

第一，报告第一年度收支各项经费并宣统三年预算表。

第二，筹议改良征收钱粮案。（全体审议）

第三，扩张矿学案。（交议案）

第四，振兴商务案。（交议案）

第五，推广商会案。（议员周泉清、苗雨润提出）

第六，提倡试种棉花案。（议员申梦鹰提出）

第七，筹议振兴工业案。（议员郭际丰提出）

第八，请饬各卡按章抽收，严禁需索留难案。（议员段慎宪、赵瑞瑚提出）

第九，请饬各属转饬所属商会及行社查核钱庄虚实，以防倒闭案。（议员周泉清提出）

第十，酌拟划一度量权衡推行办法案。（议员段慎宪提出）

第十一，劝导良民应征案，并劝办征兵暂行章程。（审查报告第二读会）

第十二，剔除诉讼积弊案。（审查报告第二读会）

《晋阳公报》，宣统二年九月十三日、二十三日（1910年10月15日、25日）

九月十一日第四次会议

第一，请饬各属劝立工艺局案。（议员武鸿藻提出）

第二，注重实业以期发达案。（议员王士秀提出）

第三，请派农林学生趁年暑假归籍调查土宜，以便改良种植案。（议员杨馨桂提出）

第四，助筹设立贫民教养局、普济院经费案。（交议案）

第五，请饬各属广设教养局以济贫民案。（议员李玉山提出）

第六，调查陋规以补助匀定公费案。（议员郭际丰提出）

第七，请饬各属关于民事诉讼从速完结案。（议员段慎宪、申梦鹰提出）

《晋阳公报》，宣统二年九月十三日（1910年10月15日）

九月十三日第五次会议

第一，按村保送巡警教练所学生案。（交议案）

第二，筹措普设乡巡用费案。（交议案）

第三，筹备市镇巡警款项案（交议案）

第四，酌提差徭案。（交议案）

第五，请饬差徭局照章支差案。（议员杨馨桂提出）

第六，改良监狱案。（议员郭际丰提出）

第七，请严禁售卖彩票案。（议员郭际丰提出）

第八，请严禁商人买空卖空案。（议员李捧霄提出）

第九，酌拟划一度量权衡推行办法案。（审查报告第二读会）

第十，核定城镇乡议事会、董事会公费薪水案。（审查报告第二读会）

第十一，核定厅州县办理地方自治次序及期限案。（审查报告第二读会）

第十二，讲求水利案。（审查报告第二读会）

第十三，劝导良民应征并劝办征兵暂行章程案。（第三读会）

第十四，剔除诉讼积弊案。（第三读会）

第十五，请饬各厅州县关于民事诉讼案件从速完结案。（审查报告）

第十六，改良征收钱粮案。（特别审查报告）

《晋阳公报》，宣统二年九月十九日、二十三日（1910 年 10 月 21 日、25 日）

九月十六日第六次会议

第一，实行劝立初等小学堂及简易识字学塾案。（议员王廷弼提出）

第二，请饬提学使行小学教育单级编制法案。（议员刘文炳提出）

第三，请饬各初级师范学堂均附设单级师范班案。（议员乔禊亭提出）

第四，请饬提学使暂定强迫教育单行章程先行试办案。（议员苗雨润提出）

第五，请饬通省官自治各机关认真纠察吸烟案。（议员武鸿藻提出）

第六，筹设地方银行案。（议员段慎宪提出）

第七，普设罪犯习艺所案。（议员赵廷璧提出）

第八，核定厅州县办理地方自治次序及期限案。（第三读会）

第九，核定城镇乡议事会、董事会公费薪水案。（第三读会）

第十，整顿田房契税案。（第三读会）

第十一，请饬各属劝立工艺局案。（审查报告第二读会）

第十二，筹议振兴工业案。（审查报告第二读会）

第十三，推广商会案。（审查报告第二读会）

第十四，注重实业以期发达案。（审查报告第二读会）

第十五，提倡试种棉花案。（审查报告第二读会）

第十六，请饬各卡按章抽收，严禁需索留难案。（审查报告第二读会）

第十七，请饬各属转饬所属商会及行社查核钱庄虚实以防倒闭案。（审查报告第二读会）

第十八，广设教养局以济无业贫民案。（审查报告第二读会）

第十九，改良监狱案。（审查报告第二读会）

第二十，保晋公司请议第二期付息应由何处发给案。（审查报告第二读会）

《晋阳公报》，宣统二年九月十九日、二十三日（1910年10月21日、25日）

九月十九日第七次会议

第一，划区先设中等实业学堂案。（交议案）附：对于抚部院交议案缓办初级师范之意见。（议员刘文炳提出）

第二，请饬提学使遵章实行改良私塾并检定小学教员案。（议员乔禊亭提出）

第三，整顿各厅州县中小学堂宜先慎选办学人员案。（议员韩秀升提出）

第四，拟筹设改良小学堂总机关以划一国民政育宗旨案。（议员乔禊亭提出）

第五，分别清厘中饱，化私为公案。（议员乔禊亭提出）

第六，严禁差役藉差需索，扰累商民案。（议员郭际丰提出）

第七，助筹设立贫民教养局、普济院经费案。（审查报告第二读会）

第八，剔除征收钱粮积弊案。（第三读会）

第九，请饬差徭局照章支差案。（审查报告第二读会）

第十，猗氏县雷电章请议蒲、解、绛三属文银元丝贴水亏折案。（审查报告第二读会）

第十一，提倡试种棉花案。（第三读会）

第十二，普设罪犯习艺所案。（审查报告第二读会）

第十三，禁止商人买空卖空案。（审查报告第二读会）

《晋阳公报》，宣统二年九月二十六日（1910年10月28日）

九月二十二日第八次会议

第一，改良社会风俗以补助国民教育案。（议员李苑林提出）

第二，请饬提学使遵章先由省城设立教育博物馆案。（议员刘文炳提出）

第三，请奖励各小学堂种树及实行督劝案。（议员刘文炳提出）

第四，普设女学以端教育根本案。（议员周泉清提出）

第五，提倡口外皮毛有限公司案。（议员李苑林、王者聘提出）

第六，严禁虐待甲长总甲案。（议员赵廷璧提出）

第七，拟定调查陋规办法【案】。（审查报告第二读会）

第八，整顿差徭【案】（审查报告第二读会）

第九，请饬提学使遵章实行改良私塾并检定小学教员案。（审查报告第二读会）

第十，实行劝立初等小学堂及简易识字学塾案。（审查报告第二读会）

第十一，拟筹设改良小学堂总机关以划一国民教育宗旨案。（审查报告第二读会）

第十二，扩张矿学案。（第二读会）

第十三，按村保送巡警教练所学生案。（审查报告第【二】读会）

第十四，筹备市镇巡警款项案。（审查报告第二读会）

第十五，助筹设立贫民教养局、普济院经费案。（第三读会）

第十六，普设罪犯习艺所案。（第三读会）

第十七，呈请严禁各卡需索留难案。（第三读会）

第十八，改良监狱案。（第三读会）

第十九，议决猗氏县雷电章请议蒲、解、绛三属划提浮收以举办新政案。

《晋阳公报》，宣统二年九月二十六日、二十九日（1910年10月28日、31日）

九月二十四日第九次会议

第一，筹备省城巡警经费案。（交议案）

第二，整顿各地方巡警案。（议员李苑林提议）

第三，警务长拟由绅士公举案。（议员张照林提出）

第四，请饬整顿巡防各队案。（议员冯晙提出）

第五，请饬农工商局于宣统三年举办各属物产品评会，以为下年本省劝业会基础案。（议员刘文炳提出）

第六，拟筹同蒲铁路集股特别方法案。（议员贾业荣提出）

第七，议决猗氏县雷电章请议蒲、解、绛三属划提浮收以举办新政案。

第八，划区先设中等实业学堂案。附对于抚部院交议案缓办初级师范之意见。（审查报告第二读会）

第九，公立工艺局董事孟步云请议雁门以北设立大工厂案。（审查报告）

第十，孟步云请议严禁缠足案（审查报告）附：丰镇郭绍基请议严禁缠足案。

第十一，农林学堂学生高叙宾等请议振兴农业等类案。（审查报告）

第十二，请饬提学使行小学教育单级编制法案。（审查报告第二读会）

第十三，请饬各初级师范学堂均附设单级师范班案。（审查报告第二读会）

第十四，筹设地方银行案。（审查报告第二读会）

第十五，分别清厘中饱，化私为公案。（审查报告第二读会）

第十六，提倡口外皮毛有限公司案。（审查报告第二读会）

第十七，请严禁售卖彩票案。（审查报告第二读会）

第十八，严禁虐待甲长总甲案。（审查报告第二读会）

第十九，推广商会【案】。（第三读会）

第二十，太原事务所王钟福请议节省婚丧滥费案，又请议裁撤各村公正等名

目案。(审查报告)

《晋阳公报》，宣统二年十月初三日（1910 年 11 月 4 日）

九月二十六日第十次会议

第一，府厅州县各自治机关，父子兄弟不得同时同地分充议员、参事、董事或乡董、乡佐案。(议员王士秀提出)

第二，请规定征收钱粮米豆章程案。(议员贾业荣、刘大鹏、任晋蕃提出)

第三，拟议报粜现积屯粮，日后折纳谷石，以免霉烂案。(议员韩秀升提出)

第四，剔除采买驿站干草积弊案。(议员李逢春提出)

第五，请革无名之苛敛案。(议员吴凤鸣提出)

第六，呈请抚部院批答晋省何因未设劝业道案。(本局提出)

第七，省北盐务情形之报告。(议员李逢春)

第八，抚部院谘询劝导移民殖边事。

第九，请饬提学使暂定强迫教育单行章程先行试办案。（审查报告第二读会）

第十，请奖励各小学堂种树及实行督励案。(审查报告)

第十一，定襄、崞县邢建序等请议开复广济旧渠案。(审查报告)

第十二，划区先设中等实业学堂案。(第二读会)

第十三，请饬各属实行推广初等小学堂及简易识字学塾案。(第三读会)

第十四，扩张矿学案。(第三读会)

第十五，振兴商务案。(第三读会)

第十六，保晋公司请议第二次付息办法案。

《晋阳公报》，宣统二年十月初三日（1910 年 11 月 4 日）

九月二十九日第十一次会议

第一，请饬严清盗源案。（议员韩垌提出）

第二，尚质朴以节财流案。（议员桐华提出）附太原事务所王钟福请议节省婚丧滥费案。

第三，请饬河东免除盐商朦禀加价案。（议员申梦鹰、苗雨润、段慎宪提出）

第四，请将亩捐照章填票发息案。（议员张照林提出）附保晋公司、同蒲铁路公司亩捐付息请议书。

第五，养成军国民资格精神案。（议员刘懋赏提出）

第六，严禁差役藉差需索扰累商民案。（审查报告）

第七，改良社会风俗以补助国民教育之所不及案。（审查报告第二读会）

第八，沁州吴钤请议条陈积弊四条宜令革除案。（审查报告）

第九，沁州王寿康请议在城七约学堂不应由正贡粮银项下抽拨案。（审查报告）

第十，太谷乔永名、榆次常运藻等请议民间制用车轴宜复旧制，改良车轴以一轨制案。（审查报告）

第十一，议决剔除征收钱粮积弊案。

第十二，呈请提倡单级教授法案。（第三读会）

第十三，广设教养局以济无业贫民案。（第三读会）

《晋阳公报》，宣统二年十月初三日（1910 年 11 月 4 日）

二、函　电

天足总会致谘议局函[1]

谘议局诸位乡先生大人钧鉴：敬启者。自正式谘议局成立以来，广征议案，以为兴利除害之根据云。自愧才识庸愚，未能建议，以供采择。惟晋省妇女缠足之害，较他省为最甚，不除此害，万无生机。洋货洋商充斥内地，本省男女坐食山空，言念及此，心为之寒，手为之战。谨就所见，率拟数条，伏维垂鉴，并祈提议如何迅速办理，大局幸甚。附呈天足会章程、会册各一百份，以备众同参酌。天足总会谨上。

各条附后：

一、宜限期严禁也。晋省新政以开矿、筑路、禁烟、禁缠足四项为最要，今路矿正在赶速筹办，禁种烟苗又著成效，则严禁缠足一项，自宜本禁烟办法，合官绅之力，次第举行。

一、宜广为劝戒也。中国天足会之创设，本为强种问题，慈善问题，教育问题，而在晋省之受害特盛，妇女全无操作，人民日即困穷，不堪言状，则直谓之生活问题可也。此等问题较他问题为倍急，当本此意刊印白话演说十数万纸，由省谘议局照会各州县学界人，就各城乡分区演说，以辅官力之不逮。

一、宜劝办纺织也。中国古训，男耕女织。自洋布盛行，纺织尽废，妇女坐食，致缠足妆头以外，更无余事。中国纱厂暂不敷用，然除武昌、通州等处已著

① 原标题“晋省劝办天足议案”，兹拟标题“天足总会致谘议局函”。

成效外，近有彰德及京郊纱厂指日可成，足敷北省之用。此时多设工局，传习织业，为后来广销绵纱之预备，而全省妇女知织业可以谋生，则天足之行亦易为力。

一、宜明定章程也。自宣统元年起，凡妇女十五岁以下者一律放足，十五岁以上可听其便。此项章程亦宜刊印十数万张，由各州县学界人分区散给。

一、宜设法惩戒也。抚宪遍出示谕数万张，限定自宣（税）〔统〕元年起，以后缠足之女，于出嫁时不准动用鼓乐及冠带伞扇等项，以示区别。

一、宜统抽足税也。此种足税，近数年来人人恨天足之不行，而习为笑谈。其实为除恶俗起见，无妨见诸实事，惟办理须得法耳。我国缠足之害非少数，乃全数也，设使由少数抽税，闺房之事，官绅不便干预，调查一节，甚为困难。若由全数抽之，只查各乡若干户口，自宣统元年即按全数户口抽之，以归本州县公所劝办天足、劝设工场之用。以后实行天足之家，由户长、乡董向本州县天足公会出具甘结，准其免税。此项实行天【足】之家调查亦易，盖已为放足之人，必为人所共知也。况调查之人，亦须由各属学界人与各乡户长等间接办理，以后渐次免税，不及三年而天足可全数实行。

一、宜分别奖励也。先禀请抚宪奏明立案，如各地方官绅劝办得法，一律实行者，分别给奖。如阳奉阴违，或有扰害情事者，自应分别参处。

一、宜预筹的款也。凡公会章程纸张及由省照会各属学界演说、调查等员，酌给川资之用，不厌其丰。晋省虽贫，何惜费数万金以除千余年之巨害，以开无数人民之生路乎！且筹款之法，或公款，或捐款，合体谋之，谅能集事。

一、宜持以毅力也。此项新政最为重要，而人多目为难事，鄙为细事。公局一经开议，而虑阻力之横生，或至废置，或至缓议，则晋省缠足之害永无革除之日矣。呜呼！天足不行，实业不振，教育难普及，新政付空谈，大局何堪设想乎！

《晋阳公报》，宣统元年九月十九日（1909年11月1日）

联名致山西谘议局公函稿

谘议局公鉴：顷读《并州官报》第一百三十号杂录，内有贵局《调和民教浅说》，虽未窥全豹，然以已然者类推，贵局调和之意固善，而调和之法则不无可指。何则？盖调和之道，必以求两方面和平为宗旨，而平和之目的，要非处心极公、说理极正不能达。读贵局二月十二日议事表，有刷印编就《民教浅说》，呈请抚部院照会各主教、牧师认可后，即行宣布之提议，原属正办。今乃未经照会认可，即公然宣诸官报，似先失调和之道。编纂《浅说》一书，所取词意率皆讥刺、指摘教会之谈，无论此种说辞类出稗官野史，即使（由）〔出〕于正史，亦非调和者所宜取采，以激彼此不平之气。况贵局调和之原意，重在民教，即不应论其为何教，更不应牵入教理，以示意见。今《浅说》一书，细绎首出数节，引传入中国故事，则以天主教事而混称之曰基督教；叙源流，则据一面之理由，而先存一攻斥天主教之成见。是贵局以调和民教为主义，而适足以启民教及教与教相仇之渐，此岂调和之意乎？国家设谘议局，原为代表人民言论，凡有建议，理必求其真，词务取其正，方可悦服人心，实不能同于著作者，以一人之偏见而率尔操觚。今以贵局诸公明通广博，何竟任意拉杂？如所说不守教规之人，国必被兵，民必受戮。试问据诸正史，有何切证？又曰教皇的势力日减一日，近日几有不成教皇之势等语。试问教皇之所以为教皇安在？其几不成为教皇之语，究指何事而言？以教外之人，欲【解】决教内重要问题，窃谓贵局不应尔也。虽然，调查《浅说》内所叙各节，非出自诬蔑天主教之史篇，即耶稣教所编译之书籍，平心论理，此固不必讳。即如《泰西新史揽要》一书，任意诬蔑，识者笑之。其《教皇》一篇，亦早经通人辩误，凿凿有证，详见上海《汇报》第四百零七号至十九号可考。按耶稣教原属叛离我教之徒所立，至今未四百年，传入中国仅及百年，在西国伊自称为辩驳教，西音曰“伯老对当”，意谓专事辩论，不服教理。其排斥我教，往往著书立说，任意牵混，本不屑与较。今以调和民教之人，而附和其说，窃又为贵局所不取也。犹有说者，于第一节所云回教、佛教均与中国百姓相安无事，还问贵局，此言岂尽然乎？此又可见《民教浅说》一书，于他教不斥其非，而独于天主教率多讥讽。如此存心，焉能收调和之效果。鄙人等祖传奉教，又忝为司铎，而于民教相安，亦甚关诸怀抱。今贵局既任调和之责，鄙人虽职司传教，仍为中国国民，亦为我晋同胞【一】分子，方赞成附骥之不暇，尚敢出而反对？惟是再四思维，此中之干系非轻，实有不得不言者在。贵局为言论自由之机关，故不敢安于缄默，约为声明，尚希谅之。附呈《圣教史略》三本，余俟出版后再寄，望贵局详细批阅，或可于我教源流稍知一二。至耶稣教叛离我教的确原因，亦有数书可考，但因并非与伊教相搏，故未寄。如贵局必欲稍知底细，可来函索取，以资考证，庶可立论说理，不致偏重一面。统此琐渎，敬候公安，即祈回【示】。山西南境天主教司铎郑全义（平阳府洪洞县人）、高尚志（潞安府潞城县人）、刘锦文（潞安府潞城县人）、成玉堂（泽州府凤台县人）、王国华（潞安府长治县人）、常士叡（潞安府潞城县人）同顿首。宣统二年三月十八日。

《大公报》，宣统二年四月十四日（1910 年 5 月 22 日）

联名致山西谘议局公函稿（第二次书）

谘议局公鉴：月前上书，谅已早登记室。日来连阅《并州官报》杂录内《民教浅说》之五六七节，他不具论，惟见贵局所引《山西教案善后章程》第十二条，则不能不为指告。查《山西教案善后章程》一书，据洋务局函，乃升任前抚岑中丞会同司道等商订所编，其意亦不无可嘉。但既云章程，总须两方面商妥认可，方能有遵循之效果。而当日岑中丞见未及此，匆匆编辑刷印后，始饬洋务局照会主教，附送此书二十本，以便分饬照遵。及批阅各条，率多不合，且有教条故违教规，决然不能遵循者，当经主教翟大司牧指驳函复，声明不认，并请通饬各属声明作废在案。该局当以无词以对，不便作系铃解铃故事，因只含糊其词，以（俟）〔嗣〕后果有地方官持此书为难者，即以现函为凭，尽可知照本局饬办等情回覆。迩时以为既有此语，自可作为此书无效力之确据，故迄今凡遇此等案件，一经向地方官照此声覆，均无异词，又可见洋务局复函切有效果。不意事隔五六年，复燃死灰，于《民教浅说》内仍引此条，是贵局诸公于此书之颠末尚未切知，合亟略述。且贵局引《善后章程》语，有谓此条系融化民教门户之枢纽，以谓准教民敬拜孔子是有荣幸之事，似贵局于我教不敬孔子一节，尚未深悉其微意。夫敬之一字，有广狭义。若以敬为推重、遵循之广义，则孔子亦大造所生特出之人，为大政治家、大教育家，又为万代儒宗，故推重其为人，遵循其正训，我教亦甚以为然，盖尊重其大有功于世也。如以敬为跪叩礼拜之狭义，则我教万不敢苟同，其中至理，已有明者详言之，盖今俗敬礼孔子，非仅尊重追感之义，不过惑于释道两家之说而然也。且敬孔子之事，现虽著为功令，然已大有人指摘其非。据云我国学校必悬一崇拜孔子之令，使全国学校于朔望行礼，以示尊敬；孔子非宗教家，今乃欲以宗教仪式奉之，毋亦厚诬孔子云云。窃叹其理之真而言之切也。按此语出自《教育杂志》第一年第十期，蒋维乔所撰《教育与宗教不可混而为一》论说内，想贵局诸公必有阅之者。虽此论之全篇，诸多不合，已经人据理驳辨，不可误会，详见《上海汇报》第二千九百三十四五六七八号，然此亦可见敬拜孔子一事，不尽合于一般人士之心理。诚以此事著为法令，实与信教自由之宪章大相枘凿，是显然心存歧视，必欲强我教士人行此万不能行之敬礼。信教自由，岂容如此？至于《善后章程》第十一、十二两条，不能遵照之理由，兹不暇赘，惟照据主教翟大司牧照复山西洋务总局函稿呈览，即知其详，从可知鄙人等初次函中所谓调和之理务求真正，不为无见。尚希查照删去而更正之，实为公便。顺请议安，仍俟回玉不宣。山西南境天主教司铎郑全义等仝拜。宣统二年四月初五日。

节录翟大司牧辩驳教案善后章程一书致复山西洋务总局函稿

（前略）三、第十一条地方应用公费，除赛会迎神外，教民一律摊派。然地方公用不止迎神一端，覆查历次办过成案，如巨鹿之捐助文庙工程，皆系民教一律捐助等语。此语出自《各国约章纂要》一书，查劳乃宣编集此书，误列巨鹿捐款，教民一律摊派一条，以北洋大臣李奏稿并巨鹿禀件为词。是书一出，各处地方官引为例者甚多，然终被驳辩，从未允行。光绪十九年，省边清【源】乡修文庙，欲派教民出钱，当经教士函辩，俞道宪以巨鹿成案，经北洋大臣批准为词，未肯允从。后经该处已故艾主教函询京堂，旋据京电云，公使未【允】教民捐摊文庙修费。正定府教堂覆函，亦云历办文庙多案，教民皆未捐钱。俞道宪准驳，未强清源教民。嗣永宁州亦以教民既修文庙，亦该出祭丁费，复经教士进京，面禀钦使施大臣。又据京电覆云：法钦使李部堂皆以《纂要》为私书，不足尽信，倘有职官误会，勒索教民文庙修祭等费，准教士来函，总署妥办云云。时经丁道宪派委前往该州办结此案。以上二条足见祭修文庙之费，向与教民无涉，此次定章，实难照遵。

四、第十二条习教生员宜助祭文庙一节，与前二案殊途同归，亦属不能遵从。查光绪二十一年驻京法钦使照会总署，中国定例，士子入学，先拜孔子、文昌，各州县朔望拜城隍，此事与教规不合，以致教民中少有入学出仕者。此后如有教民入学或居官者，当免其拜文昌、孔子及城隍庙等语。闻总署业已允行，并行文各省府州县照此办理，似此文庙之事，在教人民，无论士庶，向不与闻，斑斑可见，又属碍难应允。（后略）

《大公报》，宣统二年四月十七日、十八日（1910 年 5 月 25 日、26 日）

南境天主教司铎联名致山西谘议局第三次公函

谘议局公鉴：两上芜函，前未蒙覆，殊觉悬念，卒于上月二十四日方接回玉，就悉大公为怀，不绝言路，曷胜钦佩。所言《浅说》一书，未经总教认可，非属确定条件，固系正论。惟我国自来习气，往往以未经妥定之条即援为据，此直隶学务公所所编《民教相安》与我晋升任岑抚所订《善后章程》等件陈陈相因，一若两方面早经妥订，再无可以指摘者也。此鄙人等于《民教浅说》一书，所以不甘缄默，而必反覆渎陈之原因。既诸公胸无成竹，折衷商榷，用敢于《浅说》一书未尽切实之处，除前已函陈者，再为正告。《浅说》内第三章第八节所云教士之权限，措辞似仍执偏见。他不具论，如有云假如教士有词讼的事，亦必用禀呈赴诉，与平民是一样的云云，不知何所见而云然？查历年来各教士与地方官往来，均守不相统属平行格式，皆用函牍，从未有人指驳，是已成惯例，有认可及互守之效力矣。虽有时间用照会，亦因官场先用照会，而以照覆式答之，是照会式亦所不禁，从未见有用禀呈之式，更无认为可用当用者。此本省历年办法，调查他省，亦皆如斯。所引仪征县之事，函询该处，查无切据，何得援以为证，故事纷扰。又第十二节民教均担义务，所引《善后章程》捐助文庙等事，第二次公函内不合之处业已辩明，应请查照删正。至于第十一节民教享受权利之平等及第十三节通款洽之必要，宗旨甚好，足征苦心，虽然，尚有不得不言者。溯自庚子拳乱后，民教相安四字日腾于官绅及一般人民之口，而究竟未收切实效果者，鄙人等就耳目所及，总因我国人民将民教二字横据胸中，牢不可拔，不能以平等之对待实际行之。即如去年开办选举，竟置教民于不入调查资格之册，洵足令人难甘。虽不敢谓我晋全省如此，然全省过半，而以省南为尤甚。即如某处某绅，于选举事毕，竟扬扬自得，语教民曰：尔教民实不应得有选举及被选举权，故不准尔等有资格者列入调查册内，正此故也。又如湖北某县，因选举调查不公，经教绅等禀争之后，亦只含糊推诿而已。以此最近最大最公之事类推，歧视教民，百喙奚置？官绅如此，平民自不待言。故不捐除民教成见，徒欲以压制手段，今日定一章程，明日颁一示谕，万难济事。且多以一二不肖教民之偶尔妄为，遂以偏概全〈郡〉，横加全体教民以恶名，动曰教民仗势、教民横行。此正吹毛索瘢，似以一得为快者。然如此吹求歧视，即将此直隶学务公所所编《民教相安》一书日为宣讲，亦不过徒激动两方面不平之气，又何必多此一举哉！（因《浅说》书内引有民教相安语，及至调阅，中亦有多不合之处，故连类及之。）目下开办地方自治，调查选民，尤宜一秉大公，无分民教，方昭平允。非然者，民教之不能相安，将来必为地方自治之一大阻力。再者，我国厘定谘议局及地方自治章程内，必先谕明宗教教师不得有选举及被选举权，不知有何取意。如谓乃取法于欧美宪法，以教士职司教务，无暇致力于此，但查文明诸国，如此者亦甚寥寥。而以我国现下民教情形而论，此确歧视之尤。盖目下情形，欲收相安之效果，非准教士亦有选举及被选举权，得为议员，能参议本省及地方自治事宜，万难为功。其情其理明甚，均可心悉，特不识贵局以为然否？此不过触类旁及之意，尚希鉴察。至论第十四节内，前段意合讥刺，所谓当时一般信仰的人便就自表不凡，痛诋时俗，想这等人必是没有学问的、心地不清的云云。是盖指我教不随世俗敬神拜孔等事，而故作之讽诮语也。还问《浅说》之编纂者，彼儒、释、道、回回[①]等教，而强令舍其敬奉，以从我教，能乎不能？不宁惟是，使我教修建圣堂，将一切款项勒派于儒、释、道、回回等教，又能乎不能？我教之所以不能苟同于他教者，实有至理存焉，请阅《性理真诠》、《训真辨妄》、《集说诠真》等书（上海徐家汇土山湾印书馆出售）自明。如以守正不阿之人，而诋以莫有学问的、心地不清的，是真可谓无学问而心地不清者所出之妄言也。

溯我教入华以来，历朝有唐宋元明，而信奉者亦代有名人。他不必述，即如我晋绛州，有明宗室王某、韩霖、韩云、段衮、段袭等，乃当时文士巨绅，皆我教有名望之人，顾可谓之无学问之人乎？又有蒲州胜朝相国韩爌父子，亦皆热心我教，名重一时，是亦可谓心地不清之士哉？质之诸君子，谅亦哑然失笑，当叹我国之儒、释、道、回回等教所以不见嫉于世者，盖以其彼此合流，名为分派，实则通融而行。故儒者亦佞佛，释家亦拜孔，往往然也。至道、回二教，亦莫不如此。外人谓我国无所谓纯一教派者，非过语也。书至此，不觉其言之多激，然要非有怨于贵局诸公，不过指事论理，实深怪乎编纂者之取材多有不当也，即希谅之。至此节所云民教诉讼之事，亦似系尚未悉心体验者。盖地方官多有不能持平，故示歧视，或不谙约章，不能分别教案与民事，以致教民曲直难分，冤抑莫诉，甚有讯断之时，当堂故示意见，讽刺我教之言，故出于众目昭彰之地。堂官如此，传审之平民与衙署上下，皆以教民为外人矣。如此黑白是非之断案层出不鲜，教民被冤不甘，托求司铎出首，代为伸雪，则迹似干预者。司铎而所以为此不得已之举者，果孰使之？又如呈词上不应写教民二字固善，而地方官中偏有不分事件，必欲通写教民，以示区别者。此实歧视之一证。更有故违约章，摊派教民以庙捐、丁祭等教规万难遵循之项。或有时地方官受贿，曲抑教民，教士函诘

① “回回”，系回族别称，为旧时用法。

反正，虽似涉干预，然亦情理之常，亦何能徒责于人而不反求于己？是以《民教浅说》一书，于此等节目，不可不慎重出之。今既拟行重编，以期得收成效，除已辩明数条应行更正外，拟就管见所知，再为逐节注说一二，作为按语，另纸缮呈，窃愿与贵局讨论妥帖，以便重印。一俟见复，即当应命，惟不知贵局愿乎？否耶？统此布达，不尽之处，指正为盼。敬请公安，鹄候惠福不备。山西南境天主教司铎郑全义、高尚志、刘锦文、成玉堂、王国华、常士叡同启。宣统二年六月初七日。

《大公报》，宣统二年六月廿一日（1910年7月27日）

山西议长秘密之函电交驰

山西交文事件，由谘议【局】请兵剿戮。该局长梁善济等昏庸愚蠢，不符物望，久不容于公论。今回事件，戕贼愚氓，国民认为大逆，以为议员知识不足，即不足代表国民，反对者蜂起。该议长恐留东学生复起反对，秘密函电，嘱其党类防害同乡之行动。数函甚长，不及录。其电文云：交文抗烟事，野心家别有所谋，祈力救。闻山西留东学生对于此事甚形激昂，指谓惨无人道，现正筹议相当处置之方法云云。

（附函）主笔诸先生公鉴：久仰贵报主持公论，欢仰无既。近山西交文事件，贵报伐奸击暴，不遗余力，如山西人民请命，同人实深感谢。今呈新闻二则，祈见录为祷。

《汉口中西报》，庚戌四月初七日（1910年5月15日）

山西谘议局议长梁善济通告各省谘议局书①

敬启者。谘议局为吾国数千年来民权开幕之始，吾辈适起而肩其任，指陈利弊，筹计治安，职务所关，责无旁贷。然欲达此委曲繁重之目的，则非先昭信用于一般社会不可。鄙人承乏敝局议长以来，兢兢业业，日持昭信用三字，以为巩固基础之不二法门。盖以信用一失，则无以代表舆论，而谘议局将失其效力。一省谘议局之效力失，恐影响所及，吾全国二十一行省之谘议局处于同等地位者，或因是以为世所诟病，殊乖朝廷采取舆论之本意矣。今春二月，敝省交、文两县禁烟一案事，本为行政官厅所执行，特以议案系由敝局通过，故尔时派员前往劝导。不幸情见势迫，竟收恶果。敝局同人实心恫之，然为保持禁烟大局起见，亦只急急于善后办理，而一二持异议者，事前既无意思之表示，事后亦无正式之陈请，徒藉口于报告不实，索瘢求疵，是非颠倒，数典忘祖，节外生枝。既以报馆名义加敝局以媚官殃民之罪，复出其排击手段间接诋毁。尔来汉、沪各报变本加厉，以毫无影响之谈，肆口谩骂，专辱鄙人，谅为诸君所共见，驯致风潮所播，一上弹章，查办传来（原来怕弹章耳，查办耳），激成误会。愚民无知，奔走告语，谓此后禁烟可收回成命也，以至附省首邑查出私种，勒令犁毁。藉非播种愆期，势必纷纷效尤，若火燎原，难图滋蔓。是敝省上年禁种不后于各省，而今年违旨下种又先各省而发难端，贻祸全国，谁执其咎？言念及此，可为寒心。不得已商之同人，坚请辞职。同人等佥谓议长既因局事而被谤，则议员自负连带之责任，去留与共，极表同情，因有全体常驻员辞职之举。噫！惩前毖后，来日大难，同人等以为谘议局代表舆论，今舆论既有异同，则代表失其信用。倘使忍与终古，将令朝野上下群视吾辈为冥顽不灵，近之贻误一省地方，远之则贻羞全国代表诸君，甚非民权发轫、宪政进行时代之所应有。而鄙人抑更有进者，吾辈处

① 原标题“梁议长一面之言来矣”，兹拟标题“山西谘议局议长梁善济通告各省谘议局书”。

生存竞争之世，自当以珍重人格为先，非完全其私人格，必不能完全其组织人格，将何以为立宪国民乎？故窃谓头可断，名不可污，非斤斤于名也，必名存而事乃有济也。毋以最高之机关，徒供人民之唾骂，庶人格于以养成，民权可期发展，是则区区辞职之义。窃愿为敝省谘议局进化一阶级，并愿为吾国全体谘议局作一他山之错也。伏祈同志诸君幸而教之，并请转登贵省各报端，以供有心人之研究谘议局，且质之天下稍知鄙人姓名者。梁善济顿首。

《申报》，宣统二年四月初八日（1910 年 5 月 16 日）

江苏谘议局致山西巡抚丁函

衡甫先生大人左右：逖听政声，缅怀乡望，云山三晋，仰止为劳。兹缘晋省议长梁检讨辞职一事，有不能不贡一言于节下者。交文事起，道路之言，是非殊难确定。旋经晋人士一再推勘，乃知其诬晋局。偶尔通信，言梁议长决计去职，敝局亦极赞成，谓公理不可不待其大明，至一身之去就原不足计。近接各处函电，备责各省谘议局不能慰留梁公，梁公何所爱于议长之职，所惜者烟民得志，大局动摇。晋人不得伸慰留议长之忱，即不得达祛除烟祸之志，以此最近由国会请愿代表团，亦以电促敝局留梁议长。惟敝局以为，慰留乃晋省官民之责，邻省谘议局处于客位。应请执事体察舆情，衡量大局，果以梁公之去留，与严禁之张弛有大影响，自应为民造福，虽受少数人之私憾，不当恤也。执事公忠体国，天下所仰重，以桑梓之谊，敢不尽言。窃布区区，祈酌夺施行，并即裁复。耑请勋安不一。江苏谘议局谨启。

《时报》，宣统二年五月十二日（1910 年 6 月 18 日）

山西谘议局梁议长致代表团函

代表团诸公钧鉴：善济不肖，诚信未孚于乡人士，致来异己者之排挤。交文一案，方事之殷，黑白混淆，疑信参半。当时亦欲坚持坐镇，牺牲个人名誉，以顾全大局，迺起点于一二人之鼓簧，遂造成无意识之舆论。事实所关，有碍前途，同人等知其不可为也，故有全体辞职之举。善济旋里，杜门【以】避贤路，倘得最后之公理，后来者自可著手，区区一身之进退不足计也。嗣蒙诸君子视远为明，力张公道，宫君莅止，敝省人心一为转移，报告书出而各省议局函电交驰，有如合辙。非诸君子鼎力主持，何以能此。岂惟鄙人实受其赐，巩议局之基础，导舆论于健全，胥为诸君子是赖。顷郭君希仁惠然远临，敝省维持会诸君又复一振，踵门恳告，迫以不得不出之势。自问亦有心知，讵敢坚持初志耶。伏念吾国之不讲群学（文）〔久〕矣，自贵团成立后，始有合群之机关，而化除省界之实行，首以敝省为实验场，则他日左提右挈，共济时艰，尤于诸君子有望厚焉。善济拟刻期旋省，回局视事，第安已涣之人心，收既破之残局，恢复无形之信用，决定进行之方针，恐非棉薄所能胜任，尚望诸君子时赐教言，（于）〔匡〕我不逮，【不致】以一部分之破坏，致累全局，以重（贴）〔贻〕诸君子之羞，则善济幸甚，全晋幸甚。专布鸣谢，并抒下怀，祗请公安，诸维垂察不备。梁善济顿首。

《顺天时报》，宣统二年六月二十日（1910年7月26日）

山西谘议局致代表团电

小沙土园代表团鉴：顷接维持会赴啍来函，梁议长已允回局。晋谘议局办事处敬布。

《顺天时报》，宣统二年六月二十日（1910 年 7 月 26 日）

晋省维持会致代表团函

代表诸公鉴：敬启者。敝省自梁议长宣告辞职，全局动摇。蒙诸公垂念晋人，主张公道，曾推宫公砥堂来晋挽留。宫公回京，又将敝【省】禁烟情形电告各省，一经品评，是非自见。月之三日，复承郭公希仁重来挽留，鄙会同人实深钦感，遂于郭公到晋之次日，召集全体公举孟履青、渠清舫、张孝萱等，藉诸公名义，亲往梁议长里门重行劝驾。顷接孟、渠诸君来函，欣悉梁议长深明大义，未敢坚持退志，已允回局。此后敝省全体得以维持于不败者，皆诸公之力也。全晋绅民受赐非浅矣。专此奉闻，敬请钧安，伏维垂察不宣。（会员姓名从略）

《顺天时报》，宣统二年六月二十日（1910 年 7 月 26 日）

各省谘议局要电汇录

谘（谘）〔议〕局鉴：梁议长被诬，各省咸谅，恳勿轻去，以全大局。川议局。五月初三日下午十钟。

谘议局鉴：贵议长横被诬罔，同人深为扼腕，仍望勉留省切。奉局。初四日下午四钟。

谘议局梁议长鉴：事既白，请不必辞职。江省谘议局叩。初四日下午五钟。

谘议局鉴：交文事诸公处理尽善，毋因浮议，遽萌退志。湘议局。支。初四日下午十二钟。

谘议局梁议长鉴：通告敬悉。交文案非公等之过，乞仍留局，力任艰巨，万勿遽萌退志为盼。桂谘议局。支。初四日下午十二钟。

谘议局议长鉴：接代表团电，先生被诬辞职，同人恳留，以顾大局。陕西谘议局叩。初五日。

谘议局鉴：诸公被诬，愤欲辞职，如桑梓何？请为晋计，勿萌退志。粤议局。麻。初六日上午十钟。

谘议局鉴：接京电，公等被诬，终见昭雪，请勿辞职。黔谘议局叩。初六日下午六钟。

谘议局议长鉴：诬已辩明，仍请复职，以顾大局。山东谘议局。虞。初七日下午六钟。

谘议局议长梁鉴：前函留，谅蒙霁照。兹经代表团查明，阁下实系被诬，切恳仍尽义务，勿为浮言所陷，俾孚众望而维大局。吉省谘议局电。初七日下午十二钟。

谘议局鉴：贵局议长暨常驻议员以交文事被诬辞职，闻之骇愕。公论俱在，是非易明。进退所关，事体滋大，祈勿萌退志，力维大局。皖议局叩。初九日下午二钟。

谘议局鉴：交文事公论自在，乞顾大局，勿辞，以待开会。闽谘议局。

《晋阳公报》，宣统二年七月初三日（1910年8月7日）

太原府周太尊劝梁议长回局函

伯翁仁兄太史阁下：前奉环章，承示进退之节一因乎时，又复以大局为重，不斤斤于个人关涉。卓识宏谊，至为感佩。今距开会之期不及三月，其有应兴应革所当编为议案者，关系宪政前途至重至巨，只以机关不完，未能预为研究，一若各抱消极主义者。然则公之来益不可缓矣。夫公之所争者，是非耳。盖是非本无一定，但以主持是非者其人之资格、之价值为定点。各省谘议局及代表团诸君，今日之最有资格而价值最高者也。前者函电之驰，力彰公道，宫君玉柱复为造庐之请。是公之无负于山西，无负于谘议局，已为全国团体所公认，岂复悠悠之口所能肆其雌黄耶！今代表郭君又相继至矣，意必得公之出而后已。层台及维持会全体复殷殷相望，如大旱之于云雨，计此时公必不能却。然俟其至而即来，与俟其至而不即来，其于人望之能餍与否为何如耶？渤于公非有所私，亦知君子爱人以德，去就所关，断不敢以非道相劝，伏维垂督是幸。晦明风雨，我劳如何，瞻望云天，企念曷极。草草奉状，敬请台安，诸希惠照不具。馆愚弟周渤顿首。

《晋阳公报》，宣统二年七月初三日（1910年8月7日）

代表团陕西副议长郭君希仁劝梁议长回局函

伯翁先生大人左右：一带遥隔，未获奉教，然盛德大猷，远迩咸知，属在下风，久已饫闻。具悉数年来提倡公益，保持利源，不遗余力；而于谘议局筹办之际，即主持铲除鸦片毒根，长官见信，士民翕服，一鼓作气，俾数千里毒气一朝净尽，斯又二十二行省谘议局之所无，而敝省尤望尘莫及者也。治疽无完肤之方，除弊无万全之策。交文一案斯固禁烟问题中应有之波澜，事理之常，亦天下人所能共谅。讵意《晋阳公报》以不由衷之言颠倒是非，又阳冒舆论之名，以阴肆其鼓煽之计，遂令长者之心无以自白，浩然远引，杜门不出。都人士如失长城，奔走相告，代表团设法维持，越境挽留，而长者仍坚卧不起。耿介不苟合之操，此时固大白于天下矣，然而全局已因此牵动，各团体皆为之不灵。脱竟此决然不顾，恐数年建设败于垂成，后此公益之举更难望其发生矣。士君子任天下事，要当问居心如何，内省不疚，无恶于志，便当毅然做将去，意外龃龉可以置之不理，半途阻碍亦须委曲求全，良以事业难成而易败，时机难得而易失，未容一误再误也。若因流俗人之谤议，浅见子之讥评，便尔志灰气阻，委心任运以自白，致事机一失，全局破坏，曲直虽明，事已不可为矣，当亦仁人君子所不愿也。大臣为国受恶，豪杰不亟亟自明，用意良有所在。时局孔亟，来日大难，人行将奴戮我、灭绝我，岂尚是斤斤计较名誉之时。况公理自在人心，天下均有定评，彼一二无价值之盲论，又乌足以浼长者乎。清洁易污，昔人所戒，若竟决然舍去，适以堕小人之术中而快其意。贤豪作事，亦不宜出此。秦晋事同一家，不忍坐视，又重以代表团之委托，用敢尽情以陈。万祈俯顺舆情，命驾遄至，则不惟贵省之幸，即敝省亦有无限后望也。鹄立以俟，无任盼切，恭候道安，诸惟心照。后学郭忠清顿首。

按：维持会赴崞县邀梁议长出山。闻持层宪暨北京代表团、本省各机关要函计十三件。此两件未封口，因得照登。

《晋阳公报》，宣统二年七月初三日（1910年8月7日）

梁议长谢代表团陕副议长郭君忠清函

希仁尊兄大人有道：奉读手教，奖藉备至，劝责交加，有如暮鼓晨钟，发人猛省，弟虽顽石，不能不为公点头矣。承示以古君子豪杰相绳，极佩。敝省此案，方事之殷，黑白混淆，疑信参半，尔时未尝不欲牺牲个人以全大局，乃跋前踬后，动辄得咎，致以最高机关而一切行动均不自由。设长此忍与终古，人将谓我议局何？不得已全体辞职，非仅为个人名誉也，为敝省禁烟前途也。公理所在，以去就争之，期为敝省议局确定一是非之标准，即为吾全国议局增约一信用之证券。但与宪政进行或有涓滴之助，弟纵衰朽终老，亦所甘心。嗣经代表团诸君子一再维持，宫君砥堂亲临寒舍，殷懃劝勉；各省议局，函电交驰；今公复以代表公众，冒暑惠临，自维德薄能鲜，惶恐无似；重以维持诸君踵门悬告，责之大义，动以感情，区区亦有心知，能毋怦然欲动哉！闲居端忧，屡次成疾，即当摒挡私事，勉强一行，否则何以对我二十行省之议局，更何以对极力主持公理之代表团乎？如公再作十日之游，定当面叩台从，藉抒仰慕。天涯知已，犹若比邻，况我秦晋，本属一家，则后此之借重于贵局，与夫待教于我公者，正未有艾也。先此鸣谢，祗请勋安，惟鉴不宣。愚弟梁善济顿首。

《晋阳公报》，宣统二年七月初三日（1910年8月7日）

谘议局办事处报告各议员函

敬启者。前于议长辞职旋里后，本省维持会公推孟君炳如、皇甫君天乙、徐君子澄偕同北京代表团公推宫君砥堂等先后赴崞挽回各情形，业已函告左右，谅经登览矣。嗣于上月（秒）〔杪〕维持会复推定张君孝萱、渠君清舫、孟君履春三次赴崞劝驾，适代表团亦推陕西副议长郭君希仁复莅晋维持，必得议长之出而后已。各省谘议局力彰公道，函电交驰，仍以速请议长回局为盼。而张君孝萱等遂于本月初五日持陕副议长暨本省官绅商学各界劝驾公函十余件驰往，初七日到崞，十一日返省报告。据云伊等到崞后，叙及各省谘议局迭次函电，暨代表团一再莅晋之盛意，并官绅顾念大局，始终维持之苦心，动以感情，责以大义，议长已应允本月十六日回局矣。知关锦注，合亟奉。

《晋阳公报》，宣统二年七月初五日（1910年8月9日）

梁议长谢各省谘议局函

敬启者。善济自通告辞职，即行离局旋里，两月以来杜门读书，不复与闻外事。自惟德薄能鲜，无以服乡人士，故急急引退，以待贤者。盖恐忍与终古，腼然领袖代表，因个人之不肖而累及于最高机关，将数千年创见之谘议局不啻为藏垢纳污之所，此后上交下交，为国为民，行将鄙弃之不遑，遑云兴利除弊乎！仆何人，〈斯〉敢首作斯俑，以贻羞于我二十行省之谘议局哉。旋经敝省各界同人组合维持会，一再推勘，剖判是非，然公理仍未大白于天下也。自吾各省谘议局函电交驰，力彰公道，慰留敦劝，训示周详，敝局同人共深感激。吾国省界之划分久矣，秦越肥瘠，漠不相关，积弱总因，悉在于此。我议局诸君子见及于一部分之破坏，全国均受其影响，【遂】尔合力挽救，不遗在远，意欲搏既散之沙而使之复聚，持已解之瓦而令其再全。岂惟敝局受福，【将】造健全之舆论，伸正当之民权，胥于此举实【图】创之。重以代表团诸君，深虑黑白混淆，派员调查。宫君砥堂亲临寒舍，温语奖勉，旋京报告，公布全国。郭君希仁再莅并垣，遣使敦劝。维持会同人又复踵门恳告，责劝兼施。心非木石，能毫无感觉耶！刻已【于】六月十六日回局任事矣。第收拾残局，再接再厉，复无形之信用，决定进行之方针，区区棉薄，终难胜任，惟有与驻局同人协力同心，共图补救。来日大难，此后借重于各议局诸君子者，正不知凡几也。尚望始终玉成，俾敝局得为后尘之步，则幸甚矣。专此布谢，敬请公安。梁善【济】顿首。

《晋阳公报》，宣统二年七月初六日（1910年8月10日）

梁议长公布各议员书

敬启者。善济自辞职旋里，已两月矣，杜门谢客，不复与闻外事〈闻外事〉。自愧德薄能鲜，有负诸君委任，故引退以避贤路，无令因个人之不肖致误全局，以重贻诸君羞。倘得公理稍明，俾后来者有可藉手，善济即衰朽终老，亦所甘心。旋经各界同人立会维持，一再推勘，剖白是非，作书通告，走奔拯救，靡日不遑。公理已稍稍著明矣，然犹未为天下所公认也。自代表团诸君子派员调查，力彰公道，宫代表远道来省，(阶)〔偕〕维持会诸君亲临寒舍，慰劝再三。尔时以事实所关，未敢轻允。宫君旋京报告，公布全国。各省议局函电纷驰，合力挽留，情词恳挚，有如一辙。盖代表团与各议局有见于地位既处同等，利害即有关系，深虑以一部分之破坏影响及于全局，以故化除省界，扶持颠危。吾晋人视之，其心理当如何；吾局诸君视之，其心理又当如何。今者陕副【议】长郭君希仁又承代表团之委托而来，客驻并垣，修书遣使，意必得鄙人之承诺而后已。而维持会诸君又复联【襼】踵门，谆谆劝告，责之大义，动以感情。心非木石，能终恝然耶！刻已与维持诸君面订数则，定期返省，于十六日到局视事矣。伏念破坏之余，益形困难，其何以收已涣之人心，振既散之残局，恢复无形之信用，而决定进行之方针。区区能力绵(簿)〔薄〕，断难胜任，诸君休戚相关，成败与共，其必有以教我乎。会期在迩，准备毫无，兴革大端，急待研究，祈诸君留意焉。专此公布，祗请台安。梁善济顿首。

《晋阳公报》，宣统二年七月初六日（1910年8月10日）

维持会公布梁议长来函

维持会曷为而有乎？为交文事起，众口铄金，群噪聋天，全局殆哉岌岌，于是乎组合一会以维持之。议长出而全局之岌岌者将藉之而镇定焉，而维持会之希望几于达矣。顾维持会之起也，率以个人自由之心理，迫于公理之所不容已，不召而至，不介而孚，由少数而成一大团。对于维持事件，我会员奔走呼号，手瘃足茧，笔秃唇焦，卒能镕已铸之错，而使之反正，挽将倾之厦，而支以一木。时之艰也，力之瘁也，愿力之宏大也，将至此而散，无所事事乎哉？覆车已过，来轸方遒，扶植助长，公议切劘，正未有艾。议长梁公改为（公）〔共〕进会之建议，固与我全体会员之心理隐相符合也。所云互为联合，情谊时通，彼此纠绳，痛除积习，同人共勉之而已。至其二、其三，言衷情实，自当共谅。兹特将原函公布，固从梁公之请，亦以见本会【改】变之所由始也。维持会同人公启。

原函附后

维持会诸公钧鉴：敬启者。弟学薄才疏，未孚众【望】，咎由自取，引退避贤，非为个人，实为大局。迺蒙诸君子不弃葑菲，再四挽劝，热忱毅力，下怀钦感。日昨抵省，又复枉驾郊迎，开会表欢，谆谆训勉，自当书铭座右，力为其难。弟日前面请各节，谅已代为宣布，惟仓卒略陈，未尽所怀，兹复申述于左，幸诸君子垂察焉。

（一）改维持会为共进会，以监督自治机关也。吾晋绅团本属幼稚，而能力又极薄弱，共同扶植，进步犹难，稍事（携）〔摧〕残，立见瓦解。目今自治各机关种种失败，穷源竟委，能毋疚心。谘议局范围较大，原可监督各机关，然基础未固，救过不遑，抚念时艰，急待共济。今改为共进会，凡我自治机关，互为联合，情谊时通，彼此纠绳，痛除积习。嗣后有一二诡邪，越理违法，由会制裁，不涉官厅，养成道德心，培我自治力。前途补救，扼要在此。

（二）自交文案发生之事件，鄙人不敢与闻也。此次风潮，以议局为中心点，及辞职旋里，一切效力固已中断，凡属期限以内所发生者，结果均归之行政官厅，鄙人漩涡未脱，【无】敢市之恩，亦无可任之咎。息壤在彼，他日请念。

（三）议局权限以外之事，私人关系请勿事过求也。鄙人前此对于外界力所能及知无不为，然因此丛怨，正复不浅，【苹】末私憾，大风覆舟，毖后惩前，足为炯鉴。今无形之信用既失，只好恪守权限，收效桑榆，凡我同人，谅此苦衷。

以上所述，第一为公众对于大局之关系，第二、第三为自身对于大局之关系。倘蒙诸君子赞成，请即公布各界，图进行之组织，而防祸患于未然。鄙人幸甚，大局幸甚。谨此致谢，略伸下怀。敬请公安。弟梁制善济顿首。

《晋阳公报》，宣统二年七月初六日（1910 年 8 月 10 日）

谘议局为禁烟成议致在籍议员函

在籍谘议局议员诸君仝鉴：前因禁烟成议势将破坏，于是一议案既无效果，他议案已成具文。驻局正、副议长暨议员以宪政所关，不得不退避贤路，待来者挽回残局。兹是非大明，经各省谘议局、北京国会代表团暨省中维持会先后挽留，业经照常办事。此后禁烟成议既为铁案不移，其它去年所议各案，亦势在必行。刻已呈请抚部院通饬各行政官矣。现第二届常年会又将临迩，筹备在即，除已呈请抚部院饬各区复选监督转知于八月初十日以前到局外，所有各地方应兴应革事件，务请先期豫备，以便汇齐后早日研究提议。此启。谘议局公启。

《晋阳公报》，宣统二年七月初九日（1910 年 8 月 13 日）

维持会绅商学界为申明公理速维大局通告书

禁烟为我国今日立宪之第一要政，山西一年禁绝，为我省近来新政之第一特色。无论何人，既不能以中国之禁烟为非，即无论何人，决不能以山西之一年禁绝为左。朝廷许之，政府韪之，各省快之，外人誉之，曾不转瞬，而竟有交文烟民种烟之事。各报讹传偏激之论，谘议局议长暨常驻议员有辞职之举，事以相因而踵至，祸以积渐而必成。山西乎，山西乎！某等为山西之前途计，即不能不为山西之大局危，更不能不为山西之公理惜也。虽然，山西之公理固昭昭在人耳目，（总）〔纵〕浅见之士为一二营私者流震荡眩惑，有黑白淆乱之一时，而究之天理人心相摩相荡，终必有水落石出之一日。独山西大局，阽危之象，朝夕猝发，即在目前，设一旦崩若隄决，势如燎原，虽有善者，亦无如何。嗟我省同胞忽焉不察，故某等见微知著，思患预防，不得不奔走号呼，速通告于我伯叔兄弟之前，使一为觉也。何则？谘议局者，全省人民【之】代表，而地方舆论【之】一大机关也。谘议局之言论非，则各报之言论必是；谘议局之言论是，则各报之言论必非。自常人视之，莫不若是。然谘议局当悠谬之簧鼓，即可以辩，而议长诸公乃本章程之权限，姑置焉而不辩；即不然，当省报之攻击，亦可以一辩，而议长诸公乃本维持大局之苦衷可以自信，仍漠焉而不辩；再不然，当各报之诋骂，亦可以一辩，而议长诸公乃本禁烟之铁案势不能翻，彼报纸之谣传均无价值，仍恝然而不辩。及至汉口各报指名攻击，直接痛诋，咄咄逼人，势难缄默，既不得不以一去而保此名誉，为一局计，尤不得不以一去而争此公论。其引身而去也，如若为报章屈者，而其实为公理伸也。然此可为知者道，可为有识者言，可为上流社会【之】诸【公】喻。脱使议长诸公愤然辞职，而抚宪准为召集全体议员矣，行政官厅率然准请召集全体准为开临时会矣，夫全体议员之认可与否兹不具论，而谘议局解散之事，即一言以传播于通国矣。某等知曾不转瞬，而种烟之民、卖烟之户、吸烟之人，势必嚣嚣然相争而起曰：使我等失种烟之利者，谘议局也；使我等蒙发□之害者，谘议局也。朝廷本不欲害民，而谘议局主张禁烟；抚宪本不欲杀人，而谘议局主张励行；地方官本不欲戒烟，而谘议局〈为〉主张惩治。一倡百和，狡焉全逞，通省皆哗，一发难制。禁烟之功，【毁】于一旦，防之既不胜其防，劝【之】复不胜其劝，授官厅以剿办之名，陷同胞于匪徒之列，谁【为】尸其咎乎？幸而兵进民伤，使吾民有畏死之心，其患尚小；不幸而民进兵伤，启军队仇杀之机，其祸乃益大矣。而况山西【乃】种烟【最】多之省，全省动摇，又复有鞭长莫及之虞。此处之聚众才闻，而彼处【之】请兵又继；报省之民变方殷，而出省之兵哗更警。祸患相寻，惨剧益烈，言念及此，能不寒心。不特此也，陕省上年禁种竟成粉饰，今虽若认真搜查，保无有（挺）〔铤〕而走险者乎？甘省连年荒旱，今岁本可缓禁，长将军【庚】奏请从缓，而部议驳之。其地汉回杂处，民俗强悍，【邻】封密迩，影响弥捷。假使愚民种烟之心三省一气，饥民、会匪所在皆有，揭竿斩木，蠢蠢欲动，一夫夜呼而莠民响应，酿西北之巨患，贻君父以大忧，发端甚微，而流毒靡底，所谓事以相因而踵至，祸以积渐而必成者，此其故。可不深长思哉！然则议长诸公辞职之心，可为知者道，可为有识者言，可为上流社会之诸公喻，而切不可使一般人民有所窥于其际也。□为山西之大局危，而不得不为谘议局诸公疚，然而谘议局诸公有宁任其咎而不辞者，则一二营私者流，出其阴狠之手段，迫谘议局诸公于不得不去之地，以达其凶险【之】目的，故加谘议局诸公以不顾大局之名，而使鬼蜮之辈反逍【遥】于事外。脱一旦某等之言不幸而中，又复肆其局外事后之莠论以神其奇中，则交文一案之症结，其是非公理之所在，不得不痛切申【明】于我伯叔兄弟之前也。

山西禁烟【之】事，发起于谘议局前筹办处之研究各员，而实成于现任巡抚之【丁】大中丞。上年谘议局成立，谘议局之议员半皆筹办处之研究各员，此山西禁烟之总根据也。今春交文事起，劝谕弹压自有官厅，谘议局无执行之权，本可不问，而抚宪推诚下问，且事关大局，谘议局乃公推孟君履青、□君丽斋驰赴文水，复推曾君子常、张君□生驰赴交城，以为明谕煌煌，【而】愚民艳利，一为劝告，势必适从。而孰意一□奸民密倡种烟，良善之人胥被迫胁，交文两县联合至三十余村，下种至二十余顷。传唤不来，文告不受，名为要求，实则强硬，数日之间，势成莫解，以致劝告无效，寝成恶果。当是时也，某等同中丞痛防患之疏忽矣，然而无及矣；孟、【曾】诸君愧劝导之无效矣，然而无济矣。谘议局立于不功不过不受诘责之地位，以为愚民无知受创，虽不胜矜悯，而禁烟前途幸从此大定。是谘议局诸公之眼光能及于远，而其手段则甚疏于近也。夫交文之烟，上年曾否禁绝，今春曾否下种；首府之到文也，愚民曾否违抗；军队【之】拿人也，各村曾否进围；有交文之人心，有山西之公论，有天下之耳目，有查办各员之实地调查，是非得失，不日昭然，某等不暇辩，亦无容辩也。而某等【所】最注意而不能不特为辨者，则本省报之报告不实，《汉口报》之直攻议长是也。虽然，物必先腐也而后虫生之，人必先疑也而后谗入之，盖外报之传闻，实本省有以转轮之；本省之转轮，实一□人有以主使之。本省报之初出也，人情色变，顿然改观，然核其所论，不过曰派兵不当也，用兵失宜也。夫爱【惜】民命，人有同情，其论虽激，而其心无他，似犹若近于公者。乃未几而专事苛求矣，乃未几而有心诬罔矣。以全省公认之谘议局，而八面摭拾，横肆诋排，为公乎？抑为私乎？且观其报纸所载，曰奸淫掳掠也，曰犒赏三军也，曰死伤二三百人也，【曰】妇女流离载道也，曰交文面价每斤需钱二百文也，种种讹言，种种恶谑，据传闻乎？抑据思想乎？某等均不得而知也。即使自反而问，亦不知其自居何等也。吾亦试假该报章理□诬人之手，还出一言而直揭之曰：推是心也，盖欲破坏谘议局之心志，久蓄于胸中而不得逞，特遇此交文一事，遂一发而不可止耳。然与？否与？如曰不□而冒藉烟民，亲供具在，非其证与？嗟乎！山西乎，同胞乎，吾伯叔兄弟乎，谘议局之价值若何，某等亦不暇得而详也；攻击谘议局之价值若何，某等亦不暇得而断也。所可虑者，则维谘议局诸公一有解散之言，而一般人民必有结合之势，可为惧也。某等拟通告之后，使吾伯叔兄弟咸晓然于公理所在，然后具禀抚宪，请其缓为出奏，实行换留。谘议局诸公而可留也，则愚民不至误会，而大局不至动摇；谘议局诸公而不可留也，则请吾伯叔兄弟速为转告□□，切不可误会种烟，□吾民于惨剧而致大局于破坏也。吾不知谘议局诸公肯一为动听否？吾又不知主张转轮诸公肯一为动听否耶？愿同胞勿误于浮言，则三晋幸甚，大局幸甚。全省绅商学界公启。

《晋阳公报》，宣统二年七月十六日（1910年8月20日）

维持会致北京同乡公函

敬启者。前奉一电，报告议长回籍，常驻议员将依次告退，公恳设法挽留，以维大局，想登尊鉴。电文简略，兹再【规】缕陈之，幸垂察焉。

自交文事起，各报哗然，群以为办理不善，在外同乡亦来函指摘，而谘议局厕于其间，遂为众矢之的。夫行政官之办理此案适当与否，系另一问题，姑不具论，而谘议局对于此事，则力守权限，未曾越雷池一步。（测）〔恻〕隐之心，人皆有之，矧在同乡。突闻愚民种烟，演出惨剧，固已心焉伤之，而主动者乃出于谘议局，袒官虐民，能无发指。不知此乃出于一二人不快于谘议局员者之所为，凭空杜撰，借题发挥，苟以自便其私图，固不得据为信史也。今各报访事流氓蒋景汾已由行政官拿问矣，审判之下，各界参观，于交文一案，信口雌黄，捏造黑白，露登各报，证据确凿，或为人傀儡，或自发毒螫，穷困糊涂，直认不讳。报纸之所抨击，同乡之所误会，惨案之所发生，皆由此人为导线，而禁烟大局几至动摇，谘议局将自此解散矣。夫烟祸之宜禁，不待再计者也；谘议局为全省舆论代表最高之机关，为吾国数千年来之所未有，固不得令其陷于孤危，任其解散，亦不待再计者也。今以公论未明，群集矢于谘议局，而议长、议员彼此联翩辞职，既足以灰任事者之心，而主持禁烟之人，因禁烟事牵连而辞职，则并足以动摇禁烟之大局。天下贤智少而庸愚多，百姓何知，彼见省中现象如此，必且别有会心，乘罅而斗其捷，巧于尝试，勇于冒犯，一呼百应，烟祸复发，何以禁之？现在以私种见告者，阳曲、永宁而外，又四五处矣。况此外监督议案之执行，并发表调查，所关系于吾省前途者更艰且巨，顾可以一二人之私见煽惑，遽令堂堂代表全省总机关竟烟消云散，陷大局于危险之地耶！有以知其必不然矣。此间耳【目】既近，闻见较真，方事之殷，各报哄传，捕风捉影。彼□□□，市虎成于三人，杀人可诬曾子，即恐其因此致误大局，群拟布告全国，务使得其真相，以待公论。不图迫不及待，祸至此极也。洎谘议局提起辞职，当即由在省绅商学界开全体大会，数次公议挽留，拟定办法三条：一、呈请抚宪设法维持；二、撰印辩明书，宣告全国，恢复谘议局名誉；三、《晋阳公报》对于此事时持偏宕议论，以致公理不彰，因忠告股东停版数期，更换主笔。以上三条均已实行，叠经全体赴该局挽留，而议长一则曰头可断，名不可污，再则曰以待最后之公理，词甚决绝，且声明明日即行旋里。常驻议员亦均执一致之词，司道同行挽留亦均归无效。今议长行矣，常驻议员姑准弟等之请，暂留数日，转瞬即以次解散，谘议局将成一空洞场所。如听其破坏，另行召集，则去非其咎；大局攸关，勉强挽留，则已成画饼。窃思公理不明，则谘议局员不能挽留；谘议局员不能挽留，则禁烟之根基断难巩固。故欲禁烟，则不得不维持谘议局；欲维持谘议局，则不得不有待于公理之彰明。公理者何？只大多数人之公认而已。诸公热心梓里，对于谘议局素表同情，目今交文一役，见晛雪消，内容是非，轩豁呈露，禁烟事宜，颇闻仍主持进行，逖听之余，弥增铭感。弟等能力绵薄，无能为役，惟有公恳诸公设法挽留，以维大局。山西幸甚，中国幸甚。

维持会绅商学界许上林、孟步云、郭象升、王继先、刘辑五、李澍洲、傅汝绶、李景泉、靳彝、孙莲青、李友莲、乔殿森、李润瑶、张应麟、刘肇文、杜诚、张琳、皇甫振清、王鸿遇、贾若谊、马作宾、乔毓仁、赵戴文、任祖荫、米佩棻、渠本澄、高笃旟、武荣爵、龚秉钧、李广勋、吕凤藻、李庆芳、张之仲、王静山、徐一清、裴宝棠、解世清、刘砚畲、庞士俊、贾善政、刘仁厚、王锦雯、贺友萱、曾纪纲、方炳南、黄守渊谨启。

《晋阳公报》，宣统二年七月十九日（1910年8月23日）

维持会绅商学界为谘议局被诬伸明公理通告书

谘议局为一省舆论之代表机关，而报纸则以指导舆论为天职，均立于监督行政之地位，必两相维持而不相排击，而后数千年民权发轫、神圣不宜侵犯之谘议局乃可以稳固，而不受制于行政官厅。山西谘议局因交文一案，《晋阳公报》、《汉口中西报》误于贪利挟嫌之访事及奸人，不察真相，肆口诋诬，以致各报辗转传抄，几于是非颠倒，公理不复明于天下。鄙人等均为晋人，不得不略为辨明，以存公论，愿关怀大局诸君子其垂听之。

鸦片之祸，足以亡中国也，妇孺皆知之。禁烟令下，各省多逡巡而不敢直进者，其故有二：一、官府惧乱，恐碍于升官；二、绅士畏难，恐因以速祸。准以上二因，得论理之演绎如下二例：

（甲）瘰疬足以杀人，欲救人必去瘰疬，欲去瘰疬，虽皮破血流而不恤，是两害相形取其轻之意也。人见其皮破血流，而归罪于去瘰疬者，是欲杀人也，不仁之甚者也。

（乙）烟足以亡国，欲救国必禁烟，欲禁烟，虽杀人勘乱而不恤，亦两害相形取其轻之类也。人见其杀人戡乱，而归罪于禁烟者，是欲亡国也，亦不仁之甚者也。

山西为我国种烟极盛之地，以最难禁之省分，而成效转最速，其原因甚多，而究以官绅协力为成功之主因。官界则丁中丞提倡于上，而寅僚又以一致之精神辅之；绅界则梁局长奋励于前，而士商学界又能踊跃急公以助之。此非仆等今日之谀词，试回想一年以前之舆论，并公牍之所（戴）〔载〕，报章之所登，固天下所公认，而无丝毫疑义者也。岂料烟民藉口于陕、豫之未禁，聚众要挟，阴恃其势众，而阳以不能生活为词，违抗功令，推翻议案，以文邑弹丸之地，率行种烟至二十余顷，鸣钟结约，势甚汹汹，对于劝导员绅有持械恫喝之行动。是谘议局之咎欤，抑行政官厅之咎欤？愿待天下之公断也。不幸而至于派兵弹压，又不幸而至枪毙人民，是诚万不得已之举。然推原祸始，实劣官刘彤光所酿成。今刘已被参，是亦足以警矣。而报纸喧传，群集矢于谘议局。在各报纸，以讹传讹，不过随闻录，并无深仇宿怨于其间。而谘议局为代表舆论之机关，因此失其信用，一切议事、立法权限，将尽失其效力。然禁烟大局乃中国之存亡问题，自交文案发，官界以碍于查办之嫌，绅界以困于媚官之谤，大有不敢急激负责任之意，遂致阳曲首善之区，先犯禁种之令，各属闻风效尤者尚伙。禁种之局瓦解，禁卖、禁吸更无论矣。今谘议局已决议全体辞职矣，官绅界均鉴于丁、梁禁烟之失败，人人有趋避之心；被禁各地方又大快于官绅界之失败，而有侥幸再种之望。为此函告天下之关怀大局诸君子，勿再为贪利挟嫌之访事及奸人所误，主持公理，维持大局。中国幸甚！三晋幸甚！

《晋阳公报》，宣统二年八月初三日（1910 年 9 月 5 日）

山西谘议局覆江苏张议长函

季直先生有道：顷读惠函，悉贵局所拟第三次国会请愿办法，并拟十月尊驾北上，组织议长请愿团，以开请愿之新面目。热心毅力，钦佩莫名。敝局窃以为，前两次请愿，连篇累牍痛陈国会速开与不速开之利害，以求达请愿之目的而卒归无效者，有空文无实力也。此次办法，无论直省议长未【必】能到齐，即同意赞成，指日赴都，犹是少数代表，势力究嫌薄弱。推政府前此不遽允准之心理，未尝不以为代表实系少数，究竟一般国民有无知识程度，尚不可知。是请愿之举，当以少数而扩充至于多数，未便由多数而归纳至于少数。倘一击不中，继续尤难，矧所恃者，仍是一纸空文乎！使无实力以盾其后，窃恐议长团之请愿，与代表团之请愿，同归于无效耳！刻当资政院、谘议局同时开会之期，月前联合会之请议案，与此次代表团之三次请愿书，均已到院，若联络资政院互选议员，并合联各省谘议局，此案院中如不能通过，互选议员全体辞职，各省谘议局同时解散，揭开立宪之假面具，使政府无所遁饰。如此办理，似较有实力，不知尊意以为何如？当此危急存亡之秋，以图挽救，断非少数人所能济事。先生为全国人望，代表团为旧有团体，尚望鼎力维持，庶不至有散沙之虞。临楮踌躇，无任盼祷。专覆，敬请议安。

《晋阳公报》，宣统二年九月十九日（1910 年 10 月 21 日）

山西省北盐务总局张珠农观察致谘议局议长函

伯祥议长仁兄大人阁下：日前趋谒未晤，与筱翁、诚翁两副议长面罄一切，祗悉政体违和，想今已喜占勿药，芝丰未接，葭溯良殷。整顿盐务办法，原系挽回四方侵销之利，统归本省。备承雅意，鉴此诚悃，钦感莫名。惟原提议案本同一爱民之心，转多误会之处，不能不逐一解释，敬为阁下缕析陈之。

原案称官运蒙盐无益公家一节，查潞纲引盐，至太汾已成弩末，蒙盐不能南下，潞盐又不能北上，花马池盐及小盐所以乘虚侵入。故欲禁花、小各盐，则必于土盐之外兼销蒙盐，正所以恐群忧淡食，商民交受其困也。且官运与官销不同，近年官盐局之弊，皆弊在官销，而不在官运。原案以官运、官销混为一谈，故援阮侍郎之奏。盖官运官销，则官与民直接；官运商销，则商与民直接。免厘免税，非官不办，故运必归官；子店散贩，惟商最宜，故销必归商。若蒙盐由官运，则厘税可全蠲，盐纯而价廉，计每觔可减价四五十文，少亦二三十文，既可以便民食，复可以裕民财，计无善于此者。盐归商销，则商皆晋人，每州县认商出售需人，运脚需人，子店散贩无往不需人，即无往不为民利。省北设官盐局，不过几处，皆在口岸，隶于总局，内受考成于盐政处，外受考成于抚宪，不丝毫假手于州县官，又何从而舞弊。此官运蒙盐有益于民之实在情形也。若谓于公家无益，则盐政处固以恤民为本旨，整齐盐法初非有取于民，为民即是为公，利民即以利国也。

原议案称规复水运大碍潞纲一节，查潞纲之碍，碍于花马池盐及小盐，而非碍于蒙盐，此尽人所共知。将来划分引岸，太汾且许行销潞盐，至潞纲四十余处，则不许蒙盐颗粒侵入，南北两岸，蒙自蒙而潞自潞，潞纲不能越境而北，蒙盐亦不能侵岸而南，行销各有范围，则界限自无虞其混淆。北蒙南潞既并行而不悖，自两利之俱存。原议案所谓潞商撤而吉盐始利者，非事实也。且规复水运，则盐价既可减轻，盐运复能迅速，于潞盐无碍，而花、小盐亦因抵制而易禁，利民利商，更无过于此。

原议案又称限制土盐病民卒以病国一节，查限制锅数与限制土盐不同，产盐各地旧有锅户一概予以保护，所谓限制者，专指未为锅户者而言。凡锅户所熬出者，统由官买，统由官运，统归商销。譬之士常为士，农常为农，盐民各安其业，何至谋生无术。既不禁其熬盐，虽熬亦不加税，原案所谓剥夺小民生计者，不知何所指而云然。盖不许增加锅数，则所限制者非盐民，所保护者乃盐民。锅户有专利之权，方且改良发达之不暇，乌得云病。既不病民，则本局之目的已达，其为国之利固无俟赘述也。且原议案既称查禁花盐则吉岸、潞纲两无妨碍，又称乌珠穆沁盐仍用官督商销之法，又云整顿包头官盐局，是原议案意在兼销蒙盐，与本局办法原属相同，何又云取给蒙盐于人情为不顺。

抑原议案所请转有不利于盐民者，则设法整顿锅税与划一蒙土各厘两节。查晋省产盐各属向无锅税，凡锅户所出者皆饱胥吏之私囊，于盐民已属不支。本省于土盐仅每斤抽厘金三文，余无所征，一岁征厘金数千金。原议案指为厘税在二十余万以上，未免失实，而且向未征收锅税，何整顿之可言。至土盐每斤征纳厘金三文，向较蒙盐为轻，若划一两厘，土民必病。原议案所称杜绝小民生计者，莫此为甚，本局所不忍为也。

阁下为全晋代表，当不忍坐视鹾纲之分歧。弟为统一盐政起见，且服官贵省，志在为民兴利，有百益而无一损，区区之衷，当能垂谅。倘蒙俯赐采纳，俾原提议案各位议员泯除成见，必不以弟言为非。本局前途，进行节目，尚拟一一请贵局垂教。苟有丝毫不利于民，必当虚心受益，以期推行尽利，断不敢坚持己见，贻误民生。阁下健复如初，即当趋谒台端，面聆指示。肃此，敬请道安，统希鉴照不宣。

《顺天时报》，宣统二年十一月十七日（1910年12月18日）

梁议长复省北盐务总局张观察函

珠农大公祖大人惠览：日昨枉临，未能趋迓，极歉。旋奉尊谕，慇懃教以所不及，全局铭感，即委常驻议员协议，谨将公同意见另书呈览。伏念公究心鹾政，夙号专门，赞成此举，自应确有把握。又事关奏案，岂容以一二管见，妄嗣批评。鄙人再四向议员等磋商，深恐条议或谬，【迺】议〈迺〉员等谓，指陈利弊，本属天职，代表既以地方为根柢，则休戚与共，何敢意见相参。千虑一得之愚，未必无补于千虑一失之智也。非不知奉旨办理，未易挽回，特一般人民意思，藉以表示他日或有龃龉，议员等固不能负此责任矣。见仁见智，背道而驰，鄙人本无盐务学识，更不敢意存偏袒，第地位所处，倍觉为难，议员所右不得不右之，所左不敢不左之。知我罪我，祈公鉴原。贱恙仍未大愈，一俟健全，自当趋叩台堦，再领教益。专此奉复，即请勋安，惟希谅察。

《顺天时报》，宣统二年十一月十七日（1910 年 12 月 18 日）

晋谘议局覆电

山西谘议局昨接江宁谘议局来电，即覆云：江宁谘议局张鉴，来电极赞。鄙意先由院议员联请开临时会，解决外交问题，届时再联北上较有力。函详。善济叩。

《国民公报》，宣统三年二月初六日（1911 年 3 月 6 日）

梁善济覆张謇书

季直先生大人阁下：二月初一奉读电示，硕画荩畴，无任钦佩。昨已电表同情，谅邀尊览。自上年驱逐代表，遣发志士以来，民气一挫而不复振。由冬迄春，异常岑寂。外患即投间抵隙，接踵以起。虽原因不尽在此，而英法侵滇，日俄划满，俄借旧约之例外，肆意要挟，未始非民气涣散馁弱有以召之也。鄙意以为，联络直省议长电达枢府，以救危亡，固属吾辈天职，而在无责任之政府，未必因此一电，遽变外交方针及用人私见。为救亡计，惟有要求资政院议员联合多人，即请速开临时会，以国民外交速筹救亡政策，并促新内阁之组成。彼时我辈不妨联襼赴都，陈请建议，或开临时联合会，以为资政院之后援。民气一扬，或作外交之助力。设竟无效果，即由各议局再行筹商，以退为进，全体决裂，亦可少卸责于同胞，庶政府因以知警，敌人暂为敛避，目前之祸，或可少纾乎。否则，黑水白山，坐视分割，外藩边徼，相继沉沦，迨至身感痛苦，而已悔恨无及矣。一得之愚，贡陈左右，未审尊意，以为何如？倘谓迂缓无济，即请由先生主稿，联名电达，亦可赞同。但期有补于危亡，即可无拘乎成见，惟希执事图之。

《国民公报》，宣统三年二月十四日（1911 年 3 月 14 日）

山西梁议长之意见

梁君善济日昨致北京同志会函，略谓：前主张资政院开临时会，各省谘议局同时开联合会，共谋救亡之方法。盖一以卸责同胞，在亡国史上留一纪念，为消极的；一以激励民气，唤起一般国民，为积极的。论手段属于和平，论性质含有急进。倘要求开会，不蒙允准，则资政院议员宜声明本年会期不应召集，是不解散之解散矣。未审同人以为如何？

《大公报》，宣统三年二月廿八日（1911年3月28日）

晋省争废烟约

山西谘议局因该省禁烟极为费力，兹因旧约期满，未见外部颁出禁入公文，特电代表上书争废烟约。原文录下：国民公报鉴，敝省公举李君素、李君华炳代表上书外部，力争废约。晋局。

《国民公报》，宣统三年三月十九日（1911年4月17日）

三、纪　事

晋抚奏办谘议局

晋抚宝棻奏称：法治之国，首重宪政，而宪政之成立，有中央立法以集统一之主权，又有地方议会以采国民之舆论。今日各省谘议局之设，为地方上级之议会，凡上承顾问，下衷群言，皆属应尽之责任，关系至为重要。奴才以官绅集议为近日创行之事，必须格外慎重，方能历久无弊。当于省中司道大员及在籍绅士悉心考查，遴得现任藩司丁宝铨，学识优长，洞明时局，去岁议结福公司矿约，利归本省，当委为该局总办，专任统筹事宜。又在籍翰林院检讨梁善济，乡望素孚，热心公益，前在日本学习法政，于彼国法制多所考究，当延为该局局长，预备选举事宜。旋由藩司丁宝铨督饬开办，议拟谘议局创办所简章，分部设课，选任员绅，大要以养成谘议人员为宗旨。奴才详加考核，尚属周妥，即于六月十三日先行开局试办，仍俟奉到资政院详细章程，参以地方习惯，即当切实举办，以为开集国会之预备。至于地方自治事宜，与谘议局性质最近，附设尚为相宜云云。七月初六日朱批：该衙门知道。

《申报》，光绪三十四年七月十五日（1908 年 8 月 11 日）

山西筹办谘议局

山西省自奉谕旨开办谘议局后，丁方伯即日照会湖南候补道刘绅笃敬为议事部总参议，二品衔分省尽先候补道渠绅本翘为副总参议，以及日本法政毕业生解绅荣辂、刘绅绵训、崔绅廷献，又照会省外名誉议员成绅连增、常绅麟书、李绅华炳、王绅用霖、刘绅笃康、张绅西园、郭绅安仁、杜绅上化、许绅上林、许绅鉴观、杨绅兆泰等即日开办，设拟章程如左：

一、通饬各属速设自治讲习所，以豫备实行选举事宜。选举之法头绪颇烦，非毫无研究者所易办理。而一年期限为时甚促，拟通饬各府厅州县有选举监督之责者，各延请法政毕业生一人开设自治讲习所，选择区域内之有选举及被选资格人员入所听讲。其简章及课程由局中拟定，三月卒业为一班，暂以三班为率。第一班自本年九月起十二月止，俟第一班毕业后，明春即可办理选举。所请曾学法政人员，不必限定本籍，凡属本省官绅，均可自由选订，以免阻碍。其最僻瘠州县，筹款实系艰难者，准其会商合并办理。

一、附设自治研究所。局中由明年附设自治研究所，先限定学员资格，通饬各府厅州县选择保送。其有不合格者，遣回饬令补送。八月毕业，分两学期教授，以练习自治人才。局中延请教员各经费，应由库款筹拨。各学员旅费，拟由地方筹给。

一、调查各属有选举资格及被选举资格人员。谘议局章程所定五条极为明晰，但非先事详悉调查，则局中既无根据，将来各属所报无从核其合格与否。此为办理选举之第一要义。

一、分类调查。地方人民年龄、户口、住址、职业、财产为一类，地方警察、教育、实业为一类，地方财政为一类，逐类详列。表式札发各属，饬令按表填写，限期申报，则嗣后各地方遇事不易敷衍搪塞，而行政亦有所依据。

《时报》，光绪三十四年八月十一日（1908 年 9 月 6 日）

谘议局之效力

晋省烟祸最深，从前屡有禁种之令，均难实行。本年七月间，丁方伯在谘议局筹办提议云：晋省种烟之户太多，均应削去公民权，于明年选举事诸多窒碍。遍询各区士绅能否担任，旋经各区士绅公同决议，由本年起全行禁种。遂由丁方伯议定细章，详情具奏。现查全省冬烟一亩未经种下，为数十年未有之事。若仅恃官力，则万做不到，且聚众暴动之事，必均在所不免。此次由各区自任，分区自禁，轻而易举。此可见谘议局大有益于地方，将来宪政推行，地方无办不动之事矣。（公）

《晋阳公报》，戊申十二月廿三日（1909 年 1 月 4 日）

谘议局筹办处之困难

谘议局筹办处前定期限清单，二月初十日以前，各地方选举人名册均应一律申送，至三月十五日便须行初选举。兹闻期限已过，而名册未曾送到者，尚有六十余处之多，故筹办处甚为焦灼，已一面飞文严催，一面详请抚宪核示，倘至闰二月初十日不能到齐，初选期限万难赶办，该处不能任咎。

《大公报》，宣统元年闰二月十一日（1909 年 3 月 23 日）

初选举开票

阳曲县于三月十五日举行投票，十八日在两湖会馆开票，以二十八票为当选，计得合格者十四人：郑雨人五十二票，李祥五十票，慕勋四十六票，曾纪纲四十四票，乔超升四十二票，张熙四十二票，张桢四十一票，赵继兴三十九票，张希咏三十九票，孙良图三十六票，慕守邦三十票，李友莲三十票，孟继善二十八票，田凤翔二十八票。

定襄县初选举于三月十五投票，十九日开票，当选四人：宋光汤、张柳星、齐宝玺、郑淑。二十日重行投票，当选三人：郄嗣惜、刘肇兴、牛诚修。

《申报》，宣统元年四月初三日、五月初一日（1909 年 5 月 21 日、6 月 18 日）

复选举开票

太原府于六月十五日举行复选举事宜，次日开票，姓名录后：唐慎徽、程毅、渠本翘、张熙、刘文炳、成连增、任晋藩、贾荣业、刘大鹏、玉廷宾、曾纪纲。驻防一名：延善。候补议员：马继桢、王鸿绶、韩友芝、张希咏。驻防候补议员：金寿。

《申报》，宣统元年六月三十日（1909年8月15日）

选举诉讼

永济县学界翟用明等以郑重选举、保持名义等情禀奉谘议局筹办处批云：查该府复选监督暨司选员会详并名册内均声明，秦汝梅系先充该县高等小学堂教员，自应援照馆章第八条，现充小学堂教员者，停止其被选举权。兹阅该生来禀，以秦汝梅为小学堂堂长被驳，与该府所详各节诸多不符，本不应准，姑念该生等为郑重选举起见，仰候转饬该复选监督，查明覆核，毋再烦渎。

《申报》，宣统元年八月五日（1909年9月18日）

谘议局开局记盛

初一日，谘议局行开局式。上午十钟齐集，先由抚宪致祝词，继藩宪代表司道演说致祝，次请来宾演说。苏道味君（英国人，西斋总教习）、早川君（日本人，师范学堂教习，以日语演说，石君宪文为翻译）演说毕，议长梁伯祥、副议长杜子成演说毕，摇铃闭会。一时气象发扬，兴会淋漓，极一时之盛。将来宪政萌芽，民权发达，皆在于此。记者不禁拭目而望之。

《晋阳公报》，宣统元年九月初三日（1909 年 10 月 16 日）

谘议局选举议长之详情

前月二十五日，山西全省议员齐集谘议局内，举行正式互选。抚宪宝委藩宪丁充当互选监督，是日下午一时亲行临局，各议员举行一揖礼。先由监督演说谘议局议员与全省关系，谓："此次贵省正式互选议长、副议长，弟深为贵省前途贺。惟议长代表全省，责任綦重，所有举行互选，务须深长筹计，必举才望优隆，能担当此巨任者，乃为完善。副议长亦须能统筹全局，无所偏重，方为相得益彰。此即弟所祝颂者也。"说毕，依次互选。先选得正议长梁公善济，共得六十票当选。梁公遂起席对监督、各议员辞退，云"弟自东瀛归国，担任争矿、教育各项公益事务，心力运用已多。去秋迄今，又复筹办选举。数年以来，内外纷驰，精神疲敝。此番深蒙诸公举定，窃以弟之材力，曷克当此"云云。当经监督及各议员以公众委任，理无可辞，力为止之。次则互选副议长。先举得杜公上化，四十三票当选。又举得刘公笃敬，五十二票当选。当场杜公报告，谓："弟才浅学疎，兹获被选，殊深悚愧。惟刘公德望素深，识力兼备，近年来举办晋省各事尤为熟练，应请刘公列副议长首席。"监督、各议员同声赞成，参观者亦群为拍掌，副议长之次序遂定。次又刘公报告，谓："弟既经当选，所有前办之铁路事件，急请早日公推人员，以便接替。"当由各议员决议，铁路事宜，本属商办性质，且自刘公充任主持总理，薪水概未支领，既属义务担任，自与兼办他事者不同，仍请主持为宜。往复议论，不能悉记，直至下午七钟，始行闭会而散。（公）

《晋阳公报》，宣统元年九月初三日（1909 年 10 月 16 日）

山西谘议局选举常驻员

本月初三日，山西谘议局开会，投票互选常驻议员，由太原府周太守前往监视开票。以实到人数核算，过半数为当选，计当选者十八名，照录如下：李素八十四票，郭际丰八十票，武鸿藻七十九票，段慎宪七十五票，段雨田七十五票，申梦鹰七十三票，苗雨润七十二票，曾纪纲七十一票，刘志詹七十票，张士秀七十票，王廷弼六十八票，周泉清六十三票，王者聘五十九票，刘文炳五十六票，桐华五十三票，李玉山四十九票，杨馨桂四十七票，李苑林四十七票，李捧霄四十三票。

《申报》，宣统元年九月十九日（1909 年 11 月 1 日）

谘议局开幕之第一议案

晋省谘议局开幕之日，适有施医院英国医士某君来函，据言：省中新军兵弁之患风流病者甚伙，日来就诊实繁有徒，几有应接不暇之势。此种病症实系自作，并非天灾，敝院治不胜治，可否请贵省另立医院，以专治之，或请在上者禁止伊等之冶游，免致受此恶症。务请贵局诸公议一妥善办法，是为至要云云。

《大公报》，宣统元年九月十六日（1909 年 10 月 29 日）

议长不受札饬

晋省谘议局议长梁绅善济，近以开局以来，其行政长官所给该局公文，竟沿袭对待属员之例，概用札委，未免相视过轻，特于日昨开会提议，坚不肯受。嗣经副议长刘绅笃敬出为调停，详请晋抚收回成文，通融办理。晋抚以为未可，于是梁、刘二绅均致函辞职，并由各议员议举代表四人，邀求宪政编查馆妥定章程，改札饬为照会，刻尚未知能允准否。

《汉口中西报》，己酉九月十七日（1909 年 10 月 30 日）

议长位次问题再志

晋省谘议局前因督抚、议长位次未能解决，曾议举代表四人，往求宪政编查馆，以及议长坚欲辞职各情形，已志昨报。兹于本月初八日，宝湘帅特偕同丁方伯亲莅该局，再三挽留，谓："前次札饬，余并不存成见，容当电致京师，俟覆到后再行遵办。"并闻该局亦以公举代表一事，赞成者为数甚少，旋作罢论。想经此调停，当可不再争执矣。(言)

《汉口中西报》，己酉九月十八日（1909年10月31日）

谘议局议员之怪状

晋省谘议局议员可秉篪，本科之新拔贡也，人甚鄙陋，每与议长相见，辄胁肩谄笑，无所不至。日前会议某事，可推故不到，议长遣人往催，乃始赴会议厅，垂头呆坐。嗣闻议长议及调查禁烟，可复谓不敢担此责任，须由议长派人吩咐办理。其余种种丑态，尤指不胜屈。噫！议员为国民代表，乃竟有如此资格滥厕其间，诚令人不可思议矣。

《民吁日报》，己酉年九月廿五日（1909年11月7日）

谘议局之与报馆

晋阳公报社前于九月间曾撰为论说，讥讽谘议局议员，内载其会议场中有嗒然若丧、垂头欲睡者，有交头接耳、喁喁私语者，种种怪象，几于指摘无遗。该议员等见报愤甚，无可发泄。适值报社为扩充销路起见，送意见书于谘议局，某议员乘开议时起而言曰：报社为营业性质，销报多寡与我何干，况该报对于各大机关每缄口结舌，独于我议员则诋毁之惟恐不尽。若报社无求于谘议局则已，欲我局代为提倡，除非作我局一附属物，发纵指示，惟命是从方可。一时各议员闻之群和其说，议长复依违其间，无所可否，遂行押签法，而厌恶报社者实足三分之二，立将原书退还，不肯置议。现闻报社与谘议局互相诋毁，势成水火云。（言）

《汉口中西报》，己酉十一月初二日（1909年12月14日）

晋抚甘与舆论为敌

上月二十五日，晋省谘议局议长梁善济召集全体议员开特别大会，探得原因盖以丁抚见各报登载夏学津率兵在交文一带奸抢之事，大为震怒，特将该议长传去严加申斥，谓外间谣言全系谘议局造出，并谓近闻有人在交文自称《晋阳公报》访员，调查事件，足见京汉各报所登，皆系《晋阳公报》通信，非严拿访员不可云云。该议长答以敝局并未造谣，且曾发出传单力为官军洗刷，至报馆言论之权，敝局不能干涉等语。遂即告辞回局，招各议员开会。当有议员某君起言：谘议局此次所发传单，已经大拂舆情，致受万人唾骂。吾辈自揣，此局果系官场机关，抑系国民代表。如果代表舆论，则当为民请命，不当为官场辩护。至谓报馆派出访事一节，无论其并无此举，即有此举，试问报馆系何性质，交文经此大变，该报不派访员调查，则亦安用报馆为？况交文亦岂无人投稿各报者？今丁抚既如此糊涂，吾辈当函请丁抚持以镇静，或可无意外之虑，否则即由本局将各兵奸抢实据呈明抚署，然后全局议员一律解散云云。一时各议员闻之均极赞成，议长碍于众议，亦只得暂允照办，尚未知如何结果。

又闻晋省谘议局议长梁善济素为丁中丞所推重，年前初次选举，阖邑之人皆以其乡望未孚，不肯投票。嗣经上宪函札交驰，乃由崞县李令备办筵席，遍请有选举权者到署，竭力关说，始于覆选之时获膺斯选。讵梁任议长以来，不知主持公理，近又以徇庇夏学津之故，竟将官军在交文淫掠诸罪刊发传单，代为辩护，致使舆论哗然，交相指摘，皆不直其所为。现梁亦惭惧交集，闻有自行告退，藉避风潮之说。

《申报》，宣统二年三月初九日（1910年4月18日）

梁议长尚有生气耶

晋省谘议局前于客岁夏间因夏学津滥膺标统暨被各报攻击，曾出为辩护，并暗受丁抚嘱托，稽查与夏反对者，卒致兴起大狱，牵连多人。夏遂愈以得志，暴戾不堪，竟肇今年之惨祸。祸既成，丁抚深恐上下闻知，无从袒护夏学津，迺复授意梁议长多方洗刷，总以不露手脚最好。梁不敢不从，立即出面要其私人，决计一面散布谣言，一面由谘议局公刊传单，将实报虚，谓无杀伤奸抢等情，并且诬民为匪，至有“投诚”、“内乱”字样，以冀掩尽天下耳目。不料京外各报据实直书，学界指梁为巨蠹，京官笑梁为走狗。梁虽难受万分，然一则感议长之职由丁抚运动得来，一则恐不受丁嘱托饭碗难保，遂不惜冒大不韪以媚一人。适京官派张庆麟查确交文杀伤奸抢惨状到省，与梁及刘、渠二绅于本月初六日往谒丁抚，具告实在情形。丁抚自愧电奏不实，遂积羞成怒，归罪于谘议局，当面责梁曰：我以为官场所报不实，唯尔谘议局可靠，不料尔等亦与官场一律腐败，捏词造谣，致我仓卒电奏，欺君之罪，实尔等成之云云。连责屡次，梁唯俛首听受，如人子之于父母，有隐无犯，面如赭衣。归局后即辞议长，意欲要丁，而丁不理，不得已以京中来函诽谤为口实，仍复恋栈不去。次晚见张庆麟，张复责以我辈缙绅，何当受此申斥，谘议局名誉、山西名誉，自尔扫地矣。（吴）〔梁〕无聊之极，遂具告伊为丁抚帮忙之事，去年丁如何嘱托，伊如何罗织，今年丁如何嘱托，伊如何捏造。只以知己难得，禁烟事大，故愿竭诚，并声扬暗地嘱托，当人申斥，岂有此理。总之，功尽自居，过则归人，丁之好手段也。此后誓不与之帮忙，且遇有机会，设法看他笑话，以雪此次之羞云云。张某笑而不答。

《汉口中西报》，庚戌三月十九日（1910 年 4 月 28 日）

梁议长因被责会议辞职

本月初七日下午，晋省谘议局议长梁善济招集全体议员大开会议，探其原因盖以该议长近日以来屡接京师来函，皆责其助官虐民，不称议长之任，初六日又奉丁抚传见，严加申斥，自知此位难久，乃于是日招各议员决其去就。当有议员刘志詹者，谓议长若去，我等亦不能不辞职，今日非挽留议长不可。议员苗雨润、李苑林等复起而和之，一时众论纷纭，迄未能决。时至六点余钟始行散会，定于次日再议。

汾阳人张观察庆麟，前因交文人民惨遭兵祸，曾经同乡公推前往调查，事毕返省后，于本月初五日特赴谘议局报告开栅一带死伤人数暨官军抢掠实据，谓人民受此奇惨，若但罪文水令刘彤光一人了事，未免不足昭雪。各议员闻之，均面面相觑，惶不能对。初六日议长梁善济即偕同该观察往见丁抚，叙述此次议查状况。丁抚面责梁云：余因地方官禀报不足深信，故听谘议局之言，不料谘议局初次报告，亦一味粉饰，归咎于民。今余奏折已上，而事实又大不相同，致使余受欺君之罪，即是尔欲逐我离山西也。议长汗流浃背，唯唯而退。刻闻丁抚数日以来，懊悔殊甚，已有自行检举，奏请处分之说。尚未知究竟如何也。

《申报》，宣统二年三月二十日（1910年4月29日）

官绅对于交文兵祸之大慌恐

山西国会同志会既经改期，而丁抚犹伏兵加警，如防大敌者。然闻其原因，盖以交文禁烟案，夏学津纵兵杀毙四十余名，枪伤一百余名，抢劫三十七家，奸淫十余家。丁抚意欲邀功，蔽罪上奏，两次捏称匪徒藉要求种烟为名，聚众滋事，若非及早肃清，变恐不测。一面复密嘱谘议局暨孟步云等一般劣绅，代为掩饰，谓并无杀伤奸抢之说。不幸事为晋省京师同乡官所闻，派张庆麟查悉实据，胡侍御思敬随又有严折奏参，以故是非愈明。学界中人于上月二十二日开同志会时，讨问谘议局媚官之罪，并要求丁抚昭雪民冤。讵其事旋为谘议局所闻，立即请于丁抚，勒令改期，以救局员危急。丁抚亦知交文案大拂舆论，兼之北洋查办人员尚在省城，万一开会时有人诘问交文一事，则查办员闻之，难免不告知直督，奏闻于朝。故急警道发令停止，并恐会虽改期，各校学生出而质问，遂复告知学司，传谕各校于二十二日星期一律上课，将二十三日作为星期，并谕令二十四日国会同志会亦不准学生到场。

《申报》，宣统二年四月初八日（1910年5月16日）

报馆访员之声价

上月二十六日晚，山西谘议局要挟警道，指举人蒋景汾为各报访员，拘拿以后，关押阳曲县。警道与首县均识舆论不可摧残，待之颇为文明，并告以议长藉谘议局名义要挟情形。蒋甚不屈，但云预备立宪时代，竟有此野蛮议长。绅商学界均抱不平，每日往探者、助资者、发函问候者不知凡几，一时该访员之声价，居然顿加十倍。

《大公报》，宣统二年四月十八日（1910 年 5 月 27 日）

晋省谘议局之党争

晋省蒲、解、绛、霍等处学界，连日纷纷开会，上月二十二日，并合开全体大会，公议尽逐谘议局北绅。该省绅界向分南北两党，乃近来各项权利，全为省北人所得，故省南人愤而为此。谘议局长梁善济，亦系北党，此次交文之乱，因其袒官，故南党益有所藉口。现梁已辞去局长，全体议员，亦大有解散之势。

《国风报》，第一年第十一期，宣统二年四月二十一日（1910 年 5 月 29 日）

请看议员之怪相

山西谘议局议员张士秀，猗氏县人，前曾被选为议员，且保举为孝廉方正，讵日昨忽在省城以挟妓逞凶经人告发，由阳曲县审实，禀由臬司、巡警道详请晋抚批饬，革去衣顶，撤销孝廉方正，并行知谘议局，开去议员，递解回籍，交地方官管束。现已札饬首县照办，闻不日即当起解。

《大公报》，宣统二年五月初十日（1910 年 6 月 16 日）

代表团与谘议局

交文案起，谘议局被诬，议长、议员决定解散。事为北京代表团所闻，深虑晋省议局破坏，影响匪浅，于四月下旬推河南议员宫君砥堂莅晋，踵门敦劝。嗣于六月初旬推陕西副议长郭忠清再莅并垣，挽留议长。此次议局被诬，经代表团两次挽救，始克保全，固由公道在人，亦吾国群学发达之一证也。

《晋阳公报》，宣统二年七月初三日（1910 年 8 月 7 日）

维持会欢迎梁议长纪盛

谘议局梁议长自辞职归里，经各省谘议局函电慰留，北京代表团两次莅晋，维持会亦公举代表偕往崞县踵门劝驾，议长为公议所迫，势难坚执退志，遂于六月十六日回省。各界诸君相率赴北门外欢迎，道旁车马络绎不绝，俱以手加额，大有斯人不出如苍生何之意。谈少顷，偕至谘议局开会。先由渠君青舫登台演说慰留，驻局议员并提议维持会改为共进会，以为各机关之监督，以期自治之进步。次由议长演说经此次风潮鼓动，生出两种观念：一悲观，慨吾人之自治之能力；一乐观，藉此可增吾人之知识。其次由王君就三、李君芬圃、张君孝萱、刘君苏绂先继演说，直两点余钟之久，莫不委曲中听，各具箴规之意，闻者赞服。嗣于前月二十三日，维持会同人假座劝工陈列所，公邀梁议长并渠君楚南、郑君子固、王君敬轩、刘【君】晓渠、杜君子成拍一合照，以作欢迎梁议长之纪念云。

《晋阳公报》，宣统二年七月初三日（1910 年 8 月 7 日）

组织共进会之先声

维持会于六月二十四日假座劝工陈列所开会，梁议长与维持会同人协议，拟将维持会改为共进会，专以监督自治各机关为宗旨。推定自治筹办处草订章程，俟暑假后各机关、教职员全行到省，公同认可，方生效力。凡维持会员，悉数认为该会会员。此外有热心同志，具赞助愿力，欲入该会者，亦绝不限制。惟创设机关，费用必多,拟仿教育会章程,会员必须担任一定之公费,以资应用而表热忱云。

《晋阳公报》，宣统二年七月初三日（1910 年 8 月 7 日）

谘议局开会志盛

九月初一日,照章为谘议局通常开会之期。是日,层宪暨首府、首县均莅会场,议长率众议员肃立。抚宪首先演说禁烟之事,谓晋省两年以来办理禁种,实已根株尽绝,仍虑故态复萌,宜重申禁令,切实调查,务使毒卉不复萌芽。而后(已)〔依〕次由学宪及议长相继演说,至一点余钟之久而散。一时衣冠济济,洵称盛事云。

《晋阳公报》，宣统二年九月初三日（1910 年 10 月 5 日）

谘议局初三日之会议情形

初三日，谘议局开第一次会议，莅会议员六十余人。议长演说一点钟之久，大致谓：谘议局对于行政官厅及社会，要以信用二字为宗旨，盖信用一失，不惟所议之事件未能实行，且失一般人民之希望。信用者何？其负责任之谓也。故希望诸君有负责任之心，尤当有公共之心云云。演说毕，即宣读议案。[1]

《晋阳公报》，宣统二年九月初六日（1910 年 10 月 8 日）

① 以下为此次会议宣读议案十条，此处略去，见议事日表“九月初三日第一次会议”。

谘议局开会之秩序

九月初一日为谘议局开会之期，曾志报端。兹将其开会之秩序列后：一、振铃开会。二、请抚部院暨司道各来宾入议场东。三、请议长暨副议长、各议员入议场西。四、行相见礼（一揖）。五、东西各就席。六、监督宣布开会词。七、司道致祝词。八、议长、副议长暨各议员致答词，仍行一揖礼致谢。九、振铃散会。

《晋阳公报》，宣统二年九月初六日（1910 年 10 月 8 日）

常驻议员当选之名次

初二日午后一时，抚部院委派太原原知府莅谘议局监督互选常驻议员、旗务协议员及候补当选各员。兹将当选暨候补当选各员姓名照录于后。

常驻议员一十八员：张熙、王士秀、吴凤鸣、王者聘、赵廷璧、张维藩、吴作新、王鸿顺、王建岐、宋杰、李秉恒、张洁、刘大鹏、王鹤鸣、陈敬棠、许鉴观、徐焕林、姚烈舜、

旗务协议员一员：金善。

候补常驻议员二十四员：王廷宾、韩友芝、任晋蕃、贾业荣、杨绂田、逄长青、可秉箎、王廷弼、王嘉会、杨馨桂、乔禊亭、张毓珍、田凝旭、杨毅、陈彝、张世荣、李逢春、史焕文、秦甚都、郑淑、冯畯、郭际丰、李捧霄、韩秀升。

候补旗务协议员一员：延善。

《晋阳公报》，宣统二年九月初六日（1910 年 10 月 8 日）

谘议局决定工局保息议案

晋省救贫之法，莫要于普及织业，然欲遍设工局，非有保息金之补助，则集股甚难。本月十六日下午一钟，谘议局开会提议此案，审查股各员谓此案系孟君履青所陈请者，当请孟君到场详细报告，再行议决。旋由电话邀孟君到场，就原案各节反复推勘，具述其遍设工局之利，众皆首肯。惟保息一项，尚须确定办法乃可。孟君谓：决定可否乃诸君事，鄙人于报告原案以外，未敢一言，以至侵犯，惟恳诸君注重此案可也。言毕告退。有一议员谓：工局为救贫计，保息是间接以行其赈济，当劝捐以筹保息，即易其名曰提倡实业捐如何？众皆赞成，此案遂得通过。此事孟君尊崇言论权，谨守权限，各议员对于议案虚衷采访，毫不粗率，对于工业一项，又不忍畏难中止，必委曲周详，以至解决，可谓两得之矣。（杜）

《晋阳公报》，宣统二年九月二十六日（1910 年 10 月 28 日）

议案之笑柄

闻警务公所前送谘议局请议一案，约为警费入不敷出事，因警政关系自治范围，故请核议维持，并送出入款目一册。经局员详细核算，册列数目出入两抵，不但不亏，而且有余。当请警务委员出席，以凭讨论，不意竟无人到局，以致无从开议。现谘议局业已闭会，故该议案随付取消，一时局员无不传为笑谈。

《大公报》，宣统二年十一月初一日（1910 年 12 月 2 日）

谘议局举行开会事宜

本月初一日为谘议局第三届常年开会之期。现在各属议员均已陆续报到，已由议长呈请列宪暨省垣自治各机关，均于是日莅会，举行开会事宜云。（公）

《晋阳公报》，宣统三年九月初一日（1911 年 10 月 22 日）

谘议局开会纪略

九月初一日下午二钟，谘议局开第三届常年会。抚部院暨司道来宾莅席后，议长、议员行一揖相见礼，各就席。抚部院登台演说，致开会词，大意书记长朗读开会词。议长致答词。毕，振铃闭会。时已四钟余矣。（大）

《晋阳公报》，宣统三年九月初五日（1911 年 10 月 26 日）

四、时　论

论初选投票之宜亲到所

龢

古无所谓投票选举之制也，有之自今年宣统元年选举省谘议局议员始，而选举议员，又自选举投票人始。然则初选投票之日，即为选举权实行之日。实行何日？在我山西即本年三月十五日也。是日也，凡各厅州县列入选举人名册，得有选举权者，务必亲到各本区投票所，照章实行投票，此选举一定不易之手续也。

虽然，其通明事理，自知保存权利，届期绝定亲到投票者，固自有人，而托故推诿，视投票为无足轻重，身不到场，漠然置权利于不顾者，恐亦不免。特是选期临迩，转瞬即来，权利所在，放弃非宜，兹故不得不为全省有选举权者略一告焉。

夫选举权之不轻以与人也，既限以五项之资格，而又出以一定之调查，其郑重可知，其难得可见。今以至郑重、至难得之事，一旦而享有其权，到所投票，行使权利，用舍去取，操之于我，此诚天下极荣幸之事也。不到所奚可焉？

且选举议员，为将来参预政事之代表，而选举投票人，又为选举议员之代表。投票人贤，则所举之议员必贤；投票人不贤，则所举之议员必不贤。其贤不贤之关系，即为将来参预政事之关系，故选举投票人，较选举议员，其关系尤为密切。今既有此拣择去取之权，而不到所投票，其贤否将来影响于地方之利害者，亦未必不影响于一己也。不到所奚可焉？

议员既为参预政事之代表，即为我一般所委任之代理人，议员所参预之事，即为我一般共同谋生活之事。我不直接委任，而必先选举投票人以委任之，是恐我之知识不周，而故用此间接之法，以精其抉择，是复选投票为委任代理，而初选投票尤为委任代理上之代理。天下容有受委任而无所容心者，岂有委任人而可不自行分别者乎？不到所奚可焉？

况夫各厅州县之初选投票，本系奉旨兴办之事，实为国家大典所攸关。宪政之发起，自治之实行，咸将于兹举而肇立其基。朝廷责成于宪政馆，宪政馆责成于各督抚，各督抚责成于各厅州县，选举之关系抑何重欤！今幸有此权而不到所投票，是不特显违朝廷之明诏，亦实隐负立宪之盛意，凡我绅民，应不至无良若此也。不到所奚可焉？

且即以中国向昔积弊言之，数千年来崇尚吏治，凡地方一切政事，无论商民不得过问，即士绅亦不得参与，盖积弊深矣。其尤甚者，农商不得与士绅并列，士绅不得与官宦并列，故虽有资产，有学识，而因阶级之不平，每不免见侮于势豪。兹则凡合局章五项资格之一者，一律认为平等，列入选举名册，准其投票选举，俾无阶级之可分，并予权利以自护。故农商之有资产五千元以上者，即与士绅之举贡生员，及有学堂出身者同焉；士绅之办理学务及公益著有成绩者，即与官宦之文七品、武五品以上者同焉。增崇身分，莫极于此，不到所奚可焉？

又况到所投票，本非难事。大约各厅州县选举必分数区，其近在本村本镇者无论，即远者亦不过数十里之间。到所领票写投，其事已毕，无论如何业务忙迫之人，亦不难偷此半日之暇晷。既非若词讼在官之拖时累日，又非若出款认捐之糜费伤财也，不到所奚可焉？

夫投票选举，中国向无此制，今朝廷预备立宪，以期实行庶政公诸舆论之盛治，故特命各省设立谘议局以立议会之基础，意至美，典至重也。姑无论一票之有无，实为自己权利之存亡，即使作一无关系者言之，游戏赛会，尚且争先以快睹，矧兹投票盛举，实为新政所发始。办法若何，情形若何，届时亦不妨藉作闲游，观光一时，而况乎有此权者之关系最为亲切也。不（列）〔到〕所奚可焉？

且夫我山西之风气开通素称最晚，惟此次办理谘议局，诸绅士竭力经营，颇不落他省之后，是诚山西近来政治界最著之特色。现值选期在即，名册业经汇齐，诸务均皆完备，惟〈特〉待夫有选举权者之一投票而已。然而，届期而各厅州县之区所雍容，跄跄济济，到者如市，此固在夫有此权者也；届期而各厅州县之区所萧条，票数寥落，俾一方利益隐隐放弃于无形者，此亦在夫有此权者也。故谨告之，以俟观夫三月十五日。

《晋阳公报》，宣统元年闰二月廿三日（1909 年 4 月 13 日）

说今年的三月十五日

稣

今年的三月十五日，可不合往年一样。往年的三月十五日，不过是寻常过的个朔望日，并没有什么可珍异处。至于今年的三月十五，可有特别可注重的些事情哩。那些事情，究竟是些什么事？就是初选投票的事。三月十五日就是我们山西举行初选举的日期。有选举资格的人，对于那一天心里也不知道有些什么观念，总是我们旁观的人早就盼望上那一天了，恨不得那一天快快的到来。自己虽然没有选举的资格，看看他们有资格的人投票选举，也是极荣耀的事。所以早早的就盼望上了，一直盼到今天已经闰月二十六日了，那三月十五日尽张罗的中间可就到了。回忆前者盼望的那番深情，说在今天期限快到来时候，真是令人欢喜的了不得。旁观的人尚且如此，可想有选举资格的人，越发是欢欣鼓舞的不能说了。到三月十五日那一天的时候，正是有资格的人出头露面的时候，投票选举又正是行使权利的时候。那资格不合的人，虽然想领个票子，举一个相好的人，也是不能够的。你看，一个有资格、没资格，差的真个远哩，到三月十五那一天，可就都分别出来了。所以说，有选举资格的人，说起那一天来，更当是欢欣鼓舞的呦。由此看来，那一天的关系很是不小，有资格的人万万的不要（姑）〔辜〕负了那一天良辰吉日才好呢。怎么说不要（姑）〔辜〕负呢？因为这选举资格很是不容易得，千万人里头能合这资格的，也是有数儿的几个。自己既然具有这个资格，到那一天的时候，亲到各本区投票选举，是为行使正当的权利。若要看的无关紧要，也不到所，也不投票，选举册上虽然有个名字，把点实权却又自行抛弃了。这岂不是（姑）〔辜〕负了那一天啦么？况且现今为立宪时代，人民的荣耀再没有比选举好的喽。所以这种权在法律上名为公权，他们各国的人民，也都是以有这权为荣耀的。咱们中国预备立宪，都是仿照各国办理哩，所以朝廷先命各省设立谘议局，作个议会的基础。但是议会必先选举议员，然后才能成立哩，所以又定下复选举与初选举的办法。然投票选举，在咱们中国，不论复选、初选，一切都是创举，为平素概没有办过的事。那初选举尤是创举的个起头儿，那个起头儿就是所说的三月十五日那一天。所以我们盼望的人，不能不特别的说道说道今年的三月十五日。

《晋阳公报》，宣统元年闰二月廿六日（1909 年 4 月 16 日）

敬告初选举之投票人

愿　航

吾国专制政体相沿袭数千年于兹矣，官民之分严而上情不得遍达于闾阎，下情不克上达于宸阍，于是隔阂之病生焉。虽有圣君贤相，关心吏治之督抚，剀切民瘼之牧令，亦苦于有治人而无治法。而积习已深，不能使普天亿兆，同沾雨露之深恩。盖小民之屈服于严刑重法之下，抱覆盆之冤，而莫由自白者相接也。居今而望将来，欲起数千余年之沉疴，拨重云以见天日，其必于宪政实行卜之乎。而现在筹办之谘议局，即宪政之权舆也；三月十五日之初选举，即正式谘议局之嚆矢也。是之不可以不慎。

夫三月十五日之初选举，选举复选举之投票人耳。至复选举之日，凡有规定五项资格，而年在三十岁上者，虽行初选举时未曾入选之人，犹得以入选而为议员，似初选举本无甚关系也。然复选举入选之议员，固不限于初选举入选之人，而初选举入选之人，已操有左右复选举入选议员之权。故初选举而得其人也，其所选举之议员，必为至公无私之人；初选举而不得其人也，其所选举之议员，必与之有密切之关系，而品行之邪正不可问矣。况受人运动，以至纳贿等情，亦在所难免哉！由斯而谈，则初选举之当选人，其关系亦綦重矣。彼虽不得遽定为议员，而彼欲充为议员，运动其同时入选之人，可用秘密之手段，使他人不得而防，不克而知。即不然而好恶不揆之至公，或虽有胜任愉快之资格，彼挟嫌而故不书其名；或虽为声名狼藉之败类，彼左袒而暗投其票。凡此弊端，皆视初选举当选人之行为何如耳。而初选举当选人之贤否，又视初选举投票者之注意与否焉。初选举投票之人而各郑重其事，亲身到所，泯其私心，一以大公为念，则所投之票，必皆正当无疑。虽间有一二不识大局之人，欲援引其私亲，亦不得占最多之数，而一二投票之力，终归于无效，尚不至为大局之累。不然，则必贻误大局，实匪浅鲜也。

查定章，议员以三年为一任期，苟非有特别之事故，万无更易之理。而其所负之责任，则为二十世纪之新中国，提倡种种之进步；【为】四万万之新国民，造就一切之幸福者也。苟非其人，则此三年中，不但不能代表全体以兴利益，反将借此议员之名义以鱼肉乡民，而应办之事，荏苒贻误，又不问可知已。议员之关系，其重如此。且不独此也，各省有各省之议员，各区有各区之议员，此省之议员不得其人，则一切进步必落他省之后；此区之议员不得其人，则此区之进步必落他区之后。光阴易逝，时不我留，奉告各处投票人，勿谓此事之可以不必注意也，须知一误则必至三年，同时举办而与他处相差三年之程度，将永无追及之一日。至落他处之后而方悔噬脐，亦徒然尔。其盍乘此万不可失之机会，而一研究之乎。利害了然，缓急自辨，自不敢冒昧以从事矣。大局所关，毋轻忽以将诸。

且也议员不独可以倡办公益，亦兼可以议除积弊；不独可以调查全省之大事，亦兼可以报告本区官吏行政之得失。是地方有冤屈事件，为官吏所不理者，谘议【局】得以查明其曲直，禀呈督抚判断。通上下之情，而辅助官吏之行政，破数千余年之积弊，而扶植民权，所谓治法者，舍谘议局莫属也。然议员不得其人，彼（起）〔岂〕甘为他人尽心如是哉？甚矣，议员之不可不慎其选也。然议员者，复选举时之入选人也，而复选举时之入选与否，仍视初选举当选人之意向何如耳，而初选举当选人之贤否，又视初选举时投票者之意向何如耳。初选举时之关系其重如此，初选举时之投票其要如此，彼初选举之投票人，尚慎旃哉！

《晋阳公报》，宣统元年闰二月廿九日（1909 年 4 月 19 日）

申告初选举之投票人

愿　航

初选举投票之期限已在即矣。他日之正式谘议局，皆于是役有绝大之关系，一有不慎，必至贻误大局，而难期良美之结果致。当此将投未投之时间，凡有选举权者，不可不郑重其事而再三研究，各到所亲投，则将来被选之复选投票人，必无滥竽之弊。而初基得理，以后之进行，可决其有条不紊，以底于至美尽善无疑。窃以初选举之投票人，所当研究之最要事件，其大纲有二，试略述如下：

一、所举之人当确认其品行也。原初选举之被选人，不过为复选举之投票人，按章程所规定，其在议员之被选与否，本与入选举册而未经初选入选之人立于同等之地位，然人之品行既有高下之分，则其心胸自难免公私之别。品行高者秉大公之心，既不受人之运动，而投其所关系之人，更不至运动同事，而效毛遂之自荐。二弊既除，则其所投之人，必确信其人能代表本区，办理各项兴利除弊事件，而后肯书其名，以投于票匭，此不易之理也。不然者反是。以反是之人，而举出反是之议员，必至演出反是之结果，而本区之受害将无底止矣。推原其故，则皆初选举【投】票人不注意之所致也。据记者之私意，以为初选举之当选人，当注意其品，不必注意其才。何者？以果为完全之人格，必不肯自投其名票，使自投名票之人而充议员，必为败类无疑。而胜任议员之人，即膺初选之当选人，反因避嫌而致遗。此议员之不可为初选之当选人者也。胜任议员者既不可为初选之当选人，初选之当选人又不可以滥举品行有亏之人，解酌于二者之间，则惟无才而有其品者克膺是选，庶其识足以鉴别贤愚，而所投之票为至当，且亦不致因避嫌，反遗完全之人才。

一、所举之人当审择其营业也。查初选之当选人，现本区应选出议员之名额，“山西现以六百四十人选议员一人”而加多十倍，“即本区调查人数册六十四人中选一人”。故各区初选之当选人，皆有应规定之名额，庸有至复选区而不满额之处，必不能有至复选区而溢额之理。惟其如是，则某区之初选当选人，有不到场之人，则其所投之票必少一票。而当此权【利】竞争之时代，必至放弃其应有之权利，而拱手以让人。何则？复选区虽合全属各区之初选当选人于一处，所投之票任其自由，然各区必自投（共）〔其〕本区之人，不肯舍己而代他区以投，人情大抵如是也。倘初选投票之时，不审择其人之能否亲赴复选区，而漫以投之，必至临时各以有他事不克亲赴复选区为辞，则复选区之投票人，惟复选区【一】区之初选当选人，相距不远，可以毕集，势必至一区之议员尽出之复选区之本区。此不平均之患，亦极可虑者也。据记者之私意，又以为初选之当选人，当注意其品行，尤当注意其营业。以营业最要之人而入选，必至临时告退，以致相补不及，而有缺额之患。与其抱悔于事后，曷若审择于事初。凡所投之票，必确知其人所营之事业，不为赴复选区投票之累，而又实心任事，不至借口变故，引避而不亲赴，然后书其名以投焉。则凡复选之人，皆可临时不误，则复选时各区得以按本区所应出之当选人，亲身到所，而无一缺额，庶各得其平，而无彼此放弃侵占之弊。

此二者皆复选区内最要之问题也，然其结果在复选区，而其种因则在初选区。使初选之投票人各明此义，则岂止初选尽善而已哉，将来正式谘议局之美善，即可于是卜之。嗟乎！谘议局者，宪法之权舆也，将来宪法之能否实行，即于谘议局之良否定之。将来正式谘议局之良否，视于选出议员之若何；而将来选出之议员，又视乎初选之当选人若何。初选之当选人，即初选之投票人共同之心理所发现者也。卤莽灭裂而为之，必至卤莽灭裂而报之，将来选出议员之良否，皆于初选投票人有密切关系者也。何则？其所议决之事件，初选之投票人皆身受者也。奉告既入名册之人，即无公德心代一般人谋幸福，亦当为一己计长久。当此初选之时期，慎勿引避，不亲赴场，亦或任其滥举。在己现为壁上之观，其实必招切肤之灾也。记者一得之愚，敢效野人之献果，见容纳将。各区幸甚，山西幸甚。

《晋阳公报》，宣统元年三月初九日（1909 年 4 月 28 日）

初选当选人之责任

愿　航

我们山西的初选举是已经开过了，此后的责任都在初选当选人的身上担着了。将来的好坏，初选当选人有无限的责任，千万不可自己看轻了。倘若一不经心研究，冒昧办去，和存上私心，糊涂瞎闹，是一样的害事。初选当选人既经多数人推举出来，是一定为大家信服的过了，但人家既信服过自己，自己还要自重，胜任这个责任，真教大家信服过，才不负大家推举的盛意呢。

诸位看，再迟三个月，就要复选举啦。到那时候，正式的议员就是从诸君手中出啦。要知道，这议员的关系十分重大，不只在议员一人身上，有点名誉，这名誉就是责任的代名辞。能尽责任，名誉统是真的；若是溺职放弃责任的时候，那名誉就成了假的啦。这些说法还不甚要紧，无奈议员的名誉是和各区的利害是绝对不能分开的。何以呢？议员怎么就叫个议员呢？就是因为提议各项事件，叫他代表他本区商议的意思。你想，议员的名誉既坏了，必然是不能代表他的本区啦。他既不能代表他的本区，他的本区的一切事情还想好么？定是有利不能兴，有害不能除，和没有这个议员一样。你看一般的（个）〔各〕区，一般的都有议员，事实上差着许多，全是议员好坏的关系。这议员岂不是最重要的一件责任。如此最重要的责任，当此推举的时候，岂可以漫不经心和稍存私心呢。

但只是未行初选的时候，这责任是凡有选举资格的就得负的到了。今日莫有入选的人，已经不能干预了，这些责任全搁在初选当选人身上啦。诸君既代表大家投票，必须举出个能替大家办事的人来，才算不负自己应尽的责任呢。除私心自用的不足说以外，就是本无私心，不能加一番研究，糊糊涂涂举出个不胜任的议员来，那也算对不起大家了。如此说去，还是单以理论上说啦。著实说来，诸君将来投票的得失，和本身有直接的关系呢，并不是说那空空的名誉上的好坏。以后议员所议的（条）〔事〕件，无非地方上的事务，要知诸君既能今日为初选当选人，一定是在本地方有大关系的人了，议员既坏，本地方必受其累；本地方既受累，诸君也就难逃了。说在此【处】，诸君赶此三个月内，可以好好的研究个好人，记在心里，等待复选时投票才好呀。

再说诸君今日既经大家推举，是复选的投票人，诸君已义不容辞了。无论如何设法，到那时候总期亲赴复选区才是，万不可到了那时，托故粧病的躲避，弄的没有人去，恁凭少数人任意的干去，那不只名誉上不成事体，自己将来必要跟上受患害啦。

《晋阳公报》，宣统元年三月十九日（1909年5月8日）

为复选举投票人最后之忠告

愿 航

本报为选举一事，由初选至复选，文俗论说，反覆启发，可谓不惮烦矣。复选之期，已在目前，计此论出后，犹为可及。倘再稍迟数日，则票已投就，言亦罔然矣。故乘此最扼要、最贵重之时间，再为诸君进一言，听否任之诸君。但本社为将来宪政之进行、民权之发达起见，苦口之劳，亦可以告无憾矣。谨将投票者所当注意之点，略述如下：

一、议员之责任，投票人不可不深悉也。夫复选之当选人，即为正式之议员，欲明投票之宗旨，不可不明议员之责任。查谘议局章程所定，谘议局应办事件，皆议员所当研究者也。如第一款为议决本省应兴应革事件，此非于本省一切庶政确有心得者，不能赞一辞，岂滥充冒选之人，所能胜任者乎！有见其茫然无所措手而已。第二款为议决本省岁出岁入预算事件，第三款为议决本省岁出岁入决算事件，第四款为议决本省税法及公债事件，第五款为议决本省担任义务事件。此四款非精于计学，而又深明本省之一切财政，殊不足以胜此监督之责任；使滥充冒选之人而当之，非与上反对而激成无意识之举动，则强下增加税务，演出民变之恶剧。第六款为议决本省草行章程规则之增删修改事件；第七款为议决本省权利之存废事件。此二款非深通法理，而又熟悉全省情形者，不克与议；使滥充冒选之人而与其议，势必至颠倒错乱，致成笑柄无疑。第八款为选举资政院议员事件。查资政院为将来之上议院，现虽尚未成立，而各省所举出之人，即为各省之代表人员；以滥充冒选之人入资政院，鲜不遗全省之羞者。第九款为申覆资政院谘询事件，第十款为申覆督抚谘询事件。此二款非热心桑梓，而又深明大局者，不能当此重任；使滥充冒选之人而当之，非含糊应对，则乱渎而已。第十一款为公断和解本省自治会之争议事件，第十二款为收受本省自治会或人民陈请建议事件。此二款必须声望素著，足以取信于全省，然后能服两造之纷争，亦必秉心公正，而后能代达人民之隐情；使滥充冒选之人而为之，非任意左右袒【护】，激起全省之公愤，则任意阻扼舆情，使不能上达。不但大违宪政之本意，亦且惹起人民之反抗。议员之责任其重也如此，投票人顾可草率从事哉！投票人之所当注意者，此其一也。

一、投票人所投之票，不可不深悉其人也。一人所投之票，未必其即能入选，而复选以六票为及格，有不经意之投票者六人，则此人已入选矣。况无论若干票，皆由一票集合而成者也。一票之不可苟如此，投票人岂可视己所投之一票，为不足轻重乎？使所投出之人而不胜其任，其如上之所述姑不论；在投票人之有私意者，或为自谋，或为戚友谋，未必不持自私自利之见，以为大局不必计，要在自计有利而已。不知果其为滥充冒选之人，其入会必不能享受议员之权利。何则？查第五十八条云，凡议员屡违局章，或语言行止谬妄者，停止到会，其情节重者除名。第五十九条云，凡议员无故不赴常年会之召集，或赴召集后无故不到会至十日以上者，均除名。第六十条云，凡议员以本局之名义，干预局外之事者，停止到会，其情节重者除名。夫滥充冒选之人，无非为个人之利益起见，既无公益公德之心，其到会讵能免第五十八条之罚则乎？且既为个人利益起见，则其所觊觎者，常川驻局之薪金耳。彼驻局议员只限五分之一，此等人岂能入选乎？既不入选，而每年例会以四十日之会，〈欲〉加以道路之时间，约在五六十日以外，必至碍其营业，无公益公德心者，肯如是乎？不如是则除名矣。与其除名于后，何如不运动于先乎？再则无公益公德心者，必有所为而始欲充任议员，无非藉此名义，以武断乡曲耳，而又犯第六十条之罚则矣。可见议员者为热心公益公德之人而设,不为自私自利之人而设也。不但国家不为其所设,彼欲窃取之,反与己有大不利也。此犹论既得后之不克享受而已,如用种种之手段以运动,一经告发,将有监禁、罚金之苦。其危如此,投票人之所当注意者,此又其一也。

总之，投票人当一泯私见，以举出公正合格之议员为主，万不可稍存私意于其间也。谘议局章程俱在，诸君自可翻阅而得其要领，右所举不过其涯略耳。本报今日之议论，为最后之忠告，愿诸君勿弁髦视之也可。

《晋阳公报》，宣统元年六月初三日（1909 年 7 月 19 日）

敬告谘议局议员

愿　航

变专制之弊政，开文明之新幕，发展言论，参与政权，非今日之议员乎？代表二千万人民之志愿，兴利除弊，保卫全省之生命财产，以求生存于世界，非今日山西谘议局之议员乎？其责任不可谓不重，其关系不可谓不巨。而一年之中，仅有此四十日之会期，时间之可宝可贵又如此，为议员者，宜如何郑重光阴，朝夕研究，以不虚负此四十日之会期，而慰【二】千万人民之期望，然后不负己之责任。况开会之初，即值公文称谓之问题发生，因是停会者数日。今幸得宪政编查馆以调停之电停息纷争，而过去之数日已不可补矣。窃意开会后必有一番踊跃蓬勃之气象出现于议会，岂料热心爱乡、细心研究者固不乏人，而竟有因循委靡，无故不赴议会，延至数日之久者，此记者之对于诸君不能不越俎而言也。

夫一人而在省兼充他事者，自不免有紧急事件，偶一不克到会，此事无可如何者也。若自乡间而来者，所谓专一的责任，尚有何事更要于会议耶？乃竟有常不赴议会者，此真不能为之解矣。使诸君而无心世务，淡情桑梓，则当复选被选之时，尽可声明辞退以避贤，不当尸位以误事。如其不然，则议员之关系为何等之重要，会议之时间为何等之迫蹙，顾可悠悠忽忽而过之耶？此山西二千万人民之众，而诸君之代议者只有八十六人，则一人之代表约在三（百）〔十〕万左右，一人不到会，不啻三（百）〔十〕万人无日矣。以一年三百六十日之久，而会议只有此四十日之定期，则一日之该括约计十日之久，一日不会议，不啻十日误事矣。此人不到会，他人不能代议；次日不到会，他日不能补议。可宝可贵，孰有如今日之会议哉！

按定章，十次以上无故不到会者即行开除，非过刻也，事件重大，不得不严为之防，以限制不负责任者也。夫以四十日之中，固难免有紧急事件，不克日日到会。然偶一不到可也，数日而不到不可也。以全省之老幼男妇，二千万人民之众，寄其生命财产于此八十六人之手，诸君而不实心研究，有负于己之责任，有损于己之名誉，其害犹小，贻误大局，获罪全省，其咎实大也。使山西而无甚可议之事也，则八十六人中或到或不到，四十日内或议或不议，虽贻笑于他人，犹无何等之关系。而山西今日则百事待举，正须提倡，诸君身膺全省大局存亡之关系，讵可漠不关心乎？记者之为此言，非论诸君而苛求也，诸君既代表吾山西全省，则记者亦吾山西之一分子也，利害攸关，情不能已。属望于诸君者甚奢，则责备于诸君者自不得不严，此正待诸君之厚意，愿诸君〈之〉亦厚以自待。餍记者之望，即所以餍吾山西全省之望也。

总之，前此之事，或有各种之理由，且往者亦不可谏矣，后此则为日无几，利弊之可议者尚实繁有徒，记者甚望诸君之不空旷此可宝可贵之会议时期也。诸君丁此议会开创之始，其艰难情形，自为记者所深悉，然责任所在，即毁誉所在，是非之间，不能容发。旧日无议会，而今日忽有议会，则今日之山西，必有大异乎前此之山西者，谘议局方不为虚设，诸君方不为尸位。虽今日之谘议局尚非完全之议会，而将来之完全议会，即于今日开其始。将来山西有进步，记者则为诸君功；将来山西无成效，则记者不得不为诸君咎矣。诸君负无穷之责任，故记者对于诸君有无穷之希望，所以不觉有无穷之责备。然憨直之言，贤者所不弃；苛刻之论，君子所取资。诸君乎，其能谅记者期望之厚意，而因以思己担负之责任，为山西全省二千万人民大造幸福乎，自知会期之可宝可贵，而不忍虚掷矣。记者不敏，将拭目以望之。

《晋阳公报》，宣统元年九月十九日（1909 年 11 月 1 日）

再告谘议局议员

愿　航

于二千余万人民之中，用调查、复选诸手续，而始得有八十六人之议员出现，则此八十六人者，必能代表吾山西全省，而后克尽其责任。乃记者实地考查，觉现在之状况，与心理之所期，竟至参差而不合。所谓议员者，代表全省之舆论者也。所谓谘议局者，规定每年四十日之会期，令议员抒发其言论自由者也。当会议之际，众议员所发之言论，虽不克必其尽底于纯粹，而据所见以立言，亦属固有之权利。惟有此许多不纯粹之言论，互相研究，久之而真理自出，此议员天然之责任，亦议会普通之情形也。记者对吾山西谘议局之议员关怀基切，期望弥殷，凡目之所睹，与耳之所闻，稍有不益于心者，无不直为揭出，婉为劝戒，以冀前途之改良。其无故不到会与发言时之所当研究两端，既详论之矣，其尚有虽能按期到会，而其效与不到等，或不若不到者，又记者所不能不言者也。

凡会议之各种问题，无不于未经开议之先，允当研究其利弊。胸中既有成竹，则开议时自有己所见到之意见，可以当场发表于大众。至其意见之果有效力与否，固当俟大众之公认与否，而既为议员，则发言之权自不可放弃也。乃以记者之所知，则竟有在会议之时，低头闭目，似欲入梦乡者；亦或不时顾盼时计，似学童之思慕下课，欲以早得脱身者。此等状况不料竟见于议员之内，诚不解其当日之膺选而来，所为者何事。既不为发行言论而来，则必为旅费起见而来耳。以堂堂之议员，而为区区之旅费起见，以来此虚应故事，溺职甚矣。诸君即不为山西之全体名誉起见，独不为一己之名誉起见乎？推其在议会而几入黑（甜）〔酣〕之心理，殆毫无成见，不能发为言论，又甚厌他人之言论，欲充其耳而不得，故逃入睡乡耳。乃更有在议会之时，亲见大众之公决事件，默无一言，自附于无可无不可之列，而随波逐流矣。乃退会而后，经他人之诘问，亦作不愿赞成之言论，更或不待他人之诘问，而即退有后言者。此其自居之巧，必以为会议之时可以不获咎于同人，退会之后更可以谢他人，而不知其溺职为更甚也。议员以发行言论为目的，己之被举而来，乡中父老即托以代表之责任，为建言计，非为备额计也。退后而既有言，则程度已高于毫无成见者一等矣。然不言于会议之时，而言于退会之后，其言论已与不为议员者相等，而失其议员之效力矣。程度似属稍高，而在议会上之价值，同归于一致。且以其本人之人格而言，明知其非而不言，忍陷同人于决议不正当之言论，与忍置同胞于度外，其心尤不可训也。

再，议会之宗旨，专为发抒言论之地，即其不发言之顷，亦当专心研究，以求事理之真。凡一人发言之际，众议员俱当倾耳而听，将其所持之理由瞭然于心，然后赞成者非盲从，反对者非无意识之对抗，此不易之理也。故会议之时，绝不许两人之对谈，更不许谈及别事。以会议者系八十六人会议，苟发一言，俱为八十六人言也，若两人喁喁私语，则不但失议员之体度，且扰害他人之发言，而紊乱议会之秩序。此等状态，尤为调查者所触目齿冷之一端，不可不力戒之也。夫吾山西之八十六议员，犯以上之弊者不过少数人而已，因少数人而贻累全体之名誉，在本人不可不力求改良，在多数人亦不可不干涉之，以保全体之名誉也。记者一孔之见，是否有当，愿诸君一致意焉，则记者不禁馨香而祝之。

《晋阳公报》，宣统元年九月廿四日（1909 年 11 月 8 日）

正告山西谘议局

太　蕤

三月二十六日晚，巡警道突派警兵数十人，将蒋景汾拿去，拘之阳曲县，声称谘议局以蒋为各报访员，敦请捕拿。某适有北京之行，未之知也，归而询诸各界，有骇谘议局之势力者，有愤谘议局之蛮横者，有疑者，有怨者。某闻而戚然作色曰：是摧残天下之舆论也。姑不必问蒋氏是否各报访员，所访是否有当实际，以谘议局如何光明正大之名义，而顾可以捕拿访员闻天下耶！当敦请警宪之际，吾知欲加之罪，必有辞矣，不曰扰害公安，即曰捏造谣诼。所谓害公造谣者何指？将不外登揭贵局对于交文案，袒官虐民之事实而已。夫贵局之于此案，不能免袒官虐民之咎，某窃痛之矣，所以讽讥一二，而卒未大张旗鼓公然声罪于天下者，非爱诸君也，爱我宪政权与民选机关之谘议局，而成统如此谬妄，将以取笑各省，贻羞中国也。而诸君不知自反，深痛人言，迺有三月十八日之会议，以阳曲县十亩烟之问题，集在省绅商学界于贵局，公议办法，而实际欲藉此要挟舆论，俾以后对于贵局之行动，无论如何不得有异议从之，故卒出不负责任之语，宣自由解散之旨，大为各界责备。嗣是十余日间，日夕所讨议者，皆彷徨于去留问题矣。当时某亦与议，察诸君之辞气，似甚怀不平于舆论，而苦不能言之成理者。某即具表对于此案意见，而复询诸君未必乐于杀伤奸抢百姓，不过误认禁烟与兵祸为一事，诚恐认真于彼，牵动于此也。诸君亦曾赞许吾论，以为报告之谬，临时为之，当更有正式报告。某以是信诸君之咎，识弗及也，虑弗周也，尚可以顾惜禁烟大局原之，故存而不复欲论。由今观之，诸君非知有禁烟大局也，非误于临时报告也，迺不得不发为谠论，昭告邦人，播之海内。今且正告之曰：诸君之捏造报告，蒙蔽上下，是欲煽惑舆论也。迨煽惑不遂，转为要挟，以不负责任，为难绅商学界，是欲挟制舆论也。挟制又不遂，而迺积羞成怒，拘拿访员，是更欲剿灭舆论也。於呼！以舆论代表之法定机关，而始终摧残舆论，回护公卿袒官虐民之咎，信无从而为之讳矣。姑揭数端，以证诸君之于交文惨案，是否能辞却咎戾，是否能不负委任。恻隐是非之心，人皆有之，不患世无公论也。

鸦片流毒已久，国家将欲图强，迺严布禁烟之令，谕海内疆臣守土量力早办。山西去岁禁绝种烟，竟以无一株闻天下，诚官绅力也。顾所以禁烟者，为国实为民也，若以故而迫为饿殍，尽行杀戮，尚毋若鸦片杀民之缓，不与国家禁烟之目的适反乎？山西种烟之区，以交文为最广，某尝履考其地，人密土狭，种谷不敷给养，产烟为生，家无朝夕之储。夫民依种烟，其愚诚甚，然亦国家抽厘征税所提倡者也。一旦丧厥生计，衣食迫于前，妻儿啼于后，势必起而争执。为民上者，不计其饥寒之苦，唯罪其争执之非，一若以尽杀为快，讵笃论哉！征诸官绅劝谕之时，无老少咸跪以无食对，则其志在求食，不在种烟。官若不为谋，民无他术，铤而走险，依旧种烟而已。是故交文百姓，不但非匪徒，并且非烟民，直饥民而已。烟民者，狃于种烟之谓，而去岁一纸文书，尽扫毒卉，其顺从可知已。直待室空升斗，始求救恤，其困穷可知已。开栅一镇，去冬饿毙者已二三百人，高爵厚禄之辈知之否耶？舍生取义，士大夫且难之，况小民乎！善哉！管子言治：仓廪实而知礼节，衣食足而知荣辱。是故种烟虽国家之玈，实彼等生命所在，而不设法补救，遽谴以国法、语以大局，所谓虚其廪而责礼节，夺其食而教荣辱也。且国家倚厘税为正供，犹小民倚种烟为生活也，今以禁烟之故加税附征，已易以他项矣，在小民将何所挹注哉！为民父母之使仰不足以事父母，俯不足以（番）〔畜〕妻子，而唯热于名心，仓皇以邀奖褒，卒无意念及民瘼。烟故可禁，而罔民之咎深矣。是故禁烟须筹善后，斟酌于国（际）〔计〕民生之间，使国法必行，而民间亦不甚痛苦，庶几得之。即如交文禁烟之后，或兴工业以安游手，或教稼穑以劝农氓，或援缓征之例以轻负担，或倡赈恤之捐以救饥渴，其事固易举耳。纵不能遽筹出种烟相当之偿，而一线生机，亦足恋其心而不至绝望。旱甚祷雨，从古奉为要政，非谓可得雨也，亦将以恋其心。乃吾官绅上下，识不及此，而以目前禁绝，自矜能事，卒乃保案入朝，流民载道，迫于饥饿，求为救济，不得救济，复请种烟，致生出杀伤抢掠之恶果。禁烟者之咎也，非烟不可立禁，禁种而不谋善后，恐适以坏禁烟大局。此其咎固不仅在贵局，而贵局倡于前，未能善于后，咎亦有应得者。且谘议局受全省之委任，将以讨论全省民生利病之故，自去年九月以来，全体议员会议一月，常驻议员会议半载，大都不甚关切之事，而至禁烟善后之根本问题，从未解决实行，只斤斤于禁卖、禁吃，取合风会。然则禁烟之惨虐，实诸君疏阔有以成之也。今之死者已死，伤者已伤，抢者已抢，诸君始受农会诸人之建议，要请抚宪筹款兴农，以为之善后。是抚宪与诸君已知善后为禁烟之要务矣，顾何不措诸平和之时，而必待夫疮痍之后，力不暇与？智不敷与？而于今日善后之急，益以征前日放任之错矣。愿以此首告诸君。

《晋阳公报》，宣统二年四月初三日（1910年5月11日）

论交文案晋议长辞职公报主笔被逐之风潮

希　夷

晋省绅士势力，向分南北二派，意见如水火。谘议局梁议长者，北党也。此次交文禁烟残杀多命案，南党以谘议局调查不实，指为媚官殃民，大起反对。《晋阳公报》助南党以痛诋梁议长，而于是梁议长大愤，约同常驻员全体辞职之风潮起矣。其袒北党而反对公报者，则又以公报为捏造，而于是群起以逐主笔之风潮起矣。风潮所憾，势将滔天，其结果奚堪设想耶！我人处旁观之地位，而欲悬论此事之是非，则非得确实证据与其真相，决不敢骤下断语。何者？欲定谘议局媚官殃民与否，必以谘议局调查报告确实与否为断；欲知谘议局调查报告确实与否，必以官兵究竟残杀淫掠与否为断。今反对谘议局者则曰，张庆麟已调查明确，官兵实有残杀淫掠之事，而谘议局一面则曰，孟步云已调查明确，官兵实无残杀淫掠之事。两方面各有所藉口，则又安敢贸然而断其是非乎？

记者曰：梁议长无怒，记者尚有另一最近之证据，以质问梁议长焉。此案自言官兵残杀淫掠之说哗传后，不尝为京官所闻，而胡侍御据以入奏乎？自胡御史入奏后，不尝奉旨交直督查办乎？自直督派员查覆后，不尝于初七日奏奉上谕乎？上谕不云夏学津卤莽图功，误伤多命乎？不云李逢春纵令所部骚扰间阎乎？不又云丁宝铨两次陈奏，但就各文武所禀情形据以入告，殊为疏忽乎？然则各文武所禀之不实，天皇明圣已洞悉之矣，何其与谘议局所调查不相符合也？夫谘议局孟步云之调查告白书，已由梁议长印刷，广分各谘议局、各团体、各报馆矣，见者必不鲜。试取而阅之，无一处不坐实乡民刁顽之罪状，而于官兵奸淫事，则曰确无此事；于官兵抢劫三十余家事，则轻其词曰失物，并曰有一贫家，报劫去珍珠一两，徐令斥之，以为不近情理；于惨杀多命事，则曰施放空枪不退，不得已乃枪毙二十八人。且为之辨曰：此时无论何人带兵，断无挽回之法矣。又为之声明曰：枪毙而得已也，吾议其非而声其罪；枪毙而不得已也，吾当为之剖冤。

通观告白书，所谓纪实，所谓辨诬者，无一事不罪民，无一语不袒官。呜呼！何其与上谕不相符合也。如谘议局言奸淫抢掠无其事，则上谕所谓纵令所部骚扰闾阎者冤也，盖不奸淫，不抢掠，必不骚扰可知矣。不得已而放枪，则上谕所谓卤莽图功，误伤多命者冤也，盖放枪出于不得已，必非卤莽图功可知矣。且各文武所禀报为官兵洗刷者，谅不过如谘议局孟步云之告白而止，使孟之告白果实，则上谕所谓仅就各文武所禀据以入告云云者，亦冤也。试问梁议长，初七日之上谕，果冤乎？否乎？使上谕之严谴而果冤也，则梁议长是矣；使上谕而不冤，则孟步云之调查报告如此，梁议长将何解于媚官殃民之嫌？

而难者将曰：上谕不过据直督之覆奏耳，直督之派员查办，容或有不尽实者乎？夫督抚查办参案，诚多不实不尽之事，然其所谓不实不尽者，往往为官场极力洗刷，尽其官官相护之道。试观历来御史参劾官吏虐民滋事之查覆案，所谓事出有因，查无实据者，无一事不为官吏洗刷，从未有反其道以重诬官吏者，何独直督于此案而反助民以冤官兵耶？斯真令人百思而不得其解矣。

梁议长其思之，记者非敢援上谕以难梁议长，亦非有意与晋谘议局反对，而助《晋阳公报》也，第以是非曲直，必待公理而后定，公理由事实而生，事实者非可捏造者也。此次交文案，官兵是否淫掠惨杀，调查非难，自有水落石出之一日，毋徒以意气用事而辞职，而逐主笔，大动乾坤，斯则区区忠告梁议长之意也。

《申报》，宣统二年四月初十日（1910年5月18日）

山西交文案

山西交文案，自他省视之，无甚关系，盖小小之事也。然其事牵涉谘议局，至使议长及常驻议员全体辞职，又牵涉报馆，则为议员与人民冲突之问题，恐各省谘议局皆不能免，又恐将来资政院及国会初成立时皆不能免，则其事至大，此吾党之忧也。

谘议局议决禁烟案，至正当之事也。禁种、禁卖、禁吸，至完全之法也。其缘由并无错误，则其结果虽或差池，谘议局不任其咎也。今之口舌，决不从禁烟起，其訾谘议局者，亦决不敢以禁种为非是而滋为口实，则其缘由彼此均无错误。惟兵民抢攘之后，谘议局则平视之，报馆则甚言之，因是而生差异耳。然以媚官殃民诋谘议局，则恶毒之声，不可闻矣。

报馆为国民之喉舌，使谘议局议长及常驻议员因报馆恶毒之词而辞职，独能无疚于心乎？此不能不为报馆咎也。

议长及常驻议员受全省人民之公举，受全局议员之委托，乃以一部分之人言词未善，即拂衣而去，致动摇全省及他省之观听，何其急乎？此又不能不为谘议局告也。（颂）

《宪志日刊》，第二十五号，宣统二年四月二十五日（1910年6月2日）

再评山西交文案

山西交文案，由禁种罂粟而起，由兵民抢攘而成。禁种罂粟，无可归咎，咎在愚民之抗违；兵民抢攘，咎当在兵，兵不任其咎，咎在统兵之官。此就事论事之说也，而未尽也。

谓山西之绅，不应轻率请兵，山西之大府，不应轻率发兵，以致酿成此杀伤数十百人之重案，此犹就事论事之说也，抑未必切于事情也。当请兵之时，绅必曰非请兵不可，大府必曰此绅士之请也，不应而事不戢，则无以对绅士；应之而事果戢，则乐得有功；应之而事不戢，则我有辞矣。故绅请之，官应之，皆在情理之中，不得为山西官绅咎。虽然，山西之官绅，果皆脱然无累矣乎？

曩者不云乎，强种罂粟咎在愚民。夫地方之有愚民，谁之责也？官不能预为之防，绅不能预为之解，变起仓猝，则整兵队以临之，势不至于互有杀伤不止。

使官绅当禁种罂粟之后，早筹办地方自治，立宣讲所，或出白话报，时时开导，则何至有今日。

曩者不又云乎，兵民抢攘，咎在统兵之官，然以兵威民，无不焦烂者，此不独交文之役之兵与统兵官为然也。凡此等事决为警察之事，而非兵队之事。方初起时，未至于聚众，警察以一言禁制之，则涓涓者塞，星星者灭矣。山西各州县警政未修，乃有今日之事，事后犹不知警觉，迅速图之，恐未已也。

此则山西官绅所当负责任者也。报馆见不及此，不能为积极之指导，而徒以恶口诋谘议局，独何为也哉？抑吾闻山西绅士有南北党之分，故报馆得以乘之，如是则可忧方大，又非记者之所敢知矣。（颂）

《宪志日刊》，第二十八号，宣统二年四月二十八日（1910 年 6 月 5 日）

三评山西交文案

山西交文案结后，顷又闻各省贤士居京师者，欲因巡抚丁中丞与谘议局议长梁君有去志，欲电促各省谘议局慰留之，人心好善之诚，于此可见。余谓巡抚与谘议局议长实无可去之理，时局艰危，岂宜以一口舌之衅，遂生去志。比闻山西经此抢攘之后，罂粟又复蔓延，此则山西官绅之责，若因此而懈驰，则真负山西人矣。（颂）

《宪志日刊》第八号，宣统二年五月初九日（1910 年 6 月 15 日）

山西谘议局筹还国债意见书

自光绪四、五两年借英、德两国公债，而后各国持经济政策，思得志于远东者，始竞挟其投资手段而来；我政府亦欲利用外资流入，以调剂国内之积亏也，于是借外债之说，乃盛行于光绪十年、二十年之间。甲午事起而外债为之一增，庚子事起而外债又为之一增，本也，利也，磅亏也。自去岁宣统纪元而统筹之，吾国民所已还者，四百余兆之多，而未还者尚有一千余兆之数。昔人云，门前债主雁行立，屋里醉人鱼贯眠，殆中国今日之谓欤！夫贷人以钱，而欲以其财产为抵当者，此债权者之恒情也。惧其抵当不足，将有家资分散之宣告，而欲为之设管财人者，亦债权者之恒情也。私人之交际尚然，况国际乎？诚以债权、债务之关系，非对人信用，即对物信用。试思我中国，政令歧出，库款穷绌，财政棼若乱丝，各国视我政府诸人之信用不足恃，其贷我以款，而欲以路矿为抵当，且欲群起而谋监督我财政者，固事理之所可逆料者也。此国人之明达者所以有筹还国债会之发起也。近数月来，上自王公大臣，下至优伶厮役，以及报章之鼓吹，舆论之趋势，莫不视国债如己债，谓为存亡关系之一大问题，此亦足征我国民程度之进步。谘议局为全省之代议机关，对于此事，不敢缄默，谨就各方面所议应行筹画者，略举数端而胪陈之。

夫国债者，公债之别名，而范围稍异。详言之，有强制公债、任意公债，及有无利息保证、付不付之分。简言之，有内国债与外国债之别。内国债者，募债于本国；外国债者，募债于他国，此就起债方域以定区别之标准也。日本小林博士谓欧洲公债制度之沿革，滥觞于十七世之【末】叶，中国、日本古无国债之名，非不欲之，而事实上有所不能。盖国家既各以闭关锁港为美，而专制时代政府之对于人民，又有征而无借，此公债之所以不发达也。今公债制度蔓延于世界，而国家不能不用者，由于吸收国外或国内之资本，以诱起国民之企业心，则所出之利息少，而所获之利益多，一般平民之负担，亦不至有骤加、骤重之虞，而国家之意外事件有时，且藉以剂于平匀。此公债之利也。然用之不得其宜，亦足陷国家于破产之危境。西历千八百八十年，埃及所负之总债至五亿三千万弗，欧人为之代理财政，又假混合裁判之威权，鞭笞埃人、征集税款、裁兵减俸，削剥无余，其酷虐之状，匪特埃及人不能堪，读埃及史者，毛发犹谓之悚，此可谓前车之鉴者也。今将光绪《辛丑和约》第十三号附件照录，以备留心国债者一寓目焉。

新旧国债分年偿还表

种类 年度	新债第一款	新债第二款	新债第三款	新债第四款	新债第五款	新债本利合计	旧债本利合计	新旧债本利合计
光绪二十八年（一九〇二年）	本利三兆八十二万九千五百两	利二兆四十万两	利六兆两	利二兆两	利四兆六十万两	十八兆八十二万九千五百两	二十三兆六十万两	四十二兆四十二万九千五百两
同二十九年（一九〇三年）	同	同	同	同	同	同	二十三兆三十万两	四十二兆十二万九千五百两
同三十年（一九〇四年）	同	同	同	同	同	同	同	同
同三十一年（一九〇五年）	同	同	同	同	同	同	二十四兆十万两	四十二兆九十二万九千五百两
同三十二年（一九〇六年）	同	同	同	同	同	同	二十三兆九十万两	四十二兆七十二万九千五百两
同三十三年（一九〇七年）	同	同	同	同	同	同	二十三兆七十万两	四十二兆五十二万九千五百两
同三十四年（一九〇八年）	同	同	同	同	同	同	二十三兆四十万两	四十二兆二十二万九千五百两

续表

种类 年度	新债第一款	新债第二款	新债第三款	新债第四款	新债第五款	新债本利合计	旧债本利合计	新旧债本利合计
同三十五年(一九〇九年)	同	同	同	同	同	同	同	同
同三十六年(一九一〇年)	同	同	同	同	同	同	二十三兆二十万两	四十二兆二万九千五百两
同三十七年(一九一一年)	同	同	同	同	同	十九兆八十九千三百两	二十三兆八十万两	四十二兆六十九万九千三百两
同三十八年(一九一二年)	同	同	同	同	同	同	二十二兆八十万两	四十二兆四十九万九千三百两
同三十九年(一九一三年)	同	同	同	同	同	同	二十二兆四十万两	四十二兆二十九万九千三百两
同四十年(一九一四年)	同	同	同	同	同	同	二十二兆十万两	四十一兆九十九万九千三百两
同四十一年(一九一五年)	同	同	本利九兆三十八万四千两	同	同	二十三兆二十八万两	十九兆四十万两	四十二兆九十八万三千二百两
同四十二年(一九一六年)	同	同	同	本利三兆二十五万五百两	同	二十四兆四十八万三千□百两	十八兆五十万两	四十二兆九十八万三千八百两
同四十三年(一九一七年)	同	同	同	同	同	同	同	同
同四十四年(一九一八年)	同	同	同	同	同	同	同	同

续表

种类 年度	新债第一款	新债第二款	新债第三款	新债第四款	新债第五款	新债本利合计	旧债本利合计	新旧债本利合计
同四十五年（一九一九年）	同	同	同	同	同	同	同	同
同四十六年（一九二〇年）	同	同	同	同	同	同	同	同
同四十七年（一九二一年）	同	同	同	同	同	同	同	同
同四十八年（一九二二年）	同	同	同	同	同	同	同	同
同四十九年（一九二三年）	同	同	同	同	同	同	同	同
同 五 十 年（一九二四年）	同	同	同	同	同	同	同	同
同五十一年（一九二五年）	同	同	同	同	同	同	同	同
同五十二年（一九二六年）	同	同	同	同	同	同	同	同
同五十三年（一九二七年）	同	同	同	同	同	同	同	同
同五十四年（一九二八年）	同	同	同	同	同	同	同	同

续表

种类 年度	新债 第一款	新债 第二款	新债 第三款	新债 第四款	新债 第五款	新债本利 合计	旧债本利 合计	新旧债本利 合计
同五十五年（一九二九年）	同	同	同	同	同	同	同	同
同五十六年（一九三〇年）	同	同	同	同	同	同	同	同
同五十七年（一九三一年）	同	同	同	同	同	同	十八兆四十万两	四十二兆六十八万三千八百两
同五十八年（一九三二年）	同	同	同	同	本利十五兆四十六万六千三百五十两	三十五兆三十五万一百五十两	七兆五十万两	四十二兆八十五万一百五十两
同五十九年（一九三三年）	同	同	同	同	同	同	六兆八十万两	四十二兆十五万一百五十两
同六十年（一九三四年）	同	同	同	同	同	同	五兆九十万两	四十一兆二十五万一百五十两
同六十一年（一九三五年）	同	同	同	同	同	同	同	同
同六十二年（一九三六年）	同	同	同	同	同	同	同	同
同六十三年（一九三七年）	同	同	同	同	同	同	同	同

续表

年度＼种类	新债第一款	新债第二款	新债第三款	新债第四款	新债第五款	新债本利合计	旧债本利合计	新旧债本利合计
同六十四年（一九三八年）	同	同	同	同	同	同	同	同
同六十五年（一九三九年）	同	同	同	同	同	同	同	同
同六十六年（一九四十年）	同	同	同	同	同	同	同	同
共计三十九年	共计一百四十九兆三十五万五百两	共计一百二十五兆六十九万四千两	共计一百四十九兆三十五万五百两	共计一百八兆一万二千五百两	共计二百七十七兆三十九万七千一百五十两	共计九百八十二兆二十三万八千一百五十两	共计六百七十二兆七十万两	共计一千六百五十四兆九十三万八千一百五十两

观上表则知我国家所负之债务，至宣统三十二年始克息肩。此三十年中，水旱兵燹既不能无，新政复事事待举，财利之拮据，已属困难万状。今忽欲将千余兆之国债，不数载而尽数筹还，则先宜解决以下之三问题，否则终虞虎头蛇尾，徒贻外人之非笑也。

第一，中国国会未开，国民对于政府无质问权及监督财政权，以三十九年摊还之国债，忽缩短期限，则九年开国会之期限能否缩短，此为最紧要之问题。国会不开，即先筹还国债，则有如下三项为国民所亟宜研究：

（一）政府若挪移此项筹定之款，供他项之挥霍，国民将若之何？或〈或〉半还国债，半归别用，又将若之何？

（二）若国债既清还，政府又倡再借，或更演出甲、庚之变，国民将若之何？或当半已清还之际，政府旋还旋借，又将若之何？

（三）政府若藉口甲年银价下落，磅亏太巨，乙年银价上腾，磅亏可减，操纵于缓急之间，阴行其渔利之计，国民恃何人以察于先？又恃何术以劾其后？

第二，各国对于中国，同立于债权者之地位，我既预谋清还之策，彼必共筹收受之方。德也，法也，英也，俄也，美也，日本也，奥与匈也，西、荷、比及瑞、挪之五国也，汇丰、瑞记及麦加利之诸银行也，皆与我有债权债务之关系，此为次要之问题，则又如下三项为亟宜研究：

（一）既欲缩短期限还清，究竟应向各国或各银行协议乎？抑应向一国或一银行先议乎？

（二）我之筹还方法，将一概而还之，使各债权者同时立于收受之地位乎？抑欲抽还，使一二债权者得优先之办济乎？

（三）若先还甲债，而乙国或丙银行援最惠国条款，或〈或〉主张利益均沾，请求同时并还，以肆其要挟，则我将何以处此乎？

第三、各省摊派国债，前皆视督抚之慷慨与否，或就一时丰歉，遂至摊派有多寡有无之殊，似非公允之道。如义和团事件，各省分担偿金，以新疆与东三省较，财力略同，而新疆任四十万，东三省则毫无也；以湖南与江西较，财力略同，而江西则百四十万，湖南则七十万也；以山西与直隶、广西较，则直隶富于山西，而山西等于广西，然直隶八十万，广西三十万，山西九十万。故言及各省之财力，则又有下三项发生：

（一）各省将不论富庶与否，同时筹偿乎？抑先择数省之富庶者，先为筹偿乎？

（二）各省任筹偿之责，其摊派之法将据旧额乎？抑据人口或岁入进款乎？

（三）若各省同时担任筹偿，某省忽遇荒灾，或数省先已筹偿，而他省竟不能继，将何策以善后乎？

以上三问题，皆不可不预为筹画者也。就此数难，而筹万全之策，良匪易易。然就根本大计上着想，则非速开国会，万不足以解决以上诸问题也。兹就论理学之演绎、归纳二法，不避繁琐，述速开国会之理由如左：

（甲）国会既开，则可以行使监督财政及质问权，凡预算会计，必赖下议院之协赞，而第一问题第一、二项之难端可以免也。

（乙）国会既开，可组织一国债调查委员会，有察核筹还之权，若有渔利等情弊，可由国会上奏弹劾之。

（丙）国会既开，则大臣之责任始确，凡外交之方针，国会既有建议之权，自免专擅之弊，筹还各国债款可望妥筹完全之法。

（丁）国会既开，则下议院议员一方为国家之议员，一方即为各省之代表，既可免地方竞争之弊，又可免摊派不均之虞。

（戊）国会既开，则政府对于人民信用自深，纵某省无法筹起，可临时起内债以弥补之。

欧洲民权学派有主张国会万能之说，观以上五节，益知其言之确有所见也。故欲简单以正告国民曰：筹还外国债，必募内国债，而后影响不及于多数之平民。然募内国债欲不蹈昭信股票之失，必有责任内阁而信始可昭。内阁何以肯负责任？在有国会以监督之。国民乎，国民乎，其亦可以兴矣。

《大公报》，宣统二年六月十二日至十六日（1910 年 7 月 18 日至 22 日）

书晋谘议局养成军国民案后

当今之世，言强国者，每以扩张军备为要义。若曰军备不扩张，则国威不振，苟有外侮之来，将何以御之？观列强之竞争，固信如所云。然又进而思之，并详察其情实，各国之所以能竞强者，非必专在扩张军备也。而军备之扩张，所以可恃者，其军实之充有然，亦因其全国民，皆备具军国民之资格，而能振其精神也。故曰今之世界，乃军国民之世界，反是则不足以自立，而况云竞强。呜呼！若中国者，积弱诚难堪也。现闻当道者，痛积弱之已甚，纵目列强逼处，自恐外侮之来，无所藉以御，兢兢焉，计扩张军备事宜，为当务之急，有若大敌当前，将启兵衅者。虽曰兵可千日而不用，不可一日而不备，而亦遍视全国人民，具备军国民资格与精神者谁乎？不但为国民者，未具军国民之资格精神，即置身军界者，其所备资格精神何如乎？若徒以扩展军备言，而不论其他，曰速将若干镇练成，曰再将添练若干镇，必使分布全国境内而后可，竞强之道，果止此乎？夫何如以养成军国民之资格精神，为扩张军备之大者。然或谓此事甚难言，而不知凡事创始，皆至不易。近阅山西谘议局有议决预备养成军国民资格精神一案，所条举办法如左：

其一谓各学堂教员宜星期讲演。证引西历千二三百年间，欧洲十字军起，倡尚武主义，千八百年后，德被法侵，创举国皆兵之制，致世界各国争先仿效。其君被军帅之装，其学生被军戎之服，至孩提亦皆羡之，执国旗而习战斗。以是见提倡风气，莫如学生，故应请各学堂教员，于正课外，加随意课，专讲军国民主义，并练习技艺。一二年后，学生思想可冀一变。

其二谓府厅州县宜立体育会，实行军国民教育。痛言中国之民，虽众冠五州，而老弱者去十之一二，游惰者去十之一二，嗜烟酒者又去十之一二，无愧军国民资格者不数数觏，以此竞争于欧风美雨之大舞台，焉得不归劣败。查泰东西各国，皆重军国民教育，德则重体育，英则重运动，日则重武士道，而其所恃以养成者，则在体育之有会。晋省能仿而行之，则河朔劲旅，久称强悍，比及三年，足备干城之用。

其三谓宜饬各处开运动会。令各属于岁晚赋闲时，开运动会一次，召集学商农三界，演练各种方式，优者酌给奖赏，似于提倡尚武精神不无裨益。

据此三者办法而言，以之预备养成军国民教育资格，诚得其要道。非但山西省可照此办法，推之廿二省，均可照此办法进行。假使各地方有官绅倡之于先，惟兹进行之法，均无难逐渐而施。何也？中国学界之士，向为人民所注重，任教员之责任者，苟能以军国民主义随意讲演，令学生知所感发，则凡人民等，一见各学堂诸生之有进益，精神皆因而丕振。而所谓体育与运动各会，有学生倡之，自鼓舞于不容已也。虽曰以是预备养成军国民之资格精神，实则进行之道，亦不外此。盖全国人民，无论其资格精神，拟如何设法养成之，总之以教育为主要。且既以学界上，拟预备养成军国民资格精神，久之俟教育普及，军国民主义发扬，不其普印于全国民之脑筋也夫。以斯言扩张军备，与列强相竞，何外侮之不可御。不从事于养成军国民资格精神之要道，但侈谈扩张军备无当也，是则当局者加之意而已，否则又何征兵之足恃。

《顺天时报》，宣统二年十一月初十日（1910 年 12 月 11 日）

图书在版编目（CIP）数据

山西谘议局／尚小明编．—太原：山西人民出版社，2020.6
（清末立宪运动史料丛刊／胡绳武主编）
ISBN 978-7-203-10405-6

Ⅰ.①山… Ⅱ.①尚… Ⅲ.①谘议局-史料-山西-清后期 Ⅳ.①D691.2

中国版本图书馆 CIP 数据核字（2018）第 093748 号

清末立宪运动史料丛刊·山西谘议局

主　　编：胡绳武
副 主 编：牛贯杰　戴鞍钢
编　　者：尚小明
责任编辑：王新斐
复　　审：魏美荣
终　　审：蒙莉莉
装帧设计：谢　成

出 版 者：山西出版传媒集团·山西人民出版社
地　　址：太原市建设南路 21 号
发行营销：0351-4922220　4955996　4956039　4922127（传真）
天猫官网：https：//sxrmcbs.tmall.com　电话：0351-4922159
E－mail：sxskcb@163.com　发行部
　　　　　sxskcb@126.com　总编室
网　　址：www.sxskcb.com

经 销 者：山西出版传媒集团·山西人民出版社
承 印 厂：山西出版传媒集团·山西人民印刷有限责任公司

开　　本：787mm×1092mm　1/16
印　　张：33.25
字　　数：550 千字
版　　次：2020 年 6 月　第 1 版
印　　次：2020 年 6 月　第 1 次印刷
书　　号：ISBN 978-7-203-10405-6
定　　价：205.00 元